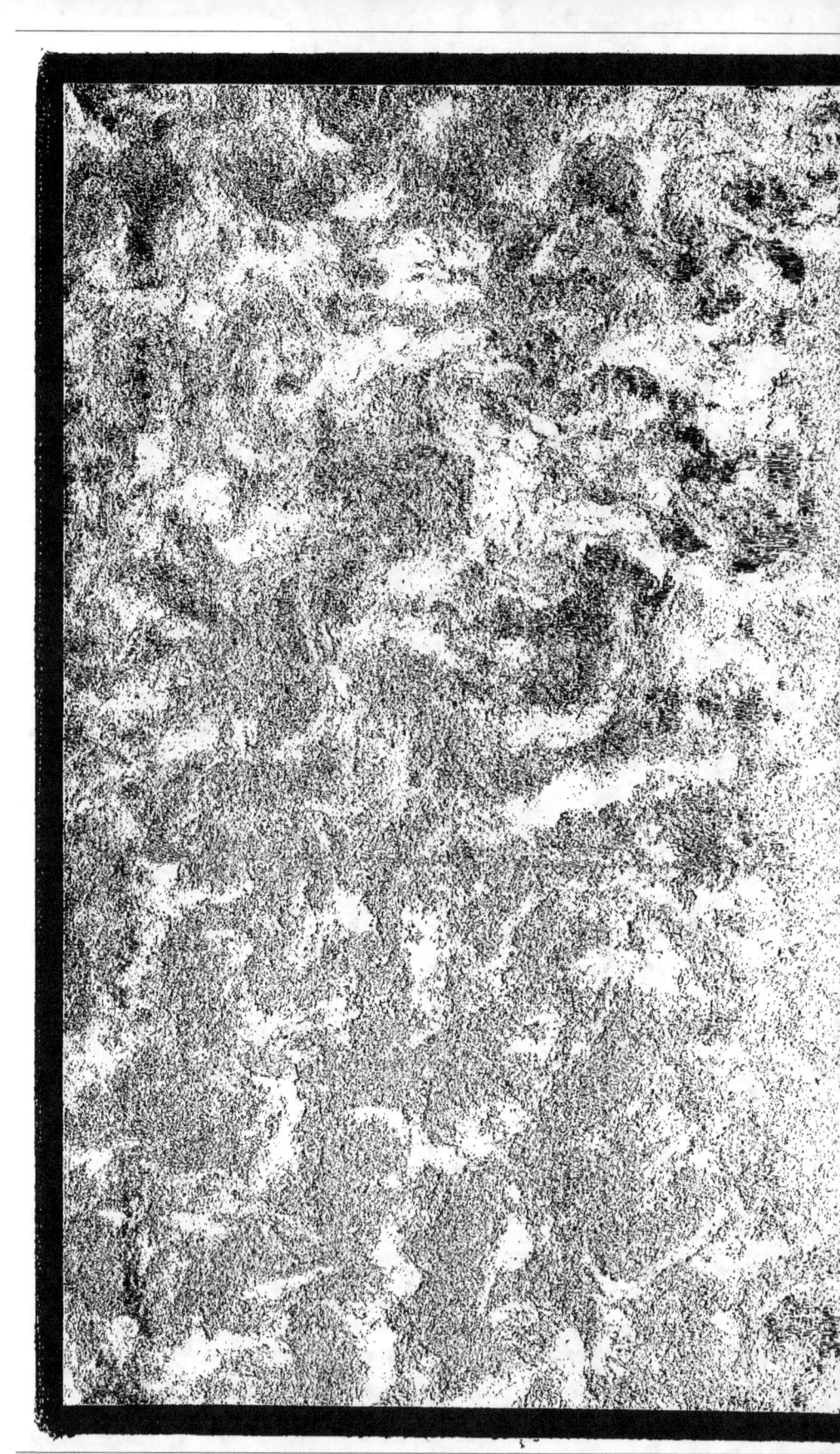

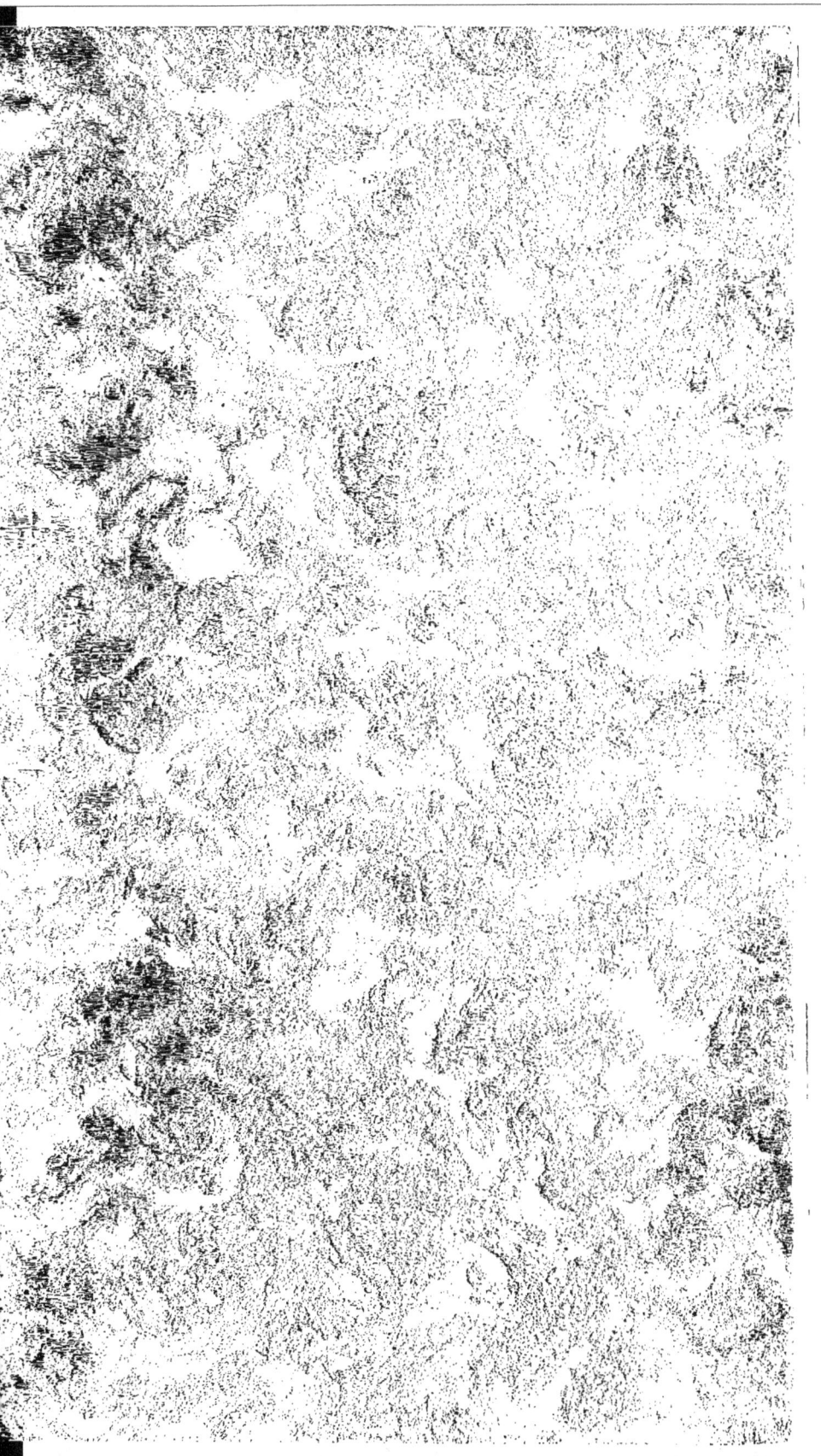

VAN HAVERE 1975

ÉTUDE
SUR
LES ACADÉMIES
PROTESTANTES
EN FRANCE AU XVIᵉ ET AU XVIIᵉ SIÈCLE

PAR

P.-DANIEL BOURCHENIN

PASTEUR DE L'ÉGLISE RÉFORMÉE DE FRANCE
DOCTEUR ÈS LETTRES

PARIS
GRASSART, LIBRAIRE-ÉDITEUR
2, RUE DE LA PAIX, 2

1882

ÉTUDE

SUR

LES ACADÉMIES

PROTESTANTES

COULOMMIERS. — TYPOGRAPHIE PAUL BRODARD.

ÉTUDE
SUR
LES ACADÉMIES
PROTESTANTES
EN FRANCE AU XVIᵉ ET AU XVIIᵉ SIÈCLE

PAR

P.-DANIEL BOURCHENIN

PASTEUR DE L'ÉGLISE RÉFORMÉE DE FRANCE
DOCTEUR ÈS LETTRES

> Propositum a nobis est sapientem
> atque eloquentem pietatem finem esse
> studiorum.
> (STURM, *De ludis litterarum*. 104.)

PARIS
GRASSART, LIBRAIRE-ÉDITEUR
2, RUE DE LA PAIX, 2

1882

A MESSIEURS

Michel NICOLAS et Jean MONOD

PROFESSEURS A LA FACULTÉ DE THÉOLOGIE
DE MONTAUBAN

Hommage respectueux.

D. BOURCHENIN

ÉTUDE
SUR
LES ACADÉMIES
PROTESTANTES

PRÉFACE

Parmi les hautes questions qui sollicitent l'attention de nos contemporains, et dont l'importance est aujourd'hui le plus généralement reconnue, il n'en est point sans doute qui préoccupe davantage les esprits que celle de l'instruction publique. Ce grand problème n'intéressait naguère qu'une faible part des citoyens de notre pays : la foule ne songeait nullement à s'y arrêter, et le soin de disputer sur la matière était abandonné d'un commun accord à un groupe restreint d'hommes instruits, érudits par goût ou par profession, humanistes pour la plupart, mais dont les théories pouvaient agiter l'école sans émouvoir la nation; le public laissait faire les pédagogues, quand il ne les ignorait pas; il était enclin à les considérer comme des rhéteurs vulgaires, s'ils se montraient les champions de la tradition, ou comme des idéologues, s'ils se faisaient les apôtres de quelque nouveauté. Aujourd'hui, les maîtres de l'éducation cherchent plutôt à s'inspirer des vœux et des besoins de la société moderne qu'à lui imposer bon gré mal gré une méthode toute faite : sans sacrifier certains principes, qui varient suivant les écoles, on aime à sonder l'opinion publique pour satisfaire la part que l'on croit légitime de ses exigences ; on prétend de moins en moins isoler la jeunesse, la priver de tout contact avec le siècle pendant la période de l'éducation : on a en vue non de former et d'orner des esprits, afin de leur faire apprécier pour eux-mêmes les avantages de la culture intellectuelle, mais plutôt de préparer des citoyens qui soient utiles à leur patrie, des hommes qui fassent honneur à l'humanité. Aujourd'hui, l'individu sent le grand intérêt qu'il a à s'instruire, et la société comprend le grand devoir qui lui incombe de veiller à ce que l'instruction soit universellement répandue.

Mais si l'on admet généralement que l'instruction doit être pratique, c'est-à-dire adaptée aux besoins et aux intérêts de l'époque, et distribuée de telle sorte qu'elle soit profitable au plus grand nombre, on ne peut pas en conclure raisonnablement que les éléments de cette éducation doivent être fournis d'une manière à peu près exclusive par la pédagogie contemporaine. A côté des expériences actuelles, il faut placer les expériences des temps passés : la pédagogie contemporaine ne doit ni se laisser conduire par le goût du siècle, qui peut être dicté par des préjugés passagers, ni prétendre le diriger elle-même par des systèmes absolus, legs vénérable du passé, mais il est bon que les deux soient pénétrés et contrôlés l'un par l'autre ; il est indispensable, dans tous les cas, que l'on remonte le courant des âges pour interroger ceux qui ont été à leur époque les fondateurs de nouvelles méthodes, les instigateurs de quelque progrès dans l'enseignement ou seulement les conservateurs de quelque idée juste. En outre, s'il est vrai que l'arbre doit être jugé par ses fruits, il est bon de constater ce que sont devenues les générations qui nous ont précédés sous la discipline des maîtres qui les élevaient : en matière d'éducation plus que partout ailleurs, c'est à l'œuvre qu'on reconnaît l'ouvrier.

Il peut paraître superflu d'insister ainsi sur la nécessité de faire une sorte d'enquête à travers l'histoire, dans un temps où l'histoire mérite véritablement le nom de science et où ceux qui l'étudient croiraient la déshonorer en lui refusant ce titre : dans tous les domaines, on aime à évoquer les témoignages des devanciers, à la lumière de la science historique, et l'on retire quelquefois des décombres du passé les pierres angulaires de l'édifice que l'on veut construire. Mais quand bien même ces grandes voix des témoins disparus ne prononceraient aucune parole féconde, ce qui arrive rarement, il n'est pas besoin qu'elles trouvent un écho au sein des générations présentes pour mériter d'être écoutées : leur droit demeure intact, et le devoir des fils est d'honorer toujours le conseil des pères, d'en tenir compte en toutes circonstances. Aussi l'historien est-il obligé à une grande réserve, et le souci de la sincérité doit-il être précédé dans son esprit par celui de l'exactitude rigoureuse. Son impartialité a toujours peur d'être trouvée en défaut; mais à ce scrupule inévitable s'en ajoute un autre, la crainte de n'être pas complet : car, lorsqu'on manifeste le désir d'en appeler à l'histoire et l'intention de justifier la confiance que le public attache à cette science, ce ne sont pas seulement les mensonges sincères que l'on a à redouter, ce sont les omissions inconscientes, les négligences injustes. Il ne suffit pas d'invoquer les leçons et d'enregistrer les faits de l'histoire, il faut n'en point oublier.

Est-ce à dire que l'histoire de l'instruction publique n'ait pas eu la même fortune que celle de la diplomatie, par exemple, de l'économie politique, des mœurs ou de l'art militaire? Cette branche importante de l'histoire universelle, si importante qu'elle tend de nos jours à occuper une place prépondérante dans la hiérarchie des préoccupations sociales, a-t-elle été dédaignée, ou demeurera-t-elle comme autrefois un objet d'études spéciales pour un cercle de spécialistes? Non certes; nous avons déjà de beaux travaux, des documents consciencieux, fruits de longues et patientes recherches, où les divers systèmes pédagogiques sont souvent exposés avec art et critiqués avec une remarquable sagacité. Ces ouvrages, de mérite inégal, peuvent se diviser en deux grandes catégories : dans la première, nous rencontrons les traités particuliers, les livres où l'on se propose de raconter l'histoire d'une doctrine ou d'une école; dans la seconde, les traités généraux, les travaux de comparaison entre les différentes méthodes qui ont présidé à l'éducation de la jeunesse dans tous les temps, sortes d'encyclopédies plus ou moins vastes, plus ou moins ambitieuses, où l'on essaie de dégager les vues d'ensemble et de découvrir les lois éternelles de l'éducation, si toutefois cette science a des lois, comme la physique.

Les publications qui rentrent dans la première catégorie sont nombreuses : est-il besoin de citer, en première ligne, le monument élevé en l'honneur de l'Université de Paris par Crevier [1] ? M. C. Jourdain a bien voulu en achever la construction, en reprenant la tâche où Crevier l'avait interrompue [2]. M. Thurot, dans une thèse remarquée [3], a pénétré cet enseignement universitaire, tel qu'il se présentait au moyen âge. S'agit-il des grandes corporations qui se sont vouées à l'instruction dans les temps modernes? Le secret des méthodes en faveur auprès des Jésuites, le détail de leur organisation nous sont connus, non seulement par les traités normatifs de Loyola [4] et du P. Jouvency [5], mais encore par les ouvrages de MM. Crétineau-Joly [6], A. Pierron [7], de Menorval [8], Emond [9], etc. La doctrine de Port-Royal nous est livrée par les œuvres mêmes d'Arnauld, de Nicole et de Lancelot, et Sainte-Beuve en a tiré la substance de son livre intéressant sur cette illustre école [10]. L'enseignement donné par les PP. de l'Ora-

---

1. *Histoire de l'Université de Paris depuis son origine jusqu'en 1600.* Paris 1761, in-8, 7 vol. Crevier lui-même avait imité Egasse Duboullai, auteur de l'*Historia universitatis Parisiensis*, 1665-70, 5 vol. in-folio.
2. *Histoire de l'Université de Paris au XVIIe et au XVIIIe siècle.* Paris, 1862. 3 vol. in-folio.
3. *De l'organisation de l'enseignement dans l'Université au moyen âge.* Paris, 1850, in-8.
4. *Ratio atque Institutio studiorum S. Jesu.* Romæ 1599, in-8.
5. *Ratio discendi et docendi.* Lutetiæ, 1717, in-12.
6. *Voltaire et ses maîtres.* Paris, 1866, in-12.
7. *Histoire religieuse, politique et littéraire de la Compagnie de Jésus.* Paris, 1859, 6 vol. in-8.
8. *Les Jésuites, l'église S.-Paul et le lycée Charlemagne.* Paris, 1872, in-8.
9. *Histoire du lycée Louis le Grand.* Paris 1845, in-8.
10. *Histoire de Port-Royal.* Paris 1867, 7 vol. in-12.

toire ne nous apparaît pas seulement à travers les ouvrages du P. Lami; M. Ch. Hamel[1] et surtout le P. Perraud[2] ont traité avec soin cette importante question. Je ne parle pas des nombreux travaux que le xixe siècle a vu éclore et qui soulèvent les problèmes actuels de l'instruction au dedans et en dehors de l'Université. Et, à côté de l'histoire des corporations enseignantes, il y a celle des hommes, de ces spécialistes dont nous parlions tout à l'heure, qui ont enfanté des théories originales, exercé une influence appréciable sur les méthodes en vogue de leur temps et mérité vraiment le nom de pédagogues, si ce mot n'était associé dans l'esprit de plusieurs à l'idée de pédant et ne sentait pas trop l'école; pour ceux-là, ils défraient depuis longtemps l'histoire littéraire et la critique : ils s'appellent Erasme, Montaigne, Rabelais, Ramus, au xvie siècle; ils portent au xviie et au xviiie siècle les noms plus modestes de Fleury et de Rollin.

Dans la seconde catégorie que nous avons indiquée, nous pouvons citer les ouvrages de M. Théry[3] et de M. Vallet de Viriville[4], qui ont essayé de recomposer l'histoire générale de l'instruction publique en France. Si l'on désire connaître l'état de l'enseignement à tous ses degrés au xviie siècle, on peut consulter les intéressants articles publiés par M. Ch. Livet dans la *Revue française* en 1856[5]. Veut-on une histoire spéciale de l'enseignement secondaire au xviie et au début du xviiie siècle, on a le devoir de recourir au travail minutieux et exact de M. Lantoine, qui nous fournira dans la suite de précieux éléments de comparaison[6]. Mais l'ouvrage le plus complet et le plus savamment conduit que nous ayons entre les mains est incontestablement celui que M. Compayré, pro-

---

1. *Histoire de l'abbaye et du collège de Juilly*. Paris 1868, in-8.
2. *L'Oratoire de France*. Paris 1867, in-8.
3. *Histoire de l'éducation en France depuis le christianisme jusqu'à nos jours*. Paris 1858, 2 vol. in-8.
4. *Histoire de l'instruction publique en Europe et principalement en France, depuis le christianisme jusqu'à nos jours*. Paris, 1849, in-4.
5. *Essai sur l'état de l'enseignement en France au xviie siècle*. (Revue française, t. IV, 30 sq., 96 sq., 249 sq., 366 sq., t. VI, 399 sq.).
6. Voy. *Conclusion*.

fesseur de philosophie à la Faculté des lettres de Toulouse, a publié en 1879. « Le but de ce livre, nous déclare l'auteur au début de sa préface, est d'exposer le mouvement et le progrès de la pédagogie française, depuis les brillants initiateurs du xvie siècle jusqu'aux réformateurs contemporains. » Noble but, assurément, et bien digne de stimuler le zèle des esprits distingués qui le poursuivent; l'auteur n'a épargné ni les grâces du style, ni les données d'une saine érudition puisée aux sources pour entraîner plus sûrement à sa suite le lecteur charmé. Il franchit ainsi les étapes successives qui le mènent du xvie siècle jusqu'aux réformes contemporaines. Les conceptions des humanistes de la Renaissance sont analysées avec soin ; puis les systèmes des grandes corporations enseignantes, et les modifications apportées à différentes reprises aux règlements de l'Université de Paris. L'auteur cherchant à suivre le développement historique des trois enseignements supérieur, secondaire et primaire, il semble que son activité aboutisse à un document complet, où sont consignées avec ordre et les théories des spéculateurs et les applications des praticiens.

Quels sont donc les résultats de tout ce travail? L'enquête, dont nous parlions plus haut, est-elle à peu près faite? Les historiens de la pédagogie française, avec les qualités d'impartialité et d'érudition que nous leur avons reconnues, n'ont-ils négligé aucun des témoignages que la science étudiée par eux devait et pouvait leur fournir? Nous avons établi que le plus loyal des historiens était exposé à faire une œuvre incomplète. Nous estimons que tel est le cas des précédents auteurs.

Sans doute tous les écrivains qui ont passé en revue les divers systèmes de l'enseignement en vigueur dans les écoles françaises ont aperçu du premier coup d'œil les importantes doctrines signalées plus haut : elles se sont disputé l'éducation de plusieurs générations et ont exercé leur influence sur la majorité d'abord, puis sur la totalité de la nation. Mais ce que tous semblent avoir ignoré, c'est qu'à un certain moment de l'histoire la nation ne se composait pas exclusivement de catholiques : à ce moment, le pays ne se retrouvait pas tout entier sur les bancs des écoles catholiques. Il y eut un temps où une partie très considérable du royaume professait la religion réformée; alors la foi nouvelle recrutait chaque jour de nouveaux et fervents adeptes; ils appartenaient à toutes les classes de la société; le pauvre artisan coudoyait dans les assemblées le puissant seigneur, le commerçant s'y rencontrait avec le lettré. Les persécutions de toute nature inspirées par une cour frivole, qui a donné au monde le spectacle de toutes les hontes, finirent évidemment par restreindre le nombre des religionnaires assez pour que l'on pût désormais être certain que la France resterait catholique. Mais les victoires de Henri de Navarre, son avènement, la faveur dont ses anciens coreligionnaires jouirent pendant son règne, une ère de tolérance officielle succédant à la période tourmentée des guerres civiles, permirent aux protestants de se développer paisiblement. Toute cette partie de la nation eut ses mœurs, sa vie distincte, son organisation religieuse, politique, scolaire. Parmi le grand nombre de citoyens intelligents et distingués qui sortirent du sein du protestantisme, beaucoup furent élevés par des maîtres protestants, selon les règles et sous la discipline des écoles protestantes. Un système universitaire qui, malgré ses lacunes et ses imperfections inévitables, dure plus d'un siècle, qui jette un vif éclat tant en France qu'en Europe, et qui permet à une élite de professeurs en renom de former une pépinière d'élèves brillants ou érudits, vaut bien qu'on lui trouve une place, si modeste qu'elle soit, à côté des écoles rivales. Le passer sous silence de propos délibéré, c'est mutiler volontairement l'histoire de la pédagogie française : l'omettre parce qu'on l'ignore, c'est confesser qu'on supprime, faute de documents, tout un chapitre de cette histoire; n'en tenir aucun compte, parce qu'on la suppose peu intéressante et surtout peu originale, parce qu'on juge effacé le rôle joué par les académies protestantes, c'est tomber dans une grande erreur ou se faire le complice bénévole d'un préjugé qui tend à disparaître. Quoi qu'il en soit, les hommes qui ont entrepris de raconter l'histoire de l'instruction publique en France ont tous passé à côté de l'enseignement chez les réformés, sans le voir ou sans essayer de le découvrir. Il y a donc une lacune fâcheuse dans le travail qui a été fait jusqu'à ce jour, et sans avoir la prétention de la combler, car nous l'estimons très grande, nous éprouvons le désir de la signaler, tout en amassant quelques matériaux utiles dont tireront profit les ouvriers de l'avenir.

Il est regrettable que M. Lantoine, alors qu'il se propose d'étudier l'enseignement secondaire en France au xviie siècle, néglige absolument de s'introduire dans un collège protestant, à une époque où les académies de cette religion étaient très florissantes et où l'activité scolaire des réformés était remarquable sur tous les points du royaume; il est non moins regrettable qu'il ne prononce même pas le nom d'un de ces collèges ou d'une de ces académies, alors qu'il cite à diverses reprises, et jamais sans éloges, Tanneguy Le Febvre, l'un des professeurs les plus en vue de l'académie de Saumur.

Quant à M. Compayré, il n'a pas voulu parcourir le xvie siècle sans tenir compte de la Réforme. Il a parfaitement compris que la nouvelle religion ne pouvait pas se passer d'écoles et devait donner une grande impulsion à l'enseignement public pour plusieurs raisons. En premier lieu, l'intérêt de la propagation de la foi : le catholicisme peut à la rigueur se passer de l'instruction; la masse, n'exerçant aucun contrôle sur les dogmes inflexibles, n'a pas besoin de comprendre pour croire; sans doute le fidèle a le droit de chercher à saisir par l'instrument de l'intelligence la doctrine qui lui est imposée ; mais ce n'est pas là un devoir : la seule obligation qu'il ait est celle de s'incliner devant les canons de l'Eglise, seule compétente en matière dogmatique et prononçant par l'organe des conciles œcuméniques; il est bon que le prêtre soit instruit, il est inutile et souvent dangereux que le fidèle le soit. Mais le protestantisme, apportant avec soi le droit inaliénable du libre examen, n'autorisant que la foi personnelle et librement consentie, pose à la base de l'édifice religieux ces deux principes fondamentaux : la justification par la foi, principe matériel de la Réformation; l'autorité des saintes Ecritures, son principe formel. Le premier est le corollaire du second, et pour extraire de la Bible les doctrines qui y sont contenues, à l'aide du libre examen, n'est-il pas urgent de posséder au moins les éléments de l'instruction? Plus l'esprit sera cultivé et ses connaissances étendues, plus le fidèle sera qualifié pour interpréter dignement le livre par excellence. Ainsi, loin de négliger le soin de l'instruction publique, le protestantisme par sa nature même était destiné à la fortifier et à l'encourager à tous les degrés; il ne s'agissait point pour lui, comme pour les Jésuites plus tard, de former des hommes du monde, de déposer un certain vernis d'éducation sur de jeunes esprits, de leur procurer les superfluités intellectuelles sans lesquelles on ne saurait faire bonne figure dans la société; il s'agissait de fournir à toute créature humaine le moyen de « sonder les Ecritures », c'est à dire de se constituer à soi-même sa propre foi. M. Compayré a fort judicieusement établi ce fait, conclusion évidente qui découle de prémisses rigoureusement vraies. « Le principe fondamental de la Réforme, dit-il, que la foi doit être individuelle comme la responsabilité, contenait en germe toute une révolution pédagogique [1]. » C'est en Allemagne qu'il découvre en grand nombre des pédagogues protestants; il cite Trotzendorf, célèbre par l'enseignement qu'il donna à Goldberg en Silésie, et Sturm, l'éminent fondateur du gymnase de Strasbourg; enfin Luther lui-même, dont il reproduit les idées pédagogiques les plus remarquables, telles qu'on les voit exposées dans son *Libellus de instituendis pueris,* document d'une très grande valeur historique, dédié aux magistrats et aux sénateurs allemands [2]. M. Compayré ne peut s'empêcher d'en conclure que « l'enseignement populaire est fils du protestantisme ». En France, il relève le vœu pré-

1. T. I, p. 149.
2. Voy. *Œuvres complètes de M. Luther,* Wittenberg, 1558, t. VII, p. 438-447.

senté en 1560 aux états généraux d'Orléans par la noblesse, qui réclame catégoriquement l'instruction primaire gratuite et obligatoire ; cette noblesse généreuse et éclairée, qui devançait la Révolution de deux siècles et réclamait à la veille de la Saint-Barthélemy qu'on levât une contribution sur les biens du clergé pour « raisonnablement stipendier la pédagogie », était en majorité protestante. Aussi M. Compayré estime-t-il que, si la religion nouvelle avait triomphé en France, elle nous eût donné ce que nous avons à peine aujourd'hui, après trois cents ans de luttes et d'efforts, une forte organisation de l'instruction primaire.

Mais ces éloges, que l'auteur décerne avec tant d'éclat, ne s'appliquent qu'à l'enseignement primaire. Que fit la Réforme pour l'enseignement secondaire ? Ici encore, M. Compayré rend justice au zèle pour les lettres et à l'ardeur d'apprendre, d'enseigner que manifestèrent les hommes de la Réformation en Europe : il reconnaît que le souffle de la Renaissance inspirait tous les pédagogues du siècle ; il trouve inique le jugement accueilli dans certains cercles, qui consiste à accuser les protestants d'avoir entravé l'élan de la Renaissance. En effet, le courant littéraire et artistique de la Renaissance rencontra le courant religieux de la Réforme, et les deux fleuves qui coulaient parallèlement confondirent leurs eaux sur certains points. Les deux mouvements se prêtèrent un mutuel appui : n'avaient-ils pas un centre de ralliement tout trouvé dans la haine commune de la scolastique, et un besoin commun de soulever le voile du passé pour y retrouver les uns des armes de combat, les autres des trésors enfouis ? Percer la nuit du moyen âge, atteindre les sommets radieux de l'antiquité, se baigner dans la vive lumière d'une civilisation à la fois savante et riante, quel privilège inappréciable ! Cette séduction de l'antiquité, tous les humanistes, tous les novateurs la sentirent plus ou moins, sacrifiant de préférence, suivant leur génie, les uns au culte des arts, les autres au goût plus austère de l'érudition. M. Compayré trouve la concentration de ce double courant dans la personne de Mélanchthon, en qui il salue, à tort selon nous, un homme de la Renaissance plutôt qu'un apôtre de la Réforme.

Jusqu'ici, nous avons été pleinement d'accord avec cet écrivain, dont les jugements nous paraissent conformes à la réalité des faits. Il nous satisfait moins lorsqu'il aborde la question de l'enseignement secondaire en France. En effet, sur ce point, il a été imparfaitement informé, et ses indications par trop sommaires nous paraissent ou incomplètes ou inexactes. Une seule page lui suffit pour épuiser la matière ! Assurément, les quelques paragraphes consacrés à noter l'influence exercée par le protestantisme sur le développement de l'instruction primaire sont à leur place dans ce travail et suffisent au lecteur. Mais que penser de cette page isolée qui a mission de lui résumer le mouvement des études supérieures au sein du peuple réformé, ou plutôt de lui expliquer pourquoi ce mouvement a été enrayé ! Encore cette page est-elle presque remplie par quelques détails sur l'académie de Genève que l'on a ramassés sans beaucoup d'ordre et condensés avec une certaine précipitation : voilà pour l'œuvre de Calvin. Mais, en France même, l'écrivain n'a eu connaissance que d'un essai d'organisation scolaire, et il le signale en note : cet essai se bornerait à la fondation de deux collèges, l'un à Castres, en 1576, l'autre à Châtillon-sur-Loing, sur l'initiative de Coligny. Or le peuple réformé compta trente collèges au moins et huit académies ! Sans les persécutions et les tracasseries du pouvoir, il en eût ouvert bien davantage, si nous devons en croire les vœux sans cesse renouvelés dans les assemblées officielles de cette religion. Il y a donc une phrase que nous ne pouvons laisser passer sans regretter qu'elle ait été écrite : « Dans la France du XVIe siècle, dit M. Compayré, les protestants, obligés de disputer leur liberté et leur vie au fanatisme de leurs adversaires, n'eurent ni le loisir de raisonner sur l'éducation, ni le pouvoir d'organiser les études [1]. » Ceci pouvait être vrai au début de la Réforme et au milieu du XVIe siècle ; mais il en

---

1. Op. cit., t. I, p. 149.

fut tout autrement à la fin. Il est incontestable que la malveillance des autorités catholiques toujours en éveil et les fureurs du peuple jamais inassouvies gênèrent le développement normal et régulier de l'instruction publique chez les réformés; mais à la faveur des troubles qui divisèrent la nation catholique au temps de la Ligue, ensuite grâce à la protection officielle franchement octroyée par le bon roi Henri IV, les institutions pédagogiques des protestants déployèrent un essor que nulle entrave sérieuse ne venait plus menacer. Le commencement du xviie siècle devait être une période florissante pour les académies : malheureusement la jalousie des corporations catholiques, les mesures de plus en plus vexatoires que multipliaient contre les réformés les ministres de Louis XIV, la croisade légale prêchée en haut lieu contre l'hérésie, vinrent frapper ces établissements au moment où leur lustre était le plus éclatant; leur prospérité fut dénoncée, leur fonctionnement embarrassé par de continuels procès suscités à plaisir, leur entretien matériel rendu impossible par des décrets de plus en plus restrictifs, enfin leur ruine décidée et consommée avant même la révocation de l'édit de Nantes. Ce n'est pas un des moins beaux côtés de l'histoire du protestantisme français que cette persistance merveilleuse à traiter les solennelles questions de l'éducation publique, même dans le feu des guerres civiles et sous la menace de persécutions sans cesse renaissantes ; à côté des soldats qui se battaient, des martyrs qui étaient immolés, et souvent hélas! des seigneurs qui intriguaient, il y avait toujours des professeurs qui enseignaient et des élèves qui peuplaient les écoles.

Mais, dira-t-on, M. Livet du moins n'a pas commis la faute que vous reprochez à d'autres. En effet, cet écrivain, traitant un sujet qui le mène jusqu'à la moitié du xviie siècle, a compris qu'il ne devait point passer sous silence le protestantisme et son œuvre; nous lui savons gré de cette judicieuse pensée, qui fait honneur à la perspicacité de l'historien, et nous regrettons qu'on ne lui ait pas été assez reconnaissant de sa bonne volonté impartiale. « A côté de l'enseignement catholique, dit-il [1], propagé par les professeurs mixtes de l'Université et par les Jésuites, d'autres centres d'études, répartis par la France, répandaient parmi les protestants ces lumières que plusieurs d'entre eux firent briller avec tant d'éclat, soit dans leurs controverses avec les catholiques, soit dans les différentes charges qu'ils occupèrent. Fervents dans leurs doctrines, ils repoussaient les avances qui leur étaient faites par leurs adversaires et n'acceptaient pas pour leurs enfants l'admission dans des écoles où un maître pouvait leur imposer des pratiques contraires à leur foi, où mille et mille parcelles de l'éducation catholique pouvaient rejaillir sur eux et influer sur leurs croyances. » Il y aurait beaucoup à dire sur ces avances faites par les catholiques; mais nous n'avons pas à aborder ici cette question. Nous ferons observer seulement que, après avoir consacré trois chapitres relativement longs à l'étude de l'enseignement chez les catholiques, l'auteur prétend résumer en quatorze pages, dans un chapitre supplémentaire intitulé *Protestants et juifs*, l'histoire de l'instruction publique chez les dissidents. Les sources sont pures, puisque M. Livet s'en rapporte aux manuscrits de Conrart et aux *Synodes* d'Aymon : mais sont-elles suffisantes? Elles sont tellement insuffisantes qu'elles ne permettent à l'auteur de l'article de donner à ses lecteurs aucune idée de l'enseignement proprement dit chez les réformés : on a quelque notion de la forme, mais le fond manque absolument. En outre, les synodes n'ayant réglementé à vrai dire que l'enseignement théologique, pour différentes raisons que nous exposerons plus loin, il n'est pas étonnant que M. Livet ait apporté loyalement certaines conclusions erronées, et surtout qu'il ait dressé un tableau assez confus et très incomplet de l'organisation des académies.

Notre but est donc de réparer un oubli qui a duré trop longtemps, en complétant, sur certains points graves, les travaux de ceux qui ont raconté l'histoire de la pédagogie fran-

---

1. *Revue française*, 1856, t. VI, p. 399.

çaise. Il importe cependant d'ajouter que cet oubli, s'il est injuste, n'est pas injustifiable. Qui a parlé de l'enseignement protestant? Quel écrivain français a essayé de donner au public une idée de cette matière? Où aurait-il trouvé des documents pour mener à bonne fin un pareil travail? Y a-t-il seulement des documents en nombre suffisant et de qualité assez indiscutable pour mériter qu'on les cherche et qu'on les compulse? Beaucoup pensent que la réponse à cette dernière question est facile à faire : dans tous les cas, ils supposent que les résultats obtenus seraient une médiocre compensation à un labeur si ardu et si aléatoire. Sur ce point seulement, nous estimons qu'ils se trompent. Sans doute la tâche est abrupte, le travail pénible et le salaire souvent peu rémunérateur, mais ne suffit-il pas qu'il soit possible de trouver pour entreprendre les recherches? Pour nous, nous avons lieu de nous réjouir d'avoir pu mettre la main sur des documents épars tant en France qu'en Angleterre ou en Allemagne, et ce qu'il nous a été donné de recueillir suffirait pour alimenter une histoire considérable et faire voler en éclats le cadre restreint de cette étude.

Chaque académie, et plus d'un collège, mériterait une histoire à part, où sa physionomie particulière serait mise en relief et l'enseignement de chaque professeur approfondi. Nous nous bornerons ici à fixer les traits généraux de ces physionomies, mais nous étudierons avec un soin spécial l'organisme des grandes académies dans toutes ses parties; les amateurs de la vérité historique ne nous reprocheront jamais de trop exhumer.

Nous aurons lieu d'indiquer dans la suite les sources particulières où nous avons puisé. Désignons pourtant dès le début les documents qui fournissent le plus grand intérêt ou qui renferment le plus de données fondamentales. En premier lieu, la série d'articles publiés dans le *Bulletin de la Société de l'histoire du protestantisme français* depuis la fondation de cette revue périodique en 1853, et en particulier ceux qui sont dus à la plume de M. Michel Nicolas, le savant professeur de philosophie à la Faculté de théologie protestante de Montauban [1].

Puis l'ouvrage d'Aymon, intitulé *Tous les synodes des Eglises réformées*, travail indigeste et compilation peu agréable à lire, mais le seul monument qui ait été élevé en France à la mémoire des grandes assemblées ecclésiastiques protestantes [2]; cet organe des synodes généraux jouait un rôle trop prépondérant dans la vie et le développement historique des Églises pour que la question de l'instruction publique fût laissée en dehors de ses attributs; il exerçait sur les académies une juridiction suprême. Enfin nous avons trouvé à Saumur, conservés dans les archives municipales, trois manuscrits de la plus haute importance [3], qui nous ont fourni sur l'académie de cette ville les renseignements les plus précieux et les plus authentiques, puisqu'ils émanent des archives mêmes de l'ancienne académie et nous font assister aux séances de ses conseils. Mais ce n'est pas seulement à l'aide de certains manuscrits, réfugiés soit à Paris, aux Archives nationales [4], à la Bibliothèque nationale et à celle de la Société de l'histoire du protestantisme français, soit dans les villes de province, soit en Angleterre et en Ecosse; ce n'est pas seulement dans certains livres spéciaux, vieux ou nouveaux, que l'historien de l'enseignement protestant trouve les matériaux de son travail;

---

1. L'un des hommes de France les plus compétents sur la matière. Il va paraître de lui une *Histoire complète de l'Académie de Montauban* que tous les amis de la science pédagogique liront avec plaisir et avec fruit.

2. Dans ce travail, Aymon avait été devancé par John Quick, auteur du *Synodicon in Gallia Reformata*, 2 vol. in-folio, 1692. Nous avons aussi emprunté à cet ouvrage anglais; il est criblé de fautes d'orthographe aussi bien que celui d'Aymon; les noms de personnes et les noms de lieux y sont assez défigurés pour égarer complètement à certains endroits le lecteur inexpérimenté.

3. I. *Papier et registre des affaires de l'Académie royale établie à Saumur depuis le mois d'octobre 1613 jusqu'au 20 mars 1673*, 1 vol. petit in-folio relié en parchemin, 229 feuillets. II. *Reg. du cons. Acad. de ceux de la R. P. R. de Saumur mis à l'Hôtel-Dieu en 1686, du 23 juin 1683 au 6 décembre 1684*, 1 vol. in-folio en parchemin, 18 pag. III. *Papier de recette des deniers académiques du 1 novembre 1631 au 29 janvier 1685*, 1 vol. in-folio relié en parchemin, 113 pages.

4. *Archives nationales*, TT. 239, 256, 253, 282, 270, 314, 235.

dans presque toutes les publications de l'époque ou sur l'époque, il a quelque détail fugitif à surprendre, quelque épi à glaner : heureux le moissonneur qui peut ainsi ajouter une gerbe de plus à la moisson !

INTRODUCTION

COUP D'ŒIL GÉNÉRAL SUR L'ÉTAT DE L'INSTRUCTION PUBLIQUE AU XVIe SIÈCLE

Avant de suivre le développement des institutions scolaires chez les réformés, il est nécessaire de connaître le terrain sur lequel on les a fondées, les systèmes en usage qui les précédaient ou les influences contemporaines qui ne pouvaient pas ne point agir sur elles. Nul n'ignore que le mouvement de la Renaissance, préparé d'ailleurs de longue date, a provoqué une éclosion rapide de doctrines nouvelles ou plutôt d'idées nouvelles relatives à l'éducation : les antiques traditions, les méthodes respectées du moyen âge, les principes contre lesquels nulle voix téméraire ne songeait jusque-là à s'élever, se trouvèrent ébranlés, menacés de ruine, cruellement outragés par quelques maîtres de la nouvelle génération. Cependant le vieil esprit de la scolastique prétendait animer encore les docteurs et les disciples; les conservateurs de l'ancien ordre de choses ne désarmaient pas et s'opposaient opiniâtrement à l'intrusion de théories révolutionnaires dans le domaine de l'enseignement : ils avaient pour eux le grand avantage des habitudes prises, cette force d'inertie redoutable qui est l'armure la plus solide des organisations déjà éprouvées ; aussi le vieil édifice devait-il chanceler encore bien longtemps sur sa base avant de s'effondrer. Dès le début du XVIe siècle, nous remarquons ce conflit entre les tendances de l'avenir et les formes du passé. Notre but n'est pas de remonter jusqu'au moyen âge pour passer en revue les doctrines de la scolastique : il ne nous appartient pas davantage d'analyser les éléments nouveaux apportés par les humanistes à l'élaboration de l'œuvre pédagogique des siècles suivants. Dressons seulement un tableau synoptique de l'organisation générale de l'enseignement en France, au moment où éclate la Réformation, et des innovations proposées par certains hommes illustres dont le génie brille encore comme aux premiers jours.

Les grandes corporations enseignantes n'étant pas encore nées, l'instruction publique était uniquement aux mains des universités; mais celles-ci avaient nourri dans leur sein des fils rebelles, qui, devenus grands, sentirent les lacunes de l'éducation qui leur avait été donnée et entreprirent de la réformer; à vrai dire, leur ingratitude n'était point aussi noire que celle de ces enfants dont parle La Bruyère, qui, « drus et forts d'un bon lait qu'ils ont sucé, battent leur nourrice; » car, s'ils ont su apprécier à leur valeur les leçons qu'ils avaient reçues et se montrer équitables là où l'on était en droit d'attendre des éloges de leur part, ils ont fait preuve d'une courageuse initiative et d'un zèle singulier pour le progrès de la civilisation, en jetant par le monde la vive lumière de leurs pensées et de leurs écrits. Nous avons donc deux ordres de sujets à envisager ici : l'état de l'enseignement public, tel qu'on le rencontre dans les universités, c'est-à-dire l'instruction telle qu'elle était donnée à l'époque; l'état des projets de réformes, tels que certains novateurs les concevaient et les suggéraient autour d'eux. Dans cette dernière catégorie, nous aurons soin de distinguer entre les théoriciens issus du catholicisme ou demeurés dans son sein, et ceux qui, placés de bonne heure sous l'influence des idées religieuses nouvelles, ont pu secouer plus aisément encore les lisières de la routine universitaire.

I. — Les universités.

Quinze universités se partageaient l'instruction de la jeunesse du royaume [1] : la plus célèbre était celle de la capitale, fondée la première, en 1200; mais deux collèges, à Paris, étaient plus anciens encore, puisque la date de 1180 est assignée à leur fondation : c'étaient celui d'Harcourt et celui des Dix-Huit ou de Notre-Dame. Quelles étaient les fonctions de l'*Université de Paris?* Elle distribuait l'enseignement supérieur et l'enseignement secondaire. Le premier était divisé en quatre branches et représenté par les *quatre facultés* de théologie, des arts, de droit et de médecine : leur nom même indique leur objet; cependant il est nécessaire de remarquer que le titre de Faculté des arts correspondait à notre titre actuel de Faculté des lettres et des sciences. Le syndic, le greffier et le receveur, officiers perpétuels de l'Université, étaient toujours tirés de la Faculté des arts. Chacune avait à sa tête un doyen choisi parmi les professeurs par ordre d'ancienneté. L'enseignement secondaire était donné soit par la Faculté des arts, soit par les différents *collèges*, au nombre de quarante, qui s'étaient groupés autour de l'Université et qui en faisaient partie eux-mêmes. De ces collèges, dirigés chacun par un principal, les uns, au nombre de sept, étaient de plein exercice [2], c'est-à-dire offraient un enseignement complet; les autres, qui ne possédaient pas le nombre réglementaire des six classes [3] et qui souvent ne faisaient qu'héberger des pen-

---

1. En voici la nomenclature, avec la date de leur fondation : Paris, 1200; Toulouse, 1223; Montpellier, 1284; Orléans, 1305; Cahors, 1302; Valence, 1454; Angers, 1364; Orange, 1365; Aix, 1409; Dôle, 1422; Poitiers, 1431; Caen, 1436; Nantes, 1460; Bourges, 1463; Bordeaux, 1472; celle de Reims fut fondée en 1548.
2. Les collèges du Cardinal-Lemoine, d'Harcourt, de Lisieux, de la Marche, de Montaigu, de Navarre et du Plessis.
3. En dehors de l'Université, il y avait aussi les collèges des communautés religieuses, mais ils ne différaient pas assez des collèges de l'Université pour mériter qu'on leur consacre un article spécial. Ils étaient au nombre de sept à la fin du XVe siècle : les Bernardins, les Carmes, les Blancs-Manteaux, Cluny, les Cordeliers, les Jacobins et Prémontré.

sionnaires et boursiers ou leur procurer des leçons préparatoires, envoyaient leurs élèves aux cours des collèges complets.

Les écoliers qui désiraient donner une sanction à leurs études par l'obtention d'un grade avaient le droit de se présenter au *baccalauréat* à l'âge de vingt-et-un ans, s'ils avaient passé huit années sur les bancs du collège ou de la Faculté des arts : le candidat était tenu de faire à Paris ses deux années de philosophie, et s'il les avait déjà faites dans une université de province, elles ne lui étaient comptées que pour une. Les examinateurs devaient être docteurs depuis trois ans au moins : on appelait *actes de déterminance* les épreuves exigées du candidat. Le bachelier qui pendant un an avait étudié la physique, la métaphysique, la morale et les mathématiques, à Paris ou dans une autre université, fréquenté les disputes des maîtres et soutenu deux thèses, parvenait à la *licence;* enfin, après la licence et au bout de trois ans et demi de philosophie exigés du candidat, il y avait la prise de bonnet, cérémonie qui conférait la *maîtrise ès arts* ou doctorat. La collation des grades appartenait au *consortium magistrorum* (assemblée générale des maîtres), assisté du chancelier de Notre-Dame.

Quant au régime des écoliers, les uns se logeaient en ville à leurs frais et dans les *pensions* ou pédagogies; les autres, les plus pauvres, trouvaient dans les collèges un asile gratuit, mais se voyaient astreints parfois à des règlements disciplinaires très durs. Ils étaient classés par *nations*, et chacune des quatre nations (France, Picardie, Normandie et Allemagne) était régie par un procureur. Les nations qui, réunies, formaient la Faculté des arts, mais qui, séparées, gardaient en outre un suffrage distinct, nommaient aussi les quatre intrants ou électeurs chargés de désigner le *recteur*. Le recteur de l'Université, élu pour trois mois, convoquait et présidait le *consortium magistrorum*, devait se soumettre à ses décisions et les faire exécuter, exerçait sur tous les corps de l'Université une juridiction suprême, avait mandat de sauvegarder les privilèges et inspectait une fois par mois les collèges ; en outre, les questions de librairie étaient exclusivement traitées par lui, et il percevait un droit sur la vente du parchemin dans Paris. A ces fonctions s'ajoutait pour lui l'obligation de haranguer le roi en français dans les circonstances solennelles, d'ouvrir la foire du Landit et de paraître dans les grandes processions de l'Université. En somme, cette charge était honorifique. Aux obsèques du recteur, la même pompe était déployée qu'aux funérailles d'un prince du sang ; d'ailleurs l'Université, qui avait reçu sous Charles le Sage le titre de *Fille aînée des rois*, devait désormais prendre rang immédiatement après les princes de la maison de France.

Nous ne pouvons pas donner une esquisse de l'organisation de l'Université sans aborder la *question financière ;* elle n'était d'ailleurs pas très compliquée et jouait un rôle des plus effacés dans les préoccupations de tous. Crevier a soin de relever dès le début le désintéressement méritoire de ce corps illustre : maîtres et élèves « ont toujours formé leur vertu à l'école de la pauvreté. C'est, je pense, un phénomène qu'une compagnie qui subsiste depuis tant de siècles, toujours protégée et honorée des grands et des rois, soit restée pauvre et infiniment éloignée d'atteindre aux richesses que d'autres sociétés qu'elle a vu naître ont accumulées en peu d'années. L'Université en corps a peu de revenu. Les facultés et les nations sont pauvres : les collèges ont à peine de quoi faire subsister leurs boursiers. Tout annonce la pauvreté. Et les suppôts ne dégénèrent point de cette gloire. Riches de leur médiocrité seulement, et préférant à leurs richesses le bon esprit qui apprend à s'en passer, ils se consacrent à des travaux pénibles dont la principale récompense est d'avoir rendu service à la religion et à l'Etat [1]. » Ce tableau, qui du reste est tout à l'honneur des membres de l'Université, résume avec une indiscutable franchise une situation malheureusement vraie. A vrai dire, l'Université n'avait point de revenu fixe,

---

1. Crevier, *op. cit.*, t. I, 9, 10.

mais un simple casuel obtenu au moyen des droits levés sur ceux qui devenaient membres de ce corps ou qui y prenaient leurs degrés. Les taxes, appelées *bourses*, étaient au nombre de cinq; chacune variait autrefois de taux entre quatre et six sols, somme réputée équivalente à la dépense faite par un étudiant pour son entretien ordinaire pendant une semaine. Mais, si l'étudiant passait pour riche, les droits étaient élevés au gré des examinateurs. Les cinq objets auxquels elles étaient affectées étaient les suivants : le bénéfice du recteur [1], le luminaire pour les offices, la célébration des fêtes de la Vierge, les bedeaux et le loyer des écoles. Mais la réforme du cardinal d'Estouteville fit cesser un abus déplorable dans la perception de ces bourses : les docteurs taxaient arbitrairement les candidats, en l'absence de tout contrôle : à l'avenir, on leur fixa un maximum qu'ils ne devaient pas dépasser, savoir sept écus d'or pour le baccalauréat, douze pour la licence. En cas d'infraction à ce règlement, les docteurs devaient être suspendus de leurs fonctions, de leurs privilèges et de leurs émoluments, jusqu'à ce qu'ils eussent restitué au double l'excédant de ce qui leur était dû : et, s'ils ne se conformaient pas rigoureusement à ce statut, ils encouraient l'excommunication.

Les Universités pouvaient être nommées à des bénéfices ecclésiastiques. Elles dressaient le rôle de ceux de leurs suppôts gradués qu'elles jugeaient dignes d'être pourvus et l'envoyaient d'abord au pape, plus tard aux collateurs seulement. La pragmatique sanction avait consacré l'affectation déjà usitée du tiers des bénéfices au corps des gradués. Le tiers de ce tiers était réservé aux gradués simples; les deux autres, aux gradués nommés soit par le recteur soit par les suppôts.

La réforme de 1452, qui enjoint aux pédagogues d'avoir à payer convenablement les professeurs, flétrit aussi ceux qui imposent à leurs élèves des pensions trop fortes ou qui les

---

[1]. Les revenus du recteur s'élevaient annuellement à 1200 livres au maximum, au moyen du droit de sceau, du droit de présence aux assemblées et du droit sur la vente du parchemin.

nourrissent avarement. Quant aux chanceliers qui recevraient une somme d'argent quelconque pour présenter, suivant l'usage, les examinateurs de la licence à l'Assemblée des maîtres, ils encourraient aussi l'excommunication.

On le voit, d'après ce résumé rapide, l'Université jouait un grand rôle dans l'Etat; ses privilèges étaient considérables, et les autorités civiles ou politiques devaient compter avec elle. Le prévôt de Paris se glorifiait du titre de *conservateur de l'Université*, et, lorsqu'un conflit éclatait entre les habitants et les écoliers, c'était lui qui tranchait le différend ou pacifiait les esprits. L'Université se faisait représenter aux Etats généraux. Lors des grands conciles œcuméniques de Pise, de Constance et de Bâle, la Faculté de théologie brilla au premier rang, grâce au caractère et à l'éloquence de ses délégués, les Gerson, les Pierre d'Ailly et les Clémengis; l'opinion de ces docteurs influa sur les principales décisions que prirent ces illustres assemblées. Au point de vue du crédit, il est donc important de remarquer que l'Université de Paris ne le cédait à aucune puissance de l'Europe : Luther lui-même parla de porter devant ce tribunal, dont la haute compétence était reconnue par tous, la question de la Réforme.

Quel esprit animait ce corps vénérable? Quelle nature d'enseignement était donnée dans ces écoles? On était alors sous le régime inauguré par la *réforme du cardinal d'Estouteville*, publiée officiellement le 29 juin 1452. Cette réforme, suivant Crevier, était louable de tout point en ce qui regarde la discipline et les mœurs [1]; en effet, elle vise surtout la partie disciplinaire et ne modifie pas sensiblement la partie matérielle de l'enseignement, telle que l'avaient réglée les anciens statuts et surtout celui des cardinaux de Montaigu et de Saint-Marc en 1366. Dans la Faculté de théologie, les cours duraient six ans, mais on pouvait être dispensé de faire la sixième année. Les leçons qui portaient sur l'explication de la Bible et des sentences étaient données toujours par des bacheliers, et tous

---

1. Ouvrage cité, volume IV, page 194. Voir, pour tout ce qui concerne cette réforme, de la page 168 à la page 197.

les quinze jours par des docteurs en théologie ; une grande place était réservée aux exercices homilétiques. Les étudiants devaient clore le cycle de leurs études universitaires par la soutenance d'une thèse dite *tentative*.

Dans la Faculté de droit ou de décret, le droit canon était seul étudié ; là aussi, les bacheliers donnaient la plupart des leçons à titre de docteurs du matin, *legentes de mane*. Chaque année, tout docteur faisait une répétition publique aux bacheliers professeurs et les interrogeait sur une décrétale ou un canon choisi par lui. En 1534, il y avait six professeurs de droit [1].

Dans la Faculté de médecine, le légat du pape Nicolas V et les commissaires royaux chargés de l'aider dans son œuvre n'avaient trouvé que peu de réformes à accomplir ; la régence en médecine avait été nettement distinguée de la régence ès arts ; une thèse, dite cardinale, avait été ajoutée aux examens de la licence ; enfin le célibat n'était plus considéré comme obligatoire pour les régents de cette Faculté.

Dans la Faculté des arts, nombre d'abus sont corrigés. Les maîtres de pension ne vendent plus les fonctions de professeur au plus offrant et sont astreints à fournir le logement et la nourriture ; les prix des pensions sont aussi réglés d'une manière équitable ; enfin on institue quatre *censeurs*, un par nation, chargés de surveiller les mœurs et la conduite de tout le personnel de la Faculté.

Quant aux *études* elles-mêmes, elles portaient sur la grammaire, la prosodie et les auteurs latins jusqu'à la première classe ; mais ce ne fut qu'en 1458 que, prenant le titre de *régent* [2], Grégoire de Tiferne, élève de Chrysolore, enseigna pour la première fois la rhétorique et le grec dans l'Université ; dès lors la chaire de grec jeta un certain éclat, et Reuchlin, qui

---

1. Crevier, V, 264.
2. Aux yeux de l'Université, il ne pouvait pas prétendre au titre de régent ; d'après un usage toujours observé et consacré par une délibération officielle prise en 1457, les seuls professeurs de logique et de philosophie enseignant dans la rue du Fouarre étaient appelés régents.

répandit en Allemagne le goût et l'étude de cette langue, était un élève de Grégoire. En philosophie, l'autorité d'Aristote était absolue; ses ouvrages étaient l'unique objet des études, et ses opinions avaient force de loi. Rien n'était changé depuis le moyen âge et le jugement concis porté par Crevier sur l'état des études au xive siècle était applicable au xvie : « Beaucoup de subtilités; Aristote seul guide; on étudiait la nature dans les écrits de ce philosophe et non en elle-même [1]. » Les traités composés et dictés par les maîtres n'étaient pas moins dépourvus de toute originalité. Ce même esprit scolastique qui régnait dans les classes de philosophie, était répandu, dans une mesure plus large encore, sur l'enseignement théologique dont il comprimait péniblement l'essor. Les questions oiseuses ou méticuleuses, les curiosités dialectiques ou dogmatiques, les problèmes insolubles, mais piquants à cause de leur singularité même, voilà les objets qui séduisaient le plus les imaginations des jeunes clercs et auxquels ils consacraient la meilleure part de leurs loisirs. « Ceux qui étudiaient et qui enseignaient dans ce goût, dit Crevier, se regardaient comme de grands esprits et fort élevés au-dessus du vulgaire. Mais ils se faisaient mépriser par les amateurs du solide et du vrai, qui les traitaient de visionnaires, *phantastici* [2]. » Gerson et surtout Clémengis avaient vivement critiqué la méthode de ces modernes sophistes, « qui, laissant l'arbre riche et fertile des saintes Ecritures, vont chercher la pâture de la doctrine en des lieux sauvages et stériles, dans lesquels ils languissent et périssent de faim; » en effet, quel était le résultat le plus net de ces argumentations outrées ? « Si vous écartez l'enveloppe et l'écorce des mots, et que vous y cherchiez du fruit, elles s'évanouissent en fumée parce qu'elles sont vides en dedans. » Ainsi s'exprimait Clémengis. Ainsi parleront aussi les théologiens de la Réforme au xvie siècle; leurs héritiers auront le tort, au xviie, de tomber à leur tour dans ce travers.

Toutes les universités de France, fondées sur le modèle de

1. Crevier, t. III, 187.
2. Crevier, t. III, 182.

celle de Paris, n'offraient pas cependant une reproduction adéquate de celle-ci ; le plus souvent, elles n'en étaient qu'une pâle copie, ou une copie incomplète. Toutefois celle de Caen, due à l'initiative du duc de Bedford et ouverte sous les auspices du gouvernement anglais, et celle de Bourges enseignaient en plus le droit civil. A Bourges brillèrent des jurisconsultes éminents, tels que Beaudouin, Duaren, Hotman et Cujas. L'Université de Montpellier, qui se prétendait aussi ancienne que celle de Paris, n'avait point de Faculté de théologie et avait surtout en honneur la médecine. Celles d'Orléans et de Valence étaient les moins bien partagées ; elles ne possédaient qu'une Faculté de droit.

Celle d'Angers était célèbre ; au temps de la reine Blanche, il y eut un licenciement de l'Université de Paris qui lui fut très favorable ; beaucoup d'Anglais surtout lui donnèrent la préférence, parce que la terre d'Anjou était le grand fief des Plantagenets. « La liste des canonistes et des légistes qui se formèrent à Angers au XIIIe et au XIVe siècle, et devinrent ensuite célèbres, serait longue à dresser [1]. » Ce fut la grande notoriété des jurisconsultes angevins qui détermina l'érection de leur école en Université : la bulle d'Eugène IV (1432), fut ratifiée par Charles VII en 1433 au moyen de lettres patentes, qui adjoignirent au droit canonique et civil, des Facultés de théologie, médecine et arts. Cette florissante Université comptait six nations : Anjou (comprenant la Touraine et les pays étrangers), Maine, Bretagne, Aquitaine, Normandie et France.

L'Université de Bordeaux avait acquis un grand renom et devait à sa position géographique une part de sa prospérité. Lors de sa fondation [2], elle eut deux professeurs de décret, deux de lois, deux de grammaire, un de médecine et six de théologie. Le collège de Guyenne, ou grand collège de gram-

---

1. L. de Lens, *Facultés, collèges et professeurs de l'Université d'Angers du xve siècle à la Révolution française*, t. II, 1er art., juin 1875. Paru dans la *Revue d'Anjou*.
2. Bulle d'Eugène IV (1441). Voyez sur cette Université : *Revue de l'Instruction publique*, 1854 : Ancienne Université de Guyenne, par Ch. Dreyss.

maire, donna un certain lustre à l'enseignement des arts dans la métropole de l'Aquitaine.

Tel était le régime de l'instruction secondaire et supérieure en France au début du XVIe siècle. Le réseau universitaire enveloppait dans ses mailles toute la jeunesse du royaume, jeunesse souvent turbulente, difficile à contenir, formée d'éléments divers; c'était une vaste armée de gais compagnons, plus assidus à la joie qu'à l'étude, mais qui n'en recrutait pas moins de vaillants soldats âpres au travail, et cette phalange sacrée fut la pépinière des savants remarquables qui demeurent la gloire du XVIe siècle ; malgré une certaine unité dans la constitution, chaque école avait son caractère particulier, ses usages, sa réputation, comme elle avait ses privilèges ; les étudiants avaient aussi leurs mœurs ; on disait les *bragards* d'Angers, les danseurs d'Orléans, les *crotez* de Paris, les flûteurs et joueurs de paume de Poitiers, comme on disait les *brigueurs* de Pavie et les amoureux de Turin. De même, parmi les collèges de Paris, l'un, Navarre, avait les préférences de la cour ; l'autre, Montaigu, était réputé pour l'excellence de sa discipline; Bayeux, pour ses leçons de mathématiques ; Sainte-Barbe se recommandait en 1534 par quatorze régents d'une haute valeur scientifique[1].

Les hommes de la Réformation firent leurs études dans ces collèges, et les futurs maîtres de l'enseignement protestant empruntèrent au système universitaire une grande partie de ses méthodes et de ses règlements. Voilà pourquoi nous avons tenu à donner ici une peinture exacte de cette source féconde où ils ont puisé. Mais, si abondante qu'elle fût, cette source ne jaillissait pas toujours en eau pure et bienfaisante : le ruisseau roulait du gravier qui interceptait son cours ou du limon qui en troublait la limpidité. Les grands esprits de la Renaissance aperçurent ces entraves, les signalèrent et indiquèrent à la postérité la voie à suivre pour les faire disparaître. Comment entendirent-ils faire leur procès aux universités régnantes?

---

1. Voyez Emond, *Histoire du collège Louis-le-Grand*, p. 4.

Quelles réformes leur parurent urgentes dans le domaine de la pédagogie?

II — Les théories nouvelles au XVIᵉ siècle.

§ 1. — Chez les catholiques.

Pour plus de netteté dans l'exposition, nous avons déjà annoncé que nous diviserions en deux groupes distincts les hommes qui ont émis des idées nouvelles en matière d'instruction; nous essaierons d'apprécier brièvement les principales modifications qu'ils ont proposées aux systèmes en vigueur de leur temps. Dans le premier groupe, nous comprenons les théoriciens issus du catholicisme, qui, tout en réservant avec une insistance singulière l'orthodoxie de leur foi, ont éprouvé moins de scrupule à sauvegarder l'orthodoxie de leur attitude. Nous n'avons pas à nommer Ignace de Loyola; cet illustre fondateur d'une compagnie qui a joué un si grand rôle dans l'histoire est, il est vrai, un contemporain des novateurs du XVIᵉ siècle : chronologiquement, il relève de ce chapitre; mais comme il a fondé son œuvre en grande partie pour défendre les jeunes générations contre le péril de l'hérésie, et comme il a su avec un art remarquable s'approprier certaines idées mises en circulation par ces mêmes hérétiques, nous ne pouvons placer les Jésuites ni au rang des prédécesseurs de la Réforme, ni au rang des inspirateurs de l'enseignement réformé.

L'homme qui, dans le premier groupe, apparaît au premier plan, est sans contredit *Rabelais* [1]. Elève de Montpellier, Rabelais n'est guère tendre pour les Universités : s'il les connaît toutes, il n'en ménage aucune. Pantagruel, dans son tour de France, ne se déclare satisfait qu'à Bourges, « où il prouffieta beaucoup en la faculté des loix. » Partout ailleurs il constate un

---

[1]. Etudier les idées pédagogiques de Rabelais dans : Gebhart, *Rabelais, la Renaissance et la Réforme*, 3ᵉ partie, ch. 1, 2 et 3; Guizot, *Méditations et études morales*, 1859; Compayré, ouvrage cité, t. I; *François Rabelais et son Traité d'Education*, par le docteur Arnstædt. Leipzig, 1872.

certain dépérissement des études ou un relâchement pernicieux de la discipline. A Montpellier, on ne s'occupe que de médecine. A Toulouse, on joue de l'épée, on danse, on brûle les régents, « tous vifz comme harans soretz. » A Poitiers, on ne sait que faire. A Bordeaux, on flâne sur le port. Mais à Paris, du moins, y a-t-il plus d'entrain, plus de travail et plus de vie intellectuelle? Sans doute Pantagruel élit domicile à Paris ; le milieu est donc favorable à l'instruction ; cependant ce n'est pas à l'Université qu'il va la demander. Il n'a que faire de se rompre l'esprit à tout emprisonner dans le moule banal du syllogisme, et les argumentations à outrance de maître Janotus de Bragmardo sont autant d'entorses données à la droite raison et au bon sens. D'ailleurs quel latin parle-t-on dans ces classes! *Ego habet bonum vino* : ainsi s'exprime le régent chargé apparemment d'expliquer Cicéron. Quel français! Lisez la plaisante anecdote de l'écolier limousin [1]. Et quelle discipline barbare applique-t-on aux collégiens de Montaigu! « Mieulx sont traictez les forcez entre les Maures et Tartares, les meurtriers en la prison criminelle, voyre certes les chiens en vostre maison, que ne sont ces malautruz dedans ce colliege de pouillerie... Et si i estoys roy de Paris, le diable m'emporte si ie ne mettoys le feu dedans, et feroys brusler et principal et régens, qui endurent ceste inhumanité devant leurs yeulx estre exercee [2]. » Ainsi ni la méthode ni la discipline scolastique ne trouvaient grâce devant Rabelais; ce n'est pas que les professeurs manquent d'une certaine érudition et soient des incapables ; mais les Thubal Holoferne et les Jobelin Bridé font un piteux usage de cette science, l'appliquent sottement et deviennent d'insupportables pédants. Aussi l'enfant devient-il sous leur direction « fou, niays, tout resveux et rassotté [3] ». Qu'on le mette en présence d'Eudémon, l'adolescent élevé en dehors du formalisme de l'école, et le pauvre Gargantua,

1. Livre II, chap. 6.
2. Liv. I, chap. 37. Et ailleurs: « Tempeste feut un grand fouetteur d'escholiers au collège de Montagu, etc. »
3. Livre I, chap. 14.

vaincu par la simplicité même et le franc savoir de son émule, se verra réduit à « plorer comme une vache », sans pouvoir articuler une parole ! L'esprit de l'un a été bourré de commentaires verbeux et saturé d'exercices mnémotechniques : il ne peut se mouvoir que dans un cercle restreint d'idées reçues et suivant des lois immuables ; l'esprit de l'autre, éclairé par les lumières que fait naître l'expérience personnelle, aiguisé par un labeur sagement gouverné, acquiert un développement sûr qui pour être naturel n'en est pas moins séduisant. « Raison ? Nous n'en usons point céans », dit Janotus, en parlant de l'Université. Rabelais ne veut pas que l'on confonde la raison et le raisonnement. Aussi, pour lui, qui se déclare manifestement partisan d'une méthode rationnelle, cherche-t-il à fixer en la personne de Ponocrate le portrait du vrai précepteur ; précepteur et non pas seulement régent, c'est-à-dire chargé de l'éducation morale en même temps que de l'éducation proprement dite. Ce qui frappe dans le système de Rabelais, c'est la large part faite à l'étude de la nature ; ce point avait été totalement négligé jusqu'à lui, et devait l'être longtemps encore après lui. Le matin au lever du soleil et le soir après son coucher sont réservés à l'étude des astres. Le reste de la journée est consacré à l'étude des lettres; les classiques, bien entendu, sont en honneur; mais Rabelais insiste sur l'étude du grec et de l'hébreu, deux langues trop oubliées au moyen âge, où l'une était flétrie du nom de langue des hérétiques, l'autre abandonnée avec mépris aux Juifs mécréants; la Renaissance leur avait rendu le prestige des anciens jours, et les âges postérieurs ne se montrèrent jamais si avides de les posséder.

Mais l'élève de Ponocrate ne se lève pas à quatre heures du matin pour s'étioler dans son cabinet de travail en restant jusqu'à la nuit penché sur les livres. Le génie de Rabelais sut parfaitement distinguer entre les nécessités du travail intellectuel et les besoins de l'organisme physique. Chez lui l'éducation du corps est mise sur le même rang que celle de l'esprit. C'est merveille que de le voir préciser les soins hygiéniques que le jeune homme doit à son corps et multiplier les recommandations de propreté inconnues à la presque totalité des étudiants d'alors[1]. Après chaque temps de travail, des récréations variées occupent et distraient l'écolier : la paume, les exercices de gymnastique, l'équitation, la natation, la lutte prennent une partie de la journée et préparent Gargantua au repas copieux du soir ; après ce repas, on joue aux cartes ou aux dés et l'on recherche la société de personnes instruites, sachant causer sur toutes choses, spécialement sur leurs voyages. Les beaux-arts ne sont pas négligés : la musique, la peinture ou la sculpture font aussi partie du programme. D'ailleurs, les récréations mêmes et les promenades sont rendues instructives ; pendant les repas, l'élève cause avec le maître sur les objets que l'on met sous leurs yeux; dans les excursions, on herborise, on fait de la zoologie, on s'instruit à propos de tout.

A ce rapide coup d'œil jeté sur la pédagogie selon Rabelais, on voit sans peine que sur bien des points il a été en conformité de vues avec les protestants de son temps et devance les doctrines pratiquées depuis par les nations protestantes. En religion d'abord, « il a subi, dit M. Compayré, l'influence de la Réforme à laquelle il avait failli adhérer. Calvin, un instant, avait compté sur lui[2]. » En effet, il proteste dans son Catalogue amusant de la librairie de Saint-Victor contre l'abus des livres de dévotion béate ou insipide dont on nourrissait les âmes des adolescents[3]. Pauvre nourriture ! « I aime bien mieulx ouïr l'Evangile et beaucoup mieulx m'en trouve que de ouïr la Vie de sainte Marguerite, ou quelque autre cafarderie. » Un protestant n'eût pas mieux dit, et surtout n'eût pas dit autre chose. Le matin et le soir, l'élève adorait Dieu dans ses plus beaux ouvrages : le ciel étoilé et la nature. En outre, Gargantua « souventes foys se adonnoit à révérer, adorer, prier et supplier le bon Dieu. » Pendant qu'il procédait à sa toilette, à son lever « lui estoit leue quelque pagine de la divine Escripture ».

1. On retrouvera ce souci chez les rédacteurs des Statuts de Nîmes et de Sedan.
2. Compayré, *op. cit.*, t. I, page 66.
3. *Le secret d'humilité, Le chaudron de magnanimité, Les fanfares de Rome, Le moutardier de pénitence*, etc.

Les jours de pluie, il assistait aux sermons des prêcheurs évangéliques [1]. En théologie, la condamnation des méthodes scolastiques et du mysticisme monacal, la lecture des livres sacrés dans le texte original; en littérature, la place faite au grec, la nécessité reconnue d'apprendre les langues orientales et surtout l'hébreu, afin d'honorer également les saintes lettres et les lettres profanes; en pédagogie proprement dite [2], l'abolition de l'internat : voilà autant de préceptes que le protestantisme retiendra. Mais un point auquel les réformés français ne songeront pas assez et sur lequel leurs coreligionnaires d'outre-mer sauront insister, c'est la grande part faite dans l'éducation au développement physique de l'écolier : l'Angleterre ne faillira point à cette tâche, comme l'Amérique se souviendra des leçons de choses imaginées par Rabelais.

Il est permis cependant de trouver que ce grand écrivain exige de son élève des efforts peut-être disproportionnés à la nature humaine; son activité intellectuelle et physique doit être exubérante, se porter sur trop de sujets à la fois; il se peut aussi que le lien de la discipline soit tenu trop lâche. Mais, le héros du livre étant représenté comme plus grand que nature, on est en droit de supposer que l'auteur a voulu mesurer la besogne à la taille du personnage. *Montaigne* n'est pas si ambitieux, dans le plan qu'il propose au pédagogue : plus discret dans ses exigences, il est aussi plus superficiel dans son programme [3]. Ses vues sur l'éducation sont trop connues aujourd'hui pour que nous nous attardions à les développer. Résumons-les. En premier lieu, on remarque chez ce moraliste une série d'impressions qui lui viennent de sa propre éducation, telles que son dédain marqué pour la tutelle maternelle de la première enfance, son mépris pour les nobles oisifs et illettrés, et son horreur des procédés de la sco-

---

1. Ce sont les réformés. Cf. Gebhart, *op. cit.*, 225.
2. « Pantagruel apprendra le grec d'abord, puis le latin, l'hébreu, le chaldaïque, l'arabe. » Cf. Gebhart, *id.*, *ibid.*
3. Voyez sur Montaigne pédagogue : Compayré, *op. cit.*, t. I, chap. II; Guizot, *Méditations et études morales*, 381 sq.; enfin Montaigne lui-même, livres I, II, III.

lastique. Son père avait été d'une « douce sévérité » envers lui ; il veut que tous les pères agissent de même. Ce fameux père de Montaigne, gentilhomme intelligent et maniaque, offrait un mélange assez curieux d'idées généreuses et de théories bizarres. Il sut faire de son fils un esprit des plus distingués ; mais n'était-ce pas au moins singulier de l'éveiller au son des flûtes, de l'envoyer en nourrice par principe, de forcer toute la maison à « jargonner » le latin devant lui ? Ne faut-il pas attribuer à ces originalités de la première éducation le dégoût insuffisamment justifié qu'il éprouve pour l'enseignement du latin tel qu'il était entendu au collège de Guienne, et le tableau peut-être un peu foncé en couleur qu'il trace des cruautés de la discipline [1] ? Il fait des internats des écoles d'abrutissement, et se déclare abêti par elles un des premiers ; son témoignage nous semblerait par là même sujet à caution. Cependant il n'avait pas tort sur tous les points : il est fort spirituel, et on ne peut plus juste, quand il instruit le procès du pédantisme et de la dialectique contemporaine. Malheureusement, de même que Rabelais, voulant affranchir les jeunes gens du joug des collèges, les émancipe avec trop de complaisance ; de même Montaigne, secouant le joug des formules aristotéliciennes, laisse prendre à la pensée une allure trop vagabonde. Son « gentilhomme », le futur « honnête homme » du XVIIe siècle, est doté d'une instruction moyenne, telle qu'il convient de la donner à la moyenne des hommes ; pourvu qu'il ait une éducation morale suffisante, peu importe la science ; pourvu qu'il sache conduire sa pensée, peu importe qu'on lui meuble l'esprit de connaissances multiples.

Comme Rabelais, il conseille les voyages, les conversations fécondes, les leçons de choses ; il tient à l'étude des langues vivantes. Quant à ses principes touchant la discipline physique et morale qu'il faut imposer au jeune homme, il veut

---

1. « Ce sont vrayes geaules de ieunesse captive... Vous n'oyez que cris, et d'enfans suppliciez, et de maistres enyvrez en leur cholere, » etc., etc.

que les exercices corporels ne soient pas négligés et que le fouet soit décidément supprimé[1].

En résumé, l'éducation, selon Montaigne, est essentiellement humaine : l'élève acquiert une teinture générale des belles-lettres [2], à peine quelques notions scientifiques [3], le goût de la philosophie morale, et une horreur profonde de tout travail excessif ou seulement fatigant [4]. La théorie de Montaigne, on peut le prévoir, aura peu de succès auprès des protestants : ce scepticisme délicat, ce dédain sommaire de l'érudition [5] ne leur inspireront que de la défiance, et ils rejetteront le tout en bloc en prenant sur bien des chapitres le contre-pied du système. Les Jésuites feront l'inverse.

La troisième figure qui nous frappe dans ce groupe est celle d'*Erasme*, l'homme qui a personnifié la Renaissance et qui a été protestant de fait, malgré le soin qu'il prit de se tenir à l'écart du grand mouvement réformateur [6]. A ce titre, il exerça une influence indiscutable sur le XVIe siècle tout entier : catholiques et protestants, au nord et au midi, eurent les yeux fixés sur lui ; j'ajoute que les protestants devaient s'inspirer de ses théories plus que les catholiques. Ce Hollandais cosmopolite, qui rendit un culte égal aux saintes lettres et aux profanes, est à vrai dire le grand pédagogue de l'époque : on sait quelle fut son éducation à Deventer. Les *Frères de la Vie*

---

1. « Quelle manière pour esveiller l'appétit envers leur leçon à ces âmes tendres et craintives, de les y guider d'une trongne effroyable, les mains armées de fouets ! »
2. Montaigne ignorait le grec.
3. « L'estude des sciences amollit et effemine les courages plus qu'il ne les fermit et aguerrit. »
4. « Ie ne veulx pas qu'on emprisonne ce garson ; ie ne veulx pas corrompre son esprit, le tenir à la gehenne et au travail quatorze ou quinze heures par jour comme un portefaix. »
5. « Ie n'ay gousté des sciences que la crouste premiere, un peu de chaque chose, à la françoise. » — « Ie treuve Rome plus vaillante avant qu'elle feust savante. »
6. Voyez, sur Érasme pédagogue, Compayré, t. I. ch. III ; G. Feugère, *Érasme*, Paris, 1874 ; *Quid de puerorum institutione senserit Erasmus*, par A. Benoist, Paris, 1877 ; *Éloge de la Folie*, édité par V. Nisard, Paris, 1843 ; *Œuvres complètes* d'Érasme (*Revue de l'instruction publique*, 1873).

commune, qui datent de la fin du xiv⁰ siècle, ont été les premiers à substituer un programme d'études libéral et rationnel aux méthodes scolastiques : ils sont donc les ancêtres directs des réformateurs du xvi⁰ siècle; nous aurons lieu de revenir à eux dans la suite de ce travail. Disons seulement qu'on a été quelquefois très injuste à leur égard, ou qu'on les a bien peu connus. M. Compayré n'a pas su échapper à des préjugés qu'il aurait dû écarter. Il les considère comme des mystiques exclusivement préoccupés de développer chez leurs élèves la piété et immolant à cet unique objet toutes les facultés de l'enseignement humain; il félicite Erasme d'avoir méprisé les conseils de ses maîtres et d'être resté réfractaire à l'esprit monastique « qui l'obsédait de toutes parts ». La vérité est que ces écoles n'avaient du couvent que l'apparence; on y déployait autant de zèle pour le progrès que dans l'Université de Paris on en mettait à l'enrayer. Loin de déprécier les premiers professeurs d'Erasme, il faut donc les féliciter d'avoir formé un esprit libre comme le sien, et n'attribuer d'autre mérite à Erasme que d'avoir subi leur influence.

En 1496, il fut boursier à Montaigu, où il précéda Calvin et Loyola sur les bancs. Mais la discipline de ce collège lui déplut souverainement ; lui aussi proteste contre les grossières pénitences infligées par les maîtres du temps [1] et les brimades stupides en usage parmi les écoliers d'Allemagne. Il en cite des exemples révoltants [2]. Comme Rabelais et Montaigne, il a donc une certaine répugnance pour l'internat des collèges [3] ; cependant il s'y résigne plus vite et cherche ensuite à amender ce régime. Erasme ne rêve point pour son élève le savoir encyclopédique et la santé robuste de Gargantua; il ne l'invite pas à butiner sur toutes les fleurs du sentier de la vie, comme

---

1. « *Gallis literatoribus, secundum Scotos, nihil est plagosius...* » (T. I, 5o5.) On frappait à coups redoublés l'enfant attaché nu à un poteau.

2. Des enfants barbouillés de boue et d'immondices.

3. «... C'est dans le lieu appelé par les Grecs σχολή, du mot qui veut dire loisir, et les Latins *ludus*, c'est là que tu exerces une tyrannie qui dépasse celle de Phalaris ? »

fait l'auteur des *Essais*. Humaniste avant tout, il cherche à former des humanistes, ou du moins des esprits aussi versés que possible dans les belles-lettres. De là une éducation sérieuse sans doute, excellente à un certain point de vue, mais incomplète au demeurant, trop exclusivement littéraire. La scolastique est vigoureusement tancée, ses méthodes abolies, sa philosophie mise au rebut ; c'est aux civilisations latine et grecque que l'on demande les aliments de l'esprit et les principes de toute culture. Le jargon latin en usage dans les classes est honni, en même temps que le pédantisme est bafoué. Ce retour au bon sens et au bon goût serait irréprochable, si Erasme avait faite plus large dans son système la part des sciences [1] proprement dites, et ménagé celle de la langue nationale. Mais, uniquement préoccupé de sauvegarder la pureté du latin, il oublie les autres langues vivantes ; aussi trouvons-nous une seule excuse à cette négligence, savoir la coutume contemporaine de considérer le latin comme le langage courant des lettres du monde entier. D'ailleurs Erasme raille très finement le pédantisme cicéronien, qui tendrait à se substituer au pédantisme scolastique. Enfin, où il se montre un maître en pédagogie, c'est lorsqu'il demande à l'instituteur non seulement un intérêt soutenu, mais un amour sincère pour son élève [2] ; on ne peut enseigner avec fruit, si l'on accomplit cette tâche avec indifférence.

Le protestantisme dut beaucoup à Erasme. Il ouvrit la voie aux traducteurs de l'Ancien et du Nouveau Testament ; il proclama hautement l'utilité des langues grecque et hébraïque ; il excella dans leur connaissance. La théologie lui est familière ; il ne va pas en demander la substance aux sommes du moyen âge et la formule aux canons des conciles ; il va droit aux sources et étudie les saints Livres. Sans les rechercher, il

---

1. « *Hæc degustare sat erit.* » Cependant il réclame le premier en faveur de la physique expérimentale. (Voyez t. 1, page 913.) Ceci est tout à fait remarquable.

2. « Les enfants sont le temple de l'Esprit-Saint. » Erasme fait de la tendresse un devoir pour tous les membres de la famille.

ne fuyait pas les controverses, et sa polémique avec Luther est restée célèbre. Mais ce qui fait sa gloire et ce qui accroît l'importance de son œuvre, c'est qu'il ne se borne point à spéculer comme Rabelais ou Montaigne; il agit. Au collège Trilingue de Louvain (1517), on enseigne le grec, le latin et l'hébreu; par cette institution, Erasme fut l'inspirateur du Collège de France. Enfin et surtout, le grand humaniste fonde une bibliothèque scolaire. Il écrit ses immortels colloques, les *Adagiorum Chiliades*, publie un dictionnaire grec, traduit la Grammaire de Théodore Gaza, les Œuvres morales de Plutarque, recommande Nicolas Perotti pour la grammaire latine, etc., donnant l'exemple de l'activité sans relâche aux professeurs de l'avenir. Nous saluons ici l'ancêtre et le modèle de Tanneguy Le Febvre.

Enfin nous croyons devoir citer ici le philologue et pédagogue *Vivès*[1], cet Espagnol qui fit de la Flandre sa patrie d'adoption; lui aussi fut un virulent censeur de la scolastique, mais un esprit religieux, un ami des langues modernes autant que du latin, et nous le trouvons disposé à favoriser l'enseignement des choses de la nature. Ses colloques ont acquis une certaine renommée, ainsi que ses idées sur l'éducation des filles; l'Université de Paris laissait passer ses œuvres, alors qu'elle proscrivait Erasme.

§ 2. — *Chez les protestants.*

Ce serait une erreur de croire que le protestantisme, en sa qualité d'adversaire naturel de la scolastique, ait apporté dans l'école le même esprit révolutionnaire qu'il avait soufflé sur l'Eglise; il semble à certains moments qu'il ait réservé toutes ses fureurs iconoclastes, toutes ses réformes radicales pour le domaine religieux, et qu'il ait tenu à affirmer ses instincts conservateurs dans la république des lettres ou plutôt dans la province de la philosophie. Cependant ne nous y trompons

---

[1]. Voyez, sur Vivès pédagogue, *Les colloques scolaires du* xvie *siècle et leurs auteurs*, thèse par L. Massebieau; Paris, 1878.

pas : en condamnant les attaques violentes contre telles doctrines traditionnelles universellement reçues à l'époque, il ne prétendait pas lier les fauteurs de progrès et interdire les recherches. C'est ce que l'on verra par la suite.

Pierre de La Ramée, ou *Ramus*, est l'un des plus brillants représentants de la pédagogie protestante au xvie siècle. De même que la Réformation a certain droit à revendiquer une bonne part des idées de Rabelais et des travaux d'Erasme, de même la Renaissance dispute Ramus à la Réforme, et la philosophie indépendante voudrait aussi l'isoler de ses coreligionnaires pour en faire un de ses témoins à elle. On a été jusqu'à dire que la Saint-Barthélemy visa en lui le novateur humaniste, le platonicien enthousiaste, plutôt que le huguenot. Il ne faudrait pas exagérer cette opinion, que M. Renan semble soutenir après d'autres [1]. On doit convenir que Ramus a consacré sa vie à critiquer l'enseignement contemporain, souvent avec un zèle acerbe et une humeur par trop batailleuse; cet esprit de contradiction lui attira de nombreuses inimitiés et le rendit suspect aussi bien à certains protestants qu'aux universitaires français. Mais il n'existe pas de preuve concluante en faveur de l'hypothèse qui fait de lui exclusivement un martyr de la pédagogie.

Cet ancien domestique d'un élève du collège de Navarre, grâce à un travail soutenu et personnel, s'éleva au-dessus de sa humble condition et arriva à posséder une somme de connaissances des plus variées. Comme Erasme, il se proposa de remettre en honneur les lettres grecques et latines, et ne se borna point à spéculer; il professa, il écrivit [2]; mais, à la diffé-

---

1. E. Renan, *Questions contemporaines* (Etude sur Ramus). Ramus avait déjà été menacé de mort avant son exil, comme iconoclaste. Crevier observe que, lors de la Saint-Barthélemy, « il y avait plus de vingt-cinq ans que les querelles allumées par son indiscrétion au sujet d'Aristote étaient assoupies ».

2. Une grammaire latine (1559), une grammaire grecque (1560), une grammaire française (1562). C'était un grand progrès sur les grammaires en usage, telles que les *Doctrinales* d'Alexandre de La Ville-Dieu et les *Rudimenta* de Despautère, chefs-d'œuvre de lourdeur et d'incorrection. Voir la liste complète des œuvres de Ramus dans le savant livre de M. Ch. Waddington, *Ramus, sa vie, ses écrits et ses opinions*.

rence d'Erasme, il aima les sciences autant que les lettres. Comme tous les théoriciens que nous avons signalés plus haut, il eut la haine de la scolastique; mais, à la différence de Montaigne et de Rabelais, il ne voulut ni déguiser sa pensée ni la briser en la répandant suivant une allure assez capricieuse à travers les pages d'une œuvre d'imagination. Il fut plus hardi et plus franc : membre de l'Université, principal de collège, il ne craignit pas d'attaquer ce corps illustre, au risque de se voir flétrir du nom de parricide par son ardent ennemi, le recteur Galland [1]. Lecteur royal au Collège de France en 1551, il eut l'honneur d'inaugurer le cours d'éloquence et de philosophie; cette chaire, créée pour lui, fut brillamment occupée par celui qui avait tant fait pour en démontrer l'utilité ; d'ailleurs le caractère spécifique de son enseignement était précisément d'appliquer l'éloquence à l'exposition des doctrines philosophiques. Il voulait proscrire le jargon barbare qui rebutait l'écolier et remplacer ce formalisme maussade par le langage clair et élégant qui retient captive l'attention de l'auditeur. Il fut le premier professeur d'enseignement supérieur à Paris, comme il avait été le premier régent à lire concurremment les auteurs grecs et latins, à expliquer à la fois les poètes et les orateurs [2]. Il n'aimait pas les disputes entre écoliers et leur préférait les leçons du maître; aussi s'indigne-t-il contre les professeurs qui se taisent systématiquement afin de laisser les élèves faire toute la besogne. L'ouvrage important de Ramus est son *Proœmium reformandæ Parisiensis Academiæ, ad Regem* (1562). Il parut la même année en français sous le nom d'*Advertissements au Roy sur la réformation de l'Université*. C'est là qu'il résume ses griefs contre l'Université; il réclame la diminution du nombre des professeurs, leur assiduité aux cours, l'éloignement des incapables, la diminution des frais d'études, le

---

[1]. En revanche, Ramus appelait Galland le mauvais génie de l'Université.
[2]. Voy. Ch. Waddington, op. cit. Voyez aussi sur Ramus : Compayré, op. cit., t. I, 127 sq.; Crevier, t. V, ch. X; t. VI, ch. XI et XI; Dict. de Bayle; Haag; Egger, *L'hellénisme en France*, etc. etc.

rétablissement de l'enseignement public de la philosophie au siège de la Faculté des arts, l'enseignement du droit civil; enfin, pour les professeurs, un salaire fixe donné par l'Etat et fourni par les congrégations religieuses. En philosophie, il veut le retour à la logique naturelle, c'est-à-dire la psychologie précédant la dialectique, et l'étude comparée des anciens auteurs, poètes, orateurs ou philosophes, pour contrôler les préceptes d'Aristote. On le voit, Ramus savait discerner les abus et osait les dénoncer.

Quels furent ses rapports avec les protestants? Lorsqu'il fut connu comme religionnaire, vers 1561, il lui fut difficile de professer en sécurité : on le voit tour à tour révoqué et réinstallé, suivant les vicissitudes des guerres civiles; enfin, il dut se dérober par la fuite aux rancunes de ceux que sa verve judicieuse avait démasqués [1] et aux jalousies de ceux à qui son talent portait ombrage. Mais, dans son exil à travers l'Allemagne et la Suisse, trouva-t-il toujours des esprits disposés à l'accueillir, en dépit de ses idées originales et de son attitude irrévérencieuse vis-à-vis des dieux de l'école? Il n'y fallait pas songer, surtout si l'on considère que les invectives de Ramus contre Aristote étaient excessives [2]. Cependant il gagnait presque partout sa cause, et ses méthodes, sous le nom de Ramisme, pénétrèrent dans tous les pays protestants. Asham et Milton en Angleterre, Arminius en Hollande, furent ses disciples; l'Allemagne se réclama de lui pendant plus d'un siècle. A Berne et à Lausanne, la *Logique* de Ramus est imposée aux professeurs; au XVIIe siècle, l'Académie de Leyde autorisait indifféremment cette *Logique* et celle de Pierre du Moulin. En revanche, à Strasbourg, les scolarques aristotéliciens refusèrent à Ramus une place de professeur au gymnase,

---

1. A leur tête était Charpentier, une créature des Jésuites, lecteur royal des mathématiques, qu'il avait mis trois mois à apprendre. C'est lui qui a trahi Ramus et l'a livré à ses bourreaux, lui qui a excité les étudiants à fouetter et à déchirer le cadavre.

2. Sa thèse de maître ès arts était déjà un manifeste. Voici son titre : *Quæcumque ab Aristotele dicta essent commentitia esse*. Plus tard, Cicéron et Quintilien ne furent pas traités avec plus d'égards par lui.

malgré la recommandation de Sturm[1]. A Genève, il se heurta aux scrupules conservateurs de Théodore de Bèze, qui était alors recteur de l'Université; peu compétent en philosophie, Bèze redoutait que les élèves formés par Ramus n'eussent le désavantage dans leurs controverses avec les catholiques : une première fois il avait toléré les leçons de Ramus, mais en prétendant leur imprimer une direction qui déplut au philosophe[2]; la seconde fois, il déclara que l'Académie ne s'écarterait jamais « *ne tantillum quidem* » de la doctrine d'Aristote, et repoussa avec courtoisie, mais avec fermeté, les ouvertures de Ramus.

S'il avait pu revivre moins d'un siècle plus tard, Bèze aurait vu le cartésianisme, en la personne de Robert Chouet, bannir ce même Aristote de cette même Académie[3]. D'ailleurs nous avons déjà entrevu dans Ramus un précurseur de Descartes; il l'est encore par le développement qu'il souhaitait voir donner à l'enseignement des sciences et par le souci qu'il avait de vulgariser la langue française. N'a-t-il pas fait au Collège de France une rente de cinq cents livres, pour y placer des professeurs de géométrie, d'arithmétique, d'optique, de mécanique et d'astronomie? N'a-t-il pas écrit en français sa *Dialectique* (1555), dédiée au cardinal de Lorraine, et composé une grammaire française[4], où malheureusement il affiche la bizarre prétention de réformer l'orthographe elle-même d'après un procédé nullement scientifique? Le protestant apparaît surtout dans Ramus, lorsqu'il réclame l'étude du français, car

---

1. Sturm déclare que « sans doute c'est un hérétique en Aristote et en Euclide », mais que « c'est un homme célèbre ».
2. Voy. *Arch. de la Comp. des past.*, Reg. B. Ramus, piqué, donna sa démission.
3. Remarquable justification par l'histoire de cette belle phrase de Ramus, citée par M. Waddington, p. 14 : « Je supporte sans peine et même avec joie ces orages quand je contemple dans un paisible avenir, sous l'influence d'une philosophie plus humaine, les hommes devenus meilleurs, plus polis et plus éclairés. » Il faut ajouter que Ramus effrayait les calvinistes comme Bèze par son goût pour les changements dans tous les domaines et ses projets de réforme dans le gouvernement de l'Eglise.
4. *Gramere* (sans nom d'auteur). Paris, Wechel, 1562.

il veut la traduction de la Bible en cette langue; lorsqu'il critique vivement la Faculté de théologie de Paris, l'accusant de mettre entre les mains des étudiants « je ne sçays quelles ordures et vilenies de questionnaires tirées d'une barbarie par devant incongneüe », au lieu du Vieux et du Nouveau Testament; enfin lorsqu'il demande qu'on multiplie les sermons et les exercices.

Disons en terminant que Ramus avait sur bien des points les mêmes idées que Lefèvre d'Etaples, qui était venu avant lui; ce grand homme, considéré à bon droit par les protestants français comme le premier apôtre de leur religion, était un ennemi déclaré de la scolastique et voulait, avant Ramus, que la saveur de l'éloquence pénétrât l'enseignement de la dialectique; érudit et lettré lui-même, il ne voulait pas imposer le joug d'un maître unique aux écoliers, mais les initier à tous les mystères de la littérature antique sacrée et profane. Au même titre que Lefèvre d'Etaples, deux protestants étrangers, Agricola et Sturm, avaient aussi inspiré Ramus, en lui frayant la voie; nous aurons à dire quelques mots sur ce dernier.

Avec *Jean Sturm,* nous faisons un pas de plus vers l'enseignement protestant proprement dit. Son œuvre est bien connue, depuis le monument que lui a élevé son savant biographe, M. Ch. Schmidt[1]. Il est vrai que né à Schleiden au Sleide, près de Cologne, élevé à Liège et à Louvain, fondateur du gymnase de Strasbourg, disciple de Luther, Sturm appartient plutôt à l'Allemagne qu'à la France, bien qu'il ait enseigné quelque temps à Paris [2]. Mais, à plus d'un titre, sa place est marquée dans cet ouvrage ; en effet par ses relations, par ses goûts et par ses tendances ecclésiastiques, Sturm a vécu en calviniste [3] et servi durant le cours de sa longue carrière la cause des réfor-

---

1. *Jean Sturm,* par Ch. Schmidt, Strasbourg, 1855. Sturm « a été à la fois humaniste, pédagogue, diplomate, théologien, » dit-il dans sa Préface.
2. Il donnait des leçons publiques sur Cicéron et sur la logique; disciple d'Agricola, il compta Ramus parmi ses premiers auditeurs et ses admirateurs les plus fervents.
3. Il était même zwinglien, d'après Bayle. Il décerna à l'*Institution* de Calvin un *Eloge* resté célèbre (édition de 1543).

més français ; il a lutté avec une énergie indomptable contre le fanatisme ecclésiastique des Marbach et le dogmatisme étroit des Papus ; il a été jugé et condamné sommairement dans une ville où pas un citoyen n'aurait dû lui marchander la reconnaissance et les égards : il a fait de si grands sacrifices pour accueillir les réfugiés français et soutenir ceux qui combattaient encore dans la mère patrie, qu'il a terminé ses jours dans l'indigence.

Mais tous ces malheurs, qui le grandissent dans l'histoire et le signalent à l'admiration des âmes généreuses, ne suffisent pas pour justifier l'intérêt que nous lui devons. Pour nous, la réforme du cardinal d'Estouteville n'a été qu'un replâtrage temporaire, puisqu'elle a porté entièrement sur les questions de discipline et n'a point pénétré l'enseignement lui-même. Nous retrouvons plutôt le germe des idées modernes dans les institutions de Gérard Groote, dont nous avons déjà parlé. L'école de Deventer, qui a produit Erasme, a été illustrée par des grammairiens tels que Despautère[1] et Hegius, Jean Wimpheling et Hermann Buschius, des théologiens tels que Thomas à Kempis et Wessel, enfin des humanistes comme Sturm[2]. Sturm a transporté à Strasbourg les doctrines qui s'étaient déjà répandues dans les Pays-Bas et dans l'Allemagne du Nord. Calvin, à son tour, les lui a empruntées et s'en est inspiré pour organiser l'enseignement secondaire à Genève. De Genève elles se répandirent en France, où nous les retrouvons en honneur dans les collèges protestants, en particulier à Nîmes. C'est alors que les Jésuites, avec une perspicacité singulière, découvrirent que le meilleur moyen de soutenir la lutte contre leurs redoutables concurrents était de les copier avec méthode et discernement, sans en avoir l'air ; tel fut en effet le secret de leur succès et de la préférence qu'ils obtinrent sur les collèges universitaires. A son tour, Henri IV les imita dans les statuts de 1598, et voilà comment se rattache à l'his-

---

1. Despautère valait mieux qu'Alexandre de La Ville-Dieu, en usage avant lui.
2. Voy. *Bull. de l'H. de la S. du P. fr.*, t. XXV; *Hist. du plan d'études protestant*, par M. J. Gaufrès. Sturm étudia au gymnase de Leyde de 1521 à 1524.

toire générale de la pédagogie l'histoire du système protestant dans la première phase de son développement.

Il importe donc que nous relevions ici deux faits principaux : quel modèle Sturm s'est proposé de suivre, et quel modèle il a laissé lui-même. La première question peut se traduire ainsi : Quel était le plan adopté par les Jérômites ? Lorsque Groote, dégoûté du fatras scolastique de l'Université parisienne, revint à Deventer, il y fonda plusieurs pensionnats ; les élèves payaient leur entretien au moyen de copies faites par eux des ouvrages classiques ou pieux, et vendues ensuite ou gardées par le maître. De là des bibliothèques richement garnies, composées de textes soigneusement étudiés et propres à faciliter la tâche du professeur comme de l'écolier. Les professeurs ne formaient pas des vœux perpétuels en entrant dans l'ordre ; ils étaient libres d'en sortir ou d'y rester à leur gré ; mais on ne les chassait jamais. Nous voilà loin de cette rigueur monacale qu'on a voulu trouver chez les Frères de la vie commune. Est-on plus autorisé à leur reprocher de favoriser l'ignorance en égarant les esprits dans l'atmosphère nuageuse d'un mysticisme exagéré ? M. Compayré nous dit [1] qu'ils ne donnaient aucun temps à la rhétorique, à la dialectique, à la grammaire, à la poésie, à la jurisprudence, à la géométrie, sous prétexte que cela était sans fruit pour la piété. A la vérité, on ne voyait point sur leurs bancs des étudiants qui « comprenaient sans doute à merveille, puisqu'ils en disputaient toute la journée à tue-tête les aptitudinabilités, les infinitations, les dogmatibilités, les hominéités, les fiminéités et les lapidéités [2]. » Mais était-ce là un grand dommage ? Le cycle des études comprenait six degrés : la lecture, l'écriture, les déclinaisons et les conjugaisons formaient la matière de la sixième classe ; dans les trois suivantes, on étudiait la grammaire latine, on commençait le grec, on faisait des exercices de style et on expliquait les auteurs ; dans la classe d'humanités et celle de

---

1. Op. cit., t. I, 118, 119.
2. Gaufrès, art. cité.

rhétorique, on poursuivait l'étude du grec, de la dialectique, l'imitation des auteurs, etc. Enfin l'enseignement supérieur, qui prenait deux ans, embrassait l'étude d'Aristote, de Platon, avec des notions de géométrie, de jurisprudence et de théologie. Certes nous ne donnons point ceci pour le programme idéal, et nous convenons que la place faite aux sciences est trop restreinte; mais quelle différence avec tous les systèmes contemporains! Est-ce donc là cette instruction chétive qui « ne portait guère que sur la Bible, la lecture et l'écriture [1]? » Négligeons les points de détail, mais notons encore deux institutions originales, rapportées par Sturm. Les élèves étant très nombreux (deux cents dans chaque classe à Leyde), on les divisa en *décuries* [2]; un décurion, désigné chaque mois par les places des compositions, faisait l'office de surveillant et de moniteur à la place du maître. Enfin, chaque année, à la rentrée d'octobre, la cérémonie des promotions était une sorte d'examen d'ascension qu'il fallait passer avec succès pour être admis dans la classe suivante; les candidats malheureux posaient eux-mêmes des questions dont il était tenu compte à leurs condisciples plus heureux. Le recteur n'était soumis qu'au supérieur de l'ordre résidant à Liège.

Voilà où Sturm puisa les éléments de son programme. On reconnaît déjà les principes que retiendront et développeront les Jésuites; on voit ceux que le protestantisme accueillera. Quel modèle laissa Sturm à ses imitateurs? On le trouve dans son Mémoire sur le projet d'organisation du gymnase de Strasbourg, dont l'original autographe se trouve aux archives

---

1. Il faut ajouter que l'on faisait jouer aux élèves des pièces de théâtre, soit classiques, soit composées à leur usage; les prétendus novices du cloître s'égayaient alors en la compagnie profane de Térence ou d'autres *laïques*. Sturm joua une fois le rôle de Géta dans le *Phormion* donné en représentation publique devant la chapelle de Saint-Martin.

2. Nous avons vu quelque chose d'analogue à Oxford : à Magdalen College, les décurions faisaient strictement observer la discipline à leurs condisciples pendant le repas et punissaient ceux qui s'écartaient de la règle.

de l'ancien séminaire protestant de Strasbourg [1]. Ce mémoire, très remarquable, se divise en quatre parties. Dans la première, l'auteur établit la nécessité de n'avoir qu'une seule école à Strasbourg. « Il serait insensé, si l'on avait dix brebis, d'assigner à chacune un berger et un pâturage quand il suffit d'un seul pré. » Sturm se prononce contre la multiplicité des collèges, comme nuisible à l'assiduité des élèves externes et au désintéressement professionnel des maîtres. A Leyde, à Zwolle, à Deventer, à Wesel, il n'y a qu'un gymnase : l'unité de l'enseignement n'est sauvegardée qu'à cette condition. « Or de ces écoles il sort plus d'hommes distingués que des académies voisines. Souvent même, ceux qui y ont été élevés dans le savoir et dans la piété ne font que se gâter dans d'autres écoles prétendues supérieures. »

Dans la seconde partie, l'auteur détermine l'ordre et le plan des études. Il établit huit classes, dont voici le programme :

Huitième. — Lecture, écriture, déclinaisons, conjugaisons.

Septième. — Syntaxe, conjugaisons détaillées, explication et analyse verbale de quelques passages faciles des orateurs et des poètes.

Sixième. — Syntaxe détaillée, explication des auteurs, compositions faciles, prosodie, vers à scander.

Cinquième. — Révision de la grammaire, explication des auteurs, lecture des historiens, exercices en prose et en vers, éléments de la grammaire grecque.

Quatrième. — Grammaire grecque, dialectique et rhétorique (déjà effleurées en cinquième), exercices de style, déclamations.

Troisième. — Révision de la dialectique et de la rhétorique, explication des poètes et orateurs grecs, imitation soignée.

Seconde. — Lecture de l'*Organon* d'Aristote, fin de la rhétorique, explication de Platon et d'Euclide, jurisprudence, déclamations.

---

1. La traduction en a été donnée dans le *Bull. de l'H. de la Soc. du prot. fr.*, t. XXV.

Première. — Théologie, discussions où assistent les élèves de seconde.

Les six classes inférieures auront un maître; les deux autres plusieurs, « en raison de la difficulté et de la variété des études. » Les maîtres s'efforceront de bien préparer les élèves aux études qu'ils aborderont dans les classes suivantes, et l'on évitera tout changement pernicieux dans les méthodes. Les jours de fête, on suivra les services religieux; une leçon de religion sera donnée le matin, une autre le soir. Bien qu'il y ait aussi vacance le jeudi, on pourra donner des leçons supplémentaires.

Dans la troisième partie, Sturm traite de l'organisation hiérarchique. Le recteur choisit les livres à employer dans chaque classe, surveille la marche des études, la conduite des maîtres et des élèves, fixe les décuries, nomme chaque semaine les décurions responsables, préside aux promotions du 1er octobre. Quant aux récompenses, chaque mois il était donné un prix au meilleur élève sur la désignation du maître, et tous les élèves contribuaient à l'achat de l'objet. Les deux premiers aux promotions recevaient chacun un prix. Les maîtres dressaient la liste des élèves promus; mais, comme *errare humanum est*, il était loisible à chacun des candidats évincés de provoquer un des promus; s'il le battait, il prenait sa place.

Dans la quatrième partie, Sturm applique les précédents articles empruntés aux Jérômites, en fondant en un seul les trois établissements existants [1]. Le recteur, pris parmi les maîtres des deux classes supérieures, sera soumis au jugement de scolarques; ceux-ci, au nombre de trois pris parmi les sénateurs de la ville, recevront les plaintes des visiteurs, qui feront quatre inspections par an. Les bourses, au nombre de trente, ne seront pas des privilèges fixes comme à Paris; mais on les distribuera conditionnellement aux plus méritants des écoliers pauvres. Enfin le recteur n'aura pour appointements que le tiers de ce qui se perdait jusqu'ici, si toutefois on lui en donne.

---

1. Ceux de Sapidus, de Schwebel et de Dasypode.

Telle fut l'œuvre de Sturm : il passe chez les Allemands pour le plus grand des pédagogues du xvie siècle, au dire de M. Schmidt. M. Compayré, qui voit en lui un devancier de Ramus, n'a pas su voir le disciple de Gérard Groote. Vömel, directeur du gymnase de Francfort, un de ses biographes, l'appelle le plus grand pédagogue des temps modernes [1]. On peut dire qu'il inaugura un enseignement progressif logique; il ne comprenait pas l'instruction sans l'éducation et résumait l'éducation dans ces trois termes : bien vivre (religion), bien penser (logique), bien parler (instruction littéraire). Tels étaient, selon lui, les degrés à franchir pour atteindre la *sapientem atque eloquentem pietatem*, c'est-à-dire *finem studiorum* [2]. Le plus grand défaut de ce système était l'omission de l'étude des langues vivantes, surtout de la langue nationale; mais on doit citer comme circonstance atténuante l'état de formation dans lequel se trouvaient ces langues; les cicéroniens ne voyaient là qu'un chaos et ne songeaient pas à y plonger la jeunesse; au moins fallait-il attendre qu'un peu de lumière se fît.

« Bacon plaisante Sturm d'avoir consumé un temps et des peines infinies à analyser l'orateur Cicéron et le rhéteur Hermogènes. Cette critique est fondée sans doute; mais Sturm a eu encore d'autres intentions que celle de restaurer à tout prix le langage cicéronien; et par conséquent il a des titres réels à la reconnaissance de la postérité. C'est par son zèle pour la réforme de l'instruction, par ses efforts pour rétablir la correction et le bon goût dans les études et l'austérité dans les mœurs, par son dévouement absolu à la cause des lumières et de la foi, par son principe surtout, que l'éducation inséparable de l'instruction doit avoir pour but l'amélioration de la vie; c'est par là, bien plus que par sa rhétorique, qu'il a exercé une si puissante influence sur la pédagogie de la Réforme [3]. »

Le gymnase, ouvert en 1538, avait mille élèves en 1578;

1. *Joh. Sturm, eine Schulrede*, p. 100. 1826.
2. *De ludis liter.*, p. 104.
3. Ch. Schmidt, op. cit., p. 312.

en 1574, Sturm comptait parmi ses élèves trente princes, deux cents gentilshommes et beaucoup de bourgeois, dont deux neveux de Luther. Anobli par Charles-Quint en 1555, il vit son gymnase érigé en académie par Maximilien en 1566. Enfin on sait quelles furent ses relations avec Erasme, Budé, Lefèvre d'Etaples, Ramus, Mélanchthon, Calvin, les cardinaux Bembo et Sadolet, etc., etc. Destinée glorieuse, mais triste ! Cet homme de bien, aimé ou estimé par tous les grands esprits de son temps, meurt isolé et en disgrâce, avec le stoïcisme du sage et la sérénité du chrétien [1].

Enfin nous ne quitterons pas cette galerie des principaux représentants de la pédagogie protestante sans nous arrêter devant la vénérable figure de *Mathurin Cordier* [2]. Lui aussi fut non un théoricien, mais un praticien. Il serait superflu aujourd'hui de rappeler quel fut son rôle parmi les docteurs du xvie siècle et de récapituler les services qu'il a rendus à la cause de l'instruction publique. Cette tâche a été remplie dans ces derniers temps par les écrivains qui ont voulu lui restituer le rang auquel il avait droit, c'est-à-dire combler une lacune de l'histoire. Il n'est pas étonnant d'ailleurs que la postérité ait oublié ce régent modeste, qui n'avait eu d'autre ambition que celle de former les adolescents *ad pietatem et bonos mores cum litterarum elegantia;* celui qui consacre toutes les journées d'une longue vie à l'œuvre patiente et pénible de l'éducation

---

1. Sturm a laissé de nombreux ouvrages de pédagogie, de polémique, de rhétorique, etc., et des lettres intéressantes. Voir la liste donnée par M. Schmidt et celle de Haag, t. IX, art. *Sturm*. Les plus importants sont : *De litterarum ludis recte aperiendis* (1538), et *Epistolæ classicæ* (1565) *sive scolæ Argentinenses restitutæ*. Il publia aussi sous le nom de *Neanisci*, 1520, cinq colloques, dont l'unique exemplaire connu a été brûlé lors de l'incendie de la bibliothèque de Strasbourg par les Prussiens en 1870. C'étaient les derniers colloques parus au xvie siècle. Ils avaient pour épigraphe :

    Quid das, et o libelle, quid promittis?
    Nugas, et utiles, mere neaniscos.

2. Voir sur Cordier : Massebieau, *Les colloques scolaires;* Gaullieur, *Histoire du collège de Guyenne;* Berthault, *Mathurin Cordier;* Quicherat, *Hist. de Sainte-Barbe;* Bonnet, *Nouveaux récits du XVIe siècle; Bull. du pr.*, t. XV, XVII, etc.

dans une humble classe de collège acquiert des droits à l'estime, mais non à la renommée. Cependant Cordier donna un certain relief à la charge effacée qu'il remplissait par les travaux qu'il entreprit et les élèves qu'il enseigna. Nous le trouvons successivement professeur à Paris dans un grand nombre de collèges, à Bordeaux dans celui de Guyenne, et à Genève. Sa carrière se divise donc naturellement en deux moitiés, la première fournie en France, dans les universités catholiques; la seconde en Suisse, dans l'Académie protestante. Dans la première, il se préoccupe surtout d'expulser de l'école le jargon odieux, mélange informe de latin barbare et de français travesti, qui formait la langue courante des élèves et des suppôts. Le livre qu'il publia dans ce but devint immédiatement classique en France, en Allemagne, en Suisse [1]. « On avait besoin, dit M. Massebieau, de phrases au dortoir, au réfectoire, dans les classes, pour les jeux, pour les mille circonstances de la vie d'écolier; il en fit un recueil avec des variantes élégantes, suivant la coutume de l'époque, et.... traduisit en français les phrases latines qu'il donnait comme modèles [2]. » Ce fut à Genève, en revanche, qu'il composa ses *Colloques scolaires* à l'usage des élèves du collège de Rive [3]. Ces fameux entretiens, les seuls qui aient été écrits par une plume vraiment française, parvinrent rapidement à une publicité extraordinaire; ils étaient comme le testament pédagogique de Cordier, qui mourut l'année même où ils parurent; tous les collèges s'en emparèrent, et pendant deux siècles on y puisa. Ils fournissaient aux écoliers les idées et les mots, les éléments de la conversation usuelle, et, en même temps qu'ils servaient de leçons de choses, posaient des questions sur les matières de l'enseignement courant : ainsi l'élève formait son style et exerçait utilement sa mémoire en mettant à profit ses lectures; mais ce

---

1. *De corrupti sermonis apud Gallos emendatione et latine loquendi ratione*, 1531. Ouvrage très souvent réédité. Voir les biographies.
2. Op. cit., p. 212.
3. *Colloquiorum scholasticorum libri IV ad pueros in latino sermone paulatim exercendos.* 1563. — Voir la notice de M. Massebieau, op. cit., p. 242.

qui frappe encore davantage dans ces colloques, c'est la touchante sollicitude de Cordier pour les enfants confiés à ses soins, la simplicité affectueuse qui caractérise les rapports entre le maître et les disciples et surtout « le but éducatif que l'auteur ne perd jamais de vue », dit M. Bétant [1]. On ne peut s'empêcher de comparer cette discipline vraiment morale avec les procédés brutaux dénoncés par Montaigne et par Rabelais; et l'on s'incline avec respect devant l'expérience du bon régent octogénaire! Bonté singulière, en effet: car, pour lui, il n'a jamais songé à voir dans l'Université une marâtre, et il perd l'envie de lui garder rancune de ses rigueurs pour laisser un libre cours à sa reconnaissance. En vrai huguenot, il se montra toujours indépendant au sein de la pauvreté et d'une austérité irréprochable dans ses mœurs; aussi était-il à la fois redouté et aimé de ses collègues, et sa piété sincère était-elle estimée de tous.

Certes, s'il eût fallu chercher un homme paisible et tolérant, uniquement attaché à remplir consciencieusement ses devoirs professionnels, on l'aurait trouvé dans Cordier; cependant c'est lui que la Sorbonne signale à la haine des orthodoxes, c'est lui qu'on oblige à prendre le chemin de l'exil et à quitter pour jamais ce collège de Guyenne, où il avait pris l'initiative de réformes si appréciées [2]. D'ailleurs cette école brillante pouvait à bon droit passer pour suspecte aux yeux de l'Eglise. Que de protestants s'y firent un nom, en contribuant à l'illustrer elle-même! On n'a qu'à citer les Charles de Sainte-Marthe, les André Zébédée, les Nicolas de Grouchy, les Guérente, les Claude Budin, les Elie Vinet et les Georges Buchanan. Réfugié en Suisse, Cordier nous apparaît encore comme un « missionnaire de l'enseignement », suivant l'expression de M. Massebieau. Mais là il peut librement développer sa méthode et par-

---

[1]. Bétant, *Notice sur le collège de Rive*. « Il n'est pas un de ses *Colloques* dans lequel on ne rencontre quelque pensée morale, quelque précepte de piété, de sagesse, et dans lequel l'auteur ne se montre aussi soigneux de former ses élèves à la vertu qu'à la bonne latinité. »

[2]. Sans l'attitude menaçante du Parlement et le zèle croissant des persécuteurs, Cordier n'aurait jamais songé à quitter Bordeaux même pour céder aux vives et flatteuses sollicitations de Calvin. Néanmoins cette détermination ne pouvait que lui être avantageuse à tous les égards.

ticiper aux fondations des réformateurs, dont il était le coopérateur et l'ami ; nous aurons l'occasion de le retrouver à Genève et de le suivre dans sa chaire du collège de Rive, car ce Lhomond ou plutôt ce Rollin du XVIe siècle [1] a servi de modèle aux régents protestants français, comme l'Académie de Genève servit de modèle aux Académies.

On trouvera peut-être étrange que nous terminions cette revue des rénovateurs de l'enseignement au début des temps modernes par un hommage rendu à celui qui a le plus fait pour maintenir l'usage du latin dans les classes et qui dans sa modestie semble ne jamais avoir eu la pensée qu'il innovait. Avec lui, nous sommes loin des projets hardis de Rabelais ou de Ramus, véritables paradoxes pour l'époque. Mais son œuvre a eu des résultats immédiats, précisément parce qu'il a préféré une réforme urgente à une révolution hâtive ; elle n'a effrayé personne et satisfait la majorité des bons esprits ; d'ailleurs n'était-ce pas déjà un immense progrès que d'enseigner concurremment en français et en latin ? n'était-ce pas innover que de publier des traductions latines de phrases présentées d'abord en français et mettre en parallèle les exemples tirés des deux langues ? En vain allègue-t-on que Guy de Fontenay avait déjà traduit ses Synonymes et que Gaulet, dans son *Heptadogma*, avait recommandé l'emploi de la langue vulgaire : on ne saurait comparer le livre du premier aux manuels de Cordier, et le conseil du second a eu le tort de n'être qu'un simple avis [2] donné par un auteur obscur. « Les services qu'il rendit à l'enseignement sont incalculables, » dit M. Gaullieur. Voilà pourquoi le maître vénéré de Calvin, qui a rajeuni et enrichi une tradition chère à ses contemporains et ménagé la transition entre deux époques, nous a paru mériter de trouver naturellement sa place entre les grands théoriciens qui ont spéculé pour la postérité et les héritiers directs de sa méthode parmi ses coreligionnaires français.

1. Ce dernier nom lui est donné par M. J. Bonnet dans son article sur M. Cordier (*Bull. du prot.*, t. VII).
2. Voir Massebieau, op. cit.

PREMIÈRE PARTIE

ORIGINE ET FONDATION DE L'ENSEIGNEMENT PROTESTANT FRANÇAIS

Le but de cette étude n'est pas à proprement parler d'embrasser l'enseignement protestant français dans toutes ses parties ; nous voulons attirer l'attention sur les académies seulement. Cependant les académies n'étaient pas seulement destinées à distribuer l'enseignement supérieur ; chacune d'elles comprenait un collège de plein exercice, où les élèves recevaient l'instruction secondaire, au même titre que dans les collèges indépendants de toute académie. Voilà pourquoi nous estimons nécessaire de donner un aperçu historique de la naissance des collèges protestants avant de pénétrer dans les académies proprement dites. Les deux enseignements supérieur et secondaire étant intimement liés partout où un même bâtiment les abrite, nous nous proposons d'étudier séparément les collèges dont la destinée a été confondue avec celle d'une académie et ceux qui ont eu leur existence distincte ; évidemment ces derniers n'ont pas pour nous un intérêt immédiat, et leur histoire ne rentre pas directement dans les limites de notre plan ; aussi bornerons-nous notre tâche à donner au lecteur quelques idées générales, quelques détails indispensables sur cette matière. A l'aide de ce tableau, tracé rapidement, on se rendra compte plus aisément du développement général de l'instruction publique à tous ses degrés au sein des Églises réformées.

CHAPITRE PREMIER

DÉVELOPPEMENT DE L'ENSEIGNEMENT SECONDAIRE
LES COLLÈGES

Nous avons déjà eu l'occasion de déterminer les causes principales du zèle témoigné par les protestants pour l'instruction de la jeunesse. Cette sollicitude ne se démentit jamais; aux heures les plus rudes, aux périodes les plus mauvaises, on semble avoir eu toujours sous les yeux cet article 1er du chapitre II de la Discipline, qui recommande comme un devoir essentiel le soin de fonder des écoles et d'enseigner les jeunes générations. On retrouve des traces de cette préoccupation constante dans les cahiers des synodes nationaux et dans quantité d'actes dressés pour porter au roi ou à ses ministres les doléances des églises molestées. Il s'agissait surtout de protéger les écoles primaires, ou petites écoles, qui étaient très nombreuses; chaque Eglise en entretenait une ou plusieurs. Mais on ne fit pas de moindres efforts pour sauvegarder l'existence des collèges ou des académies; que de fois les réformés durent écarter les suggestions d'une généreuse ambition et lutter péniblement pour la conservation d'un édifice scolaire déjà ancien, alors que leur rêve était d'en créer de nouveaux! Certes le protestantisme fit beaucoup pour l'instruction primaire et secondaire en Allemagne, avec Luther, Mélanchthon, Agricola, Sturm et Trotzendorf; en Angleterre et en Hollande, il fonda des écoles célèbres où professèrent des humanistes et des érudits, des philosophes et surtout des théologiens remarquables [1] ; mais nulle part ces institutions ne jetèrent un éclat comparable à celui des académies françaises au temps de leur prospérité; nulle part, l'enseignement dans sa triple manifestation ne fut honoré comme par les calvinistes de Suisse et de France ; nulle part, hélas! il faut bien l'avouer, ce goût pour les travaux de l'esprit et la culture générale ne fut contrarié comme il le fut en France ; n'est-ce point là le palliatif trop légitime de bien des critiques fondées et la justification de bien des éloges décernés pour d'incontestables services ?

Dès les premiers temps de la Réforme, les adeptes des nouvelles doctrines manifestent un goût spécial et des aptitudes singulières pour l'enseignement. Les collèges protestants ne sont pas encore fondés; l'Eglise est à peine formée, les docteurs élaborent une constitution, les idées se propagent rapidement sur tous les points du territoire; mais le peuple réformé ne se connaît pas encore lui-même. Il y a des individualités, personnages obscurs ou de qualité, se rattachant ostensiblement à la Réforme ou dissimulant encore leurs tendances, mais il n'y a pas d'Eglises organisées. A côté des âmes converties qui se détachent du tronc séculaire de l'Eglise catholique, mais ne savent encore s'orienter à travers les symboles nouveaux, il y a la phalange des chercheurs, les consciences travaillées, qui n'ont pas encore saisi la foi évangélique, mais qui cependant ont rompu intérieurement avec Rome; en un mot, à cette période de fermentation où les transformations s'opèrent lentement, par degré, les partisans de la confession calviniste qui se prépare sont comme les molécules épars d'un corps en voie de s'unir. Ces individus, qui apparaissent ici et là, tantôt isolés, tantôt groupés sur un même théâtre, nous les retrouvons en aussi bon nombre dans les chaires universitaires que dans les échoppes d'artisans ou dans les manoirs seigneuriaux. A Paris, nous avons signalé Ramus, Sturm, Cordier, après Lefèvre d'Eta-

---

[1]. Parmi lesquels beaucoup étaient Français.

ples, Vatable, etc.; à Bourges, le célèbre Cujas et Melchior Wolmar, le maître d'Amyot, de Bèze et de Calvin, qui avait, selon de Thou, un merveilleux talent pour instruire la jeunesse, et un talent plus merveilleux encore, ajoute le P. Colonia, pour l'empoisonner en l'instruisant; à Bordeaux, ce sont les illustres maîtres du collège de Guyenne : Charles de Sainte-Marthe, poète et théologien, qui enseigna l'hébreu, le grec, le latin et le français au collège de Lyon; André Zébédée, lettré et érudit; Nicolas de Grouchy, d'abord régent à Sainte-Barbe, dialecticien, professeur de Montaigne, homme très docte, dit Lacroix du Maine, « grand philosophe, et bien versé en la cognoissance des sciences humaines; il est le premier, ajoute M. Gaullieur, qui se soit servi de la langue grecque pour expliquer et commenter Aristote, à une époque où l'on ne comptait encore en France que bien peu d'hellénistes remarquables; » Guillaume de Guérente, médecin, professeur à Sainte-Barbe avant d'aller en Guyenne; Claude Budin, licencié en droit et maître ès arts, l'émule et l'ami de Cordier; Elie Vinet, un des meilleurs historiens de Bordeaux, au dire de M. Gaullieur, et « l'un des premiers archéologues qui aient eu l'idée d'interroger les restes de sa splendeur passée, pour montrer à la postérité quelle devait être, au temps des Césars, l'importance et la richesse de Burdigala; » helléniste et surtout mathématicien des plus savants, selon Scaliger; George Buchanan, « le prince des poètes » contemporains, un de ces nombreux Écossais qui, comme Jean Major, professeur de dialectique au collège Montaigu, enseignèrent avec éclat au XVIe siècle dans les écoles françaises; lui aussi commença par être régent de grammaire à Sainte-Barbe. Vers l'an 1534, l'époque où Calvin donna la cène pour la première fois dans la ville de Poitiers, le Poitou, la Saintonge, l'Angoumois, la Guienne étaient sillonnés en tous sens par les évangélistes : c'étaient le bonhomme Babinot, le ramasseur Philippe Véron, l'écolier Aymon de La Voye, le régent de Sainte-Marthe, et ce Philibert Sarrazin, qui fut médecin et précepteur dans la maison de Scaliger à Agen. En 1539, Briand de Vallée fonde au collège de Guyenne une chaire de lecture des Epîtres de saint Paul, qui ne tarda pas à éveiller la défiance des catholiques. En résumé, dans toute l'Aquitaine, de Toulouse à Bourges et de la Loire aux Pyrénées, le levain de l'hérésie agissait puissamment, et les universités étaient des foyers de propagande occulte ou manifeste.

A l'époque où les premières persécutions se firent sentir, nous retrouvons à Strasbourg, parmi les réfugiés, des professeurs dont on utilise immédiatement les connaissances et le talent [1]. Ramus dut y enseigner; les juriconsultes Beaudoin et Hotman occupent des chaires en 1555.

C'est en 1538 que Sturm fonda le gymnase de Strasbourg; nous avons dit que Calvin jeta les yeux sur ses statuts pour élaborer les lois de l'académie de Genève. Mais, avant cette date importante (1559), Genève avait déjà eu deux collèges. En 1534, l'école de Versonex, fondée par le syndic de ce nom vers 1429, subsistait encore; on y enseignait la grammaire, la logique et les arts libéraux; mais elle succombait en 1535; les troubles continuels qui, à cette époque, agitaient la ville, ne permettaient pas aux maîtres de fortifier leur enseignement, aux élèves de suivre assidument les leçons. Le 4 mai 1536 [2], une seconde tentative, due à l'initiative de Farel, réussit davantage. En voici l'origine : « Icy est venu Mᵉ G. Farel, accompagné de Mᵉ Antoenne Saulnier et de Henrich (de La Mare, le nom laissé en blanc), prédicans, et après avoir faist une grande admonition de bien vivre et selon Dieu et mesmement de entretenir une bonne union entre le peuple, et de chercher tous les moyens pour cela faire, hont recommande que l'on heusse advys de donner ordre aux escolles affin que la jeunesse ne perde son temps. Sur les quelles choses est arreste que l'on doege assembler le conseil de Deux Centz et y proposer cela et dire que l'ordinaire

---

1. Cf. Schmidt, *Sturm*, p. 29.
2. La fondation du collège avait été décidée en conseil général le 21 mai. Il fut installé dans l'ancien couvent des Cordeliers de Rive, à Genève.

(c'est-à-dire le petit conseil) est de l'advys que l'on assemble ung grand conseil general pour y demander si chescung veult vivre selon la refformation nouvelle de la foy ainsy qu'elle est preschée, et aussy dire que l'ordinaire est de cet advys de donner cent escus d'or au soleil par an à Mᵉ Ant. Saulnier et que il veuille tenir les escolles et deux bacheliers pour bien instruire les enfants affin que plus il ne perde leur temps [1]. » Le conseil des Deux-Cents prit en considération cet avis ; on alloua donc cent écus d'or soleil (deux cent quinze francs) à Saulnier par an, « sur lequel il deusse vivre et ministrer aux aultres [2]. » Somme absolument insuffisante, si l'on songe que les enfants pauvres étaient admis gratuitement et que les autres négligèrent de payer les trois sols par trimestre qu'on leur demanda [3] !

Le *collège de Rive* [4] acquit une certaine célébrité dans le monde protestant, parce qu'il constitue le premier effort des calvinistes de langue française pour élever un établissement scolaire : c'est là son seul mérite, car il ne fut en réalité qu'une ébauche passagère, trop imparfaite pour durer. Nous avons peu de documents historiques sur ce collège : on sait pourtant qu'il régnait une certaine confusion dans ses relations avec les différents corps de l'Etat ; on n'a trace d'aucun contrôle exercé sur la marche des études, la discipline ou la reddition des comptes. Quant à l'ordre des études, nous le connaissons fort bien par le beau programme publié le 12 janvier 1538, en latin et en français, et rédigé selon toute apparence en décembre 1537 ; on le suppose composé par Saulnier et revu par Calvin et Cordier [5].

1. Reg. du Conseil, t. XXIX, fol. 109, V.
2. *Ibid.*, fol. 111, V.
3. On reconnut cette insuffisance en 1658. Voy. Reg. du conseil, fol. 312. Saulnier, banni, écrivit pour réclamer le remboursement de certains frais de réparations qu'il avait pris à sa charge, et « prier luy faire satisfaire des sallayres des enfants que sont venus a leschole l'espace de deux ans et sept mois. » (Reg., fol. 408, v.)
4. Voy., sur ce collège, la notice de M. E.-A. Bétant, Genève, Fick, 1866 ; Herminjart, *Correspondance des réformateurs*, t. IV, 455 ; *Ioannis Calvini opera*, édition Baum, Cunitz, Reuss, vol. XXI, *Annales*.
5. Le texte latin, d'après le placard original imprimé en italique (1 page petit in-f.), est donné par Herminjard.

Le recteur Antoine Saulnier [1] était un homme capable ; il donnait des leçons, assisté de quatre ou cinq pédagogues, bacheliers choisis par lui [2] ; mais quelles étaient la durée et la hiérarchie des classes? On est en peine de le fixer, car le programme ne donne que deux divisions, celle de grammaire et celle des classes élémentaires [3]. On sait donc que l'instruction primaire était donnée dans le collège ; et, puisque le directeur Jean Barbier fut placé comme régent de troisième dans le collège attaché à l'académie en 1559, tandis que ses trois bacheliers passaient en quatrième, cinquième et sixième, « on peut présumer que le collège de Rive conduisait ses élèves à peu près au même degré que la troisième classe dans celui de Calvin. » C'était peu. En outre, comme il n'y avait aucune organisation d'un enseignement supérieur quelconque, ces éléments d'instruction secondaire ne menaient à rien de bien défini. Le rêve des organisateurs de ce collège était de réaliser dans l'avenir un enseignement complet ; mais, comme ils le déclarent dans le programme, il ne s'agit pour eux dans le présent que de poser les fondations de l'édifice ; ils veulent démontrer à leurs perfides ennemis qu'ils savent unir le culte des lettres profanes et celui de l'Evangile, sans sacrifier l'un à l'autre. Ce collège était fondé depuis quelques mois, lorsque Cordier, cédant aux instances de Calvin, vint y occuper une chaire de régent (1536) [4]. Mais il n'eut pas le temps d'y développer sa méthode, puis-

---

1. Antoenne Saulnier (Reg. du conseil, t. XXIX, fol. 109, V.); Saunier (Herminjart, Haag); Antoine Sonier (Cordier; L. aux seigneurs de Genève). Dauphinois comme son ami Farel, Saulnier obtint le titre de bourgeois de Genève en 1537.
2. Au lieu de deux, nombre fixé par le règlement. Voy. Reg. du conseil, t. II, fol. 252 et suiv. Saulnier fit plus que son devoir, et le conseil fut aussi ingrat qu'injuste et impitoyable à son égard.
3. Les quatre langues (grec, latin, hébreu et français) étaient enseignées simultanément aux élèves. On ne saurait trop admirer la large part faite au français dans ce programme : les collèges du xviie siècle la firent certainement moins grande. Il faut aussi relever l'enseignement de l'arithmétique dans les classes élémentaires.
4. Cf. Massebieau, 228 ; Berthault, 30. Dans sa *Lettre aux seigneurs de Genève* (1541) pour recommander Budin, Cordier déclare avoir été appelé par *Sonier*, Farel et Calvin. Voy. *Bull. du prot.*, t. XV.

qu'au bout d'un an et demi il fut banni avec Antoine Saulnier, pour des raisons diverses, politiques, ecclésiastiques ou autres, que nous n'avons pas à examiner ici : il partageait l'exil de Calvin et de Farel. Le collège de Rive ne fournit pas une brillante carrière après le départ de Saulnier; il fut cependant honoré d'avoir à sa tête, en 1541, le Français Sébastien Chastillon, érudit des plus distingués, un des rares apôtres de la tolérance religieuse au xvie siècle, et qui avait eu le courage de blâmer le supplice de Servet. En 1550, Louis Enoch, Français lui aussi, comme l'ont été la plupart des maîtres de ce collège, releva les études avec un certain éclat et rétablit la discipline; mais Calvin, qui surveillait tous ces progrès, nourrissait déjà de plus vastes pensées.

Cette époque est bien celle où les réformateurs mettent au premier rang de leurs préoccupations la création des écoles. Que font Calvin et Farel, bannis de Genève? Ils favorisent l'établissement des collèges de Neuchâtel et de Lausanne. Imbert Paccolet, qui enseigna l'hébreu au collège de Rive, professe à Lausanne en septembre 1538. Cordier dirige le collège de Neuchâtel pendant sept ans, et celui de Lausanne pendant douze [1]. Le 27 mai 1540, Saulnier fonde le collège de Lausanne, où Théodore de Bèze enseigne en même temps que lui; le français, le grec, l'hébreu, le calcul, les éléments de la rhétorique, la musique sacrée, la religion et l'instruction primaire font partie du programme. Le mouvement se propageait rapidement, et l'œuvre créatrice se poursuivait avec un zèle croissant.

En 1552, l'éditeur Gérard reproduit le *Sommaire* de Farel, ouvrage anonyme qui avait paru avant 1537 et où nous lisons des paroles telles que celles-ci : « Que là où escolles sont dressées, qu'elles soyent entretenues, en réformant ce qui a besoin d'être corrigé et en y mettant ce qu'il faut. Et là où il n'y en a point qu'on en ordonne, et au lieu de la moynaille et des charges de la terre, qu'on regarde gens de bien et de

---

[1]. Calvin l'appelle *Lausannensis scholæ moderator* dans la dédicace de son *Commentaire sur I Thess..*

bon savoir qui ayent grâce d'enseigner avec la crainte de Dieu. Et si les pères ne les peuvent entretenir, qu'ils soyent entretenus et instruits en toutes bonnes lettres, selon qu'ils en seront capables, et après selon que Dieu leur donnera de grâce, qu'ils servent à l'honneur de Dieu, ou pour enseigner le peuple ou aultrement, et qu'on n'empêche les bonnes lettres et bonnes sciences et les langues; car de tout cecy le cœur fidèle fera son profit et fera tout servir à l'honneur de Dieu et au profit du prochain [1]. »

En 1559, Calvin a retrouvé à Genève toute son autorité, et sa puissance s'est accrue d'autant à la suite de la défaite des Libertins en 1555. Il peut achever en paix son œuvre et consommer la réalisation de tous les grands desseins que lui suggéra son infatigable génie organisateur. Le collège de Rive n'avait été qu'un asile provisoire en attendant des temps meilleurs, comme une hutte élevée sur l'emplacement destiné à la construction d'une maison. Il s'agit de le réformer, ou plutôt de le détruire, pour le remplacer par un système pédagogique plus complet, plus rationnel, ayant à sa base l'enseignement primaire et à son faîte l'enseignement supérieur. Ce travail de réorganisation fut confié à des hommes capables de le mener à bonne fin : c'étaient Théodore de Bèze, à la fois théologien, littérateur et poète; et Cordier, grammairien, linguiste, pédagogue émérite [2].

---

1. *Sommaire*, chap. XI : De l'Institution des enfants.
2. Déjà, le 24 oct. 1558, nous trouvons dans les Reg. du conseil (fol. 312) un essai de réorganisation : « M. Calvin et M. Nic. des Gallards ont icy proposé touchant le college qu'ils ont examiné en quelle classe chacun pourra servir et viennent prier d'y mettre fin. C'est qu'il plaise à Messieurs assigner les gages veu que les gages modernes ne sont suffisans pour nourrir les maistres; et pour commencer faudroit avoir lectures publiques en langue grecque, latine et hébraïque; quant à la grecque, M. de Beze servira pour un temps; les autres y sera proveu. Des classes en faut sept : deux pour lire et escripre, et à chaque classe un maistre; la troisiesme pour commencer à décliner; la quatriesme, ilz commenceront la syntaxe latine et élémens de la langue grecque; la cinquiesme, ilz poursuyront en la sintaxe grecque et entreront en dialectique; la sixiesme et septiesme toujours plus outre suyvant donques cela ilz ont presente ung Gervaix Henard (Hesnault, devenu principal en 1566), venus de Lozanne bien propre pour la place où ilz le mettront. Arreste que les seigneurs de

Nous admettons, avec M. Berthault, l'hypothèse que le premier a composé les lois de l'académie, le second celles du collège [1], avec l'approbation de Calvin. Le document de ce travail est bien connu [2]. Nous aurons lieu d'y revenir plus tard, en comparant les règlements des académies françaises avec celui de Genève. Pour ce qui concerne spécialement le collège, nous remarquons une grande analogie entre ce plan d'études et celui de Sturm. Toutes les classes sont réunies en un même lieu et en un seul collège : il y en a sept au lieu de huit; mais la matière de l'enseignement est à peu près identique. Cependant il y a des différences. On traite soigneusement la dialectique, mais on attache moins d'importance à la rhétorique. Les exercices de style et de déclamation sont recommandés; mais on ne parle point de versification. Il n'est plus question d'Euclide, de droit ni de théologie, dans les classes supérieures; en effet, la théologie, qui forme chez Sturm l'objet de la première, est du ressort de l'académie proprement dite, non du collège. Sturm avait confondu et réuni les trois formes de l'enseignement; à Genève, on les distingue et les sépare. En revanche, le Nouveau Testament grec est lu dans plusieurs classes. Enfin, comme au collège de Rive, le français et le latin sont constamment rapprochés, destinés à se prêter un mutuel appui pour favoriser l'intelligence des textes, et ce grand bienfait est dû certainement à Cordier. On le voit, il y a progrès sur le plan de Sturm : le culte exagéré du latin, la cicéromanie, le retour inopportun à l'antiquité dans tous les genres, tous ces nobles défauts des humanistes ont disparu. Sans doute l'enseigne-

la Chambre des comptes et des autres seigneurs comme le Sr Chevalier sassemblent avec M. Calvin pour en adviser et faire fin audit fait. » (Cf. *Calvini opera*, XXI, 707.)

L'affaire fut réglée dès le lendemain; Bèze chargé du grec ; Tremellius, de l'hébreu; quelqu'un de Paris viendra pour le latin, etc. (*Ibid.*)

1. Voir la justification de cette hypothèse dans Mathurin Cordier, p. 35, sq.

2. *Leges Academiæ Genevensis*. Oliva Rob. Steph. L'ordre du collège de Genève. Gen., in-4, 1599. Réimprimé par Fick. Voir, sur le collège de Genève, *Bull. du prot.*, t. XXII, p. 269, art. de M. Gaufrès.

ment scientifique est encore omis ou plutôt confié dans une certaine mesure aux seuls professeurs publics : il y a là un grand oubli, dont le temps seul parviendra à faire sentir l'importance et que l'état d'imperfection des sciences au xvie siècle explique, s'il ne le justifie pas [1]. Mais l'étude du grec estimée au même prix que celle du latin, la proscription des disputes scolastiques, la grammaire enseignée avec intelligence et avec fruit, Cicéron expliqué « sans qu'on s'amuse nullement à l'artifice de rhétorique », le point de vue moral sans cesse recommandé, voilà de précieuses innovations et qu'on est heureux d'enregistrer ! Nous les verrons réclamées bientôt par les collèges français comme un patrimoine commun ; mais il était nécessaire qu'avant de passer en revue les collèges de notre pays nous signalions celui de Genève, institué en 1559 ; il fallait saluer en lui le type qui, avec le gymnase de Strasbourg et le collège de Nîmes peut-être, mais plus directement encore, a inspiré les calvinistes du royaume dans leur organisation scolaire [2].

En France, le collège qui apparaît le premier en date et qui transmet aux autres les traditions de Sturm et de Cordier est celui de Nîmes (1539). Il est vrai que, sous le nom de collège des Arts, il fut ouvert pour tous les habitants de la ville, et que le gouvernement de François Ier ne prétendit nullement octroyer des lettres patentes à un institut protestant ; mais c'est la bourgeoisie nîmoise, acquise à la foi nouvelle, qui en demande la fondation ; c'est Marguerite de Valois qui se charge de faire aboutir la requête, et ce sont des protestants que dès l'origine on appelle comme professeurs. Nous verrons plus

---

1. Reconnaissons en effet que le besoin des sciences ne se faisait guère sentir à une époque où l'industrie n'était ni estimée ni encouragée. De plus, le triste abus que la sorcellerie et l'alchimie avaient fait des sciences physiques et naturelles ne contribuait pas peu à les discréditer aux yeux des gens cultivés. Le xvie siècle ne pouvait avoir qu'un parfait mépris pour l'astrologie judiciaire, la physique de sympathie et d'antipathie et l'art des enchantements.

2. Les Jésuites l'imitèrent aussi sur plus d'un point. « *Jesuitæ non sunt veriti multa ex regulis et institutis scholæ Genevensis in collegiorum suorum usum derivare ac transplantare.* » (Richer, *Obstetrix animorum*. p. vi, 80).

loin que l'académie de Nîmes ne fut pas autre chose que son prolongement.

Les collèges s'élevèrent-ils tous en France d'après une règle commune et dans des circonstances semblables ? Non, sans doute. Les uns furent créés par les municipalités protestantes et entretenus par elles à l'origine ; les autres, par des seigneurs ou des familles notables. Cependant la règle générale était que chaque province du royaume devait avoir son collège. « Toutes les provinces auront des collèges : excepté celles qui ont des académies entretenues ; néanmoins les dites provinces, outre leurs académies, pourront établir des collèges à leurs propres frais [1]. » Ainsi parle le synode de Privas, tenu en 1612. Mais déjà en 1596, le synode de Saumur avait « trouvé expédient d'avertir les Provinces de s'efforcer d'établir chacune un collège [2] ». Cette règle fut-elle observée ? Oui, autant que le permettaient les finances des provinces, auxquelles les synodes distribuèrent des subventions à cet effet dès 1598 ; ces subsides n'étaient alloués à titre exceptionnel qu'aux provinces pauvres ou aux collèges qu'il fallait développer à tout prix. Mais il est clair que la prospérité des collèges dépendait beaucoup des circonstances : où les populations protestantes étaient groupées en

---

1. Aymon, *Syn. nat.*, t. I, 435.
2. Aymon, t. I, 197. Dès la fin du xvie siècle, les protestants mettent à l'index les écoles catholiques ; nous en avons la preuve dans les arrêtés rigoureux pris à ce sujet par les synodes du haut Languedoc. En voici quelques exemples. 1° Du synode de Millau (1599) : « Les pères mettans leurs enfans au collège des Jesuites, seront exhortez de les en retirer promptement, et sera procédé contre les refractaires par censure, jusques à excommunication des sacremens. » 2° Du synode de Caussade (1658). Comme il y a des parents qui envoient leurs fils aux collèges catholiques ou prennent des précepteurs catholiques sans que les consistoires s'en émeuvent, ordre est donné aux consistoires de ne pas supporter un tel désordre : sinon, les pasteurs auront le droit d'en appeler aux consistoires voisins. 3° Enfin, dès 1576, le synode de Réalmont réclame que les parents coupables de ce chef fassent réparation publique et soient déposés s'ils ont charge dans l'Eglise ; l'excommunication ne sera levée qu'à cette condition et lorsqu'ils auront placé leurs fils entre les mains de non catholiques. Nous pourrions citer des arrêts du même genre pris par les synodes de Montauban (1612-1635), de Réalmont (1659) et de Millau (1660). Cf. Pujol, *Recueil des règlements des synodes du haut Languedoc*, p. 102 sq.

masses compactes, ils ne pouvaient que se maintenir ; où il n'y avait que des minorités insignifiantes perdues au sein de foules catholiques, il ne pouvait être question d'en bâtir ; d'autre part, telle province se trouvait à certains moments ruinée par les guerres civiles ou les vexations des autorités, et se voyait forcée de laisser languir un collège qu'elle avait maintenu au prix des plus grands sacrifices. De là, pour quelques-uns, une existence tourmentée, intermittente, selon l'expression de M. Nicolas [1]; de là aussi l'obscurité dans laquelle plusieurs ont vécu.

La plupart datent de la seconde moitié du xvie siècle et sont antérieurs au synode de Saumur (1596); en effet, vers cette époque, le gouvernement royal était favorable ; dans le projet d'édit arrêté à Mantes en 1593, on ajouta verbalement aux articles écrits la clause « que les réformés pourraient bâtir et renter des collèges pour l'instruction de leur jeunesse [2]. » Cependant, jusqu'à la date de la promulgation de l'édit de Nantes, la situation des établissements existants resta assez précaire ; on n'hésitait pas à se servir des fonds réservés aux écoles pour parer à des nécessités plus urgentes, et nous voyons l'assemblée politique de Loudun (1596) autoriser les conseils des provinces à prendre une pareille mesure [3]. Enfin parut le fameux édit de Nantes, et cette charte de tolérance permit aux réformés de tenir écoles publiques partout où l'exercice public de leur religion était reconnu ; ils pouvaient également pourvoir par des legs spéciaux à l'entretien de leurs écoliers. Une ère nouvelle s'ouvrait. Mais pour beaucoup de collèges antérieurs ou postérieurs à 1598, nous ignorons le moment précis de leur fondation. Il est donc difficile de ne pas se tromper en essayant de les classer dans l'ordre chronologique ; aussi préférons-nous la classification par provinces, telle qu'on l'a déjà donnée, il est vrai d'une manière incomplète [4].

1. *Bull. du prot. fr.*, t. IV : Des écoles primaires et des collèges chez les protestants français.
2. Benoît, op. cit., t. 110.
3. Anquez, *Hist. des assemblées pol. des réf.*, p. 116.
4. *Bull. du prot.*, t. IV, art. de M. Nicolas.

Dans la région du Nord, comprenant les provinces de Normandie, d'Ile-de-France, de Picardie, de Champagne et une partie de l'Orléanais, nous trouvons deux collèges au moins. dont un pour la première et un pour les trois dernières. Ce seul fait démontre combien les protestants étaient relativement nombreux en Normandie; ils étaient au contraire disséminés, ou disposaient de ressources moins considérables dans les provinces plus rapprochées de Paris, où le terrible voisinage de la capitale gênait évidemment leur extension. On manque de documents sur le collège de Normandie; on n'est même point d'accord pour désigner la ville qui le posséda. Les uns, comme MM. Gaufrès et Nicolas, le placent à Alençon [1], sans indiquer leur source; les autres, comme le Dr Schweizer et M. Ch. Weiss [2], citent le collège de Caen parmi les plus florissants; s'adresse-t-on aux écrivains les plus compétents, comme Aymon et Quick? Le premier parle sans cesse du collège de Normandie, mais ne donne qu'une fois le nom de la ville où il doit être situé [3]; le second seul, dans l'*Histoire du synode de Loudun* (1659), livre franchement ce nom mystérieux, mais c'est d'une quatrième cité qu'il s'agit, ou plutôt d'un bourg voisin de Rouen, Quevilly [4]! Ici, nous touchons un terrain

1. *Encyclop. Lichtenberger*, art. COLLÈGES PROT. *Bull. du prot.*, t. IV, p. 582. Nous avons trouvé à la Bibliothèque nationale une pièce manuscrite (n° 15832, ancien fonds Saint-Germain) qui dément cette assertion. Il s'agit d'une contestation survenue en 1667 entre les catholiques et les protestants d'Alençon au sujet du collège : il était la propriété des premiers, mais les réformés devaient contribuer à son entretien, parce qu'ils avaient la faculté d'y envoyer leurs enfants depuis 1620, date de l'établissement du collège. D'autre part, M. Gaufrès place la date de sa fondation entre 1609 et 1613.
2. *Hist. des réfugiés protestants de France*, t. I, 49; *Die protest. centraldog.*, II, 230.
3. Saint-Lô. cf. *Synode d'Alais* (1620), t. II, 157. Voir aussi Aymon, I, 435; II, 42, 126, 135, 207, 214, 292, 405, 410, 522; I, 144.
4. Quick, *Synodicon in Gallia Reformata*, t. II, 572 « The sieur de l'Angle pastor and Guesdon, an Elder in the church of Rouen, requested this assembly to reinforce by its Authority the Counsels of their Provincial synod into the churches of their Province for contributing to the subsistence of their Colledge of Quevilly. Whereupon a Decree past, that all the other churches in the said Province of Normandy should furnish the sum of 300 livres towards the maintenance of that Colledge. »

plus solide, et nous devons tenir pour certain qu'il y eut un collège dans ce village normand tout peuplé de protestants. La *France protestante* nomme, comme ayant étudié au collège de Quevilly, Paul Bauldri, seigneur d'Iberville, arabisant distingué, plus tard professeur d'histoire ecclésiastique à Utrecht [1]. Mais, dira-t-on, ne peut-il y avoir eu plusieurs collèges en Normandie ? Nous l'avions pensé tout d'abord ; mais comme, sauf en un seul cas [2], Aymon ne parle jamais que d'un seul collège, et comme Quick, généralement plus exact, ne contient même pas ce cas isolé, nous estimons jusqu'à plus ample informé que cette province n'a eu qu'un collège, sans doute celui de Quevilly, où d'ailleurs on sait qu'il y avait un imprimeur protestant. Cependant le synode d'Alais (1620) mentionne une ordonnance d'un synode provincial de Normandie « adjugeant le collège de ladite Province à Saint-Lô », et confirme ce décret, contre lequel protestait l'Eglise de Dieppe. Que faut-il en conclure ? La province, dit Aymon [3], demandait deux collèges « attendu sa grande étendue » : le synode d'Alais lui refuse une augmentation de deniers à cet effet : mais il ne serait pas impossible qu'elle eût entretenu un second collège à ses frais. Il y aurait eu alors deux collèges à la date de 1620, Saint-Lô et Quevilly, à moins que celui de Saint-Lô n'ait été transféré plus tard à Quevilly. Mais alors quelle ville le possédait avant 1620 ?

Le collège de Clermont en Beauvésis, destiné à recevoir les élèves de l'Ile-de-France, de Picardie, de Champagne, du Perche Gouet et du pays Chartrain, fut fondé en 1607 d'après Quick, en 1609 d'après le journal de L'Estoile. Voici ce que nous lisons dans ce journal [4] : « En ce mois de may (1609)

---

1. *France protestante*, 2e édition, t. I, p. 1014.
2. T. III. 42 : « La province de Normandie ayant représenté qu'à cause de la Perte de quelque Quittance des Regens de leurs Collèges, qui étoient morts, etc. » Il y a, là selon nous, une simple faute de typographie en même temps que de style. Cette faute se reproduit souvent : ainsi t. II, p. 134, il est parlé des *collèges* de Gex, alors qu'on sait pertinemment que ce petit pays n'en avait qu'un.
3. T. II. 157.
4. P. 511. Voir Extraits sur les temples de l'Eglise de Paris. *Bull. du prot.*, t. III, p. 454. Cf. Quick, I, 422.

fust établi, pour l'instruction de la jeunesse de la religion prétendue réformée, un collège à Clermont en Beauvoisis, en Picardie, dont les affiches ayant esté mises à Charenton, un ancien ami m'en apporta une dudit lieu conceue en ces mots : « Il y a un collège establi à Clermont en Beauvoisis et trois régens, pour enseigner la langue latine, grecque, l'écriture, l'arithmétique, la musique, la rhétorique, la dialectique et logique. Si quelqu'un a désir d'y envoyer enfants, l'Eglise aura soing de les mettre en pension, et le principal et autres personnes auront charge tant de leurs personnes que de leur instruction. Les pensions seront de quarante escus ou de telle autre somme que de raison. » C'est au synode de Privas (1612) qu'on s'occupe de lui pour la première fois. Il ne paraît pas que son administration financière ait toujours satisfait les synodes [1], qui ont à diverses reprises menacé la province de supprimer le collège. Ainsi fut fait sans doute, puisque le premier synode de Charenton (1623) parle de nouveau d'un collège à ériger pour l'Ile-de-France et que le second synode de Charenton (1631) tient un langage analogue : ou plutôt la province mit tant de lenteur à l'ériger qu'il ne fonctionna jamais régulièrement, malgré le zèle et les sacrifices des synodes nationaux. En 1613, on avait parlé d'en établir un à Charenton, aux portes de Paris, comme Quevilly était aux portes de Rouen.

D'après la démarche faite par l'université sous la conduite du recteur Jean Saulmon, le 29 août, auprès du chancelier de France, il paraîtrait que ce collège était déjà en construction. Le syndic de la Faculté de théologie, Colin, parla du *venin* que les professeurs venus de tous les points de la France inspireraient à leurs élèves. L'interdiction fut donnée, mais, en 1615, les députés de l'assemblée de Grenoble portèrent une supplication au Roi [2], alléguant que, d'après l'Edit, ils avaient le droit de fonder un collège en un lieu où l'exercice public de

---

1. Aymon, I, 434, 444; II, 41, 123, 134, 207, 213, 289, 294, 404, 142, 513, 522, 288.
2. Art. 7 du cahier des plaintes et remontrances. Cf. Benoît, II, 174.

leur religion était permis. Le jeune roi prit un moyen terme et pensa éluder habilement la loi en tolérant les petites écoles, mais en gardant le silence sur l'arrêt du lieutenant civil qui interdisait le collège. Grâce à ce subterfuge, indigne d'un prince, les travaux du collège furent-ils interrompus? Il règne une certaine confusion parmi les documents. Ceux-ci laissent supposer tantôt que le collège existait et que les leçons se donnaient déjà [1], tantôt qu'on caressait le projet d'instituer une académie [2]. Dans tous les cas, Gaultier Donaldson, principal du collège de Sedan, où il avait enseigné le grec et la philosophie (physique et morale), répondit à l'appel et se montra à Paris, où il publiait un ouvrage en 1620. Le procès se termina en 1619.

« Un des plus sensibles chagrins qu'on donna cette année aux Réformez, dit Benoît [3], fut l'opposition qui fut faite à l'établissement d'un collège qu'ils vouloient fonder à Charenton. Il y avoit quelque temps qu'on en parloit; et le dessein des Réformez avoit été traversé de plusieurs côtez ; principalement par les oppositions du juge des lieux. Mais, comme cette année ils firent juger qu'ils ne seroient pas arrêtez par ces obstacles, l'Université, qui crut que ce collège feroit tort aux siens, et que les Réformez y mettant d'habiles Régens attireroient la foule chez eux, prit feu contre cette entreprise, comme elle avoit fait autrefois contre celle des Jésuites. Les Muses de collège ont l'esprit chaud et intéressé; c'est pourquoy elles portèrent leurs plaintes d'une manière fort violente au Comte de Soissons, que le Roy avoit laissé à Paris pendant son voyage, au premier Président et au Procureur général [4]. Le

---

1. D'après Elie Benoît (II, 154), le cahier du clergé en 1615 réclame, entre autres mesures à prendre contre les Réformés, la suppression des « collèges et séminaires qu'ils avaient fondez à Charenton, à Saumur, à Clermont en Beauvoisis, et en beaucoup d'autres lieux. » Dans ce gymnase, disent les *Acta Rectoria*, « *publice jam litteras humaniores et philosophias docebant* » (t. V. fol. 46). Quick le suppose aussi (II, 59).
2. Le *Mercure français* parle de deux classes, « l'une pour l'étude de la philosophie, l'autre pour la lecture de la théologie. »
3. *Hist. de l'édit de Nantes*, II, 280.
4. Le 30 juillet, Leclerc, recteur de l'Université, fit cette triple démarche, accompagnée de plusieurs théologiens, des quatre procureurs, etc., etc. Le *Mercure français* raconte cet événement par le menu,

prétexte étoit la douleur de voir établir, si près de la Capitale du Royaume le plus Chrétien qui soit au monde, un Collège d'*Hérésie* et y *minuter* la manière d'attaquer la Religion Catholique. » Benoît fait remarquer qu'il y avait peut-être quelque bienséance de la part de l'Université à refuser aux hérétiques un droit qu'elle venait de refuser aux Jésuites. Mais il oublie que les Jésuites avaient obtenu, le 15 juin 1618, un arrêt du conseil leur permettant d'ouvrir un collège à Paris. Quoi qu'il en soit, on n'entendit plus parler de cette affaire [1].

Dans la région de l'Est, où nous sommes obligés de ne point compter les provinces d'Alsace et de Franche-Comté (collège de Strasbourg, 1538, et de Montbéliard, entre 1574 et 1596), nous rencontrons trois collèges, ceux de Metz, de Pont-de-Veyle et de Gex. La ville de Metz ne dépendait en réalité d'aucune province ecclésiastique française. Elle eut un collège protestant en 1653, avant d'appartenir à la France : l'évêque Meurisse convient qu'il fut très prospère et acquit un grand développement. Ce qui le distingue de tous les autres collèges réformés, c'est qu'il logeait des internes. On ne sait quand il disparut. En 1635, les protestants messins voulurent le relever, mais l'heure n'était plus propice. « L'évêque de Madaure, suffragant de Mets, s'y opposa ; et les trois corps catholiques de la ville se joignirent à luy. L'affaire fut portée au conseil, où les opposans obtinrent arrêt en leur faveur, le 25e de juillet. Il défendoit aux Réformez d'avoir des précepteurs, régens, classes, écoles ni collèges. Il permettoit seulement qu'ils eussent des maîtres dans la ville pour apprendre seulement aux enfans à lire et à écrire en François, mais il défendoit à ces Maîtres de prendre des pensionnaires [2]. » Il défendait même les Petites Ecoles dans la banlieue et pensait témoigner d'un grand esprit

---

t. VI. Le 29 mai, le recteur s'était déjà plaint au premier président. (Reg. univ., XXVI, p. 92, nation d'Allemagne).

1. Voir sur l'histoire de ce projet de collège à Charenton : *Bull. du prot.*; *Hist. de l'Égl. réf. de Paris*, par Ath. Coquerel fils (*Les deux temples de l'Égl. réf. de Paris*), t. IV, V, VI, XVI ; Reg. univ., XXV, fos 341, 381 ; Mém. de Mornay, t. XII, 364.

2. Benoît, op. cit., t. II, 540.

de tolérance en permettant aux enfants réformés de fréquenter les écoles catholiques.

La province de Bourgogne eut deux collèges, l'un, celui de Gex, réservé pour ce petit pays, l'autre, celui de Pont-de-Veyle, pour les protestants du reste de la Bourgogne, du Bourbonnais, du Lyonnais et du Beaujolais. Le pays de Gex, grâce à la proximité de Genève et de Lausanne, avait une population protestante nombreuse. Le synode de Tonneins (1614) mentionne le collège pour la première fois, en tranchant un conflit survenu entre la Ville et les Pasteurs au sujet des fonds assignés à cette école [1]; il est cité pour la dernière fois dans le cahier du synode de Charenton (1631). Son existence fut paisible, et il semble s'être soutenu assez vaillamment, contrairement à ce qui a été dit.

Le collège de Pont-de-Veyle eut une plus longue existence. Nous le trouvons indiqué dès le synode de Privas (1612)[2]. Au synode d'Alais, la province demande à changer son collège en de Petites Ecoles, ce qui ne ferait pas bien augurer de la prospérité de cet établissement; cependant cette mutation n'eut pas l'agrément du synode, et le collège reçoit encore en 1631 son allocation. En 1632, lorsque l'exercice de la religion fut interdit en Bresse, le collège tomba. L'article 8 de l'arrêt « ôtoit aux Réformez le droit d'avoir un colège au Pont de Veyle, et ordonnait qu'il en seroit établi un aux dépens de la ville, où l'on ne mettroit que des Maîtres catholiques. Il étoit seulement permis aux Réformez d'y envoyer leurs enfants [3]. »

Le Dauphiné, province où le protestantisme était fortement établi et qui comprenait huit colloques, posséda un collège à Embrun [4], outre ceux qui se rattachaient aux académies de Die et d'Orange. C'est de lui que parle Aymon chaque fois qu'il

---

1. Aymon, II, 36; voir aussi p. 123 134, 208, 219, 290, 409, 520, 42, I, 444.
2. Aymon, I, 434. Voir aussi II, 42, 129, 135, 208, 213, 293, 306, 412 520.
3. Benoît, *op. cit.*, t. III, 470.
4. M. Gaufrès l'omet (*Encycl.*, art. cit.). Quant au collège de Montélimar, que nous passons ici sous silence, on verra plus loin pourquoi nous le confondons avec celui de Die : mais il n'en eut pas moins son existence à part.

rapporte les allocations faites aux collèges de cette province [1]. Il est à présumer que le voisinage de deux académies n'a pas dû favoriser son développement; ses comptes marquent le plus souvent un excédent de dépenses.

La Provence n'avait qu'un seul colloque; elle dut néanmoins ériger un collège. Mais l'existence de cette école est restée problématique [2]. Le synode de Privas semble déjà la supposer et déclare la province déchue du droit de collège, pour avoir négligé d'apporter ses comptes. Mais le synode de Tonneins l'absout pour le passé et lui enjoint de « dresser deux collèges », sous peine d'être privée de celui qu'elle a déjà. A Vitré (1617), la Provence est censurée pour avoir employé à la fondation de Petites Écoles les deniers attribués au collège, et on la menace encore de déchéance. Mais cette menace ne paraît pas beaucoup l'effrayer, puisque les mêmes faits se produisent à Alais, à Charenton (1623), à Castres (1626). Cependant, à Charenton (1631 et 1644), les synodes fournissent encore l'allocation de quatre cents livres. On ne sait dans quelle ville placer ce collège s'il a réellement existé.

La province de Vivarais, Forez et Velay eut successivement trois collèges [3]; ces mutations furent malheureuses, car elle aurait eu plus d'avantage à en entretenir un seul dont la prospérité eût été assurée. Le collège de Privas (1605) était déjà fondé depuis quelques années, selon les prescriptions d'un synode provincial tenu à Annonay, lorsqu'un autre synode provincial tenu à Aubenas transféra le collège dans cette ville. Le synode de Privas désapprouva ce changement et exigea qu'on revînt à l'ancien ordre de choses. Cependant nous voyons au synode d'Alais (1620) que la province avait partagé son collège en deux, établi l'un à Annonay depuis 1614, l'autre à Aubenas depuis 1615. Il faut que ces collèges aient

---

1. Aymon, II, 135, 290, 293, 406, 411, 521, 208. 215; I, 444.
2. Voir Aymon, I, 434, 444; II, 42, 127, 135, 208, 215, 290, 294. 406. 520. M. Gaufrès le place au Luc, mais il n'affirme rien. Art. cit.
3. Voir Aymon, I, 435, 444; II, 42, 127, 207, 214, 289, 294, 405, 412, 521 : Quick, II, 59.

joui d'une prospérité relative, pour que le Vivarais ait demandé, malgré ce surcroît de charges, le droit de consacrer aux petites écoles trois cents livres sur la somme de quatre cents qu'on lui fournissait pour son collège; le synode d'Alais le lui refusa. A partir de cette époque, un collège unique fut restitué à Privas, comme il apparaît dans les comptes rendus des synodes. Les guerres civiles qui désolèrent ce pays nuisirent par intervalles à son développement régulier. Au synode de Charenton (1631), cette province était si pauvre, ainsi que celle de Provence, qu'elles déclarèrent ensemble refuser toute contribution pour les Universités et fermer leurs collèges; on leur enjoignit de prendre le quint denier des charités, conformément à l'article 3 du chapitre II de la *Discipline* au moins pour entretenir leurs proposants [1]. Le collège de Privas existait encore en 1614; on ignore la date de sa fermeture.

La province des Cévennes et du Gévaudan, une des plus peuplées, avait son collège à Anduze [2]. Érigé vers 1613, il dut à sa situation de rester longtemps florissant. En 1614, Le Vigan réclama sans succès qu'on le transférât dans cette ville. En 1620, Alais fit la même demande, et le synode jugea opportun d'ajourner la solution du différend jusqu'au prochain synode national, qui devait avoir lieu à Charenton trois ans après. La ville d'Alais n'insista pas, et Anduze garda le collège. Au synode de Castres (1626), on parle de l'établir dans la communauté qui pourrait le mieux pourvoir à sa subsistance. Faut-il en conclure qu'il avait disparu? Peut-être. Dans tous les cas, le troisième synode de Charenton (1644) prononce nettement le mot de rétablissement du collège des Cévennes; il exhorte la Provence et le Vivarais à le soutenir et se propose d'écrire à Marseille dans ce but; le sieur de Caille [3], le marquis de Senars et autres personnes de qua-

---

1. Quick, II, 307.
2. Aymon, I, 438, 444; II, 16, 42, 123, 126, 135, 206, sq., 214, 249 289, 294, 403, 521, 699, 797.
3. D'après Quick, II, 489. Aymon dit *Daillé*.

lité fournirent aussi des dons généreux. En 1645, dans une conférence tenue à Quissac, la province du bas Languedoc s'engagea à payer une contribution annuelle de quatre cents livres, mais ne tint pas sa promesse, puisque l'affaire fut portée en 1655 au synode de Loudun; elle fut renvoyée aux synodes provinciaux, et celui du haut Languedoc dut prononcer sans appel. Ici, nous perdons la trace de ce collège jusqu'en 1663, époque où, à la requête du syndic du diocèse de Nîmes, il fut réduit « aux termes des petites écoles [1] ».

Le bas Languedoc n'avait que trois colloques, mais ils renfermaient aussi une population protestante très dense. Cette province, outre les deux académies de Nîmes et de Montpellier, eut un collège à Béziers (1618) [2]. Là professèrent des hommes tels Michel Béraut et Jean de Croÿ, qui devaient illustrer dans la suite les académies de Montauban et de Nîmes. Nous voyons d'après un incident qui s'est produit au synode de Castres, que la Provence entretenait au moins un régent à ce collège [3]. Enfin nous savons que, vers 1644, le collège d'Anduze fut seul rétabli pour toute la région.

La province du haut Languedoc et haute Guyenne, avec ses sept colloques, était très considérable : outre l'académie de Montauban, elle eut un collège célèbre, celui de Castres, fondé en 1574, par Pierre Gaches, alors premier consul de cette ville. Il n'est mentionné qu'une fois dans Aymon [4], au synode de Castres, comme recevant l'allocation de quatre cents livres. Il faudrait peut-être en conclure qu'à l'ordinaire il se suffisait à lui-même, et le fait n'aurait rien d'étonnant. Lorsqu'en 1633 les collèges possédés par les réformés dans certaines villes mixtes furent déclarés mi-partis, « l'occasion de cet arrêt, dit Benoît, fut le partage intervenu à Castres, sur la requête des catholiques de plusieurs villes, qui prétendoient tirer à conséquence pour les collèges l'édit de 1631, qui

---

1. Benoît, III, 535.
2. Aymon, I, 438, 444; II, 208, 213, 290, 293, 413, 516, 521.
3. Aymon, II, 406.
4. II, 411.

mipartisoit les consulats. L'arrêt du Conseil vuida le partage en leur faveur et autorisa leurs raisonnements [1]. » Enfin, en 1644, les consuls catholiques profitèrent de la mort d'un des deux régents réformés pour destituer l'autre, ainsi que tous les suppôts de cette religion : le prétexte de ce coup d'autorité était que les protestants avaient seulement le droit de tenir des petites écoles dans le faubourg. Un arrêt du conseil d'Etat daté, du 17 novembre 1664, confirme ce jugement et installe les Jésuites à leur place. C'est ainsi que les réformés furent expulsés d'un collège bâti et entretenu par eux et pour eux [2].

En 1614, la ville de Millau fit demander au synode de Tonneins, par l'organe du pasteur Joli, qu'on voulût bien lui réserver un fonds pour l'érection d'un collège; mais on écarta sa requête [3]. Au synode de Vitré (1617,) les députés de la province reprirent la question et firent valoir en faveur de Millau le voisinage d'un collège de Jésuites. Ils réclamèrent aussi un collège pour Pamiers, ville située dans une région pauvre. Mais le synode repoussa encore cette double demande, à regret sans doute, car il confesse ne pas pouvoir augmenter le nombre des collèges [4].

La province de basse Guienne comprenait cinq colloques importants (Agénois, Condomois, Périgord, Bordelais et Limousin); elle eut deux collèges, à Bergerac et à Nérac. Le premier a été des plus florissants parmi les collèges fondés par les réformés en dehors des académies et mériterait une histoire à part [5]. Il a été fondé de bonne heure (vers 1598); dès le synode de Saint-Maixent (1609), Bergerac reçoit des éloges pour le zèle et la diligence avec lesquels cette ville s'occupe de l'instruction publique. La ville et la province ont déjà

---

1. Op. cit., t. II, 535.
2. Cf. Benoît, III, 618 et CVIII.
3. Aymon, II, 34.
4. Aymon, II, 125.
5. Voir Aymon, I, 378, 434, 444; II, 33, 127, 134, 207, 212, 289, 292, 359, 403, 409, 491, 520, 521; Benoît, II, 89, 426 ; *France protest.*, I, 78, art. ALBA; Ch. Drion, *Hist. chron. de l'Église prot. de France*, t. II, 35.

établi un collège et réservé un fonds pour une académie : elles font des offres plus avantageuse que Montauban et réclament la préférence. Toutefois, se fondant sur les plaintes générales des provinces, le synode s'oppose à la création de nouvelles académies; mais il avertit ceux de Montauban que, si leur administration n'est pas satisfaisante, leur droit sera dévolu à Bergerac; on constate que le collège de cette ville « est pourvu de régents aussi habiles que ceux des adversaires, pour les belles-lettres et la philosophie. » Ce collège eut visiblement la faveur des synodes, qui lui accordèrent quelquefois. « vu son importance », de fortes subventions extraordinaires [1]. et lui épargnèrent les censures. Cette prospérité même le signala à la jalousie des catholiques. Dès 1623, nous voyons que le gouvernement interdit au synode de lui fournir une part quelconque des deniers du roi. En 1626, il est tombé. puisque le synode de Castres mentionne les efforts des habitants de Bergerac pour le relever. On ne leur laisse que quatre cents livres, et si, au terme du prochain synode, le collège n'est pas rétabli, la sentence d'un synode provincial qui avait décrété le transfert à Nérac [2] sera confirmée. Ce rétablissement ne s'opéra qu'avec une certaine lenteur. En 1631. l'œuvre était encore inachevée, et le synode donnait des encouragements et des subsides. Du moins le collège fut-il reconstitué. Quoi qu'il en soit, il avait de nouveau disparu en 1648, puisque cette année-là on tenta un suprême effort pour le faire revivre. « Les consuls de Bergerac, dit Benoît [3], où il y avait si peu de catholiques qu'on était obligé de donner presque toutes les charges aux réformez, voulurent y établir un collège où l'on enseignait la philosophie et la théologie [4], et, pour trouver le fonds nécessaire à l'entretien des

1. Le synode de Tonneins lui accorde 1200 livres au lieu des 400 livres habituelles. Le synode de Vitré maintient le supplément, malgré la négligence du collège, qui n'avait pas envoyé ses comptes.
2. Où, selon toute apparence, un collège non subventionné subsistait encore : il s'agissait alors d'une sorte de fusion des deux collèges.
3. III, 91.
4. Ceci doit être une erreur de Benoît : la théologie ne s'enseignait pas dans les collèges.

régens, ils résolurent d'imposer une certaine somme sur les habitans. » Plainte fut portée immédiatement au Parlement de Pau; l'argument qu'on fit valoir était le suivant : « La réduction de ces prétendus heretiques n'arriveroit jamais, si on leur permettoit d'avoir des Ecoles et des Régents à leur mode partout où ils avoient le droit d'exercice. » Le Parlement, qui s'attribuait la connaissance de semblables affaires, sous prétexte qu'elles tenaient à la police, interdit l'érection du collège et permit seulement aux Réformés d'envoyer leurs enfants aux écoles catholiques (décembre 1648).

Quant au collège de Nérac (1596 ou 1597), les documents qui le concernent sont rares; cependant il fut digne, selon M. Nicolas, de rivaliser avec celui de Bergerac. Le séjour de Marguerite de Navarre et l'affluence d'hommes distingués qui venaient chercher près d'elle un abri contre les persécutions contribuèrent sans doute à favoriser son développement. Un célèbre professeur, Charles Daubus, successivement principal à Orange et à Nîmes, y enseigne vers 1620. En 1626, c'est à Nérac, et non à Bergerac, que le synode de Castres accorde le subside accoutumé [1]; tous les autres synodes laissent de côté ce collège, qui probablement se suffisait à lui-même. Nous ignorons la date de sa disparition.

La province de Saintonge eut deux collèges pour cinq colloques : l'un en Angoumois, celui de La Rochefoucauld; le second en Aunis, à La Rochelle. Le collège de La Rochefoucauld existe en 1612 [2], puisqu'il porte ses comptes au synode de Privas. Sa carrière fut assez florissante ; le synode d'Alais, tout en lui refusant l'augmentation de subsides qu'il réclame, fait son éloge et le recommande spécialement à la généreuse sollicitude de sa province. D'ailleurs ce collège, irrégulièrement payé, sut se maintenir quand même, grâce à la libé-

---

1. Aymon, III, 42.
2. Et non en 1582, comme le prétend M. Nicolas, qui a pris le second synode de Vitré en 1617 pour le premier (1583). Voir Aymon, I, 434, 444; II, 32, 89, 127, 135, 205, 289, 404, 410, 507, 509, 516, 521. 213, 293.

ralité de son principal, l'Ecossais Robertson [1] ; cet homme distingué fit de grands sacrifices pour assurer l'entretien de l'école et mérita les félicitations du second synode de Charenton (1613) Au synode de Vitré (1617) nous voyons que la ville de La Rochefoucauld fut sur le point de perdre son collège, qu'un synode provincial tenu à La Rochelle avait attribué à la ville de Pons, située au cœur de la Saintonge. De son côté, Saint-Jean-d'Angély réclamait pour sa part le collège. Mais le synode laissa les choses en l'état et, suivant sa coutume, décida seulement que si l'administration du collège de La Rochefoucauld était défectueuse, on retirerait son droit à cette église. Quant à Saint-Jean-d'Angély, on l'engagea à fonder son collège, sans préjuger ce qui serait fait pour lui à l'avenir. Mais il ne paraît pas que cette ville ait donné suite à ce projet.

Le collège de La Rochelle, fondé vers 1570, eut une longue et brillante existence. Aussi bien que celui de Bergerac, il est digne d'une histoire à part. Il ne fut jamais subventionné par les synodes. Des hommes du plus grand mérite enseignèrent dans ses murs; aussi sa prospérité fit-elle illusion à certains écrivains, qui pensèrent voir dans ce collège une Université. Parmi ces professeurs, nous relevons les noms suivants : Nicolas de Grouchy, qui mourut dès son arrivée [2]; François Béraud qui fut professeur de littérature grecque à Lausanne et à Montbéliard, principal à Montargis, et concourut avec Marc Duncan pour la chaire de grec à La Rochelle en 1607. Il fut « bon poète en grec et en latin [3] » et hébraïsant distingué. L'hébreu semble toujours avoir été enseigné à La Rochelle; le principal Pierre Martin (1572-94) [4], Pierre Faber (1594-95) [5], ancien précepteur des enfants de Coligny, et le pasteur Pierre Bosquillon, de Sedan (1622) [6], se firent remarquer dans cette branche.

1. Voir Francisque Michel, *Les Écossais en France*, II.
2. De Thou. *Hist.*, c. LIV.
3. *Fr. protes.*, II, 300; Colomiès, *Gallia orientalis*, 38; F. Michel, t. II, 76; Quick, I, 288.
4. Colomiès, *Gall. orient.*, 67, 71.
5. *Id.*, 148; Haag, t. V, 50.
6. Colomiès, *id.*, 153.

Le Poitou devait avoir son collège à Niort (1596 ou 1597), mais aussi partager avec les catholiques celui de Melle [1]; cependant les protestants furent dépossédés de celui-ci avant même d'en avoir joui. En 1626, un réformé nommé Desfontaines avait légué à la ville un fonds pour bâtir un collège mixte. Les habitants des deux religions qui vivaient en bonne intelligence, voulurent prévenir tout conflit ultérieur en s'adressant à un arbitre, François Le Coq, conseiller au Parlement de Paris. Ce magistrat impartial décida que l'on appellerait deux régents, l'un protestant, l'autre catholique, et que le principal serait pris alternativement parmi les protestants et parmi les catholiques. Mais l'évêque de Poitiers ne s'accommoda point d'un tel arrangement; il en appela au Parlement de Paris (1643) et finit par obtenir que les régents seraient tous catholiques (1644). « Ainsi un collège tout catholique se trouva fondé et entretenu des biens d'un réformé qui n'avait jamais eu de telles intentions [2]. » En 1663, il y avait à Melle des écoles libres de français et de latin, dirigées par trois régents, Melin, Nourry et Forbé; le présidial de Poitiers les interdit, au mépris des édits. Rien de plus touchant que de voir le régent des écoles latines, Forbé, qui sans doute avait obtenu le droit de rester dans sa charge, différer son départ en 1667 « moyennant qu'on contribuât une pistole par mois pour sa nourriture. » Le consistoire prit cette misérable somme de quarante francs sur la bourse des pauvres et, au bout d'un mois, fut obligé de laisser partir le régent. On se quitta des deux parts les larmes aux yeux, et le consistoire exprima le vœu que ce bon maître trouvât dans une église moins malheureuse la situation honorable à laquelle il avait le droit de prétendre [3]. Episode bien lamentable et qui dut, hélas! se renouveler trop souvent à cette triste époque.

---

1. Melle était de la province de Poitou et non de Saintonge comme le suppose M. Nicolas.
2. Benoit, III, 8, 79.
3. *Bull. du prot.* XXXV, 63.

Le Poitou eut véritablement son collège à Niort [1]. Il est parlé de lui au synode de Privas (1612); il fut supprimé par ordre du roi en 1620, avec défense d'en établir un autre dans la province. Cependant, au synode de Charenton (1631), le subside ordinaire est encore accordé. Les comptes de ce collège ont toujours été bien tenus; il est donc probable qu'il prospérait, avant de succomber brusquement sous les coups d'un adversaire que rien ne savait fléchir.

La Bretagne n'avait qu'un seul colloque et une population protestante numériquement faible. Elle eut néanmoins un collège à Vitré, qui existait en 1608 [2], comme nous l'apprend le synode de Tonneins. Cette assemblée l'appelle, suivant Aymon, « collège de Blain et de Vitré. » Y avait-il un second collège à Blain? On serait tenté de répondre par l'absolue négative, si Quick [3] ne tenait le même langage qu'Aymon; il parle même d'un troisième collège à Vieillevigne, ce qui devient tout à fait extraordinaire. Dans tous les cas, les synodes ne subventionnèrent que celui de Vitré. Les comptes de cette école furent exactement rendus. Cependant en 1626, le synode de Castres parle de son rétablissement; comme beaucoup d'autres collèges, il eut donc une existence intermittente. En 1671, lorsque parut un arrêt ordonnant la démolition des temples de Vitré et de Vieillevigne, les réformés dans leur défense faisaient valoir entre autres arguments « qu'ils avaient un collège où il y avait quatre régents, un principal et de plus quatre-vingts pensionnaires [4]. »

La province d'Anjou, qui comprenait aussi le Maine, le Perche, la Touraine et le Vendômois, possédait, outre l'académie de Saumur, les trois collèges de Tours, de Vendôme et de Loudun : ce seul fait suffit à montrer que cette région

---

1. Aymon, I, 434, 444; II, 41, 126, 134, 207, 213, 288, 292, 405, 412, 521; *Bull du prot.*, XXII, 420.
2. Et non en 1583, comme le suppose M. Nicolas, qui confond encore une fois le second synode de Vitré avec le premier. (Aymon, I, 434, 444; II, 41, 126, 135, 209, 215, 289, 406, 413, 516, 521.)
3. I, 422.
4. Benoit, IV, 210. Il est à peu près certain que le collège fut détruit en même temps que le temple, vers la fin de cette même année 1671.

comptait parmi les plus éclairées, et il faut peut-être attribuer au rayonnement de l'école de Saumur l'épanouissement de ce zèle remarquable qu'elle témoigne pour l'instruction publique et la haute culture intellectuelle. Le collège de Tours ne fut pas subventionné par les synodes. Tout ce que nous savons sur lui, c'est qu'il fut érigé de bonne heure et illustré par l'enseignement de Louis Chesneau, orientaliste distingué, plus connu sous le nom de Querculus; il en était principal en 1570 [1]. L'année suivante, le même Querculus enseigne l'hébreu au collège de Vendôme. On peut se faire une idée de la situation matérielle des professeurs à cette époque, si l'on observe que tout le traitement de Chesneau pendant l'année 1571 se réduisit à un don de quinze livres que lui fit le consistoire. Le collège de Vendôme ne reçut pas davantage de subsides de la part des synodes : il existait déjà en 1562, paraît-il [2]; on ne sait quand il disparut. Celui de Loudun fournit une carrière plus tourmentée. Nous voyons qu'il était déjà en exercice avant 1597 [3]. En 1635, « on voulut faire payer aux Reformez de Loudun, dit Benoît [4], les frais de la Possession des Ursulines, dont la farce n'était pas encore finie. Les Reformez avoient établi un collège dans cette ville, où ils étoient en fort grand nombre; les Catholiques s'avisèrent pour le leur ôter de présenter requête à Laubardemont, Commissaire député pour informer de cette possession et qui étoit à la dévotion des Ecclésiastiques. Ils exposoient que la maison des Ursulines étoit trop petite pour les contenir, et pour y faire commodement les exorcismes nécessaires, que toutes Eglises de la Ville étoient occupées..., que le collège des Reformez leur devoit être ôté, comme ayant été établi sans permission du Roy, et sur ce fondement ils demandaient que le College fût donné aux Catholiques pour y transporter les Ursulines, ou partie

---

1. Colomiès, *Gall orient.*, 38; Lettre de Chesneau à Fr. Bérauld.
2. *Bull. du prot.*, XXII, 414. M. Gaufrès dit 1563, dans son article de l'*Encyclopédie*.
3. Benoît, I, 211.
4. Benoît, II, 547.

d'elles, et pour les exorciser. Le Commissaire le leur accorda par provision, jusqu'à ce que le Roy en eût ordonné autrement. C'étoit leur faire payer les frais d'une comédie, où ils n'avaient point eu d'autre part que celle de s'y divertir... »

Cependant nous voyons qu'en 1644 ce collège était reconstitué, puisque l'Eglise de Loudun demande des secours au synode de Charenton pour mieux pourvoir à son entretien; la province de Bretagne fut chargée de lui servir une subvention annuelle de soixante-dix livres [1]. D'après Benoît, le procès concernant l'ancien collège dura quinze ans; les protestants ne purent parvenir à se faire indemniser pour l'occupation de ce bâtiment par les religieuses. Le président Molé, à qui ils s'adressèrent et sur l'équité duquel ils comptaient, et la reine régente, pour épargner la bourse des Ursulines, firent proposer seulement une somme équivalant au quart de la valeur réelle du collège. Dans la crainte de conditions pires, ils acceptèrent (1560) [2]. Le nouveau collège aurait subsisté jusqu'en 1685 [3].

Enfin la province de Berry, qui comprenait aussi l'Orléanais, le Blaisois, le Gatinais, le Dunois, le Nivernais, la Marche et le bas Bourbonnais, posséda trois collèges, peut-être cinq, tous concentrés dans la même région, ceux de Montargis, de Châtillon-sur-Loing et de Gergeau. Le collège de Montargis, qui existait déjà en 1563, nous est connu principalement par le séjour qu'y fit François Béraud, cet humaniste que nous avons déjà signalé au collège de La Rochelle [4]. Il fut remplacé dans cette charge le 24 juin 1571 par Mathieu de Béroald, qui avait enseigné l'hébreu à Orléans, à Sancerre, à Montargis même, la philosophie à Genève, et la dialectique au collège Cardinal, puis à Bordeaux; en 1570, il avait refusé une chaire à La Rochelle, où on l'appelait; il

---

1. Aymon, II, 698.
2. Benoît, III, 145.
3. *Bull. du prot.*, I. 302.
4. Colomiès, *Gall. orient.*, 38, 46; *France prot.*, II, 306.

devait en 1573, enseigner la chronologie à Sedan [1]. Ce collège ne fut pas subventionné par les synodes.

Celui de Châtillon-sur-Loing est bien connu [2] ; il fut fondé vers 1560 par Coligny « dans le meilleur air et le plus sain possible » et d'abord entretenu par lui. Sous le patronage éclairé de cette généreuse famille des Châtillon, il ne tarda pas à prendre un grand développement et devint au synode de Privas le collège officiel de la province. « L'ignorance des lettres, disait l'amiral, a plongé la république et l'Eglise dans d'épaisses ténèbres [3]. » Les Châtillon partageaient tous cette manière de voir, donnant eux-mêmes aux jeunes générations l'exemple du travail, du patriotisme et de la piété. A partir du synode de Charenton (1623) il est question non plus du collège de Châtillon-sur-Loing, mais du collège de Châtillon-sur-Loire [4]. Mais c'est là probablement une négligence de Quick, reproduite par Aymon ; rien n'autorise à croire qu'il y ait eu un transfert dans cette ville. En 1644, il est probable que ce collège avait disparu, puisque le maréchal de Châtillon se propose de le rétablir : la duchesse de Châtillon offre cinq cents livres par an pour l'entretien d'un professeur ; les députés de l'Ile-de-France, de Normandie, du bas Languedoc et de Bourgogne promettent immédiatement leur concours et contribuent chacun pour une certaine somme. Ainsi fut restauré le collège ; lorsque le fils du maréchal passa au catholicisme, son père céda le collège au consistoire [5], qui l'administra jusqu'au 6 mai 1681, année de sa suppression. A cette date, un ordre nouvellement créé, les Filles de l'Adoration du Saint-Sacrement, fut installé dans

---

1. *France prot.*, II, 394, sq. ; Colomiès, *Gall. or.*, 45.
2. Aymon, I, 434, 438, 444 ; II, 41, 126, 134, 207, 213, 288, 292, 405, 411, 513, 516, 520, 584, 598.
3. Tessier, *Etude sur Coligny*, 101. Il considère ailleurs l'instruction comme « un singulier bienfait de Dieu ». *(Bull. du prot.*, XXI, 524.)
4. Quick porte Châtillon-sur-Loing, II, 59, 219, 306, 309, 364, et une seule fois Châtillon-sur-Loire.
5. Il pensait écarter par là tout prétexte ultérieur invoqué pour faire adjuger ce collège aux catholiques. Cela n'empêche pas Bernard dès 1666, dans son commentaire sur l'édit, de contester le droit de ce collège, sans succès d'ailleurs.

les bâtiments évacués, dans le but d'expier par des austérités et des pénitences sans fin les outrages et les blasphèmes des hérétiques. « Cet arrêt, dit Benoît, rendu sans formalité, sans procédures, sans instruction, sans ouïr les intéressez, affligea cruellement les Reformez, qui se voyoient arracher et un droit qui leur apartenoit par une possession d'environ cent ans, et des biens qui leur apartenoient par un bon titre et par une jouissance de plus de trente ans. » (IV, 440.) Par ce jugement sommaire, on s'épargnait la honte de prononcer après avoir vu et examiné des actes authentiques qui proclamaient un droit incontestable. Les réformés avaient fait appel de cette iniquité et auraient poursuivi l'affaire, si la suppression non moins brutale du collège de Sedan, survenue peu après, ne les avait découragés; ils craignaient même que si leur droit était reconnu, on n'en profitât pour leur ravir l'académie de Saumur, ce qui leur eût causé un tort encore plus grand; ils préférèrent ne pas s'y exposer.

Ce fut au synode de Saint-Maixent (1609) que le duc de Sully fit part de son intention de fonder un collège à Gergeau [1]; la compagnie approuva ce dessein et décida de prendre chaque année cinq cents écus sur les deniers du roi pour dresser ce collège; elle versa sur-le-champ quinze cents livres pour le même objet. Puis, il n'est plus question de ce collège. Il n'est donc pas sûr qu'il ait été ouvert. Dans tous les cas, le fait que la province du Berry entretient le collège de Châtillon-sur-Loing en 1612 [2] ne prouve pas, comme le suppose M. Nicolas, que celui de Gergeau n'existait plus; il aurait pu subsister, comme celui de La Rochelle et quelques autres, sans l'appui des synodes nationaux, et concurremment avec d'autres collèges situés dans la même province [3].

1. Aujourd'hui Jargeau. (Aymon, I, 379, 391, 392.)
2. Aymon, II, 516.
3. M. Gaufrès cite deux autres collèges dans cette province, dont il place l'un à Orléans (entre 1570 et 1573), et l'autre en Berri (sans doute Châtillon-sur-Loire?). Nous ne savons sur quoi repose l'hypothèse d'un collège à Orléans, qui nous paraît tout à fait invraisemblable.

En résumé, d'après cette esquisse rapide, on voit que la plupart des collèges, fondés vers la fin du xvie siècle, furent supprimés ou ruinés entre le dernier synode général (1659) et la révocation de l'édit de Nantes (1685), après une existence souvent précaire; mais presque partout on lutta pour les conserver ou les relever; au prix des efforts les plus vigoureux, on eût peut-être triomphé de toutes les résistances accumulées, si la brutalité des derniers édits n'avait tranché péremptoirement les difficultés éventuelles en contestant aux propriétaires expulsés le droit même de posséder.

CHAPITRE II

DÉVELOPPEMENT DE L'ENSEIGNEMENT SUPÉRIEUR
LES ACADÉMIES

C'est au collège de Genève, et surtout au collège de Nîmes, que les protestants de toutes les provinces empruntèrent les principaux éléments de leur organisation scolaire. Mais l'enseignement secondaire ne suffit pas aux besoins de l'intelligence : il faut qu'il aboutisse à quelque but, et, s'il est utile pour préparer à toutes les carrières, il ne peut donner l'instruction spéciale exigée par chacune d'elles. Ceci nous amène à chercher l'origine des académies, qui d'ailleurs sont pour la plupart contemporaines des collèges.

Lorsque les protestants commencèrent à être assez nombreux pour se grouper par Eglises et s'organiser suivant le régime synodal, le premier vœu qu'ils exprimèrent fut celui de trouver des pasteurs pour ces troupeaux récemment formés. Les Eglises ne pouvaient subsister sans chefs, et, si l'on avait déjà le cadre, au moins fallait-il·le remplir. Ce besoin de conducteurs spirituels devait primer tous les autres, et il y aurait lieu de s'étonner si les choses s'étaient passées autrement. Mais comment recruter ces ministres ? où les trouver dans le présent ? de quelle manière s'assurer qu'on n'en sera point privé dans l'avenir, surtout si la foi réformée se propage et si les Eglises se multiplient ? Aux fidèles qui réclament des pasteurs le synode de Poitiers (1560) répond que « pour le moment on est entièrement hors d'état de les satisfaire, mais qu'on leur conseille d'avoir un grand soin de bien faire élever la jeunesse, et qu'elle apprenne les langues et les sciences divines, afin que dans la suite ils puissent être employés au saint Ministère [1]. » Aveu pénible, sans doute, et avis excellent, mais il n'y a là aucune invitation pratique, et cet appel à l'initiative des Eglises est formulé en des termes bien généraux. Il est clair que le synode ne se sent pas encore assez sûr de l'avenir pour s'engager dans des entreprises telles que la création de séminaires ou d'académies; ses ressources sont trop incertaines, son fonctionnement est trop irrégulier pour qu'il compromette sa mission en précipitant sa tâche. Il était convenu que les jeunes gens désireux de se consacrer au saint ministère feraient une sorte de stage dans certaines Eglises; après quoi ils passeraient un examen devant une assemblée de pasteurs et seraient admis à exercer officiellement. Mais un tel état de choses prêtait trop le flanc à la critique pour pouvoir durer. On pouvait former de la sorte de très bons pasteurs, mais de médiocres théologiens, de mauvais docteurs; or l'évangélisation des masses n'était pas le seul office du ministre; il fallait aussi faire œuvre de polémiste et souvent entrer en lutte avec les lettrés, les érudits, les savants catholiques. Cette nécessité était plus impérieuse que jamais à une époque de transformation où les réquisitoires constants des conservateurs appelaient des plaidoyers habiles de la part des avocats de l'idée nouvelle. Il y avait pénurie de pasteurs, eu égard au nombre croissant des églises; ceux qui prêchaient suppléaient-ils du moins par leurs talents et par leur zèle à leur insuffisance numérique? Oui, quand ils s'appelaient Calvin, Farel, Viret, Chandieu; mais c'était naturellement l'exception. L'étranger envoyait bien des sujets distingués, Ecossais, Suisses ou Hollandais; mais, dès qu'ils déployaient certaines qualités, leur patrie les réclamait, et il leur était difficile de ne pas échanger pour une situation avantageuse un poste tout de misères et de périls.

En 1565, au synode de Paris, nous trouvons la déclaration

1. Aymon, I, 22.

suivante : « A cause du petit nombre des Ministres qu'il y a aujourd'hui, et afin de pourvoir aussi à l'avenir au besoin des lieux où il en faudra établir ou substituer, les Eglises seront averties que celles qui en ont le moien doivent principalement avoir soin d'entretenir des écoliers dans les Universités qui soient rendus capables d'être un jour emploiés au saint Ministère [1]. » Cette recommandation est plus explicite que la première dont nous avons parlé. On invite les Eglises à se préoccuper de l'instruction des futurs pasteurs, mais aussi on peut leur signaler des écoles où les envoyer. De quelles Universités s'agit-il ? Il s'agit ici évidemment de celle de Genève, fondée en 1559, et de celle de Nîmes, organisée en 1561 par les soins du consistoire et du corps municipal de cette ville.

De même que nous avons dû nommer le collège de Genève, avant de parler des collèges protestants, il nous faut citer l'*académie de Genève* et saluer en elle la devancière des académies françaises [2]. Voici ce que nous lisons dans l'ordre du collège de Genève : « Le lundi cinquième jour de juin MDLIX suyvant l'arrest fait en Conseil ordinaire [3], mes très honorés seigneurs syndicques Henri Aubert, Jehan Porral, Jehan François, Bernard et Barthélemi Lect, avec plusieurs des Seigneurs Conseillers et moi secrétaire [4], se sont transportés au temple de Saint-Pierre, là où estoient assemblez les ministres de la parolle de Dieu, scavants docteurs, escholiers et gens de lettres, en grand nombre. Et estant faicte la prière à Dieu selon l'exhortation et remonstrances chrestiennes de spectable Jehan Calvin ministre de la parolle de Dieu : par le comman-

---

1. Aymon, I, 70.
2. Voir sur l'académie de Genève : *Leges Academiæ Genevensis;* Berthault, *M. Cordier; Bull. du prot.*, IV, art. de M. le professeur J.-E. Cellerier ; XXII, art. de M. J. Gaufrès ; *Calvini opera*, V, XXI, *annales.*
3. Voir Reg. du Cons., fol. 53, V, Ep. 3066, cité dans *Calvini op.,* XXI, 717.
4. Le secrétaire du conseil de Genève, *archigrammateus syndicorum*, était Michel Roset. Pourquoi M. Berthault (*M. Cordier*, p. 40) refuse-t-il à ce secrétaire la paternité de ce préambule ? Le texte est formel ; et le préambule a été évidemment composé après la cérémonie, où Roset avait fait l'office de lecteur.

dement de mes susdicts Seigneurs, les loi, ordre et statut du College, avec la forme de la confession qu'auront à faire les escholiers qui vouldront estre receus en ceste Université et College, ensemble la forme du serment qui se doibt prester par le Recteur, Maistres et Lecteurs en iceluy, ont esté publiées et leues à haulte voix afin que chascun en soit adverti pour les observer. Puis apres a esté declarée et publiée l'élection du Recteur faicte selon les dictes loix par les Ministres, et confermée par mes tres honorez seigneurs Syndiques et Conseil, de spectable Theodore de Beze, ministre de la parolle de Dieu et bourgeois de ceste cité. Lequel, apres ceste déclaration, a faict une oraison exhortative, escripte en langue Latine, pour heureux commencement de l'exercice de son office. Iceluy ayant fini son dire, le susdict spectable Calvin a rendu graces a Dieu, autheur de ce bien, et exhorté chascun de son debvoir à user d'un tel benefice. Et finalement, ayant remercié mes dicts très honorez seigneurs de leur bonne volonté, ceste heureuse journée a esté finie par action de graces et prière de tous a notre Dieu et Père : a l'honneur et gloire duquel soyent rapportées toutes choses. »

Nous avons déjà vu ce qu'était le collège, et attribué à Cordier les idées générales qui en ont inspiré les statuts. Ce scrait à Théodore de Bèze qu'il faudrait attribuer la rédaction des lois de l'académie[1]. Le grammairien pédagogue aurait été nommé ensuite principal du collège; le lettré théologien fut nommé recteur de l'académie. Pour être recteur, il fallait être déjà ministre et professeur : voilà pourquoi Cordier ne pouvait pas aspirer à ce titre. Quant à Calvin qui pendant six mois, au sortir d'une fièvre quarte, n'avait pas laissé passer un jour sans aller sur le chantier pour stimuler le zèle des maçons et constater les progrès des travaux, il ne voulut aucune fonction extraordinaire pour lui. Depuis assez longtemps il enseignait

---

1. Il n'est pas probable que Calvin ait employé à les composer une partie de son temps, qui était entièrement absorbé par d'autre soins. M. Cellerier a donc tort de le considérer comme l'auteur de ce document.

la théologie, et d'ailleurs sa carrière allait sans doute finir ; puis n'avait-il pas en Théodore de Bèze un disciple fervent, un ami sûr, un digne héritier sinon de son génie, au moins de son savoir, de son crédit et de sa doctrine [1] ? Calvin était allé de maison en maison, recueillant les souscriptions des Genevois pour l'érection de cette académie ; il ramassa dix mille florins. L'école une fois ouverte, il se borna à donner des leçons publiques, comme par le passé, mais sans retenir autre chose que le titre de professeur. Sur six cents élèves environ, une centaine suivirent l'enseignement supérieur dès la première année. Quelles étaient les branches de cet enseignement ? Il comprenait cinq chaires, dont deux de théologie, une pour l'hébreu, une pour le grec et une pour les arts. Nous avons dit que Calvin et Bèze [2] se partagèrent l'enseignement de la théologie ; au début, l'étude des Saintes Ecritures, ou exégèse, paraît avoir été l'objet des leçons des deux professeurs ; plus tard, l'un prit les *loci communes* ou dogmatique, l'autre garda l'exégèse. Le premier professeur d'hébreu fut le Normand Chevalier [3], auteur connu et apprécié parmi les protestants de l'époque. Le professeur public de grec devait être d'abord Théodore de Bèze [4] ; mais, comme celui-ci eut une chaire de théologie, on choisit François Bérauld, que nous avons déjà montré à La Rochelle et à Montargis ; il devait étudier les philosophes [5], les orateurs, les poètes, les historiens et les écrivains chrétiens, « en un temps d'une sorte et puis de l'autre, et choisissant les plus purs. » Le professeur des arts ou de philosophie fut Jean Tagaut, qui, comme Bèze et Bérauld, enseignait à Lausanne, lorsque Calvin les appela tous les trois dans sa jeune académie [6].

1. Bèze était d'ailleurs plus brillant que Calvin ; il avait l'allure d'un prince, au dire de Scaliger, et unissait les grâces du gentilhomme à la gravité du calviniste.
2. Dans le collège de Rive, Calvin et Farel avaient donné des leçons publiques de théologie, comme l'indique le programme.
3. « Anthoine Chevalier est nommé lecteur public en hébreu. Ses gages seront de 280 florins. » (Voir *Calvini opera*, XXI, 712.)
4. Cf. p. 60, note.
5. Principalement Aristote, Platon et Plutarque.
6. Il les récompensait ainsi de leur zèle à défendre sa discipline

Ses attributions sont assez vagues ; la physique, les mathématiques, la dialectique et la rhétorique sont indiquées comme rentrant dans son programme.

Mais, dira-t-on, voilà un enseignement supérieur assez incomplet, puisque la théologie et les lettres seules en font partie. Il est incontestable que le but premier de Calvin a été de former des pasteurs, des théologiens ; c'était en effet la nécessité la plus urgente du moment. Avec un tel programme, il atteignait ce but ; il donnait à l'Eglise des ministre instruits et à la société des hommes capables d'y tenir leur rang avec quelque honneur. Mais le monde ne se compose pas seulement de pasteurs ou de professeurs. Aussi les fondateurs de l'académie de Genève ont-ils prétendu répondre d'abord aux besoins les plus pressants, et pourvoir à l'essentiel en attendant de compléter l'Université. L'œuvre n'était pas considérée comme achevée, et l'on n'ignorait pas ce qui restait à faire. Pour s'en convaincre, on n'a qu'à lire la phrase finale du discours d'ouverture prononcé par le recteur [1] : « Quod si (ut speramus Dei bonitate freti) idem Deus istorum consiliorum auctor, ea promoverit, tum de istis perficiendis quæ sunt inchoata, tum etiam de reliquis adjiciendis, puta jurisprudentiæ ac medicinæ professione, cogitatio suscipietur. » Ce vœu fut rapidement exaucé, puisque la même année un certain Blaise Hollier fut nommé professeur honoraire de médecine ; il y en eut jusqu'à la fin du siècle, et la question de leur salaire fut plus d'une fois agitée : les pasteurs surtout insistaient auprès du Conseil pour le faire augmenter. En 1564, un arrêt permet la dissection des suppliciés et même de ceux qui sont morts à l'hôpital. Au siècle suivant, l'enseignement de la médecine fut intermittent, mal rétribué, médiocre en somme ; d'ailleurs, on le comprend sans peine et l'expérience l'a toujours démontré, cet art ne peut être florissant que dans les centres populeux assez importants.

---

contre les ministres du gouvernement bernois. (Voy. *France prot.*, art. Bérauld, Tagaut.)

1. Et non par Calvin, comme le dit M. Cellerier, art. cité.

Quant à la jurisprudence, elle ne fut enseignée que six ans plus tard (1565). Soit que les professeurs aient été au-dessous de leur tâche, soit que les élèves aient montré peu de goût pour cette faculté, on dut se passer de maître de 1570 à 1573. Bèze y tenait cependant beaucoup et essaya de relever cet enseignement en appelant deux Français illustres, Ennemond Bonnefoy et François Hotman [1]. Les ministres qui s'étaient montré d'emblée favorables à la médecine affectèrent une certaine défiance lorsqu'on parla d'une seconde chaire de droit ; il paraît qu'ils redoutaient pour les autres facultés la concurrence de celle-ci et considéraient les étudiants en droit comme plus portés que les autres à faire fi de la Discipline ; cependant le Conseil passa outre [2], et la Compagnie eut l'occasion de montrer peu après qu'elle ne lui gardait pas rancune [3]. Mais cet enseignement n'en fut pas moins exposé à de continuelles vicissitudes jusqu'en 1583, époque où le Genevois Jacques Lect, malgré sa grande jeunesse, entreprit de lui rendre son éclat ; il n'interrompit ses leçons qu'à son lit de mort.

Tels furent les commencements de cette académie, qui devait jouer un si grand rôle dans l'histoire du protestantisme de langue française ; car elle ne devait pas être ébranlée par les orages des persécutions, comme ses sœurs puînées de France, mais offrir aux réformés un séminaire pour les mauvais jours et une université prête à les accueillir dans tous les temps. Si sa prospérité fut interrompue pendant les guerres avec le duc de Savoie, ce mal ne dura qu'un an la première fois (1586-1587), et deux ans la seconde (1589-1591), pendant lesquels Bèze, septuagénaire, prit la place des professeurs congédiés et forma à lui seul toute l'académie enseignante, sans réclamer

---

1. Cujas, qui avait pour Bonnefoy une véritable admiration, le sauva à la Saint-Barthélemy. Quant à Hotman, qui enseigna le droit romain à Genève, il serait superflu de faire son éloge. Voir : Haag, *France prot.*, art. BONNEFOY et HOTMAN ; S. Sayous, *Écrivains français de la Réformation*, t. II.
2. Reg. du conseil, 2 mars 1543.
3. Voy. ci-dessous, note 3.

une obole [1]. Même au temps de leurs académies, les réformés français envoyèrent soit des professeurs soit des élèves à Genève, et les émigrés ne comptèrent pas parmi les moins célèbres [2]. Nous ne saurions nous associer entièrement au jugement porté par M. Sayous. « L'académie, dit-il, n'était pour les réformateurs qu'un auxiliaire indispensable, une pièce essentielle de l'Eglise réformée, et son enseignement devait être subordonné aux besoins et aux intérêts de celle-ci. Plus étroitement que partout ailleurs, la pensée y étoit circonscrite dans le cercle de la doctrine confessée, et on fixait à l'intelligence les limites de ses excursions [3]. » Si la première de ces deux phrases est juste, la seconde ne l'est pas. Nous ne prétendons pas que l'enseignement genevois fut absolument désintéressé et libre de toute entrave; mais qui donc accepterait une instruction publique donnée dans ces conditions-là? A toute période de l'histoire, il y a des limites posées à l'esprit d'initiative des maîtres, des principes généraux qui inspirent les méthodes et tout le système. Tout ce qu'il convient de dire, c'est que ce point de vue pédagogique était parmi les plus libéraux du siècle, parmi les plus éclairés, et qu'il constituait un progrès sur les régimes antérieurs. A côté de l'élément conservateur indispensable à sauvegarder, il y avait un élément indéniable de progrès que M. Sayous a le tort de ne pas voir. Quelle tâche est recommandée aux professeurs? « Qu'en lisant, ils gardent une gravité modérée...; qu'ils ne

---

1. En 1586, la Vén. Compagnie des pasteurs insista pour qu'on donnât congé à quelques-uns de ses membres, lesquels n'en feraient pas moins leur service gratuitement, mais qu'on gardât l'Académie. Le conseil refusa cette généreuse proposition. En 1587, la compagnie, par ses instances, obtint le rétablissement des professeurs, dont trois en droit.

2. Est-il besoin de citer, après Hotman, des hommes tels que Scaliger, Casaubon, Alexandre Morus, Claude Baduel, Jean Leclerc, Tronchin. « Quant aux protestants étrangers qui cherchaient une patrie, Genève fut pour eux un phare élevé sur la montagne auprès duquel ils s'empressèrent d'accourir. » (Cellerier, art. cité, *Bull. du prot.*, IV, 205.) En lisant les annales de la seconde moitié du XVIe siècle (*Calvini opera* t. XXI), on est frappé de voir le grand nombre de pasteurs que les Eglises françaises demandaient à Genève.

3. Sayous, op. cit., VI, 267.

facent pas d'invectives contre les autheurs lesquels ils exposeront; mais qu'ils mettent peine à expliquer fidèlement leur sens. S'il y a quelque chose couche trop obscurement, ou qui ne soit point mise en son lieu, ou qui ne soit point traitée si diligemment qu'il seroit requis, qu'ils en advertissent modestement leurs escholiers. » Je vois bien là le souci de la vérité et de l'exactitude scientifique ; mais cette réserve même recommandée aux régents est-elle autre chose qu'une garantie pour les études désintéressées? Il leur est comme défendu de s'assujettir à une doctrine préconçue, et prescrire la prudence aux interprètes n'est pas enchaîner la liberté de l'interprétation; au contraire, c'est mettre en défiance contre les théories absolues. Dans les disputes scolaires entre théologiens, même esprit d'équité et de largeur relative; la parole doit être accordée « à quiconque la demandera » ; on exhorte seulement les candidats à éviter les curiosités et la sophistique, ce qui est tout naturel. Enfin le choix même des professeurs témoigne que les initiateurs de cet enseignement ne désiraient pas le circonscrire dans un cercle fermé et formé. Cordier était alors l'homme du progrès, non pas du progrès qui se répand et se perd en de vaines spéculations, mais du progrès réalisable, qui se résout en applications immédiates. Aussi, quand on suppose que la liberté intellectuelle était tenue en lisière par le programme calviniste, on se trompe.

Mais encore, dira-t-on, la liberté théologique n'existait pas. En effet, les précautions contre l'intrusion des « fausses doctrines » étaient extrêmes; cependant qui contestera aux calvinistes le droit d'exiger de leurs maîtres ou étudiants l'adhésion pleine et entière aux doctrines fondamentales de leur Eglise? Et ne devaient-ils pas être d'autant plus vigilants sur ce chapitre qu'ils étaient plus épiés par leurs adversaires et qu'ils vivaient en des temps plus troublés? Relâchez ce lien de la foi qui unissait alors les Eglises reformées en un faisceau compact, et l'ennemi puissant qui les guette aura vite raison de leurs bataillons éparpillés et disjoints. « Tandis qu'aujourd'hui l'enseignement public n'a prise que sur l'esprit des jeunes gens, qu'il n'essaye pas de se souder aux sentiments profonds qui nous rattachent à la vie religieuse, sociale, politique, parce que ces sentiments ne sont les mêmes chez tous, dans la Genève protestante du XVIᵉ siècle, il y plongeait toutes ses racines et échappait ainsi au danger de superposer à la vie intime du citoyen et du chrétien un assemblage incohérent de notions abstraites, de principes sans applications, source intarissable de déclamations et de phrases. L'écolier qui, à la fête des Promotions, avait reçu la récompense de ses travaux scolaires des mains des plus hauts magistrats de la République et les exhortations d'un Calvin ou d'un Bèze ; qui voyait les dignités, les vertus, les talents dans tous les genres concourir au même dessein, conduire l'Etat, l'Eglise, l'Ecole dans les mêmes voies, se sentait saisi dans tout l'ensemble de ses facultés, entraîné à la poursuite d'un idéal concret, pratique, sans discordances ni lacunes, et trouvait sa voie dès le début de sa carrière [1]. » Sans examiner si un tel esprit convient à notre époque, ou même s'il serait possible de s'en inspirer sans danger, reconnaissons qu'il était opportun de le faire au XVIᵉ siècle. Il était sage d'indiquer non seulement les matières du programme, mais les dispositions dans lesquelles toute l'œuvre de l'éducation devait être entreprise et poursuivie. C'est bien une éducation, en effet, que nous avons sous les yeux ; et le point de vue moral en domine tous les degrés comme il en pénètre toutes les parties ; comme dernier témoignage, on n'a qu'à détacher du serment prêté par tous les maîtres la promesse suivante : « procurer selon leurs forces que les écoliers vivent paisiblement, en toute modestie et honnêteté, à l'honneur de Dieu, et au profit et au repos de la ville. »

Nous avons dit qu'avant la création des académies protestantes françaises les réformés de ce pays envoyaient leurs fils de préférence à Genève ; mais nous avons laissé entrevoir que cette situation ne devait pas se prolonger. Plus les protestants croissaient en nombre et en influence, plus il se for-

1. J. Gaufrès, *Collège de Genève* (*Bull. du prot.*, XXII, 281.)

mait d'églises et plus le besoin d'académies à l'intérieur du royaume devait se faire sentir. Il ressort des considérations que nous avons placées au début de ce chapitre, que ce fut la nécessité de recruter le corps des ministres qui s'imposa la première à tous les esprits; les médecins, les magistrats, les hommes de lettres ou d'épée pouvaient, à la rigueur, puiser dans les universités catholiques une instruction suffisante; mais les théologiens, les controversistes, les pasteurs ne le pouvaient absolument pas, et c'étaient les hommes dont on devait le moins se passer. Il faut donc voir, à l'origine des académies en France, les mêmes motifs qui ont dicté à Calvin sa tâche; une même série de causes amena des résultats analogues. Cette préoccupation de préparer des pépinières de pasteurs fut encore plus marquée chez les réformés français; ou plutôt ils comprirent de bonne heure qu'ils devaient attendre plus longtemps la réalisation d'espérances tout aussi vives et la satisfaction d'une ambition non moins vaste. Car, si Calvin était le maître à Genève, on ne devait pas oublier que le peuple protestant en France était tenu continuellement en alerte par des ennemis acharnés et disposait de ressources variables, qui pouvaient tarir d'une année à l'autre. Cependant nous voyons qu' « au synode national tenu à Nîmes en 1562, au moment même où la réforme courait le plus grand danger et était menacée d'être anéantie en France, on inséra dans la discipline ecclésiastique un article sur les devoirs des professeurs de ces universités, comme s'il ne pouvait pas y avoir le moindre doute sur leur prochain établissement [1]. » Ainsi, comme on pourra s'en convaincre, tous les sacrifices furent faits pour donner à l'instruction publique le plus grand développement possible dans le royaume, et les académies devinrent, pour les réformés, plus encore que les collèges, l'objet de la sollicitude jalouse et de l'attachement inébranlable des Églises [2].

---

1. Nicolas, *Discours*, p. 4. Cf. Aymon I, 115.
2. Aux synodes de Tonneins (1614), de Vitré (1617) et de Charenton (1623), lorsque les délégués de Saintonge, d'Ile-de-France, de basse Guienne et de haut Languedoc réclamèrent qu'on réduisît à deux seu-

§ I. — Académie de Nîmes [1].

Lorsque, le 16 avril 1561, le consistoire de Nîmes décida qu'une école de théologie serait adjointe au collège des Arts de Nîmes, on peut dire que l'Académie de cette ville était fondée. Nous avons déjà eu l'occasion de parler de ce fameux collège, le plus ancien de tous, qui fut érigé vingt ans avant celui de Genève, et deux ans seulement après celui de Rive, qui prit pour modèle le collège royal des trois langues de Paris et s'inspira des principes pédagogiques que Sturm, la même année, proclamait en inaugurant le gymnase de Strasbourg (1538). Il importe ici de recueillir les circonstances qui ont présidé à son établissement.

Son établissement, disons-nous; il serait plus juste de dire sa transformation. En effet, l'histoire du collège de Nîmes ne saurait être racontée comme celle des autres collèges protestants; la situation n'est plus la même, et les choses ne se passèrent pas comme dans les autres villes. Ce fut le collège catholique, ou pour mieux dire le collège municipal, qui devint, par un enchaînement particulier de circonstances, un collège protestant. Dès le xive siècle, on trouve à Nîmes une école de grammaire et de logique, une école de droit canon et civil;

---

lement le nombre des académies, afin de les rendre plus complètes, la compagnie se refusa à un tel sacrifice et donna ordre que chacun remplît exactement son devoir (Aymon, II, 26, 286). Le synode de Castres (1626) ayant demandé l'avis de toutes les provinces sur cette grave question, celui de Charenton (1631), qui les recueillit tous, décida à l'unanimité de maintenir le nombre actuel, sans supprimer un seul des collèges provinciaux, « parce qu'ils étoient les séminaires et les pépinières de l'Eglise de Dieu, et que, sans ces Universités et Collèges, il seroit du tout impossible de pourvoir à l'instruction de la jeunesse et aux besoins de nos troupeaux, qui seroient destituées lorsque leurs pasteurs viendroient à mourir. » (Aymon, II, 514.)

[1]. Voy. *Bull. du prot.*, XIII : Le collège des Arts, par A. Borrel, I, II. III. — *L'école de théologie*, par le même. — *L'académie prot. de Nîmes*, thèse par A. Boyer; 1871, Montauban. — *Hist. de l'Egl. de Nîmes*, par A. Borrel ; 1856, Toulouse. — Ménard, *Hist. de Nîmes*, t. IV, p. 150 sq. — *Hist. littéraire de Nîmes*, 3 vol., par Nicolas; 1854, Nîmes. — Voir surtout le récent ouvrage de M. J. Gaufrès sur Claude Baduel, qui donne sur l'histoire du collège des Arts les détails les plus complets.

au xve, les consuls les installent à l'hôpital Saint-Marc, et, chose remarquable, le lycée actuel occupe encore cet emplacement ; au xvie, le collège des Arts représente ce même institut transformé et va jusqu'à prétendre au titre d'université. A vrai dire, nous serions en droit de le lui laisser, et les lettres patentes octroyées par François Ier ne manquent pas de prononcer le mot. Cependant, outre que l'on est plus habitué à connaître cette institution sous le nom de collège des Arts, nous estimons qu'il est préférable de le lui maintenir, réservant l'autre titre, ou celui analogue d'académie, pour l'époque où la théologie fut ajoutée aux arts ; ce ne fut pas alors, si l'on veut, une académie protestante officielle, mais ce n'était déjà plus l'Université de Nîmes, puisque celle-ci outrepassait ses statuts. Tel est l'historique du nom de cette école.

On nous objectera en conséquence que le collège et université de Nîmes ayant un caractère indépendant de toute confession religieuse, et de plus une existence antérieure à la date de 1559, que l'on considère comme le point de départ du développement des Eglises réformées de France, nous n'avons point à en parler ici. Aussi ne voulons-nous pas en écrire l'histoire, travail qui d'ailleurs a déjà été fait dans une certaine mesure [1]. Mais on est convenu de le traiter comme un collège protestant, parce qu'il a été inspiré, fondé, dirigé et suivi par des protestants ; il l'était de fait, avant de l'être de nom ; ni les contemporains, ni la postérité n'ont gardé d'illusion à cet égard.

Dès 1535 [2], sous le rectorat d'Imbert Pacolet, les principaux Nîmois, par l'organe du Conseil, caressèrent le rêve et exprimèrent publiquement le vœu de donner à leur ville une université qui lui fît prendre rang parmi les cités savantes du royaume, à côté de Toulouse, de Bordeaux, d'Orléans, etc. Mais ce projet menaçait de rencontrer bien des difficultés

---

1. Voy. *Bull. du prot.*, t. XXIII et XXIV, les articles très soignés de M. Jules Gaufrès sur le collège de Nîmes, et son livre sur Baduel.

2. C'est en 1533 qu'un moine augustin dont le nom est demeuré inconnu provoqua les premières conversions à la foi protestante en prêchant le carême à Nîmes.

avant d'aboutir; la plus grande était la divergence de vues religieuses qui se manifestait de plus en plus entre les citoyens. Le recteur désigné d'avance, Imbert Pacolet [1], passait non sans raison pour luthérien, comme on disait alors, et il fut à deux reprises frappé d'ostracisme par l'Évêché [2]. Les consuls, qui suivaient déjà les mêmes tendances, essayèrent en vain de proposer à sa place Gaspard Cavart [3], « savant grammairien et parfait latiniste », qui n'était pas meilleur catholique. Il fallut un événement dû au hasard de la politique pour que le projet arrivât à terme, c'est-à-dire le passage à Nîmes du roi et de la reine de Navarre, et le double séjour qu'ils y firent en 1536. A Henri d'Albret, nul ne prit garde; mais on sut merveilleusement tirer parti de la faveur dont Marguerite jouissait à la cour. L'évêque Briçonnet, les consuls, les officiers du roi, tous s'unirent pour porter à ses pieds l'expression réitérée du même vœu, lequel fut fort goûté de l'aimable princesse. Dès lors, elle ne cessa de soutenir la cause dont on lui avait confié les intérêts; et trois ans après, en mai 1539 [4], paraissaient les lettres patentes, signées à Fontainebleau [5], et expédiées par Antoine Paradès, seigneur de

---

1. Nous l'avons nommé parmi les professeurs de Lausanne (p. 58). Il s'engageait à donner cinq leçons sur Virgile, sur Cicéron et sur la dialectique d'après Aristote, qu'il expliquait en grec et en latin : il devait aussi enseigner à parler latin, étudier les grammairiens en renom et mener les écoliers aux processions pour y chanter les litanies. (Cf. Borrel, art. cité.)

2. Le précenteur de la cathédrale refusait de le reconnaître comme recteur. (1537) (Cf. Borrel, op. cit.). Cependant il avait jusque-là dirigé avec succès les écoles ordinaires. (Cf. Nicolas, *Hist. litt. de Nîmes*, I, 18.)

3. Ou Cavartz, selon M. Viguié, *Bull. du prot.*, XVIII, 557. (Cf. Borrel, art. cité, et *Hist. de l'Egl. de Nîmes*, chap. I.)

4. Dès 1537, Antoine Arlier, premier consul, avait arraché au roi son consentement. Le duc de Montmorency et le sénéchal Charles de Crussol avaient soutenu la requête. (Cf. Borrel, *Hist. de l'Egl. de Nîmes*, 3-5. — Ménard, ouvr. cité, t. IV, 137 sq. — Nicolas, *Hist. litt. de Nîmes*, 19 sq. Moreri place la démarche des Nîmois et la publication des lettres patentes en mars 1540. Cette indication sans preuves ne mérite aucune créance, comme on peut bien le penser, venant d'un tel auteur.)

5. Voici les raisons données par M. Gaufrès de la facilité avec laquelle François Ier se prêta à cette création : 1° En 1533, il avait remporté un excellent souvenir de sa visite à Nîmes. 2° Le contre-sens fait par les

Gajan. En voici quelques extraits : « .... par ces présentes, creons, erigeons, ordonnons et establissons en la dicte ville et cité de Nismes, college, escole et université en toutes facultés de grammaire et des arts seulement; et pour la conservation et augmentation d'icelles..... donnons et octroyons à icelle université, college, facultés, recteurs, docteurs, maistres, gradués, estudians et escoliers, bedeaulx, messagiers et aultres officiers d'icelle université, présents et advenir..... telle et semblable jurisdiction et puissance, autorité, privileges..... qu'ont accoustumé d'avoir les universités de nos bonnes villes de Paris, Poictiers, Tholoze et aultres universités de nostre royaume..... Et pourront les docteurs, maistres et gradués d'icelle université, eslire, instituer, et créer recteur et tous autres officiers d'icelle université, sauf et réservé le conservateur des privileges royaulx d'icelle dont l'institution et provision nous appartiendra [1].... » C'est donc bien d'une université qu'il s'agit, comprenant avec un collège une seule faculté, celle des arts. Au collège, quatre régents enseignèrent les éléments de la grammaire et la rhétorique; à la faculté, il y avait trois professeurs, l'un pour la philosophie, c'est-à-dire la dialectique et la physique [2], l'autre pour les mathématiques [3], le troisième pour le grec. De la sorte, le programme du *Trivium* et du *Quadrivium* était refondu, mais ne disparaissait en aucune manière de l'École. Nous verrons plus loin, en étudiant l'organisation intérieure des collèges, en quoi consista

---

Nimois. qui avaient vu dans leurs armoiries la même salamandre que dans celles du roi, en interprétant COL. NEM. (*Colonia Nemausensis*) par *Coluber*, avait ravi le monarque. 3° On flattait sa prétention de restaurer les lettres. 4° Il nuisait à l'Université de Paris, qui avait protesté contre l'abolition de la Pragmatique, en retenant dans le Midi un grand nombre d'étudiants. La seconde raison est historiquement contestable, puisque, selon d'autres, François Ier serait seul l'auteur du contre-sens. (Voy. Borrel, op. cité, 4.)

1. Cf. Ménard, *Hist. de Nîmes*, t. IV, preuves, LXXXI, p. 145. Paris, 1753. — François Ier confirma cette érection par d'autres lettres données à Tonnerre le 20 avril 1542. (Voy. Moreri, art. *Nîmes*.)
2. La physique comprenait la musique et l'astronomie. Nous ne pouvons affirmer qu'à Nîmes ces deux dernières aient été enseignées.
3. Comprenant l'arithmétique et la géométrie. (Cf. Ménard, IV, 227.)

l'imitation du plan de Sturm, et ce qui marqua la différence entre ce collège et les autres.

Quant aux finances, le second consul Jean Combes, grenetier du grenier à sel, l'un des promoteurs les plus actifs de cette fondation, obtint de Marguerite un nouveau service; elle écrivit aux évêques de Viviers, de Nîmes et d'Uzès, de vouloir bien conférer chacun deux cents livres de rente à la jeune université (mars 1543)[1]. Ces prélats, assez clairvoyants pour deviner, d'après les patrons de l'entreprise, ce que deviendrait l'œuvre, se hâtèrent de promettre beaucoup sans jamais rien donner. La ville sut néanmoins s'imposer des charges exceptionnelles et se servir des biens de confréries d'artisans supprimées judiciairement, pour assurer le succès d'une institution qu'elle avait prise tant à cœur. Enfin il nous reste à dire quel fut le recteur de la nouvelle université. L'infatigable Combes voulait tout devoir à la même bienfaitrice; il alla demander à Marguerite un personnage de son choix, certain d'ailleurs qu'une femme de ce mérite pouvait mieux que personne désigner le plus digne et le plus capable. Elle n'était point embarrassée de trouver dans sa nombreuse clientèle de lettrés et de savants un sujet pour une haute fonction telle que celle de recteur. Son esprit judicieux lui fit de suite distinguer un jeune humaniste qui avait parcouru les universités d'Allemagne et que Mélanchthon lui avait spécialement recommandé, Claude Baduel. A Strasbourg, il avait vu à l'œuvre Sturm[2], s'était lié avec Calvin et avait trouvé un protecteur et un ami en la personne de Bucer. Baduel était né à Nîmes; il accepta volontiers les offres de Combes, qui parlait au nom de tous les membres du Conseil, et abandonna généreusement une place de professeur qui lui rapportait quatre cents livres, pour des appointements plus modestes (deux cents livres), dans une ville où tout était à créer et à remanier. Voici la lettre

1. Moreri dit que François Ier leur écrivit de son côté (art. *Nimes*).
2. Il avait déjà été condisciple de Sturm à Louvain. Il resta en correspondance avec Calvin. Bucer insista auprès de Marguerite pour lui faire obtenir une chaire de théologie à Paris. (Voy. *Fr. prot.*, art. BADUEL.)

d'introduction que lui donna Marguerite : « A messieurs les consuls, manants et habitants de Nîmes. Messieurs, j'ai entendu par maistre Claude Baduel, comme vous lui avez escript et prié qu'il allât par delà pour vous aider à faire l'institution d'un collège en vostre ville, en quoi je croy qu'il se sçaura bien acquitter. Il s'en va maintenant devant vous pour cet effet et pour ce que je l'ay entretenu aux études, je vous prie de l'avoir pour recommandé durant qu'il sera par delà ; et vous me ferez, en ce faisant, plaisir bien agréable. A tant, messieurs, je prie Dieu qu'il vous ait en sa très sainte garde. Escript à Compiègne, ce VIIIe jour d'octobre. La bien vostre Marguerite [1]. »

Le 12 juillet 1540, il fut installé comme recteur [2]. La même année parut son discours sur le collège et l'université de Nîmes, véritable manifeste de la nouvelle École [3], écrit dans une langue très pure qui trahit le cicéronien, et étayé de citations variées, suivant la manière de Sturm. Il proclame d'abord tous les bienfaits qui résulteront de cette institution, destinée à faire revivre dans les provinces des traditions de civilisation et de savoir qui s'étaient comme perdues ; puis il énumère les ressources diverses sur lesquelles on peut compter pour assurer l'entretien de l'École. Les doctrines de Sturm se retrouvent dans la division qu'il fait de l'éducation ; il veut l'approprier successivement aux différents âges des élèves, savoir à l'enfance, à l'adolescence et à la jeunesse. L'enseignement du latin est indiqué suivant cette méthode, et presque dans les termes mêmes employés par Sturm [4]. L'École doit

1. Cf. *Bull. du prot.*, XVIII, 558 ; Gaufres, *Cl. Baduel*, ch. 3.
2. Entre le rectorat de Cavart et le sien se place celui de Jean Bergès, qui professa pendant six semaines. (Cf. Ménard, IV, 151.)
3. Baduel : *De collegio et universitate nemausensi*. Lugd. Gryphius, 1540.
4. Sturm (*De ludis litterarum*) : « Les meilleurs maîtres veulent qu'un bon style soit d'abord correct et clair, ensuite élégant, enfin approprié à la matière qu'on traite. » La première de ces qualités est acquise par l'enfant, la seconde par l'adolescent, la troisième par le jeune homme. Baduel : « On ne sait le latin... que si l'on peut le parler et l'écrire d'abord avec clarté et correction, puis avec élégance, enfin en l'accommodant au sujet que l'on traite. Ce sont les trois études diffé-

saisir le jeune homme tout entier et le mener depuis les éléments jusqu'aux connaissances les plus élevées; à Nîmes, on pourra former des candidats aux études spéciales, mais aussi des professeurs de belles-lettres, puique l'on possède une faculté des Arts. L'opuscule se termine par l'éloge de la ville de Nîmes, du roi et des magistrats. On le voit, la Renaissance faisait dans la vieille cité languedocienne son entrée solennelle, mais les idées de la Réformation lui faisaient cortège; disons mieux, c'était déjà la Réforme qui s'implantait à Nîmes sous les auspices de la Renaissance. « Baduel fut un ouvrier de la première heure, dit M. le professeur Viguié; il travailla avec ardeur à former dans les consciences des convictions évangéliques et indépendantes, et Dieu bénit ses efforts. Par lui, un grand peuple spirituel s'élève dans nos murs. Il est donc vrai de par l'histoire, la Réformation à Nîmes se produisit et s'affirma sous l'impulsion du savoir et de la haute culture. Le second trait du mouvement évangélique dans notre cité, c'est la lumière [1]. » Malheureusement pour Baduel, on lui adjoignit Guillaume Bigot, qui partagea avec lui la direction de l'École. C'était, au jugement de Scaliger, le premier philosophe de l'époque; mais on peut aussi le compter parmi les esprits les plus turbulents et les plus ombrageux. Le collège eut la guerre au dedans et la guerre au dehors; le maître des belles-lettres et le maître de philosophie avaient chacun leur secte, et, comme tous deux avaient adhéré au mouvement de la réforme, ils avaient à lutter chacun de leur côté contre la malveillance des pouvoirs catholiques [2].

Reportons-nous maintenant en 1561, pour assister à une nouvelle création. Baduel était parti depuis 1550, chassé par les dénonciations de son collègue Bigot, les alarmes soudaines de l'évêque Michel Briçonnet, et l'attitude de plus en plus menaçante des catholiques. Chose digne de remarque, le col-

---

rentes, dont chacune revient à un âge différent, la première à l'enfance, les deux autres aux années qui la suivent. »
1. Discours cité par le *Bull. du prot.*, XVIII, 559.
2. Pour les détails, voy. Gaufrès. op. cit., ch. 8, p. 10.

lège, malgré certaines vicissitudes amenées par les querelles religieuses ou par les dissensions intestines, était arrivé à un haut degré de prospérité. D'autre part, l'Église de Nîmes s'était organisée en 1559, et son premier pasteur était Guillaume Mauget [1]. Mauget était assez actif; dès 1561 (23 mars), il profita du calme momentané produit à l'occasion de l'avènement de Charles IX pour appeler au scrutin les principaux chefs de famille nîmois et procéder à l'élection d'un consistoire. Ce consistoire, à peine organisé, conçut la pensée de fonder une proposition en théologie [2] dont le besoin se faisait extraordinairement sentir, laquelle serait adjointe au collège des Arts : preuve manifeste que le protestantisme régnait en maître dans ce collège. Toutefois, il est très probable que le consistoire, élu en 1561, ne fit que reprendre un projet du consulat municipal protestant en 1560; ce seraient donc le consistoire et le consulat réunis qui auraient sollicité, avant de rien entreprendre, l'avis du principal actuel, Guillaume Tuffan [3]. Cet avis, longuement motivé, ne fut rien moins que favorable au projet du consistoire. Tuffan répondit, dans un mémoire en forme de lettre adressée le 29 décembre 1561 à un des consuls probablement membre du Consistoire, que cette proposition était inacceptable [4]. Voici quels sont ses argu-

1. Cf. Borrel, ch. II, op. cit.
2. Aux Etats de la province du Languedoc, tenus à Montpellier (1561), Pierre Chabot, avocat au présidial de Nîmes, avait présenté trente-cinq pétitions revêtues de trois mille six cents signatures, réclamant des églises pour les protestants. Comme aux états généraux d'Orléans, on rejeta la requête. Or, s'il y avait déjà dans le royaume, au dire de Bèze, 2150 églises réformées, il y en avait au moins 72 en Languedoc seulement. Certainement ce fait contribua à hâter la décision du consistoire.
3. Il règne une contradiction étonnante à ce sujet chez les historiens de l'Eglise de Nîmes. On attribue au consistoire l'initiative de cette démarche; elle ne peut donc avoir été résolue qu'en 1561; or la réponse de Tuffan était datée du mois de décembre ; l'école aurait donc été inaugurée en mai 1562, et non en 1561. Pourquoi s'obstine-t-on encore à placer en 1561 la date de l'inauguration de l'Académie ? Si la date de 1561 est authentique, il faut reporter en 1560 la lettre de Tuffan ; mais le texte produit par Ménard s'y oppose formellement.
4. Cf. Ménard, *Hist. de Nîmes*, t. IV, 298 sq., Preuves. — *Hist. litt. de Nîmes*, introduction.

ments : 1° Dans les universités existantes, l'enseignement d'une science nuit toujours à celui d'une autre ; on ne peut assurer le développement que d'une seule, suivant le proverbe latin : *Nemo potest simul sorbere et flare*. Ainsi à Montpellier la médecine, à Toulouse la jurisprudence ont étouffé les autres facultés. Donc, si la théologie est enseignée concurremment avec les lettres, on n'arrivera qu'à former des pasteurs ignorants, à la manière des prêtres catholiques. 2° Il n'y a d'ailleurs aucun auditoire disponible dans les bâtiments du collège. Tous les jours, toutes les heures sont pris. 3° Il faut pour une telle leçon un excellent ministre, si l'on tient à ce que la chaire acquière un certain renom ; or jamais un ministre de talent ne consentira à sacrifier les avantages d'une bonne église pour se soumettre à l'autorité d'un principal et se charger d'un travail plus pénible ; en effet, il serait contraire au bon ordre de lui donner une autorité égale à celle du principal, à moins de les ruiner toutes les deux en les exposant à d'incessants conflits. Mais Tuffan, esprit avisé et pratique, ne se borne pas à critiquer le projet ; il offre une solution positive : 1° le nombre de protestants augmentant de jour en jour, prendre pour professeur un des pasteurs de la ville, lui fournir un traitement et le charger de donner des leçons publiques dans le temple même ; 2° n'admettre à ses cours que les écoliers qui, après examen, seront jugés capables de les suivre. « Ainsi, dit-il, sera bridée la cupidité et ambition des jeunes gens, qui tousjours veulent voler plus hault qu'ils ne peuvent et prestendre gouverner les aultres, devant qu'ils puissent se régir eulx-mêmes, et sera allumée leur estude pour atteindre le but à eulx proposé, pour se rendre dignes d'estre admis à chose tant saincte et louable. Cependant pourront oyer les sermons des mercredis et dimanches…. Par mesmes moyens, le maistre ou ministre sera plus occasionné d'estudier et s'entretenir par exercisse en la profonde intelligence des sainctes lettres. Que si on m'oppose la nécessité présente d'avoir force ministres, je répondrai, que pour ung temps, et pendant que les apprentifs se formeront et tascheront venir à l'honneur de ceulx qui déjà fleurissent, sera mieulx que peu de gens, mais bons bergers, donnent de la bonne et pure pasture aux troupeaulx fameliques, ung servant à plusieurs villages, que tant de insuffisants bergers, despourvus d'expérience, de science et bien souvent de bonnes mœurs, qui remplissent plustôt les paulvres brebis de maulvaise pasture et ospinions erronées, qu'ils les nourrissent de bonnes. »

Le mémoire de Tuffan fit impression sur les membres du Consistoire; on suivit en grande partie ses conseils. L'École de théologie fut constituée [1], mais en dehors du collège des Arts, dans un local appelé l'École Vieille. Mauget, l'unique pasteur de la ville [2], fut nommé professeur. Cependant on lui adjoignit trois autres lecteurs publics, l'un pour l'hébreu, les deux autres (que l'on empruntait au collège) pour le grec et la philosophie [3]. Mais cette dernière chaire fut remplacée la même année par une seconde chaire de théologie, où l'on appela le célèbre Pierre Viret [4]. L'académie de Nîmes était fondée.

Pour démontrer l'union intime qui existait déjà entre le collège et l'académie naissante, on n'a qu'à citer un fait qui se passa un peu plus tard : Lorsque Guillaume Tuffan se démit de son rectorat [5] en 1563, ce fut le ministre Mauget qu'on nomma principal du collège [6]. L'université royale sub-

---

1. Son établissement avait été décidé en séance du consistoire le 16 avril 1561, dit M. Borrel, c'est-à-dire huit mois avant la production de la lettre de Tuffan! C'est donc le 14 mai 1562, et non en 1561, que le synode provincial du bas Languedoc, réuni à Nîmes, en célébra l'inauguration.

2. Un second pasteur, Pierre de La Serre, envoyé de Genève en 1559, avait pris la fuite ainsi que Mauget, en 1560, lorsque Villars occupa la ville; mais il n'était pas revenu.

3. Borrel, art. cité. Nous ignorons leurs noms. On remarque parmi les premiers étudiants inscrits quatre membre du consistoire : Pierre Chabot, Pierre de La Jonquières, Pierre Maltrait et Étienne Georges; puis Guillaume Roques, sieur de Clausonne.

4. Les premiers candidats au saint ministère furent consacrés par lui le 14 novembre. Ce furent Trophime Picheron et Jean Rouget; 8000 personnes assistaient à la cérémonie.

5. Il avait été nommé recteur à vie, en 1553. Voy. Ménard, IV, 227.

6. Il est vrai qu'on le fit après s'être adressé en vain à Claude Ydrian et à quelques autres savants. Cf. Nicolas (*Hist. litt.*, I, 28). Claude Ydrian

sistait toujours; mais il semble que l'école de théologie, créée pour être une sorte d'annexe au collège, se transforme elle-même en une académie protestante, avec le collège pour annexe. C'est en 1598 que nous voyons le synode la mentionner pour la première fois; celui de Montpellier est le premier qui, grâce à l'octroi des deniers royaux, ait pu lui accorder un subside, pour « aider à la dresser [1] ». Enfin, ce n'est qu'en 1582, à l'époque où Jean de Serres rédigea les statuts de l'académie, que nous voyons instituer des chaires d'éloquence et de jurisprudence [2].

§ II. — Académies d'Orthez et d'Orange.

La seconde académie que nous ayons à mentionner par ordre d'ancienneté est celle d'Orthez, fondée en 1566 [3]. A vrai dire, sa destinée ne se confond pas avec celle des autres académies, puisque le Béarn ne fut annexé à la France qu'en 1620. et que l'académie d'Orthez fut supprimée à la même date. Elle cessa donc son activité au moment où les autres redoublaient la leur et commençaient à accuser nettement leurs physionomies particulières : elle resta étrangère au mouvement théologique qui se manifesta dans leur sein et laissa peu de documents sur son existence ; enfin les synodes ne la subventionnèrent pas. Malgré cela, on ne peut la tenir à l'écart. Il est certain qu'elle n'étendit guère son influence au delà des limites du Béarn et qu'elle forma surtout des étudiants et des pasteurs pour ce pays. Mais elle compta des Français parmi ses professeurs et ses élèves, et les intérêts des Eglises béarnaises se confondirent toujours avec ceux des

---

avait été nommé recteur à vie, ou pour un temps délimité, aux mêmes conditions que Tuffan, le 3 février 1566 ; mais il refusa. Voy. Ménard, V, 2, 6.

1. Aymon, I, 225.
2. Le premier professeur de jurisprudence. Jacques Martin, est cité par le règlement. Voy. Ménard, *Histoire de Nîmes*, t. V, Preuves.
3. Voir sur ce sujet l'article de M. Lourde-Rocheblave, *Bull. du prot.*, III, 280.

Eglises françaises. Le pays forma une province, divisée en six colloques, qui fut représentée au même titre que les autres dans les synodes généraux [1]; lorsqu'il n'eut plus son académie, il dut contribuer pour celle de Montauban. De tout temps, les écoliers français furent autorisés à considérer l'académie d'Orthez comme telle autre du royaume [2], et jamais l'histoire n'a songé à la déclasser.

Le premier collège béarnais fut fondé à Lescar, siège d'un évêché, par Henri d'Albret et Marguerite de Navarre. « Du temps du feu roy Henri et royne Margalide, ayeuls de Sa Majesté, à la sollicitation des Etats et inclination naturelle des dicts sieurs Roy et Royne, amateurs de religion, vertu et piété, il fust adressé d'ériger ung collège en ce pays souverain pour rejeter l'ignorance du milieu de tout leur peuple. » Ainsi s'exprime une remontrance des jurats de Lescar au siècle suivant. Mais cette ville épiscopale, plus encore que le reste du pays, était divisée au point de vue religieux : les catholiques refusèrent d'envoyer leurs enfants à une école dirigée par des huguenots. Les jurats portèrent au comte de Grammont, lieutenant de la reine Jeanne, le vœu de la majorité catholique tendant à ce que le collège de Lescar fût transféré dans une

1. Il envoie des députés, avec voix délibérative, à partir du synode de La Rochelle (1607) (Aymon, I, 298). Le synode d'Alais (1620) les reçoit encore aux mêmes conditions, parce qu'ils refusent, pour des motifs que nous ignorons, de se soumettre entièrement à la discipline (Aymon, II, 140). Au synode de Castres (1626), on déclare qu'on les *souffre* pour cette fois, bien qu'ils n'aient pas dans leurs lettres de créance la *clause de soumission* (id., 331), mais qu'on ne les admettra point à l'avenir sans cette clause. Il est probable qu'ils se soumirent; car depuis ils assistèrent aux synodes sans qu'on fit la moindre difficulté. A partir du synode de Charenton (1623), les synodes prennent le titre de synodes nationaux des églises réformées de France et du Béarn. Ce n'est que depuis 1789 que le Béarn se dit et se croit français.

2. Nous lisons dans Aymon (I, 312) que le troisième synode de La Rochelle (1607) enjoint aux écoliers en théologie entretenus par leurs provinces ou leurs églises particulières de faire leurs études dans les académies du royaume, entre lesquelles celle de Béarn est comprise. Cf. Quick, I, 272. Et, au synode de Privas (1612), la compagnie « a déclaré qu'elle n'approuve qu'aucune province empêche ses étudiants en théologie d'aller étudier dans l'académie d'Orthez en Béarn, nonobstant les recommandations faites par lesdits députés des Eglises de Bigorre, de Soule et d'Hastringues. » (Aymon, I, 430.)

autre ville. C'était agir par dépit plus que par raison : car il est toujours maladroit de se séparer d'une institution de ce genre. On s'en aperçut trop tard, quand la décision de Jeanne d'Albret fut prise et que le désaveu des pétitionnaires ne servit de rien. Le 14 décembre 1564[1], les jurats d'Orthez et le ministre Solon portèrent aux Jacobins de cette ville une lettre de la reine, leur intimant l'ordre d'évacuer les bâtiments du couvent occupé par eux, attendu qu'ils allaient être consacrés à l'installation d'une académie. Pendant deux ans on travailla à aménager le local en question, et dès qu'il fut prêt, en 1566, la reine publia une ordonnance instituant l'académie d'Orthez. Voici les passages principaux de ce décret : « Pource que nous désirons infiniment donner tous les moyens que nous pourrons à ce que la jeunesse de notre dict pays soit mieulx instruite qu'elle n'a été par le passé, afin qu'elle puisse mieulx servir à l'advenir au public..... Il sera cherché par les universités de Paris, Bourges et aultres lieux que faire se pourra, ung personnage qui puisse prudemment s'acquitter de la charge de principal chief et econome du college de notre dicte ville d'Orthez, auquel la dicte charge sera baillée ensemble des régents..... pour enseigner aux enfants les lettres, bonnes mœurs et discipline, lesquels nous voulons être examinés par les ministres de notre dict pays de leur foy et doctrine. » Cette citation suffit pour montrer qu'il s'agit ici d'un établissement calviniste, où l'enfant recevra une éducation morale et religieuse en même temps qu'une instruction littéraire soignée. Il ne paraît pas qu'à Orthez on ait tracé une ligne de démarcation bien nette entre les deux enseignements secondaire et supérieur, au moins dans les ordonnances royales. Cependant, c'était bien réellement une académie qui venait de s'ouvrir, comprenant : 1° un collège avec son principal et cinq régents ; 2° des professeurs de théologie, d'hébreu, de grec, de philosophie et de mathématiques : il y avait aussi un professeur de

---

[1]. Il ne peut donc être question dès 1563 de l'existence du collège d'Orthez, comme le suppose M. Gaufrès, *Bull. du prot.*, XXII, 414, article sur les Collèges protestants.

musique, afin que les élèves apprissent de bonne heure à chanter les psaumes de Clément Marot. L'étudiant en théologie devait ainsi parcourir en dix ans le cycle de ses études, au moins sous Henri IV [1]. L'académie, située en pays protestant, ne tarda pas à prospérer, et les entraves apportées de bonne heure à son développement par les vicissitudes des guerres religieuses ne parvinrent jamais à l'enrayer complètement. Cependant ce ne fut qu'en 1583, époque de sa plus grande prospérité, que le roi Henri lui donna le titre d'Université royale de Béarn, avec le droit de conférer les grades de bachelier, licencié et docteur pour les quatre facultés des sciences, droit, médecine et théologie; une chancellerie; une magnifique bibliothèque; une imprimerie; un service de greffiers, appariteurs et huissiers; un doyen. Notons en terminant l'inscription placée au fronton du grand portail : cette muse prétentieuse et exclusivement païenne, admise à célébrer ici une œuvre essentiellement chrétienne, est trop répandue au XVIe siècle dans tous les mondes pour qu'on s'étonne de la retrouver aux pieds de l'austère princesse huguenote.

De Illustrissimæ Reginæ studio et in suos Bernenses munificentia XIII cal. ap. MDLXVI.

> Lethe jam stygius, malusque sacros
> Cum ritus veterum obruisset, atque
> Has Orcus nimis occupasset ædes,
> Musarum ut trepidus chorus lateret,
> En tandem Altitonans parit Minervam,
> Orci quæ famulos, potens, fugavit
> Et quæ somniferas reflexit undas.
> Mox victrix revocat novem Sorores,
> Parnassum spoliat sacraque turba;
> Hic, post, Castalius negat liquorem,
> Versus nam refluat jubet Pyrenes
> Quod Bernæ populum sitire nolis.
> Sic Jana Orthesii novas Athenas
> Princeps instituit, decusque avorum
> Auget, sic patriam nitere curat,
> Æternumque meret perita nomen [2].

[1]. Ce roi entretenait constamment, dit Duplessis-Mornay, « cinquante escoliers en théologie, chascun l'espace de dix ans, pour servir au ministère de l'Evangile. » (Cf. *France prot.*, I, 100.)

[2]. « *A la sollicitude et à la munificence de la Très Illustre Souveraine*

L'académie d'Orange se développa dans des conditions analogues, mais sa destinée fut autre. On sait que la principauté d'Orange était encore indépendante à l'époque de la révocation de l'édit de Nantes ; aussi l'académie de cette ville eut-elle la singulière fortune de survivre à cette date néfaste, pour s'éteindre bientôt, il est vrai, lorsque la mission bottée des comtes de Tessé et de Grignan mit la principauté à feu et à sang. Elle eut la plus longue existence, et aussi la plus obscure ; jamais les synodes ne lui accordèrent de subsides. Cependant, ce fut bien à certains égards une université française, car les Eglises de la principauté étaient représentées et subventionnées aux synodes généraux [1], et la France lui envoya des professeurs et des étudiants. Si elle a joué un rôle des plus humbles, dans l'histoire de l'enseignement réformé, on n'en commettrait pas moins une injustice à la passer sous silence.

L'université d'Orange avec les quatre facultés existait à proprement parler depuis 1365 ; à cette date, elle fut établie par Raymond V de Baux, et ne devait être supprimée en réalité qu'en 1789. Mais ce fut en 1573 que le protestantisme l'occupa en maître, lorsque le comte Ludovic de Nassau lui adjoignit un collège [2] et lui donna le titre d'académie. Ce collège,

---

envers ses sujets du Béarn. Le perfide Léthé avait englouti dans ses ondes infernales les rites sacrés des anciens, et le dieu des Enfers occupait depuis longtemps déjà ces demeures, réduisant le chœur des Muses à se cacher terrifié ; lorsqu'enfin voici Jupiter qui enfante Minerve. La puissante déesse balaya devant elle les familiers des enfers et fit reculer les eaux somnifères. Par sa victoire, elle ramène promptement les neuf Sœurs et enlève au Parnasse la troupe sacrée : là désormais, la fontaine de Castalie refuse de couler, car, sur son ordre, elle détourne ses eaux vers les Pyrénées, où la déesse ne veut pas que le peuple du Béarn en soit altéré. C'est ainsi que Jeanne fonde la première une université à Orthez et rehausse la gloire de ses ancêtres ; c'est ainsi qu'elle entretient l'illustration de sa gloire et sait mériter un renom éternel. »

1. Voir la liste publiée au synode de Gap (1607) ; ces églises sont comprises dans la province de Dauphiné, colloque des Baronnies. Id. synode de Castres (1626). Aymon, I, 294 ; II, 430. Cf. Quick, I, 247, 355.

2. Voir *Bull. du prot.*, IV, 593 : Informations historiques et statistiques sur l'Eglise protestante d'Orange, par le pasteur Gaitte, 1852. La principauté d'Orange passa au protestantisme vers le milieu du XVIe siècle, sous Guillaume Ier de Nassau, qui la gouvernait depuis 1544. Ce

composé à l'origine de quatre régents et d'un principal, paraît avoir compté parmi les écoles importantes de la région, et nous connaissons quelques-uns de ses maîtres les plus remarquables, comme Daubus, Morus, Sorbière, etc. Un des régents devait être catholique ; mais cette clause ne fut pas observée. Quant à sa prospérité matérielle, elle fut garantie par une dotation convenable de son fondateur : d'ailleurs la fidélité de la famille de Nassau à la cause protestante était aussi une garantie de paix et de sécurité.

§ III. — Académie de Sedan [1].

L'académie de Sedan, comme celles d'Orthez et d'Orange, fut fondée dans une principauté voisine de la France, destinée à lui être annexée plus tard, mais encore indépendante et gouvernée par des seigneurs réformés [2]. Nous voici en présence d'une institution autrement célèbre que celle dont nous avons parlé jusqu'ici. Si l'on faisait un classement des huit universités fondées par les réformés français, celle de Sedan occuperait certainement le second rang à tous les points de vue. L'honneur de cette brillante fortune revient en première ligne à ceux qui l'ont voulue et préparée, aux nobles seigneurs de ce modeste territoire, si intelligemment soutenus par leur vaillant peuple.

---

prince fameux, avant de se déclarer lui-même pour la religion réformée, favorisa le mouvement par son édit de tolérance de 1561.

1. Voir Charles Peyran, *Hist. de l'Académie de Sedan*, Strasbourg, 1846 (thèse). Documents extraits de la chronique du Père Norbert, Mézières, 1867. Bouilliot, *Biographie ardennaise*, 2 vol., Paris, 1830. Les chroniques, dont il existe plusieurs copies, portent les noms d'*Histoire chronologique des villes et principautés de Sedan, Raucourt et Saint-Menges*, in-4o, manuscrit de 729 pages dans l'autographe. L'abbé Bouilliot dit que cet auteur (né en 1716), supérieur du couvent des Capucins de Sedan, offre une grande crédibilité, sauf quelques anecdotes un peu hasardées.

2. C'est un fait digne de remarque que ces collèges bâtis aux portes de la France, dans de petits États protestants qui font comme une ceinture au puissant royaume catholique, en attendant d'être absorbés par lui : le Béarn, Orange, Montbéliard, Strasbourg, Metz, Sedan. Genève seule échappe à cette destinée.

C'était en effet une race forte et généreuse que celle des La Marck [1] ; ses annales sont glorieuses. Les Saugliers des Ardennes ont fait leurs preuves dans l'histoire, et ce n'est pas le lieu ici d'enregistrer leurs exploits. Il y avait longtemps que cette maison illustre gouvernait le duché de Bouillon et le pays de Sedan, lorsque Henri Robert, fils de Robert IV, se convertit au protestantisme. Homme probe et loyal, il sut être apprécié des catholiques aussi bien que des huguenots, à une époque où il ne suffisait pas toujours d'être homme de bien pour désarmer la haine : il sut rester pur de tout excès, au temps où le fléau des guerres religieuses sévissait avec le plus de rage. « La pensée qui le domine, dit l'historien de Sedan [2], est la prospérité et le bonheur de son peuple... Son amour de la justice brille d'un vif éclat dans des ordonnances qui annoncent un esprit en avant de son siècle. » Tenus en respect par l'intégrité d'un pareil caractère, les assassins de la Saint-Barthélemy l'épargnèrent : mais le poison de Catherine de Médicis accomplit bientôt après une œuvre plus lente, plus sûre, et, paraît-il, moins répugnante (1574).

Ce prince éclairé est-il le fondateur de l'académie ? Il n'eut pas le temps de mettre ce projet à exécution ; mais il en est le véritable initiateur. Il avait le goût des choses de l'esprit et estimait fort le savoir. « Ses salons, dit M. J. Peyran, étaient souvent convertis en écoles de théologie, de jurisprudence et de philosophie, où les esprits les plus transcendants du siècle discutaient sur les matières les plus intéressantes pour l'humanité et les plus dignes d'occuper la pensée. Pour fixer dans Sedan cet éclat qui commençait à l'illustrer et pour profiter de ce retour vers l'ordre et les lumières qui se faisait déjà sentir dans les états voisins, et répandait une chaleur vivifiante dans toutes les conditions, Henri, de concert avec ces illustres proscrits [3], traça un plan d'instruction publique, et posa les premiers fondements de cette académie, qui, cinquante ans

---

1. Voy. Haag, XIe part., 232.
2. *Hist. de l'anc. principauté de Sedan*, par Jacques Peyran, 2 vol., 1826.
3. Ceux que la persécution chassait de France ou d'ailleurs étaient

après, était l'une des plus célèbres de l'Europe. L'enseignement de la théologie fut complété. Il étendit l'étude des langues mortes, qui jusqu'alors n'avait compris que celle du grec et du latin, en créant une chaire d'hébreu en faveur de Tremellius, qui venait de quitter l'université d'Heidelberg, où son profond savoir l'avait fait appeler [1].» Il ne s'agit pas là d'une académie organisée : l'auteur veut parler de lectures publiques, régulières sans doute, mais isolées les unes des autres et dépourvues de tout lien commun. C'était encore un enseignement libre ; mais on n'a pas de peine à y découvrir le germe fécond, le signe précurseur de l'académie. Aussi a-t-on voulu déjà voir des professeurs de l'académie dans les premiers maîtres appelés par Henri-Robert. Dans la salle du consistoire de l'Eglise réformée de Sedan, on a dressé, sur un placard mural, un tableau des professeurs de l'académie et des pasteurs de l'Eglise, depuis ses commencements jusqu'à nos jours. Ce tableau, qui fournit de précieuses indications sur le plus grand nombre, contient cependant des inexactitudes : il aurait besoin d'être complété et rectifié. En particulier, il cite parmi les premiers professeurs Louis Cappel en 1570, Emmanuel Trensellius (c'est Tremellius qu'il faut lire) et Mathieu de Béroald [2]. Ces trois hommes, dont la réputation n'est plus à faire, se trouvaient en effet à Sedan de 1570 à 1580 ; mais le collège ne fut ouvert qu'en 1579, et l'académie proprement dite en 1602. Or le premier, d'après le tableau, enseignait la théologie, le second l'hébreu, et le troisième l'histoire. Cette indication suffit pour démontrer qu'il s'agissait de leçons publiques libres, à la manière du temps. Du moins ces professeurs ont-ils enseigné plus tard dans l'académie ? Pour Louis Cappel de Moriambert [3], l'oncle du célèbre hébraïsant et son

avertis qu'ils trouveraient dans la principauté un asile toujours prêt à les recevoir. Ce fut quelquefois une lourde charge pour ce petit pays, mais il ne faillit jamais à ce devoir.
1. T. I, p. 162.
2. « Louis Cappel, né en 1534, mort en 1586, pasteur et professeur de théologie en 1570. Emmanuel Trensellius, professeur d'hébreu, mort en 1580. Mathieu de Beroalde, professeur d'histoire en 1580.
3. Voy. Haag, art. *Cappel*.

homonyme, il est aisé de prouver qu'il lui fut matériellement impossible d'enseigner la théologie, si ce n'est à bâtons rompus, avant la date de 1576. Il était à Sedan en 1570; on le trouve l'année suivante ministre à Clermont; il revient à Sedan après la Saint-Barthélemy, mais pour en partir quelque temps après dans le but d'accomplir une mission en Allemagne. En 1575, on le retrouve à Leyde, inaugurant l'illustre université fondée dans cette ville par Guillaume d'Orange, avec le titre de professeur de théologie. En 1576, il est aumônier à l'armée de Jean Casimir. Ce n'est qu'à la suite de cette courte campagne qu'il élit décidément domicile à Sedan, où la mort le frappe en 1586. Nous ne pouvons donc admettre qu'il ait été le premier professeur de théologie de l'académie [1].

En ce qui concerne Tremellius, nous avons vu [2] qu'à la fin de 1558 on le désignait à Genève pour la chaire d'hébreu occupée dès le début par Bérald. Il semble, d'après cela, qu'il ait résidé à Genève vers cette époque. Haag, qui ne parle pas de ce fait, suppose qu'il était alors à Heidelberg, où l'avait appelé l'électeur Frédéric III. En 1560, on le retrouve à Metz. Cependant, d'après Haag, il aurait été de retour à Heidelberg, lorsque le duc de Bouillon le fit venir à Sedan, nous ignorons en quelle année [3]. Enfin, comme il y meurt en 1580, il est impossible qu'il ait jamais professé dans l'académie proprement dite.

Pour Mathieu de Béroalde [4], nous savons qu'il était principal du collège de Montargis en 1571; à la nouvelle de la Saint-Barthélemy, il s'enfuit à Sancerre; il y séjourna pendant le

---

1. M. Ch. Peyran estime qu'« une seule chaire de théologie constituait une académie » et s'efforce de restituer ainsi à Henri-Robert de La Marck l'honneur de la fondation de l'académie. Sans méconnaître l'importance des chaires libres créées par lui, nous ne saurions envisager son œuvre de cette manière.

2. Page 60, note 1. Cf. Haag, IX, 418.

3. D'après Moréri, Trémellius serait allé directement de Metz à Sedan (X, 320, art. *Tremellius*). D'après M. Ch. Peyran, il aurait enseigné successivement à Hornbach et à Heidelberg, à son retour d'Angleterre (p. 12).

4. Voy. *France prot.*, I, 469.

siège mémorable de cette ville ; en août 1573, il est de retour à Montargis ; le 30 septembre, il se rend à Sedan, où il est nommé professeur de chronologie, ou, si l'on veut, d'histoire. Mais dès le mois d'octobre 1574, il part pour Genève, où il est nommé professeur de belles-lettres et de philosophie à l'académie, sur la recommandation de Bèze. Il y resta jusqu'à sa mort survenue en 1576. Il paraît qu'à Sedan il avait dû interrompre ses cours sur l'ordre du prince, parce qu'il attaquait trop vivement François Ier et ses prédécesseurs. Ainsi non seulement il ne put pas enseigner à l'académie de Sedan proprement dite, mais il était déjà mort depuis quatre ans à la date de 1580.

Quoi qu'il en soit, les témoignages concordent pour démontrer quel prix le souverain de Sedan attachait à l'instruction publique, et quels efforts il faisait pour favoriser ses progrès. Dans ce coin retiré des Ardennes, comme dans le reste de l'Europe, le mouvement de la Renaissance et celui de la Réforme se rencontraient pour une action commune.

La mort d'Henri-Robert n'arrêta pas cet élan. Son fils aîné Guillaume-Robert n'avait que douze ans ; mais sa veuve, Françoise de Bourbon, à qui le conseil souverain déféra la régence, était une femme d'un grand caractère et d'un profond mérite. Elle avait un rare esprit de discernement et semblait avoir hérité de la sagesse de son mari : choisissant avec soin les conseillers de son entourage, elle sut mettre son petit Etat à l'abri de toutes les convoitises et de toutes les violences ; la tâche était rude, mais pas trop pour elle. Ce que le prince défunt n'avait pu faire pour assurer le développement de l'instruction publique, elle le fit. « La révolution presque générale arrivée dans l'empire des lettres vers le milieu du XVIe siècle, dit l'abbé Bouillot, avait eu peu d'influence dans cette ville : il était réservé aux calvinistes persécutés d'y allumer le flambeau des sciences et des arts [1]. » Le mot persécutés est de trop : on ne le connaissait à Sedan que par ouï-dire ; si les

---

1. *Biogr. arden.*

réformés aboutirent dans leur œuvre, c'est que la tolérance religieuse avait obtenu droit de cité dans cet Etat privilégié : là, le libéralisme était connu et pratiqué, en plein XVIe siècle, alors que le mot et la chose demeuraient encore étrangers au reste de l'Europe. La Réforme, qui s'était opérée sans éclat, comme la conversion du duc Henri-Robert, se propagea sans violence. Catholiques et protestants exercèrent leur culte en paix sous la protection des mêmes lois; admissibles également à tous les emplois, ils avaient aussi le droit de défendre publiquement leurs doctrines par le moyen des controverses. Aux écoles élémentaires gratuites, les enfants pauvres des deux religions se retrouvaient assis sur les mêmes bancs : un fonds spécial était réservé pour faciliter ensuite aux plus dignes l'accès des carrières libérales. Françoise de Bourbon distribuait de ses propres mains des vivres aux indigents, et chaque jour ses enfants l'aidaient dans cette touchante fonction. Quant aux malades, des *demoiselles de charité* les visitaient assidûment à domicile. C'était un heureux temps pour ce petit pays, et il s'écoula bien des années depuis la date de son annexion à la France avant qu'il oubliât cette ère de liberté, de prospérité modeste et de bonheur tranquille. Louis XIV après les La Marck, le régime de l'autocratie inexorable succédant à celui de la tolérance politique et religieuse, quel changement!

Françoise de Bourbon est la véritable fondatrice du collège, qui fut plus tard transformé en académie. Deux ans après la mort de son époux, le 8 novembre 1576 [1], un édit publié par elle érige un collège à l'hôpital du Ménil, ou maison des Douze Apôtres, pour l'instruction dans les belles-lettres de la jeunesse des deux religions. Nous lisons dans les Archives de l'Hôtel-de-Ville qu'elle affecte à ce collège tous les biens et revenus attachés à cet ancien hôpital, à la condition qu'il

---

1. Et non en 1575, comme le supposait M. Nicolas (*Bull. du prot.*, IV, 595). Ce n'est pas davantage Henri-Robert qui fonde l'Académie en 1573, comme il le dit dans son article sur les académies protestantes (*Encyclopédie Lichtenberger*, t. I).

paierait annuellement une rente de cinq cents livres au bureau des pauvres des deux religions, par portions égales. Les protestants emploieraient leur moitié tant à l'entretien du temple qu'à la subvention des pauvres. La cense, dite du chêne des malades, destinée dans la souveraineté de Raucourt[1] à l'entretien et au logement des lépreux de ce pays, fut aussi réunie aux biens du collège ; mais celui-ci fut chargé de pourvoir à l'assistance de ces lépreux. La moitié des revenus et biens de l'hôpital de Douzy fut également concédée au collège : cet hôpital conservait le reste, sauf qu'il avait à payer une rente annuelle de cinquante livres au bureau des pauvres réformés de Francheval, afin d'augmenter les ressources insuffisantes de l'hôpital construit dans ce village. Il paraît que le collège obtint encore d'autres biens et d'autres revenus ; mais les documents n'en disent pas plus long. L'administration générale fut confiée à un Conseil intitulé des modérateurs (1576), dont nous aurons à parler plus loin. Toutefois, pour des raisons diverses, le collège ne fut ouvert que le 16 mars 1579, comme le témoigne une minute[2] conservée aux archives de l'Hôtel-Dieu de Sedan. Il se composait d'un principal et de cinq régents : le premier principal, qui était en même temps régent de la première classe, fut Toussaint Berchet, dont le nom a été donné depuis quelques années à une rue de Sedan, dans le quartier du Ménil. L'enseignement primaire gratuit se donnait en dehors du collège ; en 1595, il y avait à Sedan trois maîtres d'école aux gages de la recette ; le conseil des modérateurs veillait à leur entretien. En 1615, il y en avait cinq, et une maîtresse pour les filles, qui dépendait aussi du Conseil. Cette recette ecclésiastique, sur laquelle on pourvoyait à toutes les dépenses et dont les membres du Conseil des modérateurs étaient administrateurs nés, est une création trop importante pour qu'on ne la signale pas dès à présent. C'est en 1580 que Françoise de Bourbon l'établit ; elle constituait

1. Qui faisait partie de la principauté de Sedan.
2. Domaine de Sedan et Raucourt, etc.

une sorte de bureau général chargé d'administrer tous les biens ecclésiastiques situés dans les terres, de quelque nature qu'ils pussent être ; il était maître de tous les biens de cures, fabriques, collège, etc., et par conséquent trésorier de l'église et de l'école : nul autre que lui ne pouvait traiter une question financière concernant les cultes ou l'instruction publique. Le premier receveur nommé, le sieur de Moussy, entra en fonction le 1er octobre 1580 [1].

Mais le collège des Douze Apôtres n'était pas l'académie. En 1583, Françoise de Bourbon abandonna la régence et laissa le pouvoir aux mains de son fils aîné Guillaume-Robert. Par son testament, en 1585, elle exhorte ce prince à ajouter au collège une école de philosophie et un..... (la ligne suivante est à dessein laissée en blanc), afin de former à Sedan, dit-elle, un collège complet, pour conserver les bonnes lettres, fondement sûr et certain de la vraie religion ; l'avancement du bien public, le lustre et la réputation que les établissements donneront à la ville, voilà les motifs par lesquels elle presse son fils de fonder cet établissement [2]. Certes Guillaumes-Robert était le digne héritier des vertus de ses parents ; sa valeur sur les champs de bataille, sa loyauté, la pureté proverbiale de ses mœurs et la fermeté de sa foi protestante sont bien connues ; élève de Sturm au gymnase de Strasbourg [3], il était ami de l'instruction et fort versé lui-même dans certaines branches, surtout dans la théologie. Mais il n'eut pas le loisir d'exécuter le testament de sa mère : toujours occupé par les soins de la guerre, il dut se retirer en Suisse après la campagne malheureuse de 1587, où les confédérés huguenots furent si maltraités ; il ne tarda pas à y mourir le 1er janvier 1588, à l'âge de vingt-six ans, et fut enseveli à Genève [4], dans le tem-

1. Cf. *Mémoire sur les domaines de Sedan et de Raucourt.*
2. Cf. *Etude de Ducloux.*
3. Schmidt, *Sturm*, 307.
4. Les uns prétendent que les Guises le firent empoisonner ; les autres qu'il mourut des suites de la guerre, où il avait tant souffert de l'indiscipline de reîtres, de la mauvaise humeur des Suisses et des fatigues qu'il éprouva pour son compte. « Sa vie n'est qu'un combat glorieux, dis M. Ch. Peyran, mais dont l'issue n'est pas heureuse. »

ple de Saint-Pierre. Avec lui s'éteignit la lignée mâle des La Marck. Mais il institua sa jeune sœur Charlotte son héritière universelle ; le testament olographe, daté du 25 décembre 1587, y mettait la condition qu'elle ne changeât rien à la situation politique et religieuse du pays, et qu'elle n'épousât pas un catholique. Antoine de Luynes, sieur de Fromentières, et Gervais Le Roux furent désignés pour être son conseil. La Noue était chargée de veiller à la défense de la principauté, avec une pension de 1000 écus [1]. Obligée à quatorze ans de gouverner un Etat et de le défendre contre la puissante maison de Lorraine, Charlotte avait bien besoin du dévouement absolu de ses sujets et des avis éclairés de ses amis : le premier ne lui fit pas défaut, et, pour l'intelligence précoce, elle ne le cédait en rien à aucun de ses ancêtres. Le roi de Navarre, chargé de la marier, lui donna pour époux le vicomte de Turenne, Henri de La Tour d'Auvergne, brillant capitaine, habile diplomate, gentilhomme réputé sérieux depuis sa conversion et dévoué à la cause protestante ; elle avait seize ans lorsque le mariage fut célébré le 16 octobre 1591. Mais, avant cette date, elle avait déjà exécuté le testament de sa mère, en fondant une chaire de philosophie [2]. On en trouve la preuve dans l'intitulé d'une philosophie péripatéticienne à l'usage du collège de Sedan, imprimée à Cologne et au frontispice de de laquelle on lit cette épigraphe : *Antequam Minerva Marti caderet.* Cependant elle ne fit pas davantage. Le soin de l'érection de l'académie devait être réservé à son époux, et elle mourut trop tôt pour en être témoin (1594).

Henri de La Tour d'Auvergne [3] était un génie un peu inquiet ; son humeur ambitieuse et ses goûts belliqueux s'accommodaient assez des intrigues politiques, et il vécut bien plus dans les camps que dans son duché de Bouillon. Cependant, comme il avait un esprit singulièrement actif et compréhensif,

---

1. Cf. *Discours de la mort du duc de Bouillon avec la forme de son testament et les derniers propos qu'il a tenus à ceux de Genève.* 1588.
2. Voy. Bouillot, II, 187.
3. Voir Haag, VI, 384.

il sut fort bien employer le peu de loisirs que lui faisaient les luttes religieuses et civiles. On croirait volontiers que, sous le gouvernement d'un tel capitaine, toutes les forces vives de l'Etat aient été absorbées par le service de la guerre. Il n'en est rien. Cet homme universel songeait à protéger tous les intérêts. L'industrie ne fut jamais si encouragée ni si prospère que sous son règne : les travaux publics, les sciences et les arts, tout ce qui importe au bien de l'Etat fut l'objet de sa sollicitude éclairée. Il était apte à comprendre les questions relatives à l'enseignement et à les résoudre. Pour lui, qui était arrivé à un certain âge sans avoir connu les éléments d'une éducation soignée, il avait alors rougi de son ignorance et s'était mis courageusement à l'étude ; depuis, les mathématiques, l'histoire, les lettres, la théologie lui étaient devenues familières. Il les appréciait, et désira que son peuple fît de même. C'était entrer dans les vues de la plupart. Le 20 août 1598 les bourgeois, lui avaient demandé par supplique de former en la ville de Sedan une académie, pour instruire la jeunesse en toutes bonnes sciences. Il répondit qu'il avait toujours eu cette institution extrêmement à cœur et qu'il n'épargnerait rien pour la créer le plus tôt possible. On se mit à l'œuvre peu après [1] ; mais ce ne fut qu'en 1602 que le projet reçut une pleine exécution [2]. Le prince renouvela cette année-là le conseil des modérateurs, pour l'administration du

---

1. Voici ce que nous lisons dans une lettre de Henri de La Tour adressée aux pasteurs et professeurs de Zurich, principalement au sujet de la question de fusion entre les Eglises de France et d'Allemagne, à la date du 3 juillet 1604 : « Outre les fortifications dont il (Sedan) est, grâce à Dieu, très bien asseuré, je l'embelli le plus qu'il m'est possible d'autres ornements nullement superflus, ains du tout nécessaires, y ayant dressé une Académie et Ecole de piété, qui depuis cinq ans a fourni nombre de pasteurs pour relever vingt-cinq ou trente Eglises gisantes par terre. » (Cf. *Bull. du prot.*, XXVI, 62 sq.) L'original de cette lettre est aux Archives de Zurich, gest. VI, 166, f° 703. Ainsi, dès 1599, la théologie fut enseignée, bien que l'édifice universitaire ne fût pas encore prêt; dès 1599, le collège prétendait au nom d'académie, ou plutôt s'appelait, jusqu'en 1602, *collège académique*.

2. Et non vers 1580, comme le suppose M. Nicolas (*Bull.*, II, 48), ou en 1601, comme le suppose Haag (art. *La Tour*) sans doute d'après Aymon, I, 252. Bouillot (II, 395) donne aussi la date de 1601.

collège de l'académie et des biens ecclésiastiques. Il était composé des sieurs Lalouette, président du conseil souverain, Roussel, lieutenant du bailliage, Tilénus et Caillet, nommés professeurs à l'académie, Lecomte, Desmerlières et Deshuges. Ce conseil, qui garda les mêmes fonctions que le précédent, acheta deux maisons attenantes au collège, fit hausser la grande porte d'entrée, en un mot ordonna toutes les réparations et constructions nécessaires à la transformation du collège des Douze Apôtres; puis dressa le règlement du collège et des cours supérieurs. Nous ne voyons pas que la médecine ait jamais été enseignée officiellement à Sedan ; mais la théologie, la philosophie, la jurisprudence, les belles-lettres grecques et les mathématiques y furent en honneur. Dès 1605, nous voyons Jean de Brest enseigner l'arithmétique et la géométrie. Daniel Tilénus, pasteur depuis 1595 à Sedan [1], fut le premier professeur en théologie [2]. Didier Hérault occupa la chaire de grec [3]; John Cameron et Pierre Berchet celles de philosophie, où les avaient précédés Julius Pacius et Robert de Vismes. Augustin Caillet eut celle de jurisprudence en 1605 [4]. On avait un imprimeur depuis 1596; enfin le duc de Bouillon constitua de ses deniers une belle bibliothèque à la nouvelle académie.

Ainsi fut créée l'académie de Sedan, qui ne tarda pas à être reconnue par les synodes des Eglises de France. Dès 1601, le synode de Gergeau déclare qu'elle sera fort commode aux provinces voisines et vote un subside de cinq cents écus [5]

---

1. *Bu.* XII, 16.

2. Le tableau du consistoire de Sedan le nomme comme pasteur et professeur de théologie en 1596. Nous avons expliqué plus haut ce qu'il faut penser d'une pareille chronologie.

3. En 1596, de Vismes enseignait cette faculté, ainsi que la philosophie. (Cf. Ménard, V, 292.)

4. Le tableau du consistoire de Sedan porte *Caillias*. Bouillot dit *Callias* (*Biogr. ard.*, I, 170). La chronologie du Père Norbert dit expressément *Caillet*. Déjà en 1596 la jurisprudence était enseignée à Sedan par un homme célèbre, Julius Pacius, qui fut ensuite appelé à Nîmes (1597). (Voy. Ménard, V, 291.) « Il avait mis en réputation la nouvelle université de Sedan, où le duc de Bouillon l'avait attiré. » Même observation qu'à la note 2.

5. Aymon, I, 252, 251.

« pour son avancement », en même temps qu'il subventionne quatre pasteurs de la principauté. Celui de Gap (1603) exhorte par lettres les universités d'Angleterre, d'Ecosse, de *Sedan*, de Genève, de Heidelberg, de Bâle et de Sigen à se joindre à lui pour censurer le professeur Piscator, qui enseignait dans cette dernière ville et dont les opinions hétérodoxes troublaient toutes les Eglises [1]. L'université de Sedan est aussi invitée à user de son influence en faveur de l'union avec les luthériens, question qui était alors agitée dans tous les pays protestants [2]. Il faut croire qu'elle était déjà bien florissante, puisque le synode de Gap s'exprime plus loin en ces termes : « Considérant de quelle importance est l'université de Sedan, les grands services qu'elle a rendus et qu'elle rend continuellement à une grande partie de nos Eglises, cette assemblée ordonne qu'outre la somme de cinq cents écus qui lui a été assignée... on lui donnera trois cents écus de plus [3]. » Le même synode, dans le rôle des Eglises réformées dressé par lui, nomme celle de Sedan et de Raucourt, et les place dans le colloque de Champagne [4]. Cependant il faut aller jusqu'au synode de La Rochelle (1607) pour trouver un article tel que celui-ci : « M. Jacques Capel, pasteur, et le sieur de Berry, ancien de l'Eglise de Sedan, députés des Eglises de la Souveraineté pour se trouver en cette compagnie, n'y ont pas été admis, comme faisant une province à part, d'autant qu'ils sont joints au colloque de Champagne. Mais il leur sera néanmoins permis d'assister à l'assemblée lorsqu'on y traitera ce qui concerne la doctrine et la discipline en général, et d'y proposer en leur rang ce qui concernera leurs Eglises en particulier et leur Académie [5]. » Nous voyons plus loin que cette assemblée les adjoignit décidément au synode de-l'Ile-de France, colloque de Champagne, dans les mêmes conditions

1. Aymon, I, 258.
2. *Id.*, 274.
3. *Id.*, 276.
4. *Id.*, 287.
5. *Id.*, I, 299.

que toute autre église française [1]. Les députés de Sedan doivent déjà rendre aux synodes les comptes des deniers qui leur sont octroyés, et sont jugés censurables pour ne l'avoir pas fait [2]. Le même synode déclare que les écoliers en théologie devront faire leurs études dans les académies du royaume, au nombre desquelles celle de Sedan est comptée [3]. La principauté de Sedan n'en avait pas moins ses synodes, qui exerçaient leur autorité sur l'académie, sous le contrôle du gouvernement.

« L'académie..... était pour le prince l'objet d'une prédilection particulière. La réputation que s'était déjà faite cet établissement à une époque aussi rapprochée de sa création [4] serait un phénomène inexplicable, si l'esprit de son institution et la direction générale donnée à l'enseignement n'avaient dû procurer ce résultat. Voué spécialement à l'instruction de la jeunesse protestante, quoique l'entrée n'en fût interdite aux membres d'aucun culte, il attirait des pays limitrophes, de France, d'Allemagne et des Pays-Bas [5] une foule de jeunes gentilshommes de cette communion, qui ne trouvaient point ailleurs les mêmes garanties, les mêmes ressources et la même sécurité. Les études solides et complètes qui s'y faisaient justifiaient aussi cette vogue extraordinaire. Comme le nom des maîtres qui s'y distinguaient retentissait chez les étrangers et jusqu'aux oreilles des princes qui y envoyaient leurs fils, des savants de premier mérite s'y réunissaient, non plus pour dérober leurs jours aux persécutions, mais pour y postuler des chaires, s'y fixer et publier le fruit de leurs veilles. Tillene, Dumoulin, Bordellius, Cappel et d'autres non moins recommandables par leur savoir et leurs talents, préparaient les voies aux des Marests, aux Blondel, aux Leblanc de Beaulieu, aux Bayle, aux Rondel, aux Jurieu, et de si illustres professeurs ne se seraient pas contentés

---

1. Aymon, 308.
2. *Id., ibid.*
3. *Id.* 312.
4. 1607.
5. Il y avait aussi des Polonais et des Suisses.

d'études faibles ou médiocres... On avait pourvu à ce que les élèves allemands reçussent l'instruction religieuse et célébrassent le service divin dans leur langue. Une chapelle particulière, desservie par un ministre de cette nation, était consacrée à cet usage... Tout enfin, et la volonté du prince, et la célébrité des professeurs, et la sagesse des statuts, et les dons des grands et des particuliers, contribuait à la prospérité de cette belle institution, qui valut au duc le titre honorable de *protecteur des sciences et des lettres* [1]. »

§ IV. — Académie de Montpellier [2].

L'académie de Montpellier eut une existence bien plus courte que les autres, puisqu'elle disparut au bout d'une trentaine d'années. Comme celle d'Orthez, elle resta donc étrangère au grand mouvement théologique et littéraire qui entraîna les autres universités protestantes pendant la première moitié du XVIIe siècle. Son histoire offre peu d'intérêt, au moins pour ce que l'on en sait. Vers 1547, Claude Baduel et Guillaume Bigot apparaissent l'un après l'autre dans cette ville, chaque fois que la guerre collégiale engagée à Nîmes aboutit à la défaite de l'un ou de l'autre; ils amènent avec eux leur secte et exercent une influence bien opposée sur la jeunesse du lieu [3]. Mais ce ne sont là que des leçons privées ou libres. Comme à Nîmes, à Orthez et à Sedan, la communauté réformée de Montpellier voulut ensuite un collège; les catho-

---

[1]. J. Peyran, *Hist. de Sedan*, II, 24 sq.
[2]. Voy. Faucillon, *La faculté des arts de Montpellier*.
[3]. Voici ce que dit Baduel, parlant de ses adversaires : « Ces gens brouillons et ignares ont d'abord été le fléau de la ville de Nîmes; mais Montpellier en a pâti ensuite. La secte bigotienne a dirigé son vol de son côté pour s'adonner à l'étude de la médecine, et, au bout d'un court séjour, elle avait corrompu la jeunesse, mis le désordre dans une école de médecine admirablement organisée et déclaré la guerre à nos plus savants docteurs. » (Lettre de Baduel à Jean Musenquan, premier président du parlement de Toulouse, probablement écrite en 1547. Mss. d'Avignon, lettre 3. Citée par M. Gaufrès, *Bull. du prot.*, XXIV, 5.)

liques s'associèrent aux protestants pour favoriser cette restauration des écoles dans une ville qui avait toujours passé pour savante. Le droit et la médecine étaient déjà enseignés dans la vieille université; mais Henri IV consacra en 1596 la fondation d'une faculté pour les arts libéraux. Le collège, relevé en 1570 par les protestants, qui y installèrent trois régents, n'avait guère prospéré au début. Aussi[1] s'adressa-t-on en 1594 à Isaac Casaubon, alors professeur à Genève, pour obtenir de plus brillants résultats. Ce grand humaniste vint en 1596, et dès cette année l'académie peut être considérée comme fondée, après que le consistoire eût institué une école de théologie[2]. Cette école forma ce que l'on peut appeler proprement l'académie de Montpellier; car le collège, qui fut reconnu en 1566 par lettres patentes du roi, sous le nom de Faculté des arts, était ouvert aux écoliers des deux religions, comme celui de Nîmes. Mais l'école de théologie ne pouvait subsister sans l'appui moral et matériel des synodes nationaux, et ceux-ci manquaient encore des ressources nécessaires pour soutenir des académies. Toutefois, dès 1598, cette difficulté fut levée par la distribution de 43 300 écus, octroyés par le roi pour l'entretien des Eglises réformées; on en affecta immédiatement cinq cents pour aider à dresser l'académie de Montpellier[3], subvention maintenue par le synode de Gergeau (1610)[4]. Comme l'académie de Nîmes, celle de Montpellier possédait en 1609 une chaire de théologie, une d'hébreu et une de grec[5]. La philosophie y était aussi enseignée, puisque l'Ecos-

---

1. Voir l'histoire détaillée des événements dans l'ouvrage de M. Germain : *Isaac Casaubon à Montpellier*.
2. Dès 1588, 13 novembre, le roi Henri de Navarre avait proposé, à La Rochelle, d'adjoindre aux régents des collèges de La Rochelle et Montpellier un docteur en théologie et d'attacher à ce dernier collège un professeur de logique. Le prince avait en vue de perpétuer le saint ministère. M. Livet (*Revue française*, 1856, t. VI, 400) se trompe lorsqu'il place ce fait au cours d'un prétendu synode tenu à La Rochelle en 1588; il se trompe également en donnant le titre d'universités aux deux collèges de La Rochelle et de Montpellier.
3. Aymon, I, 225; Quick, I, 198.
4. *Id.*, 251.
5. Aymon, I, 292; Quick, I, 330. Aymon ne parle pas du grec; en

sais Thomas Dempster occupa cette chaire avant de se rendre à Nîmes pour y professer l'éloquence (1605)[1].

Le principal du collège, qui enseignait soit la rhétorique, soit la philosophie, avait cinq régents sous ses ordres. Les bâtiments du collège étaient d'abord ceux de l'ancienne Ecole-mage ou Faculté des arts, créée au milieu du xive siècle, et située rue de la Blanquerie; mais en 1596 on les transféra au collège dit du Pape ou de Mende, et en 1600 dans une maison située dans l'île Cézelly, aujourd'hui du Lycée[2].

Il est à remarquer que les écoles de Nîmes et Montpellier ne reçoivent chacune que la moitié de la somme réservée soit à Saumur, soit à Montauban[3]; on peut en conclure que ces académies étaient considérées comme les deux parties d'un même tout. A vrai dire, il n'en pouvait guère être autrement. Elles étaient trop rapprochées pour ne pas se nuire réciproquement, si les deux étaient maintenues; tôt ou tard, l'une devait être absorbée par l'autre; ou plutôt les deux parties séparées allaient se rejoindre pour ne former qu'un seul corps. Il n'était pas mal aisé de prévoir laquelle allait l'emporter. Montpellier était certainement une ville aussi savante que Nîmes; elle avait même acquis un plus grand renom, grâce à l'antique honneur de sa Faculté de médecine; mais le protestantisme, malgré la haute influence qu'il possédait à Montpellier, ne s'était pas introduit dans la vieille université pour la confisquer à son profit; trop de catholiques occupaient encore la ville pour qu'une telle métamorphose pût se faire. On voyait bien de temps en temps des réformés enseigner avec éclat à la Faculté, comme Joubert ou Antoine de Saporta, l'un des plus fameux docteurs du siècle;

effet, les synodes ne subventionnaient ni la chaire de grec ni celle de philosophie.

1. F. Michel, II, 217.
2. Voy. Faucillon, *La Faculté des Arts de Montpellier*. Cet emplacement est occupé aujourd'hui par l'église et l'hôpital Saint-Éloi. (Cf. Arch. comm. de Montpellier; Armoire dorée; délibérations des intendants; id. du conseil de ville.)
3. Cf. Aymon I, 225, 339, 378, 391, 443.

mais c'était pure tolérance de la part de la Faculté, car un arrêt du parlement de Toulouse du 22 août 1547 prohibe l'admission des non-catholiques aux concours pour les chaires [1].

A Nîmes, on le sait les événements, avaient suivi un cours bien différent; nous avons exposé comment le protestantisme s'implanta dans le collège des Arts et conquit de bonne heure dans tous les domaines une suprématie incontestée. Cette cité, en grande majorité acquise à la cause réformée, était toute désignée pour avoir une académie et pour la conserver. En 1617, le synode de Vitré, pour empêcher celle de Montpellier de languir et seconder l'essor de celle de Nîmes, décréta fort sagement que les deux seraient réunies, et l'école nîmoise ne tarda pas à bénéficier de cette heureuse décision [2]. Quant à la Faculté des arts, devenue mi-partie dès 1604, elle tomba tour à tour sous la domination des évêques et sous celle des consuls protestants, deux influences rivales qui se tenaient alternativement en échec, jusqu'à ce que le roi la fit passer entre les mains des Jésuites en 1629.

1. A diverses reprises, le farouche Parlement revint à la charge pour combattre le penchant à la tolérance de l'université de Montpellier. Voyez un article intéressant de M. Justin Benoît, professeur à la Faculté de médecine et médecin en chef des hôpitaux de Montpellier, intitulé : « La Faculté de médecine de Montpellier au point de vue de l'histoire du protestantisme » (*Bull.*, XI, 445).

2. Voici le texte de la délibération prise à cet égard par le synode : « La province du Bas-Languedoc a représenté qu'il est expédient de réunir les deux parties de l'Académie qui sont l'une à Nîmes et l'autre à Montpellier; la compagnie connaissant que cela est nécessaire, nonobstant que les députés de la dite Province aient demandé qu'il fût permis à leur synode de faire la dite Réunion, en y appelant les députés des Provinces voisines, pour de bonnes considérations, elle a fait dès à présent la dite Réunion, et ordonné que toute la dite Académie sera établie à Nîmes, et que le conseil Académique s'assemblera au plutôt et appellera les Députés de Provinces voisines, lesquels ont été dès à présent nommés, à savoir, pour le Dauphiné, le sieur Fœlix; pour le Vivarez, le sieur Mosé; pour les Sévenes, le sieur Courant; pour la Provence, le sieur Maurier, tous Députés des dites Provinces à cette Assemblée, et tous ensemble travailleront à fournir la dite Académie de bons professeurs suivant les Règlements qui en ont été dressés par les synodes nationaux précédents, et celui-ci enjoint au même Conseil Académique de prendre soigneusement garde que la Jeunesse soit bien instruite et maintenue sous la Discipline, et que les Regens et professeurs s'acquittent fidèlement de leur devoir. » (Aymon, II, 122. Cf. Quick, I, 330, 513.)

§ V. — Académie de Montauban et de Puylaurens [1].

En 1596, le synode général de Saumur s'exprimait en ces termes : « Sur le chapitre des Ecoliers et Proposans il a été trouvé expédient d'avertir les Provinces de s'efforcer d'établir chacune un Colege, et toutes ensemble au moins deux Academies et pour cet effet les lieux tant des Coleges que des Academies seront choisis dès à présent par les provinces [2]. » Les comptes-rendus nous laissent ignorer quels furent ces choix. Mais on sait que la plupart des provinces avaient prévenu les intentions du synode et possédaient déjà un ou plusieurs collèges. Il n'en était pas de même des académies, puisque la seule qui existât déjà sur le sol français était celle de Nîmes. Le synode décida que la ville de Saumur était des mieux qualifiées pour en ériger une; mais il ne prononça aucun autre nom. Saumur se laissa pourtant distancer par d'autres cités protestantes, telles que Montpellier et Montauban : Montpellier avait fondé son académie la même année (1596); Montauban commença à ériger la sienne deux ans plus tard (1598).

Montauban, bien que située à une extrémité de la Guienne, cette province où la Réforme comptait tant d'adhérents, offrait des avantages considérables pour l'établissement d'une académie dans ses murs. La grande majorité de ses habitants avait accueilli les idées nouvelles et témoignait d'un grand zèle pour la cause protestante [3]. Un certain nombre d'églises réformées s'étaient fondées dans les environs. Par les vallées du Tarn, de la Garonne, de l'Aveyron, on pouvait entretenir

---

1. Ainsi qu'on l'a déjà dit, un ouvrage sur l'Académie de Montauban, dû à plume de M. Nicolas, dont la compétence en cette matière est universellement reconnue, est actuellement sous presse. Le travail complet se compose de trois parties, l'une consacrée à l'histoire générale de l'Académie et de ses tendances, l'autre à l'histoire des professeurs, la troisième à celle des élèves.
2. Aymon, I, 197.
3. Le protestantisme s'était introduit à Montauban vers 1556. L'évêque Jean de Lettes avait adhéré à la foi réformée, d'abord en secret, puis en public après son mariage. Sous l'épiscopat de son neveu et successeur Desprez (1556), qui résidait constamment à la campagne, le calvinisme se propagea rapidement dans la ville.

de faciles communications avec l'Agénais, le Rouergue, l'Albigeois, Toulouse et Bordeaux. En outre, le climat était excellent et le pays très fertile. Tout semblait réuni pour présager à une académie dans cette ville les plus heureuses destinées.

Montauban n'avait pas tardé à organiser un collège : dès 1579, il était ouvert. Cette ville, pendant toute la durée du moyen âge, avait fait peu ou point pour l'instruction publique ; les couvents avaient gardé le monopole de la science, et nul dans la cité ne songeait à leur disputer ce privilège. Mais, au xve siècle, le mouvement général qui secoua la torpeur séculaire de bien des villes réveilla également la capitale du Bas-Quercy ; en 1476, une école fut construite à côté de la maison de ville, et les jeunes gens avides d'instruction purent trouver dans leur patrie les lumières qu'ils étaient contraints d'aller demander naguère à Montpellier, Toulouse ou Cahors. Mais cette école, florissante au début du xvie siècle, fut promptement dispersée et ruinée par les troubles religieux et les guerres civiles. En 1579, il n'en restait plus trace. Voici ce qu'écrivirent les consuls au roi pour réclamer l'autorisation de fonder un collège : « Exposent les habitants de Montauban que les guerres passées ont tellement desbauché la jeunesse qu'elle est entierrement débordée et ne s'adonne qu'à dissolution, sans aulcunement vacquer à l'estude des bonnes lettres, dont aussi les moyens sont ostés dans cette villes et ez environs pour ce qu'il n'y a escolle ni college, ja soit la ville très commode pour y dresser et y entretenir un college, tant à cause qu'elle est assise en bon et fertile pays, que aussi pour la commodité des logis, pour y lotger les écolliers, comme a été fait autrefois ; car en la dicte ville y a eu d'autres fois aux escolles de douze à quinze cents escolliers ; estant notoire qu'il n'y a aucune bonne escolle ez environs, que bien loing, etc. » Il ne s'agissait donc pas de fonder un collège protestant, mais un collège municipal, ouvert aux élèves des deux religions. S'il en avait été autrement, Henri III n'eût pas octroyé les lettres patentes qui furent signées la même année. Le roi reprit les considérations présentées par le consulat, confessant que « l'instruction aux bonnes lettres et arts libéraux est le vrai moyen de retirer la jeunesse du vice et de l'acheminer à la vertu ». Les régents, nommés par l'évêque, les consuls et les habitants, auront les mêmes privilèges que ceux des autres collèges du royaume. Le collège des Arts avait été institué dans des conditions analogues. Ainsi, à Montauban comme dans plusieurs autres villes, le collège ne devint protestant qu'à la suite de la conversion des habitants à la religion réformée et par l'effet d'une transformation inévitable. Le roi de Navarre, qui a toujours aimé cette cité, dota le collège de 200 livres de rente, par un acte donné à Mazères le 6 décembre 1579 : une telle protection faisait déjà prévoir l'avenir [1].

Mais ce collège fut-il immédiatement élevé? Il est probable qu'on se contenta d'abord de locaux provisoires; on l'installa sans doute dans les bâtiments de l'ancienne école. L'histoire de Montauban est muette sur ce chapitre ; mais il n'est pas vraisemblable qu'on ait attendu jusqu'en 1597 pour inaugurer un collège dont on avait, disait-on, si grand besoin, et qui dès sa naissance était honoré de la faveur de deux rois. Quoi qu'il en soit, le conseil général réuni en 1597 décréta de « dresser un bastiment pour servir à la demeure des écoliers et des régents ». Sur l'avis de plusieurs habitants, on jeta les yeux sur l'hôpital de Parias, dont on prit possession en payant aux pauvres sa valeur exacte après expertise. « Ayant la dicte maison esté démolie, le trentième du dict mois d'octobre..... les fondemens d'iceluy collège furent jetés, Dieu par sa miséricorde veuille bénir cette œuvre à l'advenement de sa gloire, bien et utilité publique [2]. » Sept maisons furent achetées en

---

1. Cf. *Histoire de Montauban*, éd. 1841. Livre Bailhouat, fol. 161-165.
2. *Livre noir*, fol. 45. Le folio 46 détermine ensuite la situation précise du collège. L'hôpital de Parias donnait au midi sur la rue de Las-Clotos, allant de la grande Boucherie à la rue Court-Toulouse (aujourd'hui rue de Maleville); au nord, sur la rue de Tras-lou-four-del-comte ou de Gilaco, allant de la Grande Place à la rue Court-Toulouse; à l'est, il était contigu à la maison de M. Jehan de Vicose, lieutenant principal du sénéchal. La rue de Las-Clotos s'appelle aujourd'hui rue de l'Ancien-Collège.

outre pour agrandir cet emplacement déjà très large, et le total des frais s'éleva à 3000 livres, dit encore le *Livre noir*. Le collège protestant était établi (1597).

On s'imagine quelquefois que l'académie fut instituée l'année suivante; cependant nous ne croyons pas qu'elle ait été inaugurée avant 1600, date de la publication des Lois et Règlements de cette école. En 1598, le synode de Montpellier, procédant à la distribution des premiers deniers royaux, accorde à Saumur et à Montauban une portion égale, afin d'encourager l'érection de deux académies dans ces villes [1]. Mais il parle de ces établissements comme s'ils étaient encore à naître, et s'exprime autrement à leur sujet qu'il ne fait pour les académies de Nîmes ou de Montpellier; il faut tenir compte de cette distinction. Citons seulement ici la première phrase de la préface des Lois de l'académie [2] : « D'autant que les académies et collèges sont les ouvroirs où les esprits des hommes sont formés et façonnés, sont les sources et fontaines des facultés, disciplines et arts, l'académie qui se dresse à Montauban, par la permission du roi, à la requeste et supplication des Eglises réformées de France, sera composée de docteurs et professeurs publics en théologie, jurisprudence, médecine, mathématiques, langues hébraïque et grecque; des professeurs qui enseigneront la physique, la logique, l'éloquence, la grammaire. » Deux faits principaux ressortent de ce préambule : il s'agit bien d'une académie protestante, et non plus, comme pour le collège, d'un établissement mixte, puisque ce sont les Eglises réformées qui ont demandé et obtenu l'autorisation de la créer ; en second lieu, un tel programme est bien celui d'une véritable université, embrassant toutes les matières de l'enseignement supérieur contemporain.

---

1. Aymon, I, 225.
2. Lois et règlements de l'Académie de Montauban, dressés l'an 1600, au mois d'octobre, et publiés au Grand Temple. (Voir *Bull. du prot.*, IX, 398; *Histoire de Montauban* de Le Bret, édition de l'abbé Marcellin et G. Ruck, 1841, note III; *Livre noir*, fol. 63 sq., aux archives de Montauban.)

Le personnel des professeurs était donc ainsi composé en 1600 : deux en théologie, Serres et sans doute Michel Bérault ; nous ne pensons pas qu'il y ait eu de titulaires désignés pour les chaires de jurisprudence et de médecine ; nous ignorons les noms des professeurs de mathématiques et de grec ; le ministre Tenant eut probablement l'hébreu, il y avait aussi deux professeurs de philosophie. Le collège était divisé en sept classes : le principal était l'un des sept régents. Il est certain que tous ces cadres ne furent pas immédiatement remplis. Nous devons avouer notre ignorance absolue touchant l'histoire des chaires de mathématiques et de jurisprudence ; mais il est très probable qu'elles sont toujours restées vacantes. Tel est du moins l'avis de M. Nicolas, qui s'exprime ainsi : « .... Quand on en vint à l'exécution, il fallut, faute de ressources, réduire ce plan, beaucoup trop vaste, et se borner à ce qui pour le moment était le plus nécessaire aux Eglises réformées, je veux dire à l'enseignement de la théologie et de celles des connaissances humaines qu'on en tient pour les auxiliaires indispensables, remettant à des temps meilleurs, qui malheureusement ne vinrent jamais, le soin d'élargir le cercle des études, d'après le programme des règlements de 1600 [1]. »

En 1601, le synode de Gergeau recommande spécialement au colloque de Quercy d'aviser à ce que l'académie de Montauban « soit pourvue de bons professeurs, qui fassent leur devoir [2]. » On peut fonder sur cet avis la conjecture légitime qu'il restait encore un certain nombre de maîtres à recruter. L'académie fut placée dans les vastes bâtiments du collège, qui put lui offrir l'hospitalité sans éprouver la moindre gêne : d'ailleurs elle n'avait besoin que de deux ou trois grandes salles pour les leçons, la bibliothèque et les séances des deux conseils académiques [3]. Il semble étonnant qu'une académie installée dans de telles conditions, ait disparu au bout de

---

1. Nicolas, *Discours sur l'académie protestante de Montauban*, Montauban 1872, page 9.
2. Aymon, I, 251.
3. Nicolas, *Discours*, 7.

soixante ans. Aussi bien fut-elle toujours florissante : il ne faut attribuer sa chute, ou plutôt son tranfèrement, qu'à un concours de circonstances fâcheuses, habilement exploitées par des ennemis qui ne pardonnaient point. Pour se rendre un compte exact des causes qui provoquèrent le transfert à Puylaurens ; il faut remonter jusqu'en l'année 1629, date de la restauration du catholicisme dans la ville de Montauban par Richelieu. Le premier soin de l'évêque, à son arrivée, fut de réclamer un droit accordé par Henri III à ses prédécesseurs, celui de nommer les régents du collège [1]. Singulière prétention, si l'on considère que, depuis sa fondation, l'établissement était peuplé de protestants et entretenu exclusivement aux frais des réformés ; si les lettres patentes donnaient raison au prélat, il y avait dans tous les cas prescription. Chose encore plus étrange à l'époque, l'intendant de Verthamon comprit la bizarrerie d'une telle revendication et refusa d'y faire droit. Il eut la rare sagesse de proposer aux protestants de contribuer pour leur part à l'érection d'un collège destiné aux seuls catholiques ; ceux-ci étaient si peu nombreux que les sacrifices devaient être insignifiants de la part de la masse protestante. Par une fâcheuse inspiration, ou sans doute par pure avarice, les réformés repoussèrent une combinaison si ingénieuse et préférèrent céder la moitié de leur collège aux catholiques, c'est-à-dire aux Jésuites! C'était ouvrir de propos délibéré à l'ennemi les portes de la place, et amener volontairement une situation déplorable dont souffrirent malgré eux d'autres collèges ; mais les Montalbanais ne prévoyaient rien (1633). Les tristes résultats de ce nouveau régime ne tardèrent pas à se produire. La population huguenote de Montauban était réputée, même au sein des Eglises réformées, pour son hu-

---

1. Cf. t. V, 196, *Histoire de Montauban*, 1841, note 3. Il est important de dire que le récit suivant nous a été rapporté par Le Bret seul ; or on sait quelle était la partialité de Le Bret : par exemple, pour lui, la Saint-Barthélemy fut une mesure des plus utiles ; mais il regrette qu'on ait montré un certain relâchement dans la persécution au lendemain du massacre! Nous regrettons de ne connaître aucun document d'origine protestante que nous puissions confronter avec celui-ci.

meur prompte et la violence de ses opinions ; en cela, on peut l'avancer sans aucune hardiesse, elle se distinguait de la grande majorité des communautés de la même religion en France. Il n'est donc pas surprenant que les bons rapports entre jeunes gens catholiques et réformés, appelés à vivre sous le même toit et à fréquenter des maîtres en parfait désaccord les uns avec les autres, aient été difficiles à maintenir. Les rixes, les échauffourées se multiplièrent pour les motifs les plus futiles. En 1659, une véritable émeute eut lieu. Les élèves catholiques, pour ajouter au lustre d'une fête solennelle de distribution de prix, avaient dressé dans la cour commune du collège un théâtre sur lequel ils comptaient jouer une tragédie. Les protestants, parmi lesquels les proposants se montraient les plus ardents, réclamèrent avec menaces la démolition de l'échafaud ; le ministre et professeur Gaillard était à leur tête. Les consuls des deux religions accoururent au bruit pour apaiser les uns et les autres ; mais ni eux ni les officiers du présidial ne furent écoutés. Gaillard, son collègue Verdier et quelques étudiants insultèrent ces derniers, ainsi que les chaperons catholiques : des syndics, les uns furent battus, les autres poursuivis à coups de pierres jusque dans l'église, où la messe se disait. Les officiers firent bien un prisonnier ; mais les protestants revinrent une heure après, armés d'épées, démolirent le théâtre, en jetèrent les débris dans un puits et assiégèrent dans leurs maisons les Pères Jésuites, qui firent sonner les cloches pour appeler du secours. L'émeute fut réprimée ; mais la population assaillit la prison, délivra les prisonniers, et l'intendant de Fontenay [1] lui-même fut sur le point d'être tué. Il est inutile de dire qu'un pareil événement devait avoir de très pénibles conséquences pour les réformés. Saint-Luc occupa militairement la ville, fit raser les murailles, abattre la tour de Lisié et quelques ravelins, et arrêter quantité de citoyens compromis. Deux des chefs furent pendus, deux

---

[1]. Le Bret considère cette violence faite à l'intendant comme la cause déterminante de la vigueur exceptionnelle déployée dans la punition de l'émeute.

condamnés aux galères perpétuelles, un autre au fouet, une trentaine exécutés en effigie ; Gaillard fut banni à perpétuité. Le nombre des réformés dans le conseil de ville fut réduit à dix sur quarante, le consulat mi-parti aboli, et le collège entier attribué aux Jésuites. L'académie fut transférée à Puylaurens par arrêt du conseil du roi, du 12 décembre 1659 [1]. En vain les protestants envoyèrent-ils à Paris deux notables, Vicose et Pechels, pour obtenir de Louis XIV quelque adoucissement à des mesures si rigoureuses : leur éloquence, qui avait déjà ébranlé la cour [2], fut vaincue par les rapports de Le Bret et Pierre de Berthier, délégués catholiques. La reine mère, le prince de Conti, le secrétaire d'Etat La Vrillière usèrent de leur influence en faveur de ceux-ci ; le roi voulait même par surcroît construire une citadelle, mais les délégués furent assez fins pour préférer un renfort de catholiques, et on alla demander à Cahors une colonie d'émigrants attachés à l'Eglise pour repeupler la ville. Enfin la cour des aides de Cahors fut transférée à Montauban, malgré la double opposition des Cadurciens et des officiers du présidial de Montauban [3].

L'académie, transportée en bloc à Puylaurens (1660) [4], s'y maintint jusqu'en 1685 ; sans conserver l'éclat qu'elle avait

---

1. Cf. Nicolas, *Disc.*, II.
2. « Estant arrivés devant moy... ils avoient tellement renversé toutes choses, que nos plaintes et les informations de l'intendant commençoient à y passer pour des chimères. » (Le Bret, III, 375.) Le Bret était prévôt de la cathédrale.
3. Cf. Le Bret, t. II, p. 357 sq., éd. 1841.
4. M. Nicolas (*Bull.*, IV, 589) donne 1661 et (*Bull.*, II, 47) 1659, enfin 1660 (*Encycl. Lichtenberger*, art. ACADÉMIES). Mais nous lisons dans les considérations de l'édit qui transfère la cour des aides à Cahors : « Les entreprises et rebellions, etc., nous auroient... au commencement de l'année dernière, 1660, obligés d'en retrancher le collège et l'académie desdits de la R. P. R. et de les mettre à Puylaurens... » (Cf. Le Bret, II, 357, note, éd. 1841.) On pourait justifier la date de 1659 en invoquant le Factum pour le syndic du clergé du diocèse de Lavaur contre l'Académie de Puylaurens en 1685, lequel débute ainsi : « Comme cette Académie ne fut tirée de Montauban qu'en l'année 1659, etc. » Mais il vaut mieux croire que le transfert, décidé à la fin de 1659, s'effectua au commencement de 1660. (Cf. Soulier, *Hist. du calvin.*, 655.)

jeté par intervalles à Montauban, elle eut néanmoins des professeurs de grand mérite et continua à jouer un rôle très important dans l'histoire de l'Église réformée. « Ce serait une étude pieuse et utile, disent les éditeurs modernes [1] de l'*Histoire de Montauban*, que la recherche des travaux qu'accomplit l'université de Montauban ; nous faisons des vœux pour qu'on les tire enfin de l'oubli où ils sont restés. » On a déjà dit que cette œuvre de réparation sera bientôt consommée.

§ VI. — Académie de Saumur [2].

L'historien de Saumur [3] Bodin nous apprend qu'en 1565 les habitants de cette ville commençaient à se lasser d'un joug qui pesait sur eux depuis cinq cents ans. « Ils ne pouvaient faire un pas, dit-il, sans être froissés soit par la crosse de l'abbé de Saint-Florent, soit par celle de l'abbesse de Fontevrault. » Les fiefs des deux abbayes se croisaient jusque dans la ville, et leurs agents avaient contracté l'habitude d'exercer sur les citoyens des vexations continuelles ; une foule de droits seigneuriaux, souvent inconnus, étaient la source de procès sans nombre ; enfin cette dépendance de l'autorité monacale, si gênante et si onéreuse, était surtout humiliante, et les Saumurois n'attendaient qu'une occasion favorable pour sortir de cette geôle. La révolution religieuse du XVIᵉ siècle ne pouvait trouver nulle part un meilleur accueil que dans un pays animé de telles dispositions ; l'occasion si impatiemment désirée s'offrait enfin, et la doctrine de Calvin se répandit sans

---

1. L'abbé Marcellin et M. Ruck.
2. Cf. Port, *Dict. hist., géogr. et biogr. de Maine-et-Loire*, 3 vol., 1873 (art. Saumur) ; *Hist. de l'acad. de Saumur*, par le Dʳ Dumont, brochure de 112 p. Ce travail est puisé aux sources, mais il est diffus, incomplet, et offre plutôt un recueil de documents épars et des vues générales qu'un ouvrage historique suivi. Il est d'ailleurs conçu dans un excellent esprit d'impartialité.
3. F. Bodin, *Rech. hist. sur Saumur*, 2 vol. 1814, p. 60 sq. Dans la seconde édition, publiée par Godet en 1845, le texte a été amendé suivant une méthode qui trahit un esprit de parti déplorable.

difficulté sur un sol merveilleusement préparé pour la recevoir et la faire fructifier. Les principaux de la ville se convertirent les premiers, et une grande partie du peuple suivit. « Tous les Salmuriens, amateurs de nouveautés [1], dit Jean Huynes dans son *Histoire de l'abbaye de Saint-Florent*, couroient à la foule entendre les prédicans huguenots et allèrent piller la chapelle de Notre-Dame des Ardillers; on vit venir d'icelle Philippe Grouart, René Guespin, Pierre Sauterre, René de La Barre, René Poulceau, lesquels avaient des torches et images, se mocquant de l'image de Notre-Dame des Ardillers. Ils brisèrent les images de Saint-Nicolas des Billanges, tirèrent devant Saint-Pierre à coups d'arquebuse contre les images qui étoient sur le portail. Le juge prevostaire de Saumur, entrant à l'église, fit abattre les autels et rompre les images. Toutes les églises de Nantilly, Saint-Florent et Saint-Doncelin du château, des Cordeliers et les autres circonvoisines, furent également pillées. » Ce zèle iconoclaste signala l'avènement de la religion nouvelle à Saumur; l'abbaye de Saint-Florent fut mise à sac, les autels dépouillés, les statues brisées, les reliquaires d'or et d'argent enlevés, ce qui représenta une perte de 120 000 livres, soit 288 000 francs en monnaie actuelle. On peut imaginer quelles rancunes et quelles représailles ces faits regrettables laissaient augurer pour l'avenir.

Pendant les guerres de religion, Saumur fut souvent convoité par les deux partis. C'était un passage important sur la Loire, aux confins de la Touraine, du Poitou et de l'Anjou, et la possession de cette place pouvait être d'un grand avantage. Les protestants y tenaient extrêmement, et Duplessis-Mornay, qui obtint de Henri de Navarre ce gouvernement en 1588 [2], la considérait comme un des boulevards de la Réforme. Jamais la ville ne fut si prospère ni si heureuse que

---

[1]. M. Coulon (*Époq. saumur.*, p. 206) fait observer que ce reproche est ancien.

[2]. En 1588, Henri III l'avait livrée au Béarnais comme place de sûreté. Saumur avait déjà été donnée aux protestants comme place de sûreté par l'édit de Saint-Germain, 1570.

sous l'administration de cet homme de bien [1]; aussi a-t-elle conservé sa mémoire, et ce n'est pas sans fierté que le Saumurois contemporain gravit la rue Duplessis-Mornay pour montrer à l'étranger le magnifique château fort illustré jadis par le séjour de ce grand capitaine. En 1592, le gouverneur fit un voyage à la cour, au retour duquel il trouva le temple construit « par la diligence de sa femme » à l'extrémité de la rue du Bourg; le prêche, qui se faisait jusques-là au Jeu de paume, y fut transporté; mais ce ne fut qu'en 1601 qu'il en fit la donation au consistoire par un acte en règle [2]. Pendant ce même voyage, il agita pour la première fois la question d'ériger une académie à Saumur. « Dans une de ses conversations avec le roi, où il était question de ces conférences solennelles, entre docteurs catholiques et protestants, que Henri prétendait vouloir instituer pour son instruction, Mornay, prenant au sérieux et avec son ardeur ordinaire ce projet qui n'était pour le roi qu'un moyen préparé pour couvrir son abjuration, proposa de réunir à Saumur « jusques une dou« zaine des plus doctes et excellens ministres ou docteurs de la « religion réformée », qui se prépareraient par de communes études aux discussions prochaines [3]. » Le roi approuva fort ce projet, mais cette idée se développa dans le cerveau de Mornay et devint plus féconde. « Particulièrement pour l'instruction de la jeunesse et surtout de la noblesse de la religion, mit en avant de dresser une académie à Saumur, composée des gens doctes nécessaires, et douée de revenu suffisant dont il proposerait les expédiens au roi [4]. » Celui qu'on surnommait le pape des huguenots avait assez de clairvoyance pour envisager déjà comme un fait certain la prochaine apostasie du roi [5], car, s'il était trop bon politique pour partager toutes les

1. Pendant neuf ans, la Ligue demeura impuissante dans ce pays dominé par le château de Saumur.
2. Cf. *Mém. de Mme de Mornay*, t. II, 25.
3. Eug. Poitou, art. cit. Cf. *Mém. de Mme de Mornay*, t. II, 25-27.
4. *Mém. de Mme de Mornay*, t. I, 246, édit. de 1868.
5. Il la redoutait depuis assez longtemps. « Sire, écrit-il en 1584, après la mort du duc d'Alençon, par le décès de ce prince et la stérilité de la royne, il semble que Dieu veuille préparer pour vous et par vous

illusions ou manifester toutes les exigences des religionnaires exaltés, il était également trop attaché à son Église et à sa foi pour approuver la légèreté de conscience de son royal ami. Que faire en de pareilles conjonctures. Patriote sincère, Mornay ne voulait pas compter sur le hasard de révoltes ultérieures, car il avait le mépris des guerres civiles. C'est donc à l'aide d'une religion éclairée et d'une instruction solide qu'il prétendit vaincre ses adversaires et forcer la tolérance persévérante du roi [1]. Il comprit que ses coreligionnaires, en jetant la lumière à profusion autour d'eux et sur eux-mêmes, plaideraient plus éloquemment leur cause qu'en allant se briser contre les armées royales. C'est donc pendant son voyage de 1592, un an avant l'apostasie du roi, que fut élaborée l'idée première de cette brillante école, qui, selon l'expression de M. Célestin Port, le savant archiviste de Maine-et-Loire, devait faire de Saumur, « pendant plus d'un demi-siècle, comme une seconde Genève, plus littéraire et plus vivante. »

Il importe de remarquer qu'à Saumur l'organisation de l'Académie ne se fit pas dans les mêmes conditions que celle des autres établissements dont nous avons parlé jusqu'ici. Dans cette ville, la cause protestante est nettement distinguée de la cause catholique; il n'y a point de mélange entre les deux religions à l'origine, et chacune vit à part. Cela vient de ce que la Réforme ne triompha jamais assez dans cette cité pour absorber ses adversaires, comme elle faisait à Montauban, à Nîmes et ailleurs. Ainsi les catholiques avaient un collège communal. La licence d'enseigner et de tenir écoles,

---

de grandes choses. Le monde vous fera de belles propositions; mais c'est de par Dieu que les rois règnent. Ce n'est pas à un grand prince à se changer sur les accidents, mais à changer les autres... » (Cf. *Vie de Mornay*, par D. de Licques, p. 80.)

[1]. On sait quelle était sa valeur personnelle. « De 1568 à 1572, D.-Mornay parcourut successivement l'Italie et l'Allemagne, visitant les universités les plus célèbres, embrassant dans ses études les connaissances les plus variées, apprenant à Padoue la botanique et l'hébreu, à Heidelberg le droit et l'allemand, distingué partout par les hommes les plus doctes et les plus éminents. » (Eug. Poitou, juge au tribunal civil d'Angers, *Duplessis-Mornay*, art. de la *Revue d'Anjou*, 1854, 3ᵉ livraison.)

élémentaires ou secondaires, « appartenait à l'abbaye de Saint-Florent, comme l'attestent des lettres des abbés Guillaume du Luc, 2 mai 1371, Jean Gordon, 30 juillet 1390, et Jean du Bellay, 1451, qui nomment ou interdisent des maîtres [1]. » Mais le droit des abbés s'était perdu en fait par défaut de résidence, et les catholiques ne rentrèrent en possession d'un collège qu'après l'arrivée des Oratoriens (1619). En l'absence de tout collège, la majorité protestante applaudit d'autant plus volontiers au projet de D.-Mornay, qui devait se réaliser huit ans plus tard.

En 1593, Henri IV vint à Saumur [2], il visita le temple bâti aux frais de Mornay, en loua la structure, y fréquenta le prêche, et reçut les ministres avec cette affabilité singulière dont il avait le secret, et qui lui gagnait tous les cœurs; il s'entretint souvent avec le vieux Jean d'Espina, pasteur distingué et d'un savoir fort étendu [3]. Il était donc capable d'apprécier tous les avantages de situation, de climat et autres d'un ordre plus élevé que présentait cette ville pour l'installation d'une académie. Il fut loin de décourager son fidèle et loyal serviteur, avec lequel il discuta longuement, « des moyens de fonder dans cette ville un centre d'études solides et complètes, pour les enfants de l'Église réformée [4]. » On le voit, la pensée de Mornay était mûre pour l'exécution. Henri « octroya des lettres d'érection pour un collège à Saumur, garny de professeurs ès trois langues, et ès artz et sciences, promettant de pourvoir, quand la nécessité de ses affaires le permettroit, au bastiment et entretenement d'iceluy [5]. » Telle fut l'origine de cette académie, qui, de l'aveu de l'abbé Rangeard lui-même, était appelée à « fournir de grands hommes aux lettres et à l'Etat [6] ». Cependant, il faut se garder de laisser

1. Port., *Dict.*, t. III, 488.
2. Cf. Bodin, t. II, p. 128.
3. Cf. *Mém. de Mme de Mornay*, t. II, 24.
4. Dumont, op. cit., p. 3.
5. *Mém. de Mme de Mornay*, t. I, p. 257. Cf. Port. article sur Saumur (*Dict.*, p. 491, t. III); E. Poitou, art. cité, p. 335.
6. Abbé Rangeard, notes mss. Biblioth. d'Angers.

croire, comme on le fait généralement [1], que l'académie exista à partir de cette date (mars 1593).

D'ailleurs le synode de 1596, tenu à Saumur même, nous donne à cet égard une indication formelle. « Le présent synode, est-il dit, a jugé cette ville de Saumur propre à y dresser un colege, et quand Dieu en donnera le moïen une académie; sur quoi nous avons prié monsieur le gouverneur de ce lieu de continuer la bonne volonté qu'il a témoignée pour cela, et chacun de cette compagnie est prié d'y exhorter ceux de sa Province [2]. » Ainsi, suivant l'habitude constante des réformés, c'est d'abord un collège qu'il s'agit de fonder et qu'on transformera dès qu'on le pourra en académie; mais ce collège même n'existe pas encore en 1596, comme le suppose M. Nicolas [3]. En 1598, le synode de Montpellier parle de l'université qui sera à Saumur; la subvention qu'il vote pour elle, ainsi que pour celle de Montauban, est affectée à sa création, puisque la délibération emploie le futur [4]. D'ailleurs, voici qui est décisif; il s'agit d'une lettre adressée par les représentants du synode « *à monsieur Duplessis, gouverneur pour le roy à Saulmur*. Monsieur, notre compagnie a esté joyeuse d'entendre de voz nouvelles et bonne volonté qu'avés à advancer la gloire de Dieu et bien de son Église, nous assurant que persevererés de mieulx en mieulx. Quant à ce que désirés de nostre dite compagnie pour ayder à dresser une bonne université en la ville de Saumur, elle lui a donné ordre le mieux qu'il lui a esté possible, comme vous fera entendre nostre frère, monsieur de Machefer. Nous vous prions de faire que, par votre soin et diligence, nous puissions voir bientost ladite université dressée pour le plus grand bien de nostre jeunesse, quy comance à y jester l'œil, ayant assurance

---

1. MM. Port et Marchegay, entre autres.
2. Aymon, I, 198. Nous lisons également dans la *Vie de Mornay*, par D. de Licques (1647), p. 157 : « Mornay obtint aussi un privilège en forme de chartre pour l'institution d'une université à Saumur qui depuis aggrée, en un synode national tenu audit lieu... y fut establie. »
3. *Bull.*, IV, 582.
4. Aymon, I, 225.

que vous donérez ordre d'y avoir quelquez excellenz personages. Sur quoy nous prierons Dieu, monsieur, etc. De Montpellier, ce vi^e jour de juing 1598 [1]. »

Il faut aller jusqu'au synode de Gergeau (1601), pour trouver un texte probant en faveur de l'existence de cette université [2]. Nous devons donc concevoir ainsi la chaîne des événements. Il était décidé en principe que l'on érigerait une académie à Saumur, mais on attendait de trouver des ressources suffisantes pour mener à bonne fin cette entreprise : on allait travailler d'abord à la fondation d'un collège, lorsque parut l'édit de Nantes; en même temps, on reçut du roi le premier subside annuel de 43 000 écus, ce qui leva toutes les difficultés; à partir de ce moment, on n'eut qu'à procéder à la formation de l'académie de Saumur, qui fut ouverte en 1599 ou 1600 [3]. Un religieux bénédictin, qui a été prieur de Saint-Florent, et en 1750 collaborateur de dom Housseau pour sa collection historique sur l'Anjou et la Touraine, dom Jarno, a publié une courte notice [4] sur l'Académie de Saumur, puisée aux sources, puisqu'il a compulsé les trois registres dont nous avons parlé plus haut; il déclare qu'elle fut établie en 1599, et constate qu'il a trouvé dans le registre principal (fol. 502) une ordonnance et lettre patente du roi antérieure à cette date. C'est là ce qui a engagé quelques écrivains à conserver la date de 1593 comme celle de la fondation réelle de l'Académie [5].

Les synodes avaient prononcé le mot d'université; à la vérité, il n'y eut jamais d'université à Saumur. Nous avons

---

1. L'original de cette lettre a été communiqué à la Soc. du prot. fr. (Voy. *Bull.*, XVIII, 470.)
2. Aymon, I, 251.
3. 1600 est la date que donne le Dr Dumont, sans la justifier d'ailleurs. M. Nicolas donne celle de 1598 (*Encycl. Lichtenberg.*); mais il ne veut parler que de la délibération du synode de Montpellier.
4. Cette notice a été reproduite dans la *Revue d'Anjou*, nov.-déc. 1852, par M. P. Marchegay, archiviste du département, publiée à part la même année (Angers, Cosnier et Lachèse); enfin inseree dans le *Bull. du prot.*, I, 303. On en trouve le texte original à la Bibl. nat., section des manuscrits.
5. MM. Paul Marchegay, C. Port, etc.

vu que la première pensée de Mornay avait été de provoquer la réunion de docteurs protestants pour l'étude préparatoire des conférences et des discussions solennelles. Mais il l'abandonna rapidement ; puis son but principal fut évidemment de former les jeunes gens, surtout les futurs ministres, à l'étude des lettres et de la théologie, afin de les préparer à toutes les éventualités de la carrière qu'ils allaient embrasser, et en particulier aux controverses : telle était la grande préoccupation du protestantisme contemporain. Mais, à Saumur, nous ne voyons pas qu'il ait jamais été question de chaires de médecine et de jurisprudence ; s'il y eut des leçons de médecine, ce qui est possible, elles furent données en dehors de l'Académie. En revanche, il y eut constamment des professeurs recrutés avec un soin extrême pour occuper les deux chaires de théologie, celle d'hébreu, celle de grec et les deux de philosophie. Le collège, dirigé par un principal, était divisé en six classes [1], dont la plus élevée s'appelait la rhétorique. Le recteur était assisté par un conseil académique. Quant aux bâtiments, ils s'élevèrent dès l'origine dans la rue Saint-Jean [2] et étaient contigus à l'hôtel de ville, où Mornay résidait dans les premières années de son gouvernement ; ce voisinage est important à noter, parce qu'il devint dans la suite un prétexte de querelle et de vexation.

Les deux premiers professeurs de théologie que Mornay songea à faire venir pour illustrer l'Académie naissante sont

---

1. 6 d'après dom Jarno, 5 d'après M. Port, qui ne justifie pas ce chiffre. Il est vrai que les lettres patentes de Tours (1593) parlaient de 5 classes, dont 3 pour le grec, le latin et le français et 2 pour la philosophie et les mathématiques. Mais les deux dernières branches furent rattachées à l'enseignement supérieur, lorsqu'on décida la création d'une académie et non pas seulement d'un collège. (Voy. *Bull.*, IV, 584, art. de M. Nicolas.) Le vrai est qu'il n'y eut en effet que 5 régents ; mais le dernier dirigeait 2 classes, la 5e et la 6e.

2. « .... une maison sise rue Saint-Jean, joignant d'une part à la rue de la maison de ville, d'autre à la rue Saint-Jean et au jardin de la commanderie à la maison commune de cette ville, lesquelles maisons étaient le collège de ceux de la R. P. R., ainsi qu'il appert par contrat passé devant Dovalle, notaire royal à Saumur, le 19 août 1691. » Ce vieux texte est extrait du livre des Recettes de la commanderie Saint-Jean, n° 15. (Cf. *Notices archéologiques*, par G. d'Espinay, p. 105.)

des personnages bien connus, François du Jon [1] et Bucanus. Du Jon ou Junius était alors professeur à Leyde, depuis 1592; on sait quelle fut la vie agitée de cet écrivain fécond, qui a laissé quarante-neuf ouvrages de prix et à qui on en attribue une vingtaine en sus; en 1597, malgré les supplications de l'assemblée de Châtellerault, il refusa la place de pasteur à La Rochelle; mais il accepta les offres qu'on lui faisait pour Saumur. Il allait se rendre à son poste, lorsque la peste l'emporta subitement, le 13 octobre 1602, à l'âge de cinquante-sept ans. Mornay le regretta beaucoup; c'était en effet un érudit et un lettré, à la fois jurisconsulte, philosophe, exégète, critique, théologien et philologue; il avait enseigné à Leyde avec éclat; il eût brillamment inauguré l'École de Saumur [2]. Quant à Bucanus, il était professeur à Lausanne; en 1590, il avait répondu à l'ouvrage de Charon, l'ami de Montaigne, intitulé *Les trois vérités*. Lui aussi mourut au moment de partir pour Saumur, où il avait accepté la chaire qu'on lui offrait. Il en résulta que les premiers professeurs en théologie furent des hommes moins connus, Antoine Renaud (1603) et Robert Boyd of Trochredg (1606), que les Français appellent Trochorège.

Comme le fait remarquer très judicieusement le docteur Dumont, il ne faut pas s'étonner que Mornay ait cherché à l'étranger des professeurs pour l'Académie. A cette époque, les savants formaient comme une société cosmopolite, et on les retrouve sur tous les points de l'Europe, répandant les lumières de la civilisation sur leur passage; ce qui était vrai de tous les savants l'était surtout des docteurs protestants, à cause des perpétuelles embûches que leur suscitaient partout la jalousie des uns et le fanatisme des autres. En outre, Mornay avait une correspondance extraordinairement étendue et pouvait à son gré plonger son regard dans les pro-

---

1. Voy. sur Junius : Haag, t. IV, 382.
2. Il avait traduit la *Démonomanie*, cet ouvrage bizarre et déplorable du Saumurois Bodin; on s'étonne de voir des jurisconsultes si éclairés faire de pareils sacrifices à la superstition courante.

vinces protestantes du monde entier pour y découvrir les hommes dont il avait besoin. Ce qui paraîtrait singulier de nos jours paraissait tout naturel alors.

Le premier professeur de grec fut Jean Benoist; celui d'hébreu s'appelait Birgam, sieur du Bignon; William Craig [1] enseigna la philosophie; quant au nom du premier recteur, nous l'ignorons, les registres de l'Académie commençant seulement à la date de 1613.

« Saumur, dit Bodin (t. II, p. 153), prit un nouvel accroissement sous le gouvernement paternel de Duplessis-Mornay; un grand nombre de familles protestantes vint s'y établir pour jouir en paix de l'exercice public de la religion réformée.... Mais ce qui contribua le plus à l'accroissement et à la prospérité de la ville, c'est la fondation de l'Académie, établissement pour lequel Duplessis n'épargna ni ses soins ni sa fortune. Aussitôt que l'on fut instruit de ses intentions dans les universités protestantes de la France et des États voisins, les plus habiles professeurs briguèrent l'honneur d'obtenir une chaire dans celle de Saumur, dont le fondateur s'était déjà rendu célèbre par un grand nombre d'ouvrages relatifs à la nouvelle religion et par son zèle à la propager. Mornay paraissait une espèce de prodige dans un siècle où les hommes de son rang se faisaient encore honneur de ne savoir autre chose que manier les armes. » A lui revient l'honneur d'avoir été « le fondateur et le chef du plus bel établissement qu'ait jamais eu cette ville » [2].

---

1. *Graig*, d'après la *Vie de Mornay*, p. 236.

2 Voici la lettre qu'il écrivait le 22 février 1607 aux membres du synode national de La Rochelle : « Messieurs, vous entendrés, s'il vous plaist, par MM. les pasteurs, députés de nostre province d'Anjou, et particulièrement par M. Beraud, l'estat de nostre academie de Saulmur; tel, à la vérité, que s'il vous plaist y donner le faiste comme vous avés le fondement et l'eslevation, il est à esperer que bientost toutes nos Églises en recevront de l'edification et du contentement; car, outre que desja, pour la bonne reputation où elle est, les escoliers y abordent de toutes parts, nous y avons ce bonheur particulier que, des ce commencement, il y a nombre d'escoliers en theologie, et s'y en rend tous les jours; tellement que, pour peu que vous vous resolviés d'y estendre vostre liberale main, à ce qu'on leur puisse donner plus d'exercice en ce qui

§ VII. — Académie de Die.

Il nous reste à parler de l'Académie de Die, la dernière en date; cette école, d'importance moyenne, était peu connue avant le travail de M. le pasteur E. Arnaud [1]; mais, depuis que cet écrivain, à l'aide de documents variés, inédits et d'une authenticité incontestable, a reconstitué l'histoire de cette académie, il se trouve qu'elle jouit d'une meilleure fortune que ses devancières même plus illustres. Comme il n'entre pas dans les données de notre plan de raconter de nouveau cette histoire, nous lui emprunterons une partie des indications qui nous sont nécessaires, tout en nous réservant de les compléter sur certains points qui nous intéressent plus spécialement.

On sait avec quelle rapidité et quel succès les principes de la Réforme se propagèrent dans la province du Dauphiné, où les idées libérales ont été de tout temps en honneur [2]. Il n'est

---

est de la philosophie et de la theologie, vous l'aurez en peu de temps rendue célèbre et accomplie. Je ne m'estendrai point, messieurs, à vous dire les fruits qui, par la benediction de Dieu, en reussiront, que vous saurés assés considerer : seulement vous supplierai de vouloir parfaire l'œuvre que vous avés si heureusement commencé pour le bien et propagation de nos Églises, dont particulierement je me sentirai obligé, tenant à speciale benediction d'avoir, puisqu'il a pleu à Dieu, ung si precieux thresor deposé par devers moi, à la conservation duquel j'apporterai, tant que je vivrai, tout ce que Dieu aura mis en moi. » (*Mém. de Duplessis-M.*, t. X, 197.)

1. *Hist. de l'Acad. prot. de Die*, Paris, 1872. « M. Arnaud a eu la bonne fortune de mettre la main sur un grand nombre de documents inédits. La bibliothèque de Grenoble, les archives du département de la Drôme, sans parler de quelques publications importantes sur l'histoire du Dauphiné, lui ont ouvert d'abondantes sources de renseignements et notamment la série presque entière des délibérations du corps professoral de l'académie de Die. Nous aurions même voulu que ces documents fussent plus complètement utilisés... » (Art. de M. J. Gaufrès sur cet ouvrage, *Bull.* XXII, 86.)

2. Les protestants comptèrent dans le Dauphiné 90 églises principales, autant de pasteurs et plus de 200 annexes où se célébrait le culte. Leur nombre devait s'élever à près de 100 000. (Cf. Arnaud, *Notice historique et bibliograph. sur les imprimeurs de l'Acad. prot. de Die*. (Grenoble 1870. Avant-propos.)

donc pas étonnant que l'on ait conçu le projet d'organiser une académie au centre de cette région, si favorable à son développement. On objectera que l'Académie d'Orange existait déjà et pouvait suffire; cependant il faut convenir qu'elle était en somme peu florissante et, par sa situation en dehors du royaume, pouvait susciter plus tard des embarras imprévus; mieux valait à coup sûr s'établir fortement, toutes les fois que cela était possible, sur le sol même de la patrie. L'année même où parurent les lettres patentes autorisant l'érection d'un collège à Saumur, et seulement deux mois après, en mai 1593, Henri IV en accorda de nouvelles, datées de Nantes, « pour l'établissement d'un collège et université de la R. P. R. dans la ville de Montélimar, lui attribuant à cet effet tous les privilèges et immunités accordés aux autres collèges du royaume [1]. » Cet acte, signé pendant la conférence de Nantes, fut très mal accueilli par le Parlement de Grenoble, qui refusa de l'enregistrer. Trois jussions adressées par le roi en 1594, 1597 [2] et 1603 restèrent sans effet comme sans réponse. Les réformés n'avaient pas attendu tout ce temps pour se plaindre; ils l'avaient fait en 1597, après la seconde jussion; ils renouvelèrent leurs doléances le 4 juillet 1603 [3] et obtinrent l'expédition d'une quatrième lettre, que le Parlement reçut l'ordre de vérifier dans le délai de trois mois après en

1. Soulier, *Histoire du calvinisme*, Paris, 1686, p. 632.
2. J.-D. Long, archiviste des Hautes-Alpes, *Les guerres de religion en Dauphiné*, p. 224.
3. Dans un « Cahier de remontrances des députés des Églises sur quelques plaintes qui leur sont faites des contraventions à l'édit de pacification », cahier portant la date du 4 juillet 1603 et que nous croyons inédit, nous avons encore trouvé un article XXe ainsi conçu : « Supplient aussi Vostre Majesté de faire jouir les habitans de vostre ville de Montélimar de la concession que Vostre Majesté leur fit en l'an 1593, de l'établissement d'un collège et université aux arts audit Montélimar, et enjoindre très expressément à la cour et parlement de Grenoble de vérifier les dites lettres dans trois mois, sans y appeler autres parties que les habitans dudit Montélimar qui seuls y ont interest, et autrement et en cas de reffus ou delay comme par le passé qu'il plaise à Vostre Majesté commander au premier conseiller de votre conseil d'Etat ou maistre des requestes trouvé sur les lieux d'establir et dresser ledit collège en l'imposition acordée pour l'entretenement d'icelluy. » (Arch. nat., K, 107, n° 34. Cf. Ch. Read, *Daniel Chamier*, Paris, 1858, p. 22 sq. Benoît, op. cit., t. I, 212.)

avoir conféré avec les catholiques de la ville. En octobre de la même année, nous voyons qu'on ne songe plus à Montélimar, mais à Die ; en effet, le synode général de Gap porte une délibération ainsi conçue : « Sur l'appel de l'Église de Montélimar, touchant la résolution du synode de Dauphiné pour l'établissement d'un colege dans la ville de Die, la compagnie a déclaré que le synode provincial du Dauphiné a pu juger définitivement de cette matière [1] ». L'année suivante, ce synode particulier décida finalement en faveur de Die. Pourquoi ce changement? Il n'était pas si imprévu qu'on pourrait le penser. La ville de Die était absolument acquise à la Réforme. « On ne trouve aucun catholique, dit M. Long, sur les registres des naissances pendant les premières années du XVIIe siècle [2]. »

Dès 1596, on parlait d'un collège qui était en exercice à Die [3], et le conseil politique des Eglises dauphinoises réuni en 1601 demandait qu'il fût transformé en académie [4]. Henri IV paraît chercher l'équivoque dans la lettre par laquelle il répondit à ce vœu ; il permit à « ses sujets faisant profession de la R. P. R. d'ériger un collège qui leur fût particulièrement affecté et qui demeurerait à leur disposition [5] » (20 mars 1602).

Il s'agissait là d'un collège et non d'une académie. Mais le synode provincial qui provoqua le premier la compétition entre Die et Montélimar fut celui de Grenoble, le 11 juin 1602 [6].

---

1. Aymon, I, 270.
2. Voy. Long, 232. Sa population, qui était de 10 000 âmes avant la révocation, fut réduite à 4000 en 1685. En 1687, il n'y avait encore que 700 catholiques et 3400 protestants.
3. « Dès les premières années de l'introduction de la Réforme à Die, les protestants de cette ville avaient un collège où des professeurs de leur culte enseignaient le latin des basses classes. » (Art. de M. Ad. Rochas, *Bull.*, V, 299.)
4. Cf. Ad. Rochas, *Bull.*, V, 299.
5. Cf. *Daniel Chamier*, par Ch. Read, p. 282, note 1. Rochas, article sur l'académie de Die, *Bull.*, V, 299.
6. « De commune et unanime résolution, il a été délibéré de dresser un collège en la province, auquel, avec les bonnes lettres, on y façonne la jeunesse à la piété, de sorte qu'il n'y ait accès pour aucun régent qui ne fasse profession de la R. R., suivant le désir que les Églises ont toujours montré et qui est pour leur bien. »(Cf. Arnaud, *op. cit.*, p. 4.)

43 voix plus une conditionnelle se prononcèrent pour Die, et 38 seulement plus 10 conditionnelles, pour Montélimar. Par un scrupule qui l'honore, le synode daigna considérer ce vote comme un partage et en appela au jugement de Lesdiguières. Ce gouverneur répondit fort judicieusement que le collège devait appartenir « à celle des deux villes qui d'elle-même et de son propre donnerait le plus grand et assuré moyen pour la dotation d'iceluy; » mais, comme depuis 1573 on avait parlé spécialement de Montélimar, il estima que cette ville devait provisoirement obtenir la préférence; si dans un an les bâtiments n'étaient pas achevés et les revenus assurés, ses droits passeraient à l'Eglise de Die. Celle-ci ne se déclara pas pour battue : elle proposa immédiatement 4000 écus pour les travaux de construction, un fonds de 3000 écus hypothéqués, et une pension annuelle et perpétuelle de 3200 écus. Montélimar n'offrit rien de positif; dès lors, il fut résolu que si cette ville ne présentait pas au prochain synode provincial des conditions aussi avantageuses, Die avait la préférence. Cette assemblée fut convoquée à Embrun, le 2 juillet 1603. La ville de Montélimar ne fit aucune offre nouvelle; de telle sorte que le pasteur Appais, dans un but de conciliation, proposa de négliger toutes les compétitions passées et de jeter les yeux sur le lieu le plus commode de la province; car la province avait le droit et le devoir de fonder promptement une académie. Le député de Montélimar, Archinard, docteur en droit, s'appuyant sur l'avis de Lesdiguières, s'opposa au vœu du précédent orateur et menaça d'en appeler au prochain synode national, si la compagnie le prenait en considération. 46 voix contre 5 se prononcèrent pour Die, à la condition que cette ville tiendrait ses engagements passés et que le collège serait achevé en six mois. Nous avons vu comment le synode de Gap accueillit l'appel fait par Archinard; sa décision était conforme à la Discipline, qui reconnaissait aux seuls synodes provinciaux qualité pour trancher les différends de cette nature[1].

1. *Discip. ecclés.*, ch. VIII.

Le synode provincial d'Embrun, qui régla définitivement cette affaire, n'en eut pas moins à débattre encore avec Archinard, qui voulait se prévaloir d'un article antérieur « couché touchant le collège par devant la cour » ; mais on blâma son obstination, comme « notoirement scandaleuse », car une telle attitude allait à l'encontre de la Discipline et pouvait amener de dangereuses conséquences.

Deux autres questions avaient été traitées au synode de Gap. Les députés de Die avaient réclamé le sieur Chamier, pasteur à Montélimar, esprit des plus distingués et théologien renommé, dont ils voulaient faire un professeur ; mais il leur fut répondu que ce déplacement exigeait le consentement de la ville où il exerçait, outre celui de la province [1]. D'autre part, les députés du Dauphiné avaient réclamé un subside de 6000 écus, pris sur les deniers royaux, pour aider à l'érection de l'académie ; mais cette demande fut écartée, parce que les députés de Die s'abstenaient de leur côté de toute réclamation de ce genre, et que les charges imposées au synode par les autres académies étaient déjà fort lourdes.

L'université de Montélimar avait été étouffée dès sa naissance, ou plutôt le décret royal qui la portait dans ses flancs avait avorté. Pareil sort était-il réservé à celle de Die ? Les consuls de cette ville réclamèrent au roi des lettres patentes en février 1604 : le 14, Henri IV, dont la complaisance était toujours prête, les publiait [2]. Elles créaient à Die « un collège aux lettres humaines et arts libéraux, avec principal et tel nombre de régents et autres officiers qu'il sera requis pour faire lecture et instruire la jeunesse en toute science et bonnes mœurs ». Elles espéraient qu'une telle institution relèverait la ville de Die, « beaucoup déchue par la malice des troubles

1. Aymon, I, 273.
2. Et non en 1608 comme le laisse supposer M. Long. (*La Réforme et les guerres de religion en Dauphiné*, p. 230), qui cependant possède divers manuscrits originaux concernant les synodes et l'académie de Die. (Cf. Read, 282.) M. Long confond ici avec l'arrêt du conseil du 13 mai 1608, qui tranche en faveur de Die le différend survenu entre Montélimar et cette ville au sujet de la possession définitive du collège.

passés »; le collège devait se substituer à l'école existante, entretenue « par les gentilshommes et bourgeois des lieux circonvoisins ». Mais jamais ces lettres ne furent vérifiées par le Parlement; les doléances des Eglises, l'effort tenté en 1606, rien n'y fit. Henri IV, si bienveillant pour octroyer, prenait un médiocre souci du cas que faisaient les parlements de ses édits; une telle mésaventure devait être pour les réformés la source de fatales complications dans l'avenir. Sans doute une origine plus régulière n'eût pas sauvé certaines académies, et la malveillance du pouvoir eût imaginé d'autres griefs à défaut de ceux-là; toutefois il est nécessaire de constater que les protestants n'ont pas été complices dans ces incorrections du début, mais victimes de l'insoumission des parlements et de l'insouciance du roi; dans l'espèce, les vrais coupables étaient les parlements, et sur eux seuls retombe la responsabilité des illégalités commises.

Les Diois déployèrent une grande activité pour hâter les travaux de construction du collège. Il fut ouvert la même année (1604), et sept [1] régents entrèrent en fonctions.

Le premier régent portait aussi le nom de professeur d'éloquence ou de philologie. Le premier principal, nommé par l'assemblée synodale extraordinaire tenue à Die le 28 octobre 1604 [2], fut le second régent, Jean Guérin. Cette assemblée, qui régla les questions financières en même temps qu'elle

1. Sept, d'après M. Nicolas (*Bull.*, V, 179), Read (286) et Rochas (art. cit., 302); six et un professeur, d'après M. Arnaud. (Voy. *Les lois de l'Académie*; Cf. Read, 290.)

2. Le synode provincial de Die (juin 1604) avait chargé 4 pasteurs de pourvoir à tous les détails de l'établissement de l'académie et de s'entendre à ce sujet avec les consuls; les pasteurs étaient D. Chamier, de Montélimar; J. Vulson de La Colombière, de La Mure; Guillaume Vallier et Pierre Appais, de Die. Les consuls étaient Daniel Gay et Daniel Roman. Les notaires qui dressèrent le contrat se nommaient Jourdan et Léotard. (Voy. Ad. Rochas, art. cité, p. 300.) Il y avait aussi d'autres personnes qualifiées, savoir 2 pasteurs, 4 docteurs en droit, un conseigneur, un docteur en médecine et Antoine Payan, trésorier des deniers communs de Die. (Cf. Read, 282 sq. Arch. nat., sect. dom., t. 314, 244.)

Avant la séance du 28 octobre, il y avait eu une convention passée le 20, entre les habitants de Die et les députés du synode des Églises réformées du Dauphiné, reçue par le notaire Jourdan. (Cf. Read, 282).

arrêta les statuts projetés de l'Académie, nomma aussi le premier recteur. Ce fut le pasteur de Die, Pierre Appais. L'enseignement supérieur était confié à un professeur de théologie, un d'hébreu et deux de philosophie. Il ne fut jamais question à Die des autres branches de cet enseignement.

Le premier professeur en théologie auquel on adressa vocation fut le célèbre Daniel Chamier; on se rappelle que le synode de Gap avait refusé de le céder à Die sans le consentement de son Eglise de Montélimar. L'assemblée du 28 octobre ne se laissa pas décourager par cet échec. Voici le texte de la délibération prise par elle à cet égard : « La compagnie ayant considéré que la principale partie de l'establissement de ce collège est d'avoir un professeur en théologie, a exhorté M. Chamier de se disposer à accepter ceste charge pour l'advancement de la gloire de Dieu et bien de nos Eglises. Et pour ce qu'il a allégué l'absence de son Eglise qui ne pouvoit estre crüe sur ce subjet, a protesté qu'il ne pouvoit consentir à ceste nomination au préjudice de la dite Esglise, il a esté dit que M. Du Cros, advocat de cette ville, ira audit Montélimar avec ledit sieur Chamier pour faire agréer à l'Eglise dudit Montélimar la nomination et eslection faite de la personne dudit Chamier par ceste compagnie par forme d'emprunt jusqu'au prochain synode provincial [1]. » Cet emprunt provisoire était une concession notable faite aux habitants de Montélimar; néanmoins, comme on peut le prévoir, cette Eglise, irritée de voir l'académie lui échapper, se garda bien de négliger une si prompte occasion de contrarier sa rivale. En 1606, le synode provincial de Saint-Marcellin revint à la charge une

1. Cf. *Bull.*, V, 300, art. Rochas. Arnaud, op. cité, 12 sq. Read, 291. L'assemblée insista encore sur cet objet, qui lui tenait tant à cœur : « ayant encore pesé l'importance d'avoir un professeur en théologie mesme en ces commencements de nostre collège a esté d'advis outre la diligence et délégation faite de la personne de M. Du Cros, et la lettre que ceste compagnie avait résolu d'escrire à l'Eglise de Montélimar .... il seroit dabondant escrit à Monseigneur des Diguières à ce qu'il lui plaise nous assister pour faciliter l'exécution de nos intentions, et au pasteur de l'Église de Bourdeaux à ce qu'il lui plaise de convoquer le colloque du Valentinois au vingt-troisième de ce mois. » (Cf. Read, 291).

troisième fois sans plus de succès ; en effet, l'église de Montélimar en appela au synode général de La Rochelle (1607), qui trancha définitivement la question, suivant le mode déterminé à Gergeau, laissant à ladite Eglise son pasteur et le pasteur à son Eglise, censurant ladite province d'avoir insisté sur cette affaire après la détermination de deux synodes nationaux [1]. » Une telle opiniâtreté, pense M. Arnaud, a sans doute fait illusion aux écrivains qui ont eu à traiter cette question ; en effet, Simon Goulard [2], Bayle [3], etc., ont successivement affirmé à tort que Chamier avait enseigné la théologie à Die. En réalité, le premier professeur fut Rattier, prêté en 1606 par MM. de Berne, qui réunit les deux chaires de théologie et d'hébreu : la même année, Jules Feuot fut élu professeur d'éloquence et régent de première ; lui aussi était prêté par la ville de Berne, à la suite d'une démarche officielle dont avait été chargé le capitaine Gay, de Die [4].

Il paraît que les catholiques devaient à l'origine contribuer à l'entretien de cette école, puisque, dans le mois d'octobre 1604, ils adressèrent à deux reprises (le 6 et le 30) [5] des sommations aux consuls, pour déclarer qu'ils refusaient tout concours à la dite fondation. Ils étaient d'ailleurs bien peu nombreux : le porche de la cathédrale suffisait, paraît-il, aux besoins de leur culte. Néanmoins l'évêque Pierre II de Gélas de Léberon portait toujours le titre d'évêque de Valence et de Die, et c'est dans une salle de son palais que les catholiques réunis en sa présence rédigèrent leurs sommations. Un arrêt du 18 décembre leur accorda pleine satisfaction à cet égard. La même année, l'évêque établit à Die une mission de Jésuites.

---

1. Aymon, I, 322, et Quick I, 285. « L'Église et la magistrature de Die adressèrent au synode national tenu à La Rochelle... une très humble requête à l'effet que M. Chamier fût nommé leur pasteur et professeur. Mais la ville de Montélimar, qui venait de perdre l'académie, ne voulut point consentir à se séparer de M. Chamier, et il fut convenu qu'il resterait. Alors la ville de Die choisit pour professeur de théologie M. Sharp... » (Quick : *Icones, Daniel Chamiers Life*, Mss.)
2. Epit. franç. à Scaliger, III, p. 447 ; 1614, éd. in-8.
3. Art. CHAMIER, *Dict.*
4. Cf. Arnaud, op. cité, 25.
5. Cf. Read, 282, note.

DEUXIÈME PARTIE

ORGANISATION INTÉRIEURE DES ACADÉMIES

PREMIÈRE SECTION

LE COLLÈGE CLASSIQUE

CHAPITRE PREMIER

DIVISION DE L'ENSEIGNEMENT : LE PERSONNEL

En racontant les origines de chacune des académies, nous avons déjà montré ce que les réformés entendaient par le mot de collège et quelle importance ils attachaient aux établissements de cette nature. S'il y avait nombre de collèges sans académies, il n'y avait point d'académies sans collèges. L'enseignement secondaire étant indispensable pour tous, il était naturel que des collèges fussent répandus sur toute la surface du royaume. Mais l'élève qui se destinait à une carrière libérale ou qui se proposait seulement de suivre certaines branches de l'enseignement supérieur dans le but de parachever des études désintéressées trouvait un grand avantage à entrer dès le début dans un collège académique. La transition de la basse à la haute école s'effectuait pour lui sans brusquerie aucune, sans soubresaut fâcheux, et le même esprit éducateur qui avait saisi l'enfant et dirigé l'adolescent inspirait encore le jeune homme au moment où il allait affronter sous sa propre responsabilité le dur combat de la vie. L'académie était l'expression exacte du plan pédagogique protestant : il importe maintenant pour nous d'exposer la première partie du programme, c'est-à-dire le système de l'enseignement secondaire tel qu'il était appliqué dans les Académies.

Nous ne traiterons dans cette section que de la forme et de la matière de l'enseignement; pour tout ce qui concerne la discipline et l'administration, les mêmes lois étaient en vigueur dans le collège et dans l'académie proprement dite : il serait donc superflu de distinguer entre les deux.

Quant à l'emplacement du collège, on a eu l'occasion de voir que l'idée de Sturm avait été accueillie et mise en pratique par les réformés; non seulement toutes les classes se trouvaient réunies au même lieu; mais le collège ne se dressait point en dehors de l'académie. D'un autre côté, comme la plupart des académies sont venues se greffer sur un collège antérieur à elles, il a fallu, pour rester d'accord avec le principe de Sturm, agrandir les locaux existants ou rebâtir complètement l'édifice scolaire : ainsi fut fait à Nîmes, Sedan, Montauban et Die; à Orthez et à Saumur, il fallut tout construire, parce que le collège et l'académie étaient tous deux à fonder et devaient être érigés simultanément.

Tous les collèges académiques étaient de plein exercice, c'est-à-dire avaient pour objet de distribuer aux élèves l'enseignement secondaire à tous ses degrés. L'unité la plus remarquable régnait à cet égard dans tous les collèges, mais non pas l'uniformité. En effet, le modèle qui a servi de type, le collège de Genève, était divisé en sept classes, depuis la petite école où l'enfant apprenait à lire jusqu'à la rhétorique inclusivement. Nous avons déjà dit que Sturm en avait institué huit; mais, comme la première était consacrée à l'étude de la théologie, et formait par conséquent une sorte d'empiétement maladroit de l'enseignement supérieur sur l'enseignement secondaire, on peut dire que Calvin et Théodore de Bèze n'en copièrent pas moins le célèbre Strasbourgeois, en rectifiant son plan. Baduel, qui de son côté s'inspira directement de Sturm, établit aussi huit classes au collège des Arts; mais ce ne sont plus les classes du Gymnase : elles ne sont affectées qu'à l'instruction de l'enfance. « Arrivé à l'école vers cinq ou six ans, dit Baduel, l'élève y est retenu jusqu'à quinze, parcourant un degré chaque année, et, lorsqu'il en a achevé la série, il sort des classes pour passer à un enseignement plus libre et plus fort. » La philosophie, qui rentrait dans le programme des humanités d'après Sturm, est reportée par Baduel au domaine des leçons publiques, c'est-à-dire de l'enseignement supérieur. Cependant ce n'était pas encore, aux yeux de ce pédagogue, l'enseignement supérieur : c'était le second degré des études, le cycle parcouru par l'adolescent ; « de quinze à vingt ans, il suit les leçons publiques et se livre à l'étude des hautes sciences et des arts. » A vingt ans, l'élève était mûr pour l'enseignement supérieur proprement dit, c'est-à-dire pour les études spéciales, et c'est là ce que Baduel appelle le troisième degré de l'instruction. Le collège des Arts considérait sa tâche comme terminée lorsqu'il avait amené l'élève au seuil de cette dernière école. Toutefois, s'il se destinait à la profession des lettres, il n'avait pas besoin de pousser plus avant ses études ; en effet, le collège de Nîmes, ayant le titre d'université des Arts, conférait la maîtrise [1], et la conquête de ce grade émancipait l'étudiant.

Le personnel du collège des Arts se composait de quatre régents pour les huit classes de grammaire, et trois professeurs, dont un de philosophie, un de mathématiques et un de grec, pour l'enseignement dit public [2]. Mais le collège des Arts ne devait pas être imité intégralement par les collèges protestants créés après lui. Ce chiffre de huit classes était bien élevé, surtout si l'on y ajoute les cinq années d'études intermédiaires que l'adolescent devait accomplir ensuite avant d'aborder le haut enseignement. Les réformés estimèrent qu'il n'était pas nécessaire de séjourner si longtemps aux écoles, et que le nombre des classes pouvait être diminué sans que l'éducation de l'élève s'en ressentît d'une manière fâcheuse. Le travail, pour être concentré en un temps plus limité, n'en est pas moins fécond en résultats variés et propres à satisfaire, pourvu qu'on n'exerce aucune pression immodérée sur l'esprit de l'enfant et

1. Il est vrai qu'il ne conserva pas longtemps ce privilège.
2. Cf. *Hist. litt. de Nîmes*, I, 24.

qu'on n'impose pas à ses facultés une tension excessive : il y a même double profit, lorsque l'économie du temps vient s'ajouter au bénéfice des études; d'ailleurs, suivant l'idée de Montaigne, la tête doit être bien faite plutôt que bien pleine, et ce ne serait pas meubler l'intelligence que surcharger la mémoire ou exténuer le cerveau du jeune travailleur.

En conséquence, le chiffre de huit classes fut partout abaissé, sauf à Orthez [1]; à Die et à Montauban, on imita Genève, et on le réduisit à sept; à Sedan, il y eut six classes, comme l'indiquent le règlement de 1615 et deux délibérations du conseil des modérateurs, datées l'une de 1644, l'autre de 1653 [2]; à Nîmes, d'après le règlement de 1582, il y en eut également six; à Saumur il y eut généralement cinq régents [3]; cependant il y avait six classes : le 5e régent était presque toujours chargé de la 6e et de la 5e [4]. A Montpellier (Faculté des Arts), il y avait six classes, et le principal donnait pendant l'année quelques leçons à sa convenance : le régent de 6e avait un coadjuteur qui faisait sans doute la classe dite des abécédaires [5]. A Orange, il n'est parlé que de quatre régents et un principal; mais, dans cette dernière ville, le principal exerçait, comme à Sedan, la fonction de premier régent : il y avait donc très probablement cinq classes. Disons dès à présent que les synodes ne fixèrent jamais pour les collèges un système de lois uniformes applicables par tout le royaume; car le travail produit au synode d'Alais ne concerne que les Académies et ne réglemente que l'enseignement supérieur, particulièrement la théologie. Si l'on veut rassembler quelques détails touchant le régime des écoles

---

1. D'après un acte du corps académique à la date de 1593, conservé au Trésor de Pau. Cependant un autre acte en 1579 ne portait que cinq classes. Voyez le manuscrit in-folio qui contient toutes les pièces de la procédure entre Lescar et Orthez au sujet de l'académie. (Arch. de l'hôtel de ville d'Orthez.)
2. Cf. Norbert, 24 et 25. Nous ne savons sur quoi M. Ch. Peyran se fonde pour trouver à Sedan sept régents. (Cf. op. cit., p. 26.)
3. On sait que le nom de régents ne s'appliquait qu'aux maîtres du collège classique : on les appelait aussi *soumaîtres* ou *maîtres de quartier*. (Cf. Ménard, V.)
4. Cf. Marchegay, 5; Aymon, I, 379.
5. Cf. Faucillon, op. cit.

classiques, il faut donc les glaner dans les documents spéciaux ; c'est ce que nous allons faire.

§ I. — Les statuts originaux. Le principal.

En premier lieu, définissons le rôle et la qualité du principal. Voici l'article des lois du collège de *Genève* qui le concerne : « Que le Principal sois esleu et conferme à la mesme forme que dict a este, homme craignant Dieu, et pour le moins de moyen scavoir : sur tout d'un esprit debonnaire, et non point de complexion rude, ni aspre : afin qu'il donne bon exemple aux escholiers en toute sa vie et porte tout doulcement les fascheries de sa charge. Son office sera, oultre l'ordinaire, d'enseigner et gouverner sa classe, d'avoir l'œil sur les mœurs et la diligence de ses compagnons : de soliciter et piquer ceulx qui seront tardifs, de remonstrer à tous leur debvoir, de présider sur les corrections qui se feront en la salle commune, de prouvoir que la cloche sonne es heures prefixes, et que les auditoires soyent tenus nets. Qu'il ne soit licite aux aultres Regens de rien attenter de nouveau sans son sceu et congé, et que luy aussi rapporte au Recteur toutes les difficultés qui surviendront. » La préoccupation calviniste se trahit dans cette définition du début, qui détermine le caractère moral du sujet. Ses attributions, qui ont quelque analogie avec celles du censeur des études dans nos lycées actuels, ne sont pas seulement celles d'un surveillant général : il est pour sa part à la tête d'une classe, comme les autres régents. Le règlement ne désigne pas la classe qu'il doit diriger ; mais ce devait être incontestablement l'une des plus élevées, et la plupart du temps la première.

Les académies se sont emparées de cette définition et l'ont à peu près conservée telle quelle. Les lois du collège des Arts, à Nîmes, nous sont connues par le document intitulé *Instituta litteraria*, inséré par Baduel à la suite de ses *Annotationes in Ciceronem*[1]. Ce document est dédié à Jean Man-

---

[1]. *Claudii Baduelli annotationes in Ciceronis pro Milone et pro Mar-*

sancal, fils de Jean Musenquan, qui avait succédé à son père dans la charge de premier président à la Cour de Toulouse. A vrai dire cet opuscule est un discours cicéronien, analogue à celui de Sturm ; il traite successivement de l'ancienne barbarie des études, provenant d'une philosophie sans Dieu ; du retour nécessaire à la loi divine, à la foi chrétienne, à l'éducation morale et religieuse, et finalement de l'esprit qui inspirera le collège des Arts. Dans le règlement qui mit ces considérations oratoires et qu'on a pu résumer en quinze articles, inégalement importants et développés, il est dit que le principal a autorité sur tout le collège et que les maîtres sont revêtus de la double charge d'enseigner et de punir, mais qu'ils doivent l'exercer avec des sentiments bienveillants et paternels [1]. De tous ceux qui exercent une fonction dans le collège, dit Baduel, celui qui fait l'œuvre la plus utile et la plus nécessaire, c'est le principal : il est comme le chef de famille, dans cette maison où les lettres ont élu domicile ; s'il possède la prudence, l'énergie et la probité que réclament la direction et le gouvernement d'une si noble demeure, il soulagera les magistrats de leurs plus grands soucis. Qu'on élise donc un homme d'expérience, un administrateur éprouvé, plutôt qu'un docteur élégant ; car un esprit sage et judicieux, aidé des lumières des savants et des érudits, pourra aisément maintenir l'ordre dans le collège et jouir de l'autorité et du prestige légitime qu'il doit avoir [2].

Mais les lois de l'académie de Nîmes proprement dite et du collège des Arts reconstitué nous sont aussi parvenues ; elles forment une brochure de 64 pages in-8, imprimée à Nîmes en 1582, et sont l'œuvre du célèbre professeur de grec et de philosophie, Jean de Serres [3]. L'historien Ménard les a reproduites dans son grand ouvrage. Jean de Serres, depuis la mort

---

cello orationes quibus adjunctæ sunt ejusdem orationes aliquot, etc. Ludg., Gryphius, 1552. Dédicace aux seigneurs de Berne, pages 241-399.
1. Cf. *Bull.*, XXIV, 16 sq. art. de M. Gaufrès.
2. Cf. *Cl. Baduelli orationes*, 336.
3. *Academiæ Nemausensis leges, ad optimarum academiarum exemplar, collatis doctissimorum virorum, judiciis, summa cura et diligentia instauratæ atque emendatæ.* A la page 2, on lit la dédicace suivante : « *Henrico III, christianiss. Galliæ et Polon. regi, civitas Nemausensis. Uti*

de Guillaume Mauget (1578), avait été nommé recteur de l'académie et principal du collège. Administrateur éclairé, il entreprit de réorganiser cette université, dont les fléaux de la guerre et de la peste avaient énervé la discipline et où les études languissaient. Ce fut son honneur de mener à bien cette tâche. Il rédigea ses statuts dans le style de la loi des Douze-Tables, mais en un langage latin digne de l'époque. « Les expressions en sont si pures, dit M. Borrel, les tournures de phrases si élégantes, qu'on y trouve une preuve incontestable que cet écrivain était aussi versé dans les sciences humaines que dans les systèmes philosophiques [1]. » Le document commence par une esquisse historique des origines de l'université de Nîmes et par une apologie des belles-lettres, considérées comme les plus brillants auxiliaires de la civilisation ; parvenu au règne de Henri III, l'auteur exprime toutes les espérances que les esprits cultivés sont en droit de fonder sur le gouvernement de ce prince en vue du progrès des arts et de l'instruction publique, et termine ce préambule par une belle prière adressée au Dieu tout-puissant en faveur de la paix et de la prospérité du royaume. Puis il aborde le chapitre des lois par une série de considérations générales au moyen desquelles il définit le caractère de toute académie vraiment digne de ce nom : ce caractère doit être à la fois moral et scientifique, et se trouve résumé dans la formule qu'il énonce dès l'abord : *Virtus et eruditio sunt academiarum semina et messis.* Le point de vue moral est même particulièrement accusé : *Virtutis in academia prima cura esto.* Si la société ne peut subsister sans ordre, une académie à plus forte raison, puisque l'académie est la pépinière des futurs membres de la société ; aussi l'auteur s'appliquera-t-il à établir pour la présente aca-

---

eam quam a Francisco illo primo, avo, semper augustæ mem. rege fundatam, magnisq. benef. ornatam Academiam : Henricus II, pater Franciscus II, et Carolus IX, fratres, feliciss. M. reges, confirmarunt : eandem uti pergat suo favore complecti : quo. suis beneficium, sibi erga suos perpetuum paret meritum, gloriamque sempiternam. » (Cf. Ménard, t. V, XXXIV, p. 158; *id.*, t. V, p. 201 sq.)

1. *Bull.*, III, 45.

démie une sage discipline, qui la saisisse dans toutes ses parties. La hiérarchie proclamée par Baduel est également préconisée par de Serres, qui lui aussi fixe les trois degrés des études d'après l'âge des écoliers. Mais nous avons à rechercher ici ce qu'il dit au sujet du principal.

C'est le recteur, assisté du conseil, qui le nomme et le destitue, qui le surveille et a le droit de le réprimander. Le principal doit être un homme sérieux, instruit, d'une réputation sans tache, actif, laborieux, expérimenté, toutes qualités indispensables à un homme chargé d'élever nombre d'enfants et d'adolescents. Il exerce sur les régents l'autorité que le recteur exerce sur lui : il a le droit d'inspection sur eux et défère au recteur ceux qui sont en faute. Son rôle est de veiller à la stricte observation de la discipline par tous, de châtier les paresseux et les mutins. Il est recommandé à l'école tout entière de lui obéir *uti parenti*. Son domicile est fixé au collège même. Il doit diriger sa famille dans la voie de l'honnêteté et de la tempérance, afin de prévenir la médisance en donnant l'exemple des bonnes mœurs : son costume, sa conversation, son genre de vie, tout chez lui doit être simple ; il rédigera des lois sur ce sujet qui seront approuvées par le recteur et religieusement observées. Il dirigera lui-même une classe ou donnera des leçons publiques, où il devra témoigner de sa supériorité en sa qualité de premier maître du collège : on laisse d'ailleurs à son bon plaisir le choix de la leçon, pourvu qu'il se conforme aux statuts dans son enseignement. Si la discipline ou les études se relâchent, il en sera déclaré responsable et recevra la peine de sa négligence. Mais on insiste surtout sur l'obligation qui lui est faite d'obéir rigoureusement aux ordres du recteur. En résumé, ce règlement a un cachet d'originalité qui le distingue curieusement des autres, il est vrai dans la forme plutôt que dans le fond.

Les lois du Collège de *Montpellier*, tel qu'il fut reconstitué en 1608, nous sont connues par le document intitulé *Lois de l'Académie de philosophie et de philologie de Montpellier*, rédigé par le ministre Peyrol, ex-jésuite. Il est divisé en deux parties; la première, ayant huit articles, traite des écoliers; la seconde, en quatorze articles, traite des professeurs. Il donne au principal le nom de modérateur; son office consiste à pourvoir les chaires vacantes par suite d'absence ou de retard de la part des régents; il convoque les révérends seigneurs, soit les intendants et *octumvirs*, c'est-à-dire les six régents et les deux professeurs de philosophie; enfin il doit donner des leçons aux deux auditoires de philosophie réunis. L'académie de Saumur lui empruntera cet usage.

Le document qui contient les lois du collège de *Sedan* a été rédigé autrement que les précédents [1]; il est manifeste que l'auteur n'a pas eu connaissance de ceux-ci. Le règlement a été imprimé en 1615, par le célèbre Jean Jannon; mais le nom du rédacteur est encore inconnu. L'épigraphe en vers [2] que l'on trouve au verso de la première page est signée de Samuel Néran, qui était professeur de grec et principal en 1611; on peut donc admettre l'hypothèse qu'il est aussi l'auteur du document; mais ce n'est là qu'une hypothèse. Quoi qu'il en soit, ce règlement est un petit chef-d'œuvre de clarté et de précision, et intéresse par son originalité même. Les statuts de Jean de Serres sont certainement plus complets

---

1. *Disciplina, seu leges, item Distinctio Classium, et ordo lectionum Scholæ Sedanensis.* Sedan, 1615, in-8; *id.*, 1630. Cette petite brochure de quinzes pages n'a pas été connue de ceux qui ont écrit sur l'académie de Sedan jusqu'à ce jour. La partie disciplinaire renferme 40 articles, puis viennent l'ordre des classes, les exercices communs et le tarif des minervaux.

2. Voici quel était ce dizain :

> *Morum malorum pestilentes tempori*
> *Elide fibras, atque virtutem insere*
> *Tenello ab ungue : ductilis puertiæ*
> *Flectenda mens est : serus illam corriges*
> *Adulta postquam est, inque pravum induruit.*
> *Est lenitas crudelis, Indulgentia*
> *Mentita vultum caritatis; caritas*
> *Severitate, comitate auctoritas*
> *Periclitatur. Omne fert punctum ille, qui*
> *Comis severe, et comiter severus est.*

On ne saurait mettre en saillie avec plus de vérité le point de vue de la pédagogie protestante française.

et magistralement développés par cet excellent humaniste; mais on a le droit de les trouver prolixes et trop surchargés de considérations morales. Ici, le rédacteur est plus sobre; mais sa concision ne l'empêche pas d'aborder certains détails disciplinaires qui font sourire, à la manière de Baduel. Le soin de la discipline a toujours vivement préoccupé les pédagogues sedanais. Aussi le règlement de 1615 intéresse-t-il plus particulièrement les écoliers, qui devaient le savoir par cœur et le réciter fréquemment; chaque classe en possédait un exemplaire, chaque élève avait le sien, de telle sorte que personne, au dire du règlement lui-même ne pouvait arguer de son ignorance en aucun cas.... Mais ce règlement spécial au collège, ne porte point de paragraphe exclusivement destiné à fixer les charges du principal. Cette question est réglée dès 1603, par le conseil des modérateurs, qui est très explicite sur ce point. « 1º Le principal, étant constitué premier régent du collège, montrera au conseil le plan des études dudit collège et tout ce qui pourra selon son jugement, contribuer à leurs progrès; 2º il ne fera ni ordonnera aucune leçon ou répétition hors du collège (on reconnaît ici, comme ailleurs, l'idée particulièrement chère à Sturm); 3º il ne pourra avoir plus de dix pensionnaires; 4º il aura deux heures et demie de classe par jour, sans aucune distinction (loi commune à tous les régents); 5º afin de pouvoir visiter les autres classes, selon le devoir de sa charge, il commencera sa classe, tant le matin que l'après-midi, une demi-heure plus tôt, avec cette exception que, depuis le 15 novembre jusqu'au 1er février, il n'entrera en classe qu'à huit heures et n'en sortira qu'à dix heures et demie; 6º il ne souffrira pas que sa classe s'arrête ou fasse bruit dans le collège pendant la tenue des autres classes; 7º aux jours de composition, il fera venir un régent dans sa classe pendant qu'il visitera les autres classes, afin de maintenir le silence et le bon ordre dans la sienne; 8º il examinera les leçons et corrections de thèmes des autres régents; 9º il y aura unanimité des voix pour la promotion et avancement des classes de ses pensionnaires; 10º il accordera difficilement des congés extraordinaires; 11° il sera sujet et soumis aux avertissements et censures des administrateurs du collège ; 12° il ne pourra faire dans le collège aucun nouveau règlement sans l'autorité du conseil des modérateurs, auquel il aura recours dans les cas importants [1]. » Ce qui fait l'originalité de l'académie de Sedan, c'est l'importance des pouvoirs qui sont attribués au conseil des modérateurs ; ce dernier article, le douzième, serait la reproduction exacte de la dernière phrase du statut genevois, si le conseil n'y était mis à la place du recteur.

A *Saumur*, la charge de principal fut créée en 1616, en séance du conseil extraordinaire, à la date du 9 juillet ; le 7 septembre, cette même assemblée se tenait au château, en présence du gouverneur Duplessis-Mornay et signait le règlement [2]. Il portait quinze articles : 1° Le principal ne sera pas tenu de donner plus de deux ou trois leçons par semaine, à cause de ses autres fonctions, qui sont l'inspection et la surveillance du collège. 2° Tous les régents lui jureront obéissance. 3° Il sera professeur de philosophie, parfois même sans avoir le droit de se faire remplacer. Si quelque régent est absent seulement pour deux ou trois jours, il pourra mettre à sa place quelqu'un de capable, dont il avertira le conseil ; si l'absence doit se prolonger quelques semaines, il n'y mettra personne sans avoir au préalable consulté le conseil académique. 4° Il inspectera les professeurs de philosophie, qui pourront s'absenter sans le prévenir. 5° Il aura une matricule, sans préjudice de celle du recteur, pour les étudiants de philosophie ; dans celle du recteur, il y aura une clause portant que les étudiants promettent obéissance au principal. 6° Dans le cas où la place de portier serait vacante, le principal présentera un sujet, et le conseil conférera la charge. 7° Le conseil pourra néanmoins le changer chaque année ou chaque mois, suivant qu'il le jugera convenable. 8° Si les synodes nationaux

---

1. Norbert (Extr.), p. 10.
2. Les signatures sont les suivantes : François Gomar, Marc Duncan, Bouchereau, pasteur Lud. Cappel, J. Benoist, professeur en langue grecque ; François Burgersdick, professeur en philosophie, Pierre Congnet. (Cf. Dumont, 20, 21.)

retranchent les gages du principal, il pourra reprendre sa chaire de philosophie, et la maison qu'on lui fournit au collège lui restera comme habitation. 9° Il pourra se démettre de sa charge, mais en prévenant le conseil six mois auparavant. Les articles 10 à 14 traitent de la préséance et des gages de Duncan, le premier principal élu. 14° Les charges de principal et de recteur sont incompatibles; le synode tranchera en dernier ressort cette question, si Duncan tient à la lui poser. 15° Duncan, à cause de sa profession de médecin, réclame de ne pas être obligé à conduire tous les jours les écoliers au temple. Il serait expédient qu'il le fît. Mais, si ses occupations l'en empêchent, il demeure entendu qu'il ira au moins une fois la semaine, et pour le reste aussi souvent qu'il pourra. Enfin on lui dénie le droit d'exercer la médecine en dehors de la ville. Tous ces articles furent lus au synode provincial de Saumur, le 4 mai 1617 [1]. Le 8 février 1618, le conseil ajouta que le principal pouvait voir les écrits des écoliers, châtier et pardonner, même contre l'avis du régent; celui-ci pouvait en revanche en appeler au conseil. Les régents doivent venir à la réunion hebdomadaire, sur le mandement du principal; sinon ils ont à envoyer par écrit une excuse au principal, « à laquelle il aura égard en charité [2]. » On le voit, ce règlement est fort précis et complet; suivant une coutume en honneur à Saumur, Duncan, le candidat à cette nouvelle fonction, avait proposé lui-même les conditions qu'il souhaitait de voir adopter par le Conseil; cette assemblée les accepta sans y presque rien changer. Nous signalerons dans ce document l'autorité qui est conférée au principal sur les professeurs et les étudiants en philosophie. Le principal, à Saumur, ne fait pas partie du collège classique proprement dit, comme à Genève, à Sedan, à Orange, à Orthez; il est maître de philosophie. Comme à Nîmes, où le principal Baduel enseignait

---

1. Au bas, les signatures suivantes : D. Coupé, pasteur et modérateur de l'action; Bouchereau, adjoint au modérateur; Vigneu, pasteur, et Favey, ancien, élus pour recueillir les actes. (Cf. Reg. I des aff. de l'ac. du roy. de Saumur, p. 18-20.)
2. Reg. I, 32.

les arts, il a le titre de professeur public et appartient à cette école intermédiaire que Baduel appelait le second degré des études et qu'il ouvrait aux adolescents. Cette singularité de l'académie saumuroise mérite d'être notée. Mais en 1631, à la suite d'un long débat entre le principal Duncan et le professeur Benoist, on proposa que cette haute fonction fût donnée à un professeur de théologie, à un pasteur ou à un ancien, lesquels ont plus de temps que les professeurs de philosophie; on alléguait que ce serait en outre une économie de 400 livres par an; car ce nouveau principal se contenterait de 100 livres et du logement. Ainsi fut fait à la mort de Duncan, que le professeur de théologie Amyraut remplaça dans la charge de principal. Le conseil avait observé avec raison que, selon toute apparence, personne du dehors ne consentirait à venir pour 100 livres [1].

Quick, à la page xxvii de l'Introduction de son *Synodicon*, dit que les statuts de l'académie de *Montauban* furent l'œuvre de M. Béraud le père. Mais de quels statuts parle-t-il? Il y eut en effet deux règlements différents, l'un à la date de 1600, c'est-à-dire au moment où l'Académie fut fondée, l'autre publié bien plus tard, à la fin de 1612. Dans sa *Vie de Chamier* [2], Quick, parlant de cette dernière rédaction, s'exprime ainsi : « J'ai à ma disposition une copie manuscrite de ces statuts académiques de l'écriture d'Adrien Chamier, laquelle n'était pas des plus belles. Je vais en donner ici la copie.... » C'est ainsi que nous possédons dans son intégrité cet important document. Mais qui l'a rédigé? Michel Béraud ou Adrien Chamier? Ce ne peut être Béraud, puisqu'il mourut le 20 juillet 1611 [3]; or, comme il fut le premier professeur de théologie de cette académie en 1600, il est naturel de lui attri-

---

1. Cf. Reg. I, 124.
2. *Chamier's Icon*. Sous le titre *Icones sacræ gallicanæ et anglicanæ*, on conserve à Londres (Dr William's library) un manuscrit de Quick renfermant 70 biographies protestantes françaises et anglaises. Une copie de ce précieux manuscrit existe à la Bibliothèque du protestantisme français. La monographie de Chamier a été traduite par M. Read, op. cit., p. 75.
3. Cf. *France prot.*, t. II, p. 308, éd. 1879.

buer la paternité du premier document, sur le témoignage de Quick, dont on apprécie généralement la véracité. Adrien Chamier serait-il l'auteur du second travail? Mais il avait succédé à son père comme pasteur à Montélimar, et il était sans doute dans son Église à la date de 1612. Aussi est-on convenu d'attribuer cette seconde rédaction à son père, le savant professeur de Montauban, qui arriva dans cette ville à cette époque et trouva l'académie dans une pénible situation. « Son premier soin, dit Haag, fut de dresser un nouveau règlement en soixante-quatre articles [1]. » — « La discipline était négligée, et tout était en décadence. Pour lui rendre son lustre d'autrefois, sa dignité et sa réputation, il rédigea, dit Quick, un corps de canons qui devaient régler sa conduite et son gouvernement [2]. » Ainsi Quick en cet endroit ne doute pas que Daniel Chamier ne soit l'auteur du document transcrit par son fils. Cette opinion a d'ailleurs pour elle la vraisemblance, et nous nous y rangeons volontiers. Ajoutons en terminant que Béraud et Chamier étaient tous deux qualifiés pour l'œuvre qu'on leur attribue; en effet, tous deux faisaient partie de la commission chargée par le synode de Gap (1603) de rédiger un règlement unique pour les académies [3], travail qui ne fut accompli d'une manière relative que dix-sept ans plus tard, au synode d'Alais.

Quant à l'académie de *Puylaurens*, elle ne formula point de nouveaux statuts et s'appropria ceux de Montauban. Cependant le synode de la province entreprit de les remanier en 1678; l'apparition tardive de ce troisième document, le style de sa rédaction et son contenu nous montrent qu'il eut plutôt en vue de compléter les règlements précédents que de les modifier. D'ailleurs il cite constamment le programme de 1600, preuve nouvelle que les deux documents postérieurs ne prétendaient point abolir le premier. Ces statuts ont été conservés grâce au travail d'Antoine Pujol, ancien de l'Église

---

1. Art. Chamier, t. III, p. 331.
2. *Chamier's Icon.*
3. Aymon, I, 275.

de Castres, qui a recueilli en un volume les principales délibérations des synodes du Haut-Languedoc et qui les a insérées dans son chapitre *Des écoles* [1]. Une commission, composée de Jaussand, pasteur à Castres, Caussé, pasteur à Sorèze, Satur, pasteur à Montauban, et quelques autres, présenta un projet de règlement au synode de Saverdun (1678), lequel fut agréé; le conseil académique eut ordre de l'enregistrer, et le consistoire de Castres d'en garder copie dans ses archives [2].

Le règlement de 1600 a été publié par les éditeurs de l'*Histoire de Montauban* de Le Bret (1841); ils l'ont exhumé des archives de la ville [3] et ont eu l'heureuse idée de le livrer à l'impression pour la première fois. L'article concernant le principal a été directement inspiré par l'ordre du collège de Genève; l'imitation est évidente :

« Le principal du collège est eslu homme craignant Dieu, grave en toutes ses actions, doué de bon sçavoir et principalement versé es lettres humaines, propre aussi à faire une profession publique, estant du corps de l'Académie. Il sera eslu et appelé en cette charge tant par les intendans que conseil académique.

« Son devoir sera d'eslire gens suffisans pour enseigner en chascune classe, et les présenter à la compagnie pour estre examinés et receus. Item d'avoir l'œil sur les mœurs et la diligence tant des régens et maistres que des disciples; de remontrer à tous leurs debvoirs; de présider sur les corrections qui se feront en la salle commune, toutefois, s'il est besoing, assisté du recteur et professeurs, auxquels il apportera les difficultés qui surviendront. Et ne sera licite aux régens de ne rien attenter de nouveau sans son congé. Il se tiendra au collège et recepvra en pension les régens non mariés, qui seront tenus d'y faire leur demeure. »

On ne peut qu'approuver cette dernière mesure, qui épargne

---

1. Recueil des règlements faits par les synodes provinciaux du Haut-Languedoc et de Haute-Guyenne, Castres, 1679, p. 120 sq.
2. MM. l'abbé Marcellin et Ruck, note III.
3. Livre noir, fol. 63 sq. (Cf. *Bull.*, IX, 398.)

aux régents célibataires les dangers et les ennuis de l'isolement, et qui leur fait retrouver une sorte de foyer domestique dans une ville où la plupart sont exposés à vivre en étrangers.

Le règlement de Chamier fait subir quelques modifications peu importantes à ce premier statut. Les articles XX et XXI, qui traitent ce sujet, sont ainsi conçus : « Le principal aura autorité sur toutes les classes et sur leurs maîtres respectifs, et il aura seul le droit d'immatriculer les étudiants. Il aura un soin extrême qu'aucun d'eux ne néglige ses devoirs, et il sera toujours présent dans le collège au commencement de leurs exercices ; cependant son autorité sera soumise à celle du conseil et du recteur. » Il sera élu à la pluralité des voix, par le conseil de l'Université, et présenté par le recteur aux curateurs, qui recevront son serment dans l'assemblée des classes. « Il devra être un homme grave, d'un jugement mûr, doué d'une saine intelligence, très versé dans les connaissances humaines et capable d'une profession publique. Nul ne pourra être en même temps recteur et principal, car ce sont deux offices distincts et incompatibles à bien des égards [1]. » Le principal changement consiste en ceci que le choix des régents lui est enlevé ; on insiste davantage sur sa subordination au recteur et au conseil. Enfin il n'est plus question du logement des régents non mariés.

Le règlement de *Puylaurens* ajoute qu'il devra visiter les classes une fois par semaine au moins, et adressera au conseil ordinaire un rapport hebdomadaire sur les compositions faites en sa présence. En cas de maladie ou absence légitime des régents, il pourvoira à les remplacer, afin que les études ne chôment point. La charge de principal était annuelle [2].

Nous possédons les lois de l'académie de *Die*. Qui en fut le rédacteur ? Il règne à cet égard une certaine confusion. Quick, à la page XXVII de l'Introduction de son *Synodicon*, déclare que ces règlements ont été rédigés par le grand Chamier et qu'il les a, par devers lui, écrits de la propre main de leur auteur. « Je les publierai, ajoute-t-il, pourvu que Dieu me

1. Cf. Read, op. cit., 135.
2. Cf. Pujol, op. cit., 121 sq.

prête vie, dans ma monographie de Chamier. » Chose extraordinaire, nous avons vu récemment que Quick, dans sa *Vie de Chamier*, tient un langage tout autre : ce qu'il publie, ce sont les lois de l'académie de Montauban, et le manuscrit qu'il possède est d'Adrien Chamier. Comment résoudre cette contradiction ? M. Read s'écrie : *Adhuc sub judice lis est* [1].

Cependant nous émettrons une conjecture assez plausible. Avant de livrer la copie des statuts montalbanais, Quick s'exprime en ces termes : « On pria M. Chamier de rendre le même service à l'académie de Die, en Dauphiné; je ne sais si c'étaient les règlements de Montauban ou d'autres, mais il y a tout lieu de supposer que c'étaient les mêmes. » Si Chamier fit parvenir à Die le règlement composé par lui en 1612 pour Montauban, il est étrange que les écrivains qui ont parlé de l'académie de Die aient tous gardé le silence sur un événement si important dans les annales de cette école. En revanche, il n'y aurait aucune témérité à admettre que Chamier ait fixé le règlement de l'académie de Die, publié en 1604; à cette date, il venait d'être chargé par le synode de Gap (1603) de concourir à la rédaction d'un code uniforme pour les académies; en outre, il était membre de l'assemblée synodale provinciale du 28 octobre 1604, et le règlement fut publié dans cette assemblée. Quick aura connu ce double fait et brouillé les dates, sachant que Chamier était l'auteur des deux règlements; et n'en possédant qu'un seul, celui de Montauban, il aura pensé dans sa vieillesse que Chamier avait doté les deux académies du même document : d'autre part, lorsqu'il attribuait à la plume de Daniel Chamier un autographe de son fils Adrien, il est probable qu'il citait le fait de mémoire; mais lorsque plus tard il écrivit sa vie de Chamier et qu'il dut consulter le manuscrit *de visu*, il redressa l'erreur qu'il avait commise à son insu dans la Préface de son *Synodicon*.

Parmi les pièces principales concernant l'académie de Die, citées par M. Read [2], il s'en trouve une qui a une importance

1. Cf. Read, 384 sq., 293.
2. Cf. Read, 282 sq.

spéciale ; elle est intitulée : « Acte de l'assemblée synodale provinciale, par députés, tenue à Dye le 28 octobre 1604. » Et le manuscrit original appartient à M. Long. C'est par ce document anthentique que nous connaissons les lois de l'académie. Elles se décomposent en 44 articles, plus des faits particuliers et des observations ajoutés par les trois commissaires de l'assemblée [1]. M. Arnaud écrit de son côté [2] que « le règlement adopté était calqué sur celui de l'académie de Genève et eut probablement Chamier pour rédacteur ». Il fut définitivement approuvé par le synode provincial de Grenoble en 1605, qui le trouva « très bien dressé [3] ».

Quelles fonctions réserve-t-il au principal? Il est très bref sur cette matière. Nous ne trouvons à relever que l'artice 14, ainsi conçu : « Le principal du collège aura la charge de veiller sur toutes les classes, tant régents que escoliers; et, s'il y eschet quelque chose de grande importance, il le rapportera au recteur, qui y pourvoira. » L'article 15 porte qu'il devra précéder tous les régents. Enfin l'article 29 déclare qu'aux promotions solennelles le recteur et le principal honoreront l'action de quelque harangue. C'est là tout ce que ce règlement décide en ce qui concerne spécialement le principal.

En 1623, le synode de Charenton décréta que l'office de principal était supprimée. « La surintendance du principal sur le collège devait être conférée à celui des professeurs ou pasteurs que le conseil de l'université en jugerait plus capable; un logement lui serait affecté au collège. Mais il ne faudrait pas en conclure que cette charge fut effectivement supprimée ; elle fut simplement transférée des régents aux professeurs, suivant la règle usitée à Saumur depuis 1617. Dès le 22 mars 1624, le conseil de cette dernière académie réclama le rétablissement de la charge, et l'on reprit le nom, puisque l'on gardait la chose.

---

1. Les pasteurs Rossel, d'Orange; de Vinay, de Livron; de Bouteroue, de Grenoble.
2. *Hist. de l'acad. de Die*, p. 11.
3. Arnaud, op. cit., p. 14.

§ II. — Les régents. Les pédagogues.

Nous savons maintenant ce que les réformés attendaient du chef de l'école classique ; voyons quel rôle ils assignaient aux maîtres placés sous ses ordres, et comment ils entendaient les fonctions de *régents*.

Le règlement de *Genève* invita les ministres et les professeurs à choisir des gens capables, pour les présenter ensuite aux syndics et au conseil, chargés de les confirmer. Il faut que les régents se trouvent de bonne heure dans leur auditoire, et qu'ils ne s'exemptent pas suivant leur caprice des leçons qui leur sont attribuées. S'ils ont une excuse valable, qu'ils avertissent le principal ; celui-ci avisera à les remplacer, afin qu'il n'y ait point d'interruption dans la classe. A cet effet, il leur substituera quelqu'un, ou bien les élèves seront envoyés dans la classe la plus rapprochée. Le reste des instructions porte exclusivement sur le caractère moral dont on désire que le régent soit investi. On attend de lui une gravité modérée en toute sa contenance ; il ne fera pas d'invectives contre les auteurs qu'il expliquera ; il s'attachera au contraire à les interpréter fidèlement et conformément à la vérité. S'il y a quelque passage obscur, déplacé ou négligé, il fera sentir ses lacunes aux écoliers, mais avec une repectueuse impartialité. Il tiendra les enfants en silence et les empêchera de faire du bruit ; il reprendra les sujets indisciplinés ou paresseux et les châtiera suivant leurs fautes. Surtout il les élèvera dans la crainte de Dieu et la haine du vice. Les écoliers ne devront sortir de l'auditoire, s'il est possible, qu'après la fin de la leçon. Enfin, quand la cloche sonnera, le régent les renverra suivant l'ordre indiqué Dans leurs rapports entre eux, les maîtres doivent rechercher la concorde et entretenir des relations vraiment chrétiennes ; dans leurs leçons, ils ne songeront pas à se *trépiquer* les uns les autres. Si quelque différend survient, qu'ils le portent devant le recteur ; et, si ce dernier ne peut les mettre d'accord, qu'il en informe la compagnie des pasteurs, « afin que par leur authorité ils y remedient ».

Les régents, d'après la loi *nîmoise* de 1582, sont nommés par le recteur, assisté du conseil et du principal. Ils rempliront fidèlement la charge qui leur est attribuée, chacun dans sa classe, conformément aux statuts. Ils n'introduiront aucune nouveauté, soit dans la discipline, soit dans l'enseignement, sans l'assentiment du principal; enfin ils ne feront rien au mépris de son autorité et lui obéiront sans restriction en toute modestie. Ils devront s'entendre, autant que possible, pour arriver à une méthode unique; dans l'intervalle des classes, ils stimuleront par des efforts communs leur propre zèle et celui de leurs élèves; ils apporteront un grand soin à leurs leçons. Ils fréquenteront aussi souvent que possible les exercices publics, tels que les déclamations et les disputes, afin de donner à leurs élèves l'exemple de l'activité et de se développer eux-mêmes, puisqu'ils ont mandat de travailler au progrès d'autrui; en un mot, ils se prépareront constamment comme des hommes faits pour prétendre aux plus hautes dignités, animés d'une légitime ambition pour leur propre compte et soucieux de devenir un jour l'ornement de leur patrie. Qu'ils recherchent la concorde dans leurs relations entre eux; si quelque différend les divise, qu'ils aillent d'abord trouver le principal et se soumettent à son jugement, obéissant à ses paternelles admonitions; mais, s'ils repoussent comme injuste la sentence de ce chef, le recteur en décidera comme d'appel. Les régents négligents seront paternellement avertis par le principal; s'ils persistent dans leur faute, l'affaire sera portée devant le recteur.

A *Sedan*, le règlement de 1603, que nous avons cité, s'applique seulement au principal et laisse de côté les régents. Nous trouvons les indications sur les fonctions de ces derniers dans un règlement de discipline publié par le conseil des modérateurs le 1er avril 1634 [1]. Ce document, en 14 articles, con-

---

1. Cf. Norbert (Extr.), p. 26.

firme au principal l'inspection sur les régents, au sujet de l'entrée et de la sortie des classes. Le principal devait aussi examiner les leçons et les thèmes des régents, pour voir s'ils les tenaient à la portée de leurs classes respectives. C'était encore à lui à former le style des régents, à leur rappeler leurs dernières leçons. On leur renouvelle l'obligation de demeurer au collège, comme cela était usité lors de l'institution de cette école, « afin que le principal puisse par ce moyen éclairer leur conduite. » Le reste du règlement s'applique strictement aux instructions concernant leur discipline ; nous en parlerons plus tard. Enfin, le principal, chargé de punir les infractions faites par les régents à ces lois, doit avertir le conseil des modérateurs, lorsque son autorité est méconnue ou impuissante à maintenir l'ordre. On remarquera chez les rédacteurs du présent règlement la préoccupation visible d'établir fortement cette autorité.

Les statuts *montalbanais* de 1600 exigent des régents, s'ils sont trouvés capables, la promesse de servir au moins deux ans; s'ils se refusent à rester plus longtemps, ils avertiront le principal trois mois avant leur départ ; réciproquement, le principal ne pourra les congédier, avec l'assentiment de l'Académie, qu'après leur avoir notifié une telle mesure trois mois à l'avance. Ils doivent se trouver de bonne heure en leur auditoire et ne s'exempter point des leçons ordinaires sans excuse valable ; ils doivent, dans ce dernier cas, pourvoir à leur remplacement par un substitut, après en avoir donné avis au principal ; toutefois, s'ils sont malades, le principal se chargera de les faire remplacer[1]. La partie du règlement qui vise leur attitude pendant la classe est presque copiée sur la loi genevoise. On leur ordonne de « hayr les biens », de « mettre peyne à expliquer fidèlement le sens des auteurs qu'ils liront, sans charger les escoliers de longues démonstrations et escrits ; » de maintenir la police dans leur classe, de châtier les rebelles

---

[1]. Le règlement de Puylaurens, en reprenant ces lois, les applique à tous les professeurs et leur interdit de s'absenter sans permission. Cf. Pujol., op. cit., 134.

suivant leurs démérites, et de ne point sortir pendant la leçon, afin de donner l'exemple aux écoliers, soumis à la même loi. Enfin il est fait mention de deux maîtres supplémentaires : l'un, pour l'écriture, « qui baillera exemples pour bien peindre et escrire aux sixièmes, cinquièmes, quatrièmes et autres; » il verra et corrigera leurs copies; l'autre, pour le chant : il enseignera la musique aux écoliers classiques, et le chant des psaumes aux plus petits. Les élèves des classes inférieures à la seconde écriront eux-mêmes le texte de leurs leçons, et, si les régents y trouvent des fautes d'orthographe, ils les corrigeront; tous seront tenus d'apprendre ces textes par cœur et de les réciter.

Quant au règlement de 1612, il est bien plus bref; il déclare que tous les régents seront des hommes de choix, approuvés par leur foi et leur saine conversation, et capables, sous tous les rapports, de remplir leurs fonctions. Ils seront obligés de servir le collège « aussi longtemps que possible »; mais on maintient pour eux la nécessité d'avertir de leur départ trois mois à l'avance.

Cette dernière condition se retrouve aussi dans le règlement de *Die*; mais l'article est différemment conçu. Les régents ne pourront être changés, si des sujets plus capables se présentent, qu'après avoir terminé leur année classique et sauf le cas où ils ne s'acquitteraient pas convenablement de leur tâche; mais, s'ils ont l'intention de partir après ce délai, c'est au recteur et au conseil qu'ils doivent faire part de leur détermination. Le souci de l'éducation religieuse se montre particulièrement à Die. « Le premier et le principal soin que les régents et autres officiers dudit collège doivent avoir à l'endroit des escholiers qui leur sont commis est de les instruire soigneusement en la vraye piété et de bander à cela leurs intentions. »

Partout il y avait un professeur de chant, chargé spécialement d'enseigner les psaumes de Clément Marot [1]. A Die, les

---

1. Si l'on veut avoir une idée de la beauté de ces chants, on n'a qu'à se rendre aux assemblées annuelles de la Société de l'histoire du protestantisme français au temple de l'Oratoire, à Paris : là on pourra

registres du sénat académique mentionnent aussi un professeur de peinture, en 1616 [1].

Baduel, dans son discours, vise une classe particulière de maîtres dont les règlements de Nîmes sont seuls à se préoccuper, celle des *pédagogues*. Ces précepteurs, qui tenaient des pensions libres et donnaient des répétitions à leurs élèves, se rencontrent cependant dans la plupart des villes. Nous avons déjà parlé d'eux à propos de l'université de Paris [2]. Baduel ne paraît pas faire grand cas de leur science et cherche plutôt à protéger les disciples contre l'ignorance des maîtres ; estimant que ces pédagogues sont trop souvent convaincus d'incapacité notoire, il déclare qu'ils seront astreints à mener leurs élèves au collège. Mais le règlement de Jean de Serres définit plus longuement et plus explicitement leurs obligations. Il est honteux, répète-t-il après Plutarque, que les pères de famille aient grand souci de ne point préposer à la garde de leur bétail des valets négligents ou maladroits, tandis qu'ils abandonnent leurs enfants à la garde d'esclaves paresseux ou sans moralité. Il faut que nul ne puisse être précepteur, à moins d'avoir une réputation irréprochable : si ses mœurs sont suspectes, le recteur l'avertira ; s'il ne se justifie pas, l'Académie le bannira de son sein : le conseil et le recteur demanderont aux magistrats et aux consuls de l'exiler. Les pédagogues qui feront partie de l'académie donneront leurs noms au recteur, qui les immatriculera dans son livre. Nul n'aura le droit de tenir des écoles privées dans la ville [3] ; ceux qui logeront des écoliers les enverront avec exactitude aux leçons ordinaires du collège et veilleront à ce qu'ils observent les lois communes. Enfin, comme les parents ne font pas des frais considérables pour assurer à leurs enfants seulement la nourriture du corps, mais aussi l'instruction et les bonnes mœurs, le recteur, ou le prin-

---

apprécier le charme, la puissance, le sentiment musical profond qui sont répandus dans les harmonies de Goudimel et les mélodies de Bourgeois.
1. Arnaud, *Hist. de l'ac. de Die*, 53.
2. Voy. page 20.
3. Tout ceci est la répétition des articles de Baduel, qui lui-même imitait Sturm, en insistant énergiquement sur ce chef.

cipal en son nom, inspectera fréquemment les maisons des pédagogues et notera les progrès des élèves. En résumé, c'était réduire les fonctions de pédagogue à celles de maître de pension.

Réservant le chapitre spécial de la discipline et des lois qui déterminaient les obligations des écoliers ou leur genre de vie, nous allons maintenant pénétrer dans les classes, pour jeter un coup d'œil sur les méthodes employées et le système pédagogique généralement suivi.

CHAPITRE II

DIVISION DU TRAVAIL : L'ANNÉE SCOLAIRE

§ I. — La semaine scolaire.

Nous ne possédons point les lois de toutes les académies, nos informations seront donc incomplètes. Mais on a déjà pu se convaincre que si les règlements parvenus jusqu'à nous présentent des différences dans les détails, la doctrine qui régit l'ensemble reste la même ainsi que l'esprit qui les a dictés. De même, le programme des études subira des modifications inévitables suivant que le collège aura quatre, cinq, six, sept classes ; mais les livres employés, la méthode suivie, le but recherché demeurent les mêmes.

Fixons d'abord l'ordre et la durée des classes. Les principes de Sturm et des Jésuites se retrouvent dans l'organisation *genevoise* et par suite dans les écoles françaises [1]. En effet, dans chaque classe, les élèves sont divisés par dizaines ou décuries, réorganisées deux fois par mois à la suite et au moyen des compositions ; le meilleur élève de chaque dizaine a le titre de *dizenier* et exerce une sorte de surintendance sur ses neuf autres condisciples ; il est assis le premier en sa dizaine. Chacun de ces groupes s'ordonne, dit le règlement, « selon que chas-

---

[1]. *Bull. du prot.*, XXII, 269, art. de M. J. Gaufrès sur le collège de Genève.

cun aura profité, sans avoir esgard ni à l'aage ni à la maison. »
On reconnaît ici les décuries de Leyde et de Strasbourg, dont
nous avons déjà parlé plus haut [1].

Les classes avaient lieu les lundis, mardis, jeudis et vendredis, à six heures du matin en été, et à sept en hiver. Elles duraient jusqu'à sept heures et demie en été ; alors on avait une demi-heure pour déjeuner « sans bruit et avec prières [2] ; » puis la classe était reprise de huit à neuf heures. En hiver, le déjeuner n'interrompait pas la leçon, « estant prise legierement, durant que les enfants diront leur texte. » Après cette classe matinale, les élèves, divisés en deux bandes, étaient reconduits chez leurs parents par deux régents : cette charge était réservée à ceux des quatre plus basses classes ; ils devaient la remplir à tour de rôle ou à deux par semaine. Les classes recommençaient à onze heures, après que les écoliers avaient dîné, hiver comme été. L'heure jusqu'à midi était consacrée au chant des psaumes ; de midi à une heure, il y avait leçon classique. De une à deux, on goûte « sans tumulte et après avoir prié Dieu », puis on écrit et on étudie. De deux à quatre la classe est reprise. A quatre heures, on s'assemble au son de la cloche dans la salle commune ou salle basse ; là, on procède, s'il y a lieu, aux châtiments publics, en présence du principal et des régents, « avec admonition telle que le cas le requerra » ; le statut recommande de distribuer ces sortes de punitions « avec une gravité modérée ». Après cela, trois des élèves récitent chaque jour et chacun à leur tour l'Oraison dominicale en français, ainsi que la Confession de foi et le Décalogue ; enfin le principal les congédie, en leur donnant la bénédiction. Le reste de la journée appartenait aux élèves.

Les mercredis et samedis, l'ordre était changé. En effet, le mercredi était un jour de sermon [3] : les écoliers y assistaient

---

1. Voy. p. 45 sq.
2. M. Gaufrès dit que « ce déjeuner spartiate, le même pour tous. n'était guère qu'un morceau de pain pris sur le pouce. » (*Bull.*, XXII, art. cit.)
3. Le culte se célébrait à Genève tous les matins, à six heures en été, sept heures en hiver ; dans la matinée, les lundis, mercredis et ven-

le matin. Après le dîner, ils faisaient « leurs questions »[1] de onze heures à midi, toujours dans l'ordre des décuries. Il importe de définir dès maintenant ce mot de *questions*, que nous rencontrerons souvent par la suite. Les *questions* ou *disputes* n'étaient pas une innovation : l'Université de Paris en avait fait usage jadis ; les écoliers s'interrogeaient mutuellement sur les matières qu'ils avaient étudiées en commun et se critiquaient l'un l'autre en présence de leurs maîtres : excellent moyen pour ceux-ci de constater les progrès de leurs élèves et de noter le degré d'instruction de chacun ; outre qu'il y avait là une source féconde d'émulation, c'était une excellente préparation aux grandes discussions de la vie publique, où les protestants de l'époque se montrèrent en effet très habiles. La police des disputes était faite par les dizeniers, sous la surveillance immédiate des régents.

De midi à trois heures, les élèves avaient « congé de s'esbattre...., mais que ce soit sans licence dissolue. » De trois à quatre heures, deux fois par mois, il y avait déclamation dans l'assemblée commune par les élèves de première. La *déclamation*, qui était le principal exercice des rhétoriciens, consistait pour l'élève à déclamer publiquement un travail original, soit en vers, soit en prose, une *amplification*. Qu'était-ce qu'une amplification ? Il importe de le définir ici, puisque nous rencontrons ce mot pour la première fois. L'amplification, appelée plus communément *chrie*, du mot grec χρεία, « était un lieu commun qui offre à l'orateur une pensée ou un développement général, dont l'usage peut être d'un emploi fréquent dans le discours[2]. » C'était donc une sorte de narration ou de discours destiné à exercer les facultés oratoires de l'élève. « Les anciens rhéteurs grecs s'étaient appliqués à ces sortes d'exer-

---

dredis, nouveau culte ; mais celui du mercredi était le plus important et se célébrait dans deux des trois temples (Saint-Pierre, Saint-Gervais, la Madeleine) ; les écoliers se rendaient toujours au temple de leur quartier.

1. A la place du chant ; ils allaient le matin au culte.
2. Lantoine, *Hist. de l'enseignement secondaire en France au* xviie *siècle*, p. 51.

cices, et les jeunes Romains les avaient cultivés dans les écoles ; au xviie siècle, le livre classique en ce genre était le Recueil d'exercices composé par un auteur qui vécut vers la fin du iie siècle de l'ère chrétienne : Aphtonius [1]. » L'une des principales formes de cet exercice consistait, dans les aca-médies, à exposer dans sa nudité l'idée première d'un dis-cours, puis à la revêtir peu à peu de tous les ornements, de tous les développements qui pouvaient la faire valoir [2].

Les autres mercredis, les régents dictaient des thèmes de composition, qui devaient être rendus et corrigés le lende-main. Quant aux basses classes, le programme laissait aux maîtres une grande latitude ; ils étaient libres d'employer cette heure à leur guise pour le plus grand bien des élèves.

Le samedi était jour de récapitulation : le matin était con-sacré à ce genre de travail. De midi à une heure, la dispute avait lieu ; puis récréation, jusqu'à trois heures [3]. De trois à quatre, on rentrait en classe ; nous indiquerons ci-après à quels exercices cette dernière heure était consacrée.

L'éducation religieuse jouait un grand rôle dans cet orga-nisme. Chaque matin la classe était ouverte par la prière ; cette prière, insérée dans le Catéchisme, avait été composée spécia-lement pour les écoliers, qui la récitaient « dévotement » à tour de rôle ; la leçon du matin terminée, chacun récitait à son tour, suivant le même ordre, l'Oraison dominicale « avec quelque briefve action de grâces ». Tous les dimanches, les élèves étaient tenus d'assister aux deux sermons du matin et d'après-midi, puis au catéchisme : « qu'estans assis à leurs places, ils oyent attentivement et en révérence le sermon. » Le reste de ce jour était consacré à méditer et à « recorder » les sermons

---

1. Cf. Lantoine, op. cit. Compayré, op. cit. t. I, p. 444 sq. La tra-duction latine de cet ouvrage porte ce titre : *Aphtoni declamatoris præexercitamenta., J. Maria Catanæo interprete.* Paris, 1539. Voici quelle était la division absolue de toute chrie : l'éloge, l'exposition, la cause, les contraires, la comparaison, l'exemple, le témoignage des anciens, l'épilogue.

2. Cf. *Bull.*, XXII, 281.

3. L'usage des demi-congés, le mercredi et le samedi, s'est perpétué en Angleterre et, paraît-il, dans certains autres pays protestants.

entendus[1]. Il y avait une organisation spéciale pour maintenir l'assiduité des écoliers au temple. Ils étaient divisés en quatre bandes, suivant les quatre quartiers de la ville ; chaque bande était sous la tutelle d'un régent, qui la conduisait au culte, et avait sa place marquée au temple, qu'elle seule avait le droit d'occuper. Enfin, chaque semaine avant la communion, un des pasteurs faisait dans la salle commune une allocution générale exhortant les auditeurs à la crainte de Dieu et à la concorde.

Tel est le règlement qui fut adopté dans ses grandes lignes par les diverses académies.

Voici comment se divisait la journée de l'écolier au collège de *Nîmes*, d'après le règlement de 1582 : Le matin, au signal donné, tous les élèves se présentent dans la salle commune, où ils s'assoient modestement, suivant l'ordre des classes ; à la voix du précepteur, ils s'agenouillent pour ouïr la prière du matin [2] en français. Puis deux élèves debout récitent d'une voix claire et intelligible l'Oraison dominicale et le Symbole des apôtres, avant que chacun se dirige vers sa classe. La

---

1. Un pareil abus de la sanctification du dimanche, si l'on considère que ces recommandations s'appliquent à des enfants et à des jeunes gens, étonnerait aujourd'hui les Ecossais eux-mêmes ; il n'étonnait pas les Genevois au XVIe siècle. D'ailleurs il ne s'agit là que d'une exhortation générale.

2. Voici le texte de cette prière : « Seigneur, notre bon Dieu, qui par ta grande miséricorde as compris les enfants de tes fidèles en ton alliance, leur monstrant le chemin de salut, et veux que cette cognoissance soit perpétuée à la postérité : nous te supplions humblement qu'il te plaise de conferrer ceste grâce en ceste jeunesse, qui t'est proprement consacrée; et, comme tu es auteur de tout bien, que tu la vueilles illuminer par ton Sainct Esprit, pour luy faire savourer à bon escient le précieux bénéfice que tu luy présentes maintenant, en l'acheminant à vertu et science. Donne-luy entendement pour bien comprendre ce que luy sera monstré; mémoire pour le bien retenir; dextérité pour le mettre heureusement en usage. Dresse toute sa vie, afin que de bonne heure elle apprenne à se dédier à ton obéissance, fuyr le vice, aimer la vertu, et rapporter la congnoissance des bonnes lettres à sa droicte fin. Façonne aussi ceux que tu as establis pour l'enseignement, à ce qu'ils s'acquitent fidèlement et diligemment de leurs charges. Accompagne leur labeur de ta bénédiction, à cette fin que ces jeunes plantes puissent croistre et s'advancer en tout bien : pour estre en leur saison utiles instrumens de la gloire, du bien et repos de ton Eglise et de toute ta patrie. Exauce-nous, Père de miséricorde, au nom de ton Fils Nostre Seigneur Jésus. Nostre Pere, etc. »

leçon du matin dure de huit à dix heures en hiver, de sept à neuf en été, les lundis, mardis, jeudis et vendredis. La leçon du soir dure de deux à quatre heures en hiver, de trois à quatre en été. et les exercices de la journée se terminent par la prière en français, comme ils ont commencé [1]. La plus grande ponctualité est recommandée aux maîtres comme aux élèves. Les pédagogues sont tenus de conduire et de ramener leurs pensionnaires. Les leçons doivent être données avec gravité, écoutées avec attention et en silence. Nul ne sortira de classe sans l'autorisation du maître ; au dehors, la même retenue, le même bon ordre sera observé. Nous retrouvons ici naturellement la division par décuries. Chaque classe doit s'ouvrir et se clore par la prière en latin, prononcée par le régent [2]. Le principal donne le signal de la sortie des classes, auquel toutes obéissent en même temps. Il doit faire en sorte

[1]. En voici le texte : « Seigneur nostre bon Dieu, nous te remercions de ce qu'il t'a pleu nous faire la grâce de passer ce jour avec tant de tesmoignage de ta bonté paternelle envers nous. Fay nous aussi ce bien de passer la nuit prochaine sous la mesme garde et protection de ta providence : afin qu'ayant eu repos et en nos corps et en nos âmes, nous puissions estre fortifiés, pour nous employer tant plus soigneusement à ton service : et selon tes sainctes promesses, sentions la grâce et bénédiction en tout le cours de nostre vie, jusqu'à tant que tu nous mettes en la possession et jouissance de la félicité que tu nous as préparée au ciel en Nostre Seigneur Jésus. Vueilles aussi avoir pitié de ta pauvre et désolée Eglise, l'enrichissant de tes grâces et de bénédictions et la faisant heureusement triompher de toutes ses difficultés. Envoie-luy de bons et fidèles pasteurs, fortifie ceux qui sont en ce sainct ministère par la bouche desquels la voix de la vérité retentisse aux oreilles et cœurs de tes enfants, afin que l'honneur et l'hommage qui t'est deu te soit rendu. Conduy par ton esprit tous roys et princes de la terre, et nommément le roy nostre sire : fay nous la grâce qu'après tant de confusions, dont ce pauvre royaume a esté enveloppé, nous puissions jouir d'une bonne et saincte paix. Console tous pauvres affligés et donne à leur affliction l'issue que tu congnoistras estre nécessaire pour leur salut. Apren-nous à bien vivre, pour bien et heureusement mourir. Au nom de ton Fils Nostre Seigneur J.-C. Nostre Père, etc. »

[2]. Texte de la prière initiale : « *Illustra mentes nostras, pater optime, corda nostra reple serio timore nominis tui : universam nostram vitam ad tuum obsequium compone : quo ex his nostris studiis optatos fructus reportemus, ad gloriam nominis tui, salutem nostram, et ecclesiæ ædificationem. Amen.* »

Texte de la prière finale : « *Agimus tibi gratias, pater optime, quod pro singulari tua bonitate, virtutis eruditionisque viam nobis commostraris. Obsigna in nobis hanc tuam gratiam, quo simus vasa misericor-*

de se trouver régulièrement aux prières communes que les régents disent chacun à leur tour pendant une semaine ; celui qui est de semaine doit arriver de bonne heure et empêcher qu'on ne fasse du bruit en entrant ; d'ailleurs tous les régents doivent assister aux prières. Le principal réprimandera sévèrement les régents trouvés en faute sur ce chapitre, et le recteur fera de même vis-à-vis du principal s'il est négligent : « car cette réunion solennelle des enfants est un grand point de la discipline scolaire. » Le principal inspectera avec le plus grand soin la conduite des maîtres et des élèves ; et, lorsque le recteur aura quelque avertissement à donner aux uns et aux autres, il le fera paternellement. Les jours de questions sont fixés aux lundis et jeudis matins ; le mercredi, il y aura sermon ; le mercredi soir, de midi à deux heures, sera consacré en partie aux leçons, en partie aux disputes. Le samedi matin, récapitulation générale des travaux de la semaine ; les exercices du soir seront partagés entre les leçons et les déclamations. On recommande aux élèves de tous les degrés de faire un fréquent usage de la déclamation, en tant qu'exercice préparatoire aux discours et aux joutes oratoires des grandes assemblées publiques : *ut articulate, intelligenter, luculenter, pensum memoriæ discipuli referant, præceptores curanto.* Le samedi, après la clôture des classes, le recteur ou le principal adresse l'exhortation et les censures d'usage dans la salle commune. Le dimanche est exclusivement consacré au Seigneur ; les heures non employées aux exercices du culte ne seront pas dissipées dans l'oisiveté ou la frivolité, mais remplies par des récréations honnêtes ou des promenades. Tout le collège assistera aux services religieux ; les absents ou ceux qui se conduiront mal seront notés et châtiés à proportion de leur faute. Enfin le principal veillera à ce que les heures de récréation soient fidèlement observées et convenablement employées, afin qu'elles ne servent pas à surexciter les esprits, mais à les reposer. Les maîtres conduiront eux-mêmes leurs

diæ tuæ, et bene beateque vivendi viam ingrediamur per J. C., filium tuum Dominum. Amen. »

élèves aux lieux de récréation, autant que faire se pourra, et prendront part aux jeux ; on s'efforce ainsi de reprendre une pratique recommandée par l'académie platonicienne[1].

A *Montauban*, les statuts de 1600 fixent ainsi que suit l'ordre des classes. Tous les régents liront[2] cinq heures par jour en été, à partir de Pâques ; la leçon du matin dure de sept à neuf heures ; l'après-dînée, de midi à une heure, et le soir, de trois à cinq. En hiver, la leçon du matin est reculée d'une heure et dure de huit à dix heures. Le mercredi, il n'y a qu'une heure de leçon, de midi à une heure. Le samedi matin, on repasse les travaux de la semaine ; à midi a lieu la dispute entre les classes ; la classe du soir est supprimée. En ce qui regarde les exercices sacrés, il est dit que tous les écoliers « faisant la profession de la religion réformée se trouveront au temple le mercredi matin et le dimanche, pour ouyr la Parole de Dieu, assis es places qui leur sont assignées et escoutant attentivement, chanteront et prieront avec révérence... Les régents se trouveront au temple de bonne heure, afin que chascun prenne garde sur ses escoliers, et se mettront en leur banc. » Chaque dimanche, au catéchisme, tous les élèves répondront, par rang. Dans tous les auditoires, les leçons commenceront par la prière et finiront par les actions de grâces ; mais ici le dizenier seul était chargé de les prononcer. Le vendredi, avant la cène, à l'heure de la classe du soir, un des ministres ou professeurs en théologie fera une courte exhortation préparatoire, en la salle commune, comme à Genève. L'école sera en vacances la veille et le lendemain de la cène. Les écoliers doivent se trouver en classe de bonne heure, avant ou pendant le dernier coup de cloche, et attendre leurs régents en silence ; à l'issue de la leçon, ils doivent sortir « sans crieries et bruit après le signal donné ».

1. Il est inutile de faire remarquer que les Jésuites ont suivi le même précepte. Nous avons vu à Oxford quelque chose d'analogue, c'est-à-dire des professeurs servant volontiers de pilotes dans les bateaux équipés par les élèves de leur collège.
2. C'était l'expression usitée : lire, leçon, lecture. Cf. le mot anglais *lecture*.

Le second règlement met les classes du soir de deux à quatre heures, en hiver. Le samedi matin, au lieu de la récapitulation, il est dit que les écoliers feront chacun à leur tour, et par série de deux ou trois, « une espèce de leçon de leur composition, sur tel sujet que leurs maîtres leur auront donné d'avance, afin qu'ils puissent le méditer et le préparer à leur aise. » En ce qui concerne les exercices sacrés, l'article XX est très explicite : « Tous les écoliers appartenant à l'académie, et tous les étudiants qui la fréquentent, rempliront exactement leurs devoirs religieux ; conséquemment, tous les actes académiques commenceront et finiront par une prière que les professeurs publics offriront eux-mêmes à Dieu au début et à la terminaison de leur leçon. Mais le régent de philosophie et de grammaire fera agenouiller un de ses écoliers pour dire la prière, qui sera prononcée avec un recueillement exemplaire. » Tous sont obligés d'assister aux sermons du mercredi et du dimanche, où leurs places dans le temple sont réservées [1]. Pour ce qui est de l'exhortation faite dans la salle commune à la veille des communions, il est dit que ce service aura lieu le vendredi avant le premier dimanche de la cène [2] ; chaque ministre ou professeur de théologie la fera à son tour, expliquant l'institution et l'usage de la cène et s'adressant particulièrement à ceux qui sont capables de s'examiner eux-mêmes, « pour qu'ils soient religieux et craignent Dieu, pour qu'ils soient obéissants à leurs supérieurs et vivent en paix avec tous les hommes. » Cette question de la cène préoccupe beaucoup le législateur de 1612. Avant les fêtes de Noël et de Pâques, toute l'après-midi du jeudi et du vendredi sera consacrée à catéchiser les écoliers classiques, afin que l'on puisse reconnaître ceux qui sont propres à recevoir la cène. Des vacances auront lieu le samedi avant la célébration de la première cène et le lundi suivant.

1. Mêmes décisions sont prises à Puylaurens, où le sermon du mercredi est transféré au jeudi. Les écoliers doivent se placer de bonne heure dans leurs bancs, ainsi que les régents. (Cf. Pujol, op. cit., 128.)
2. Dans les églises populeuses, la communion était donnée deux dimanches de suite.

Le règlement de *Puylaurens* réduit à quatre par jour les heures des classes, dont deux le matin et deux le soir. Le jeudi matin, jour de prêche, est excepté. Il est dit que les régents, ainsi que les professeurs de philosophie, tiendront un sablier, pour remplir exactement leur temps. L'après-midi du samedi est consacrée par les écoliers à réciter les leçons apprises pendant la semaine. Les régents « leur enseigneront à faire le geste et fléchir la voix, autant que faire se pourra, pour les accoutumer ainsi peu à peu à parler en public. » Il y aura composition latine une fois par semaine. Les disputes du samedi soir porteront tant sur les diverses phrases et façons de parler des Latins et des Grecs, que sur les termes mythologiques, histoire, et autres choses pour l'intelligence des auteurs. Enfin « les premier et second regens feront réciter une fois la semaine à leurs écoliers, dans chacune de leurs classes, une section du Catéchisme en latin ou en grec, selon la portée des écoliers ; et le dernier regent fera apprendre aux écoliers le catéchisme de M. Drelincourt [1]. » Une mesure analogue avait été déjà prise à Sedan.

A *Die*, les classes du matin durent de sept heures à neuf heures en été, de huit à dix en hiver; l'après-dîner, de midi à une heure ; de une heure à deux, les écoliers ne peuvent sortir du collège, mais font ce qui leur est prescrit. La classe reprend de deux à quatre heures. Le système des dizaines est en vigueur à Die ; mais ici le dizenier ajoute à ses attributions celle de faire réciter ceux de sa dizaine avant l'arrivée du régent ; aussi doivent-ils entrer en classe une demi-heure avant le régent ; la clochette du collège les avertit à cet effet. Une fois arrivé le régent leur demande compte de la diligence des élèves et fait réciter à son gré ceux qu'il veut. Durant les récréations et vacances, les enfants peuvent passer leur temps hors du collège, « à des jeux qui ne soient ny scandaleux ny dommageables ».

L'académie de Die ne pouvait manquer de développer longuement les articles relatifs à l'instruction religieuse. Certains

---

1. Cf. Pujol., op. cit., 126, 107.

jours sont choisis chaque semaine pour le catéchisme public [1]. Tous les régents catéchisent leurs élèves et surtout leur font apprendre la Confession de foi ; ils leur dictent des thèmes « sur des sujets propres à allumer dans leurs tendres âmes le désir de piété et vertu. Les harangues qu'on fera auront aussi pour leur matière la louange de la piété et des vertus morales et excitation a ycelles et le mespris et lutte contre les vices ; que si es dites harangues quelque subjet prophane est traité et que divers escoliers haranguent d'une mesme matière en après-dîner, que du moins celui qui harangue le dernier ait pour son subjet la louange de la piété et vertu, et de son excellence et dignité au prix des vices et de l'ignorance du vray Dieu et de sa volonté, et qu'ainsi se fasse la closture de cest exercice. » Des formulaires de prières spéciaux pour l'ouverture et la sortie des classes sont mis entre les mains des élèves des basses classes. Mais « les plus judicieux des hautes classes feront la prière et action de grâces selon que l'esprit de Dieu leur suggérera, sans se lier à aucune formule prescripte aux autres. » Pendant les services religieux, les régents, assis à côté des écoliers, auront l'œil sur eux. Enfin tous les soirs, au sortir du collège, tous s'assembleront en la salle commune pour prier ensemble, sauf le cas où il y aurait réunion publique de prières dans l'église ; alors les régents les mèneront au temple en bon ordre, comme ils font les jours de prêche, savoir le jeudi et le dimanche. Le jeudi, à midi, les enfants sont catéchisés au collège pendant une heure. La dispute et autres exercices prennent l'après-dîner du samedi.

L'article XXVI porte que les écoliers de religion contraire ne seront pas contraints à assister aux catéchismes ni à tous autres exercices particuliers au culte réformé [2]. Quant aux

[1]. Le synode de Charenton (1623) ordonne que tous les régents des basses classes lisent tous les samedis, à leurs écoliers, une section du plus grand catéchisme, en français, en latin ou en grec, selon leur capacité ; on la faisait apprendre par cœur et on l'expliquait familièrement. (Cf. Aymon, II, 249.)

[2]. La liberté de conscience des écoliers catholiques n'était pas moins rigoureusement respectée à Nîmes. (Cf. Nicolas, *Hist. litt. de Nimes*, t. I.)

enfants qui étudient en chambre [1], leurs précepteurs doivent les conduire au collège, chaque fois qu'il y a lieu, afin de les mener au temple avec les autres écoliers ; là, les précepteurs veillent sur eux, comme les régents sur leurs élèves.

A *Sedan*, la durée des classes était fixée à deux heures et demie, sans qu'on pût y rien retrancher, sauf pour des causes urgentes. Le catéchisme était expliqué tous les samedis à une heure de l'après-midi, dans toutes les classes. Le règlement ne détermine pas les heures des disputes. Comme à Nîmes, le samedi matin est consacré à la récapitulation des travaux de la semaine. Dès que le régent est entré en classe, on fait la prière, en français dans les classes de sixième et de cinquième, en latin dans les autres ; ensuite on lit un chapitre de l'Ecriture sainte, en français dans les classes de sixième et de cinquième, en latin dans la quatrième, la troisième et la deuxième, et en grec dans la première. Outre que cette lecture est particulière à l'académie de Sedan, on appréciera la sagesse avec laquelle le législateur distribue les langues suivant le degré d'intruction des élèves. Mais, comme les régents demeuraient au collège et avaient des pensionnaires et comme les divers règlements traitent surtout de la discipline, un certain nombre de détails que nous pourrions donner ici trouveront mieux leur place dans le chapitre de la discipline.

A *Saumur*, il y avait cinq heures de classe par jour, dont deux le matin et trois l'après-midi. En 1618, les régents se plaignirent de l'incommodité de cette division pendant la chaleur ; on décida alors que les classes dureraient deux heures et demie le matin et autant le soir, soit de dix à huit et demie d'une part, de une à trois et demie de l'autre [2].

1. C'est-à-dire les élèves placés sous la direction de pédagogues. C'est le seul article relatif aux pédagogues ou à leurs élèves que nous trouvions dans les statuts des académies autres que celle de Nîmes.
2. Cf. Reg. I, 38. Chaque fois qu'un professeur ou régent demandait des modifications au règlement en ce qui le concernait personnellement, il débattait ses conditions avec le conseil, qui souvent lui accordait sa requête. Ainsi, en 1618, Gedde, régent de première, est autorisé à ne conduire les écoliers au temple qu'une fois par semaine et à n'enseigner que quatre heures par jour. (Reg. I, 39.)

En 1620, on rétablit l'ancien usage des censures fraternelles avant la cène. Chacun se présentait à son tour pour savoir ce qui avait été dit contre lui par les professeurs, le principal ou les régents; suivaient des exhortations, des remontrances ou des louanges [1].

§ II. — Les programmes classiques.

Pénétrons maintenant l'enseignement proprement dit, en le parcourant successivement à tous ses degrés, depuis le premier échelon, qui correspond à notre école primaire, jusqu'au plus élevé, qui correspond à la rhétorique.

Nous savons que le collège de *Genève* se divisait en sept classes. Dans la septième, on enseignait la lecture en français et la prononciation latine, en suivant la catéchisme latin-français de Calvin; les élèves d'un âge un peu plus avancé apprenaient aussi l'écriture.

En sixième, le programme prescrivait les premiers rudiments des déclinaisons et conjugaisons pour le premier semestre; dans le second, on étudiait les parties du discours avec leurs accessoires, d'une manière encore « rude et familière », « comparant toujours le français avec le latin, et conjuguant les exercitations puériles de la langue latine. » On forme plus spécialement l'écriture de l'enfant et on l'accoutume déjà à parler latin.

En cinquième, la classe dirigée par Mathurin Cordier, on approfondit davantage les lois de la grammaire, et on aborde les plus simples rudiments de la syntaxe, en suivant les *Bucoliques* de Virgile. On commence les exercices de composition et de style [2].

---

1. Cf. Reg. 1, p. 44.
2. On y expliquait les *Colloques* de Cordier, en 1573, ainsi que nous l'apprend le journal du ministre Merlin, publié par M. Cronet, et reproduit par M. Gaberel dans son *Histoire de l'Eglise de Genève*. Merlin entra en cinquième en 1573 et sortit du collège en 1582. Il nous apprend que la grammaire latine en usage était celle de Bèze et la

En quatrième, on étudie à fond la syntaxe, les lettres de Cicéron les plus courtes et les plus simples, et on propose certains thèmes faciles tirés de ces lettres : le *thème*, à cette époque, consistait toujours en une traduction française d'un texte latin qu'il s'agissait de restituer autant que possible; il serait superflu de faire ressortir le double avantage de cet exercice, au point de vue de l'érudition et de la connaissance de la langue, sur le thème tel qu'on le conçoit de nos jours. En quatrième, on apprend également les éléments de la prosodie, en suivant les élégies d'Ovide *De Tristibus* et *De Ponto*. Enfin on apprend à lire, à décliner et à conjuguer en grec d'après la méthode la plus simple que l'on puisse employer.

En troisième, on approfondit l'étude de la grammaire grecque, « tellement que les enfants observent soigneusement les règles des deux langues et exercent leur stile par tour. » Les principaux auteurs dont on recommande la lecture sont : Cicéron. les *Lettres*, le *De Amicitia* et le *De Senectute*, en grec et en latin; Virgile, l'Enéide; César, les Commentaires; Isocrate, les Discours parénétiques.

En seconde apparaît l'étude de l'histoire; Tite-Live est choisi parmi les Latins; Xénophon, Polybe ou Hérodien, parmi les Grecs. Quant aux poètes, on lira Homère, « de jour à autre ». On aborde les éléments de la dialectique, savoir la nature des propositions et les figures des arguments, mais il est interdit de pousser plus loin; les modèles en ce genre seront les Paradoxes ou les Discours les plus concis de Cicéron, qu'on expliquera avec un soin extrême, « sans s'amuser nullement à l'artifice de rhétorique [1]. » Tous les samedis de trois à quatre heures, on lira l'Evangile de saint Luc en grec.

Enfin en première, ou rhétorique, on ajoutera aux éléments de la dialectique l'exposé scientifique des prédicaments, des catégories, des topiques et des élenchs; mais on choisira à

---

grecque celle de Clénard. Dans toutes les classes, on faisait alors des thèmes. (Cf. Gaufrès, *Bull.*, XXII, 278.)

1. Au temps de Merlin (1573-82), on avait ajouté au programme des vers latins et des chries.

cet effet quelque « abbrege bien trousse ». On commencera l'étude de la rhétorique, insistant de préférence sur les parties qui traitent de l'ornement du discours. On emploiera, pour l'application et la démonstration des préceptes, ceux des discours de Cicéron où il y a le plus d'art, les *Olynthiennes* et les *Philippiques* de Démosthènes; on puisera également dans Homère et Virgile : « et que cela se face en tirant à part les propositions nues, et puis expliquant l'ornement qui y est, comparant le tout avec les préceptes ». Les déclamations bi-mensuelles du mercredi soir seront pour les rhétoriciens un puissant exercice de style. Le samedi, de trois à quatre heures, on leur lit quelque épître des apôtres [1].

Dans toutes les classes, sauf la deuxième et la première, cette même heure du samedi est consacrée à la préparation du catéchisme, qui doit être récité le lendemain, et que l'on explique selon l'âge ou le degré d'instruction des élèves.

Ce programme, moins vaste, moins ambitieux que celui de Sturm, est cependant plus pratique [2]. Dès la huitième, Sturm enseignait les conjugaisons; dès la septième, il abordait la syntaxe et faisait analyser les orateurs et les poètes: enfin, dès la sixième, l'élève scandait des vers. En cinquième, il effleurait l'étude de la dialectique et de la rhétorique; en quatrième, il déclamait ; en seconde, il étudiait Platon, Aristote, Euclide et la jurisprudence [3]. Ce surcroît de connaissances imposé à l'esprit de l'adolescent risquait de l'accabler, ou du moins l'initiait trop tôt à certaines études pour lesquelles il n'était vraisemblablement pas mûr. Le programme de Genève, en affranchissant délibérément les deux enseignements secondaire et supérieur, leur rend à chacun un service signalé et ramène l'instruction à des principes plus sains : il distribue les matières de l'enseignement avec plus de sagesse, en les mettant davantage à la portée de l'élève et en les mesurant avec beaucoup

---

1. Au temps de Merlin (1573-82); on faisait aussi, en première, des vers grecs et des oraisons qu'il appelle *sortatinentes* (?).
2. Le programme du collège de Rive (1538) ajoutait l'arithmétique dans les classes élémentaires; il n'en est pas fait mention dans celui-ci.
3. Voy. p. 46.

d'à-propos aux capacités de son âge. On ne peut que se féliciter d'un tel progrès réalisé sur un plan qui lui-même en était un, et déclarer heureuses les académies d'avoir pu se l'assimiler.

Voyons d'abord les modifications apportées à ce programme par l'académie de *Nîmes*.

Le règlement de Jean de Serres est très minutieux : il va jusqu'à indiquer la manière dont on doit apprendre à lire aux enfants, les subdivisions qu'on doit introduire parmi les élèves dans ce but, le ton de la récitation, etc. Nous ne le suivrons pas dans tous ces détails. Disons seulement que la sixième était divisée en deux bancs, *subsellia ;* le premier apprenait à lire les lettres et épeler les mots ; le second, à lire purement en français. On était promu de l'un à l'autre après examen passé devant le recteur ou le principal, qui étaient juges. Ces promotions devaient être fréquemment usitées : « car il n'est pas avantageux que les enfants restent trop longtemps dans les basses classes. » Que le recteur ou le principal ait bien soin de placer dans cette classe un homme sage et patient, dont la prononciation soit pure et nette, *luculenta ;* qu'il soit Français, c'est-à-dire du nord autant que possible, afin qu'il puisse corriger plus facilement le vice de la prononciation méridionale, car il est extrêmement important de faire ce redressement lorsque l'enfant est encore dans un âge tendre. On apprendra l'Oraison dominicale, le Symbole des apôtres, le Décalogue, les prières du matin et du soir, les actions de grâces prononcées avant et après le repas, et les éléments de la religion : ce sera l'exercice de récitation.

Quand l'élève sait lire en français, il passe en cinquième. Là, il apprend la lecture en latin, les éléments des déclinaisons et des conjugaisons, l'écriture. Cette classe est aussi divisée en deux *subsellia*. Dans le premier, on apprend la lecture en latin ; dans le second, les rudiments de la grammaire. Les exercices quotidiens de mémoire portent sur les éléments de la religion, des listes de noms, avec leurs déclinaisons, enfin des sentences choisies parmi de bons auteurs; on lit, « en articulant bien », les *Colloques* de M. Cordier. Dans cette classe comme en la précédente, celui qui aura récité avec le plus de fidélité et de talent sera premier ; on lui décernera un éloge et une petite récompense, *præmiolum*, au bout du mois.

En quatrième, on apprendra les règles des noms, des verbes et la syntaxe latine; on fera des exercices fréquents sur ces matières. On doit apprendre la deuxième et la troisième partie de la grammaire : expliquer les *Colloques* de Cordier et des *Lettres* choisies de Cicéron. On dictera, tous les jours autant que possible, des thèmes courts, qui seront le corollaire des leçons; dans la correction, on s'attachera surtout à relever les fautes de grammaire. On exercera beaucoup la mémoire, et l'on apprendra à lire avec clarté et distinction, suivant l'ordre des décuries. La méthode du maître sera la suivante : il expliquera d'abord le texte en français; puis il appliquera dans le texte les règles grammaticales ; ensuite il fera l'analyse logique de la phrase au point de vue de la syntaxe ; enfin il fera apprendre aux élèves les mots et les tournures les plus usuels. Le maître visitera les cahiers d'extraits des élèves et les exhortera à écrire correctement et avec élégance. Dans leurs cahiers d'extraits, les enfants mettront les pensées, les expressions et les observations recueillies à propos des thèmes : car il importe de favoriser de bonne heure le progrès rationnel des élèves. Que chacun sache bien ce qu'il aura à faire au sortir de l'école et à domicile, et que sa tâche de chaque jour soit exactement définie, car c'est là la seule sauvegarde de l'application et la plus sûre garantie contre la paresse. Le travail de la semaine pour la quatrième est donc ainsi réglé : Lundi matin, première heure, répétition de grammaire; deuxième heure, lecture des *Lettres* de Cicéron et thème. Soir, première heure, répétition de la leçon du matin et correction du thème ; deuxième heure, leçon de grammaire. — Le mardi matin, première heure, répétition de la dernière leçon de grammaire; deuxième heure, leçon nouvelle. Soir, première heure, répétition de la leçon du matin; deuxième heure, leçon sur les *Colloques* de Cordier et thème français (version). — Le mercredi matin, culte ; le soir, dispute. — Le jeudi matin, première heure, — répétition de la leçon sur le Cordier ; deuxième heure, leçon de grammaire. Soir, première heure, répétition ;

deuxième heure, comme le mardi. — Le vendredi matin, première heure, répétition de Cordier; deuxième heure, leçon sur les *Lettres* de Cicéron et thème français. Soir, première heure, répétition; deuxième heure, leçon de grammaire. — Le samedi matin, répétition générale; soir, exercice de catéchisme, petites disputes sur les leçons de la semaine et dictée d'un thème français.

En troisième, on apprendra à parler et à écrire correctement, *congrue*, et dans les règles, *emendate*. Comme l'étude du grec est indispensable, surtout dans un siècle d'érudition [1], on l'enseignera de bonne-heure et soigneusement ; négliger cette langue, ce serait se nourrir de glands alors que le blé existe. On apprendra en troisième la lecture du grec, d'après l'ancienne prononciation [2], laissant aux savants la nouvelle manière. On expliquera Térence [3] et les *Lettres familières* de Cicéron. On étudiera la syntaxe, et on attachera la plus grande importance aux traductions du latin, ainsi qu'aux conversations de tous les jours. La semaine sera distribuée ainsi que suit : Lundi matin, première heure, répétition de Térence; deuxième heure, leçon sur les *Lettres* de Cicéron avec thème tiré de la précédente lecture. Soir, première heure, répétition de la leçon du matin; deuxième heure, nouvelle leçon sur Cicéron. Mardi matin, première heure, répétition, thème libre [4]; deuxième heure, leçon de grammaire. Soir, première heure, répétition; deuxième heure, leçon de grammaire, correction du thème. — Mercredi matin, exercices religieux. Soir, concours de thème, et, une fois par mois, dispute sur les leçons précédentes. — Jeudi matin, première heure, répétition de grammaire; deuxième heure, leçon de grammaire et thème d'application [5]. Soir, première heure, répétition, correction du thème; deuxième heure, leçon de

---

1. « C'est une espèce de honte pour des gens bien élevés d'ignorer la plus belle de toutes les langues, qui est comme la ménagère et l'interprète des arts et des sciences. »
2. « *Ne nostræ academiæ alumni in cæteris sint peregrini, et inutilis novitatis affectatione male audiant.* »
3. « *Ut puri integrique sermonis castitatem discat puer.* »
4. On appelait ainsi quelquefois l'amplification.
5. On appelait ainsi le thème choisi spécialement dans le but d'appliquer une règle.

grammaire grecque. — Vendredi matin, première heure, répétition de grammaire grecque; deuxième heure, Térence. Soir, première heure, répétition : deuxième heure, nouvelle leçon de Térence, avec thème d'imitation [1]. — Samedi matin, répétition générale. Soir, disputes sur les leçons de la semaine et thème libre. — Dans l'explication de Térence et des autres poètes, il est recommandé aux régents de laisser de côté les passages obscènes et les descriptions licencieuses, *tanquam periculosos scopulos;* toutefois (et ce correctif n'est pas moins éloquent que singulier), dans les cas où ils en agiraient autrement, on les exhorte à conjurer tout péril [2] par des commentaires honnêtes, à montrer le profit qu'on peut retirer de telles comédies, et à inspirer l'horreur du vice.

En deuxième, l'élève doit se perfectionner dans le style latin et la connaissance du grec. Les ouvrages désignés sont le *De Officiis*, *De Amicitia*, les *Commentaires* de César, les *Bucoliques*, les *Tristes* d'Ovide, les fables d'Ésope, la *Metaphrasis græca psalmorum* de Jean de Serres, l'auteur du document, avec les prières gréco-latines du même; enfin la grammaire grecque de Clénard. On recommande ici un grand usage de la prose et de la poésie, surtout de la première ; car l'usage immodéré de la seconde peut nuire aux qualités du discours, qui se résument dans une clarté à la fois simple et élégante, et qui répugne aux intempérances du style dithyrambique. Sont également interdits, comme inopportuns et prématurés, les enseignements de la dialectique et de la rhétorique.

La semaine est ainsi divisée : Lundi matin, 1re heure, répétition de poésie; 2e heure, Cicéron et thème d'imitation. Soir, 1re heure, répétition et correction du thème; 2e heure, nouvelle leçon sur Cicéron. — Mardi matin, 1re heure, répétition; 2e heure, leçon de grec, avec thème latin (du grec en latin). Soir, 1re heure, répétition; 2e heure, autre leçon de grec, thème libre. — Mercredi, comme en troisième. — Jeudi matin,

---

[1]. C'était le thème ordinaire, tel qu'on le pratiquait à l'époque.
[2]. L'expression du texte est plus piquante.... *eorum turpitudinem leniant*; c'est notre mot *gazer*.

1re heure, répétition de grec; 2e heure, *Commentaires* de César. Soir, 1re heure, répétition; 2e heure, autre leçon sur les *Commentaires* de César, thème d'imitation. — Vendredi matin, 1re heure, répétition; 2e heure, grammaire grecque, thème tiré de César. Soir, 1re heure, répétition; 2e heure, poésie, vers latins. — Samedi, comme en troisième.

En première, on étudie les préceptes de la dialectique et de la rhétorique. Les livres indiqués sont les chefs-d'œuvre de Cicéron, Platon, Isocrate, Démosthène et Plutarque, pour l'éloquence; Virgile, Horace, Hésiode et Homère, pour la poésie. Pour la logique et la rhétorique, on suivra uniquement Platon et Aristote. On multipliera les exercices de style et de mémoire ; tous les mois, il y aura disputes et déclamation. Le jeu des pièces de théâtre est sévèrement proscrit dans cette académie [1], malgré l'autorisation formelle donnée à ces sortes de représentations par le synode de 1572, tenu à Nîmes même.

La semaine est ainsi divisée : Lundi matin, 1re heure, répétition de poésie; 2e heure, leçon de rhétorique. Soir, 1re heure, répétition; 2e heure, leçon de dialectique. — Mardi matin, 1re heure, répétition; 2e heure, leçon de rhétorique, thème libre. — Mercredi matin, exercices sacrés. Soir, 1re heure, exercices de dialectique et de rhétorique sur une matière tirée de Cicéron ou de Démosthènes au gré du régent; chacun des élèves y prendra part à son tour; 2e heure, correction du thème. Tous les mois, concours de thème, *victoriæ thema*. — Jeudi matin, 1re heure, répétition de dialectique; 2e heure, leçon d'éloquence et thème d'imitation. Soir, 1re heure, répétition; 2e heure, autre leçon d'éloquence et thème. Vendredi matin, 1re heure, répétition, correction du thème; 2e heure, leçon de grec. Soir, 1re heure, répétition ; 2e heure, poésie, vers latins. — Samedi matin, répétition générale. Soir, disputes et déclamation.

Ce chapitre se termine par des considérations morales exposées avec une rare énergie ; le point de vue de l'éducation

---

1. « *Fabularum actionem mimis et circulatoribus relinquimus, a nostra academia exterminamus, ut nobilibus ingeniis indignam.* »

éthique est mis puissamment en relief, et il est dit que le souci des bonnes mœurs doit primer de beaucoup celui de l'érudition [1]. La classe de rhétorique est particulièrement exhortée à surveiller sa conduite aussi bien que ses discours, car elle est en exemple aux autres, et de sa bonne tenue en général dépend le plus souvent celle des classes inférieures.

Nous avons tenu à pénétrer aussi profondément que possible cette organisation du collège de Nîmes, parce qu'elle garde une certaine originalité, tout en conservant nombre de points de contact avec les autres académies. En outre, si ce programme décrit par le menu la division des semaines classiques, ce que l'on chercherait vainement ailleurs, il renferme sous la forme oratoire que lui a donnée son auteur des commentaires moraux qui soulignent pour ainsi dire chaque ordonnance; il nous livre autre chose qu'une sèche et brutale nomenclature des heures de travail et des devoirs scolaires; il reflète l'esprit même de la pédagogie protestante. A ce titre, nous le regardons comme très instructif et très précieux.

Si l'on résume les traits généraux de ce document, on voit quelle importance est attachée aux répétitions, afin de bien fixer les leçons dans les esprits des écoliers; l'explication des auteurs forme la base de l'enseignement; relevons aussi l'institution des *subsellia* et des cahiers d'extraits. Comme traits distinctifs, on remarquera l'enseignement des prières et des principaux articles de la liturgie protestante, dès la sixième;

---

[1]. « *Ex hac nostra Academia, quæ in primo isto ordine* (1re classe) *incipit illustrius apparere, affectatum illud coturnatumque loquendi genus, quo solent scioli et sophistæ nativam rerum verborumque simplicitatem deturpare longissime facessat.... Ut turpe est impure et vitiose loqui, ita turpius est impure et vitiose vivere. Potior namque virtutis quam eruditionis cura esse debet, ob eamque rem magno studio ita debent elaborare præceptores, sui ut discipuli bene et congrue loquantur, ut majori cum cura et assiduitate invigilent in discipulorum mores, quo bene et oneste vivant, illumque maximum præstantissimumque fructum ex academia reportent adolescentes, patriæ, parentibus, et sibi, pietatem et modestiam.... Qui in academia cum laude puer sive adolescens versatus fuerit, in reipublicæ luce non ultimam laudem suo tempore consequetur.* » Ce sont là de belles maximes, dignes d'un patriote éclairé et d'un ami de l'humanité.

Chamier reprendra cette loi pour la septième de Montauban. La lecture du latin et l'écriture ne commencent qu'en cinquième, alors que les élèves de Die sauront déjà écrire en grec au sortir de la sixième. Les *Colloques* de Cordier sont indiqués pour la quatrième et la cinquième; mais on laisse de côté Erasme et Vivès. Ce n'est qu'en troisième qu'on aborde l'étude du grec; mais alors on la poursuit sérieusement. Térence, qui se lit ailleurs en quatrième, n'apparaît qu'en troisième à Nîmes. Un fait analogue se produit à l'égard de la plupart des auteurs dans toutes les classes de ce collège. En 1re, ce n'est qu'à Nîmes que nous voyons la dialectique et la rhétorique étudiées au même titre, apparemment sans aucun appareil scolastique; là seulement, nous voyons Platon mis au rang des auteurs désignés pour cette classe. Enfin nous ferons observer dès à présent que le régent de 1re, qui porte le nom de professeur d'éloquence, le portera également à Die et à Saumur.

A *Sedan*, le règlement de 1615 n'admet en 6e que des sujets capables de lire couramment en français, dans les manuscrits comme dans les imprimés, et d'écrire bien de toute manière [1]. La séparation entre l'enseignement secondaire et le primaire est donc nettement marquée dans cette école, et c'est là un des traits les plus remarquables de son originalité. A Sedan, les limites des trois enseignements sont toujours observées; les statuts de 1615 en sont eux-mêmes la preuve éclatante. Le principal soin du maître, en 6e, sera donc de former l'organe encore tendre et *balbus* des enfants à une prononciation latine correcte et distincte. On apprendra par cœur les noms et les verbes, outre l'*Epitome nomenclatoris Hadr. Junii;* enfin on étudiera dans Despautère les lois de la formation des prétérits et des supins, ainsi que celles des genres. En 5e, on étudie le reste de la grammaire de Despautère et la plus grande partie de sa syntaxe, de façon à les bien posséder. Pour l'usage, on se sert des *Collloques* de Cordier et des *Distiques* de Caton.

En 4e, on étudie la fin de la syntaxe et les verbes grecs,

---

1. En 1613 il y avait à Sedan cinq maîtres d'école, établis par le conseil des modérateurs.

avec beaucoup d'exercice. On y ajoute les *Dialogues* de Vivès, Térence, etc.

En 3ᵉ, comme la grammaire est la « souche de l'érudition », et comme les leçons se gravent mieux dans les esprits après un certain temps d'interruption, on reprend la grammaire latine, et l'on répète les étymologies et la syntaxe. On aborde la prosodie. Pour l'usage, on se sert de Cicéron et d'Ovide; dans cette classe, comme dans toutes les autres, on signalera les expressions les plus distinguées de ces auteurs; il faut que l'élève sache écrire convenablement en latin avant de passer en 2ᵉ. L'application de la grammaire grecque sera faite dans Esope.

En 2ᵉ, on finira l'étymologie grecque. Pour l'usage, on exposera le Nouveau Testament grec, le catéchisme grec, les *Dialogues* de Lucien. Les auteurs latins sont Ovide, *De Ponto*, *De Tristibus*, Virgile, etc. On aborde la rhétorique. Nul ne pourra passer en 1ʳᵉ sans posséder à fond l'étymologie grecque et sans écrire le grec purement et correctement.

En 1ʳᵉ, on étudie la syntaxe grecque. Les auteurs grecs sont Isocrate, Démosthènes, Xénophon, Lucien, Plutarque, Théognis, Hésiode, Homère et Phocylide. Les auteurs latins sont Cicéron, Horace, Virgile, Salluste, Lucain, des épigrammes choisis de Martial, etc. L'élève apprendra tous les artifices de l'éloquence et toutes les parties de la rhétorique. Par l'usage des déclamations il exercera sa mémoire et ses talents oratoires. On enseignera les rudiments de la dialectique, d'après l'*Organon*, afin de préparer les élèves aux leçons de l'académie.

Quant aux exercices de style, ils sont recommandés dans toutes les classes. En 5ᵉ, 4ᵉ et 3ᵉ, trois fois par semaine au moins, il y aura thème d'imitation, consistant soit en un morceau détaché, soit en phrases isolées à reconstruire.

En 2ᵉ, deux fois par semaine, il y aura des exercices littéraires; on fera aussi des exercices de prosodie.

En 1ʳᵉ, on composera en vers et en prose; on traduira en latin des thèmes français et grecs, et en grec des thèmes latins; on fera des paraphrases sur les poètes au point de vue de l'éloquence et sur les orateurs au point de vue de la poésie;

on usera des amplifications. Il est spécialement recommandé à tous les régents d'exposer *toujours* les auteurs latins en français et les grecs en latin [1]; on veut aussi qu'ils ne s'attardent pas à dicter les choses qui sont le moins nécessaires : « qu'ils s'attachent à confier peu de chose aux cahiers, beaucoup à la mémoire et à l'intelligence des élèves [2]. »

Le règlement de discipline de 1634 abolit la coutume de donner aux écoliers les thèmes sans leçons, comme cela se pratiquait abusivement dans certaines classes [3]. Nous voyons aussi qu'en 1677 les modérateurs suppriment dans les collèges l'usage de Despautère et autorisent Pierre Trouillart, professeur de théologie, à donner une nouvelle méthode d'enseignement pour les basses classes. Il traduisit en français les règles latines des éléments de cette langue. Cette délibération et ce fait, qu'on serait tenté de laisser passer inaperçus, ont cependant une bien grande importance. Traduire une grammaire en français : voilà en effet le germe d'une révolution dans les annales de la pédagogie élémentaire, et nous devons enregistrer soigneusement cette initiative hardie prise par un professeur de Sedan et encouragée par le conseil de l'académie [4].

Le règlement de *Montauban* (1600) conserve pour la 7ᵉ les instructions de celui de Genève : il remplace seulement le catéchisme par les *Distiques* de Caton et les déclinaisons.

Pour la 6ᵉ, il attribue aux classes du matin, dans le premier semestre, l'étude des déclinaisons et des conjugaisons; aux classes de l'après-midi, les rudiments (de Despautère) et l'exposition « grossière » des parties du discours, ainsi que des premiers essais de composition parlée et écrite; le soir, les enfants récitent les *Distiques* de Caton. Au second semestre, le matin, on apprend les *Colloques* de Cordier.

---

1. «... ne, dum copiam in eadem lingua sectantur, proprietatem amittant. » Précaution sage, mais qui devait sembler bien hardie aux contemporains.
2 « ... pauca chartis, plurima memoriæ atque intelligentiæ discipulorum mandare atque infigere studento. »
3. Cf. Norbert, 21 (Extr.).
4. Cf. Reg. des modér., Sedan.

Le règlement de la cinquième est assez nouveau pour que nous le citions intégralement : « Le maistre... tournera du latin en françois quelques espitres selectes, c'est-à-dire les plus briefves et faciles de Ciceron ; à midy, il fera voir les genres et les déclinaisons des noms, et les prétérits des verbes; le soir, on lira les Dialogues de Vibes (Vivès) et les Colloques d'Erasme. Les enfants commenceront à prendre de petits thèmes pour composer, et on leur exposera les plus simples rudimens de la syntaxe, tels qu'ils sont en la grammaire de Melanchton et ez rudimens commungs. »

Le règlement de la quatrième est analogue à celui de Genève, sauf qu'il remplace les élégies d'Ovide par les épîtres du même et par quelques comédies de Térence ; ces explications, ainsi que les exercices de prosodie, sont réservées à la classe du soir. A midi ont lieu les exercices de grec ; le reste se fait le matin.

En troisième, le matin est consacré à l'explication des auteurs latins : le *De officiis*, *De Amicitia* et *De Senectute*, et les *Commentaires* de César. A midi, la grammaire grecque, les discours parénétiques d'Isocrate, les fables d'Esope et quelques dialogues choisis de Lucien. Le soir, les exercices prosodiques, les *Bucoliques*, le *De Tristibus* et le *De Ponto* d'Ovide, les thèmes de compositions et quelques distiques. On remarquera, de la quatrième à la première, c'est-à-dire dans les humanités, la parfaite division de la journée classique en trois parties distinctes : prose latine, grec, poésie latine. Le choix des auteurs est partout bien plus varié et plus abondant qu'à Genève.

En deuxième, la classe du matin, au premier semestre, est consacrée à l'étude des discours de Cicéron les plus faciles, de ses paradoxes ; de Salluste et de Justin comme historiens ; au second semestre, on étudie la rhétorique, ainsi que le XIe livre de la rhétorique *Ad Herennium*, et celle de Tholena. Ainsi les éléments de la dialectique sont biffés du programme à Montauban et remplacés par la rhétorique, qui était elle-même proscrite à Genève. On attribue en outre à cette classe l'étude des discours de Démosthènes, de Xénophon, de Virgile et des *Métamorphoses* d'Ovide. Enfin les élèves sont exercés « en compositions de thèmes et amplifications, tant en oraison qu'en poème. On leur baillera un sujet sur lequel ils travailleront quelquefois sur-le-champ, quelquefois à la maison. » Nous retrouvons là le système actuel des compositions au collège et des devoirs dictés à l'avance ; ce système embrasse toutes les formes de la composition écrite, le thème, la version, le discours ou la narration et les vers.

En rhétorique, les ouvrages latins qu'on lit le matin sont tous de Cicéron : le *Pro Milone*, le *Pro domo sua*, la seconde *Philippique*, les *Tusculanes*, et alternativement les *Partitions oratoires* et les *Topiques*. A midi, les auteurs grecs désignés sont: Démosthènes, Socrate, Hérodote, Polybe, Homère, Hésiode. Le soir, les poètes latins sont : Juvénal, Perse, Virgile, Horace, les *Fastes* d'Ovide, la paraphrase de Buchanan sur les psaumes. Les préceptes de la rhétorique seront soigneusement indiqués, tant chez les poètes que chez les prosateurs. La déclamation, qui sera faite une fois par mois par un élève, portera alternativement sur une pièce de vers ou un discours. Sur la fin de l'année, le régent pourra lire quelque abrégé de dialectique conforme à la méthode de l'*Organon*. Mais il n'y est pas obligé. On ne saurait trop remarquer dans ce programme le suprême dédain qu'il témoigne pour la dialectique, et la proscription absolue de tout procédé scolastique. La place faite à la rhétorique est très grande ; on peut le regretter, à la condition d'adresser cette critique à tout le siècle ; mais on doit reconnaître que l'explication des auteurs grecs et latins n'en est pas moins le fondement de cet enseignement ; ce programme est vraiment large et fécond, incontestablement supérieur à celui de Genève ; il ne sacrifie aucune partie du grand organisme littéraire ; enfin, détail important pour nous, il est plus explicite.

Le règlement de Chamier apporta-t-il de sérieux changements à celui de Béraud? Non sans doute ; mais il l'éclaire. Ainsi, nous y voyons qu'en septième la lecture en français s'apprend dans les psaumes et le Nouveau Testament ; celle en latin, dans les rudiments et les discours de Caton. Les mercredis et samedis, aux heures indiquées, on enseigne, comme dans la sixième de Nîmes, le Symbole des apôtres, l'Oraison dominicale et le Décalogue.

En sixième, il y a quelques modifications peu importantes dans la distribution des heures de travail ; le matin, grammaire ; à midi, on exerce les écoliers à lutter entre eux, et les maîtres les examinent en les interrogeant sur leurs leçons ordinaires. Les mercredis et samedis soirs, on explique et on fait apprendre le petit catéchisme. En cinquième, le premier semestre, au matin, la classe est, suivant l'usage, consacrée à la leçon de grammaire : le Despautère, les genres et les déclinaisons, les temps et supins ; l'après-midi, on en fait l'application dans les *Lettres familières* de Cicéron. Le second semestre, matin et soir, on enseigne la syntaxe, appliquée dans Vivès et dans Erasme. A midi, toute l'année, dictée d'un thème de composition facile, pour appliquer les leçons qui auront été données la veille, et que les élèves « composeront chez eux, en leur particulier. » Les mercredis et samedis, on enseignera les articles de la religion, et quelques-uns des élèves seront appelés, « en temps voulu, à répondre sur le grand catéchisme, dans le temple, devant toute la congrégation. »

En quatrième, le matin, dictée du thème, qui doit être rendu et corrigé le soir même ; puis, le soir, version de Térence ou des Epîtres d'Ovide, et dictée d'un thème qui sera rendu et corrigé le matin suivant. Les mercredis et samedis, on enseignera « très soigneusement les articles de religion, et particulièrement dans la section qui doit être expliquée dans le second sermon du dimanche suivant. »

En 3e, il est parlé de compositions de thèmes, le soir, corrigées immédiatement. Pour la pratique de la syntaxe grecque, on cite, entre autres, le Discours à Démonique, d'Isocrate, et on parle de quelques petites compositions en grec à ajouter aux exercices « en forme de supplément ». Les mercredis et samedis, mêmes exercices qu'en quatrième sur le grand catéchisme.

En 2ᵉ, Justin est remplacé par Suétone ; les *Métamorphoses* d'Ovide, par la *Pharsale* de Lucain et la *Thébaïde* de Stace. Pour le grec, on ajoute aux auteurs désignés « Plutarque et d'autres semblables » ; on fera des thèmes grecs. Le mercredi, à midi, amplifications. Le samedi, à midi, instruction religieuse.

En 1ʳᵉ, on indique le *De Oratore* parmi les livres à lire le matin ; pour la fin de l'année, on parle d'un abrégé de logique, sans donner de nom d'auteur et sans même prononcer celui d'Aristote. Les *Géorgiques* sont désignées pour cette classe, l'*Enéide* ayant été étudiée en seconde ; dans Horace, on recommande les épîtres. A midi, lecture des chefs-d'œuvre de Démosthènes, Isocrate, Hérodote ou Thucydide, thèmes grecs. Le mercredi, à midi, amplifications, en prose ou en vers ; chacun des élèves la fera à son tour. Tous les premiers lundis du mois, déclamations également en prose ou en vers, et d'après le même système ; le maître donnait le sujet, et l'élève le traitait. Le samedi, à midi, les élèves feront un exposé du catéchisme grec et d'autres matières de religion ; le matin, dans les cinq premières classes seulement, ils répètent les leçons de la semaine.

Le règlement de *Puylaurens* se borne à imposer au 1ᵉʳ régent de dicter tous les ans une rhétorique, d'exercer les élèves aux amplifications, aux oraisons latines de les leur faire réciter une fois par mois au moins. En première et en seconde, il recommande l'étude du grec et des vers. Il rappelle que le catéchisme se fait en français dans les basses classes, en latin dans celles de 4ᵉ, 3ᵉ et 2ᵉ, et en grec dans la 1ʳᵉ.

Le règlement de *Die* place dès la sixième l'étude de la lecture du grec, et de l'écriture dans les trois langues française, latine et grecque. En revanche, ce n'est qu'en cinquième qu'il fait commencer la grammaire, avec le Despautère, « jusqu'à ce qu'il soit arrêté à quelle autre grammaire on se tiendra. » L'article XL porte en effet que, « la grammaire de Despautère n'étant jugée propre, on avisera de se servir de quelque autre qui sera revue et approuvée. » Nous comprenons les répugnances de l'académie de Die ; cependant nous ne savons s'il y avait à l'époque une meilleure grammaire, à moins qu'on employât parallèlement celle de Mélanchthon, comme l'indique le premier règlement de Mautaban, ou celle de Théodore de Bèze, comme on faisait à Genève.

Enfin, en cinquième, on étudie les déclinaisons grecques et les conjugaisons, « les verbes barytons », ainsi que les *Distiques* de Caton et les *Colloques* de Cordier ou de Vivès.

En quatrième, on étudie spécialement les règles des prétérits et supins, des « hétéroclites » et la syntaxe latine ; en grec, les conjugaisons des verbes circonflexes, l'Oraison dominicale, le Symbole des apôtres et le Décalogue. Les morceaux choisis d'Ovide sont : le *De Nuce*, *De Tristibus* et *De Ponto*.

En troisième, on perfectionne l'étude des deux grammaires; nous relevons parmi les livres cités, les *Opera et Dies* d'Hésiode, la *Cyropédie* de Xénophon, l'*Enéide*. Les élèves feront des compositions latines « en langage congru » et des thèmes grecs tirés du latin.

En deuxième, la liste des livres est tout à fait différente de celle de Montauban; elle ne conserve de celle de Genève que l'*Iliade* et, naturellement, les *Discours* de Cicéron; parmi ceux-ci, on recommande le *Pro Marcello*, le *Pro Ligario*, le *Pro Dejotaro*, etc. Les autres livres sont : Jovestella, *De Magistratibus Romanis*, Florus, les *Commentaires* de César; Isocrate, *Ad Nicoclem;* les *Géorgiques*, et un abrégé de rhétorique, sans indication d'auteur. Les compositions en prose ou en vers, latines et grecques, seront fréquentes; l'art poétique est spécialement indiqué.

En première, le programme marque aussi quelque différence avec celui de Montauban : l'art oratoire est tiré du *De Oratore :* « l'usage de l'action et prononciation, et la manière qu'on doibt observer au geste et en la voix » seront enseignés. Les livres sont, outre les chefs-d'œuvre de Cicéron et de Démosthènes, les tragédies de Sophocle et de Sénèque, et le

De Situ orbis de Dionysius. On « limera » particulièrement les compositions et déclamations en vers et en prose ; enfin on donnera aux élèves un abrégé de dialectique.

L'originalité de ce programme se trouve, outre le choix des livres, dans la place très importante faite au grec à tous les degrés de l'école. L'article XXXIX porte que « l'ancienne et naïfvre prononciation de la langue grecque sera pratiquée en ce collège », préoccupation que nous avons déjà rencontrée ailleurs chez les rédacteurs des statuts nîmois.

Enfin citons, en terminant, quelques programmes arrêtés par le conseil académique de *Saumur*[1].

Chaque année, à la rentrée des classes, cette compagnie désignait les auteurs qu'on aurait à expliquer ; cette sage coutume rompait la monotonie d'un programme unique ; on évitait aux régents l'embarras de choisir parmi les livres indiqués.

Voici le programme du 24 octobre 1680 ; nous citons ici intégralement le règlement relatif au collège, ou toute la partie inférieure du document original auquel nous avons eu recours[2].

IN CLASSIBUS HUMANIORIUM STUDIORUM HÆC PRELEGENTUR
IN PRIMA CLASSE.

Priore semestri *Horis matutinis :*	Posteriore semestri *Horis matutinis.*
Rhetorica contracta Vossii.	Rhetoricæ quæ supererunt ex priore Semestri.
Epistolarum Horatii libri duo.	Juvenalis Satyræ 1ª et 10ª.
Horis Pomeridianis :	*Horis Pomeridianis :*
Ciceronis Orationes pro Ligario et Dejotaro.	Ciceronis Oratio pro Lege Manilia.
Herodianus.	Homeri Ilias 5ª et 6ª.

1. Cf. P. Marchegay, *Académie des prot. à Saumur*, brochure de 16 pages. On sait que les statuts de Saumur, d'Orthez et d'Orange nous manquent.

2. Ce document forme un placard in-folio imprimé au recto. En tête se lit l'inscription suivante, au-dessous des armes de la ville :

QUOD DEUS BENE VERTAT ANNO SALUTIS M. DC. LXXX.
ACADEMIA.
SALMURIENSIS
SUA STUDIA XXIV. OCTOBRIS INSTAURARE DECREVIT.

Et annuum cujusque Ordinis pensum hac Tabella designandum censuit.
V. Archives Nat. TT, 239. Ce programme fut poursuivi parce que les mots

IN SECUNDA CLASSE.

PRIORE SEMESTRI *Horis Matutinis* : Cornelius Nepos. Item Syntaxis Græca cum Accentibus. Prosodiæ repetitio cum Praxi.
Horis Pomeridianis :
Virgilii Bucolica.

Æliani Variæ Historiæ Liber 1ᵉ et 2ᵉ.

POSTERIORE SEMESTRI *Horis Matutinis:* Carminum Horatii libri duo priores et Oratio Ciceronis pro Marcello. Cum Tractatu de Tropis et Figuris.
Horis Pomeridianis :
Ovidii Epistolæ 6ᵃ, 7ᵃ, 8ᵃ, 9ᵃ, 10ᵃ, 11ᵃ, 12ᵃ 13ᵃ 17ᵃ.
Isocratis Oratio ad Nicoclem.

IN TERTIA CLASSE.

PRIORE SEMESTRI *Horis Matutinis* :
Terentii Phormio et Hecyra.
N. Test. Græcum. Et Canones accentum Græcorum.
Horis Pomeridianis :
Ovidii Metamorphoseon lib. 4ᵉ, 5ˢ, 6ᵉ.
Cum Vossii Prosodia.

POSTERIORE SEMESTRI *Horis Matutinis:*
Sallustius.

Horis Pomeridianis :
Virgilii Æneidos lib. 1ᵉ et 2ᵉ.
Novum Testam.

IN QUARTA CLASSE

PRIORE SEMESTRI.
Latina syntaxis, cum repetitione primæ partis grammaticæ.
Latinæ, et Praxi præceptor. utriusq.
Aurelius Victor.
Horis Pomeridianis :
Radices græcæ, cum Declinationibus Nominum, et Conjugationibus Verborum Græcorum simpliciter.
Colloquia Erasmi.

POSTERIORE SEMESTRI *Horis Matutinis:*
Justini liber 1ᵉ, 2ᵉ, 3ᵉ.

Epist. Ovidii 1ᵃ.

Horis Pomeridianis :
Grammatica Græca repetetur, addita Praxi illius ad Novum Testamentum.
Ovidii Tristium lib. 1ˢ.

IN QUINTA CLASSE.

PRIORE SEMESTRI *Horis Matutinis* :
Pars prima grammaticæ, cum facilioribus Syntaxeos Regulis, et utriusq. partis Praxi ad Colloquia aliquot Corderii.

POSTERIORE SEMESTRI.
Disticha Dionisii Catonis, cum Alphabeto Græco.

IN SEXTA CLASSE.

Declinationes Nominum, et Conjugationes Verborum Latinorum.
Insuper, in primâ atque secundâ Classibus exercitabuntur Adolescentes edendis frequentissimis Speciminibus Rhetoricis ac Poëticis

---

Salmuriensis et *coram senatu academico* n'étaient pas suivis des trois lettres RPR. On reprochait encore et surtout à ces auteurs de n'avoir pas ajouté ces trois lettres sacramentelles aux mots *sacrosanctæ theologiæ* qui se trouvaient en tête du programme. (Voy. p. 255.) C'était la seconde fois qu'une pareille procédure s'engageait.

Græcé et Latiné : et in cæteris Classibus, pro suo cujusque captu; Themata Gallicæ Linguæ in Latinam transferenda, aliaque quotidiani profectus specimina a Præceptoribus præscribentur. Præntereà, sub finem utriusq. Semestris Humanarum Litterarum Studiosi omnes, profectûs sui rationem coram senatu Academico, reddituri sunt.

SALMURII, Apud HENRICUM DESBORDES Typographum et Bibliopolam. M. DC. LXXX.

Comparons à ce programme celui qui fut arrêté en séance du 10 septembre 1683 pour l'année 1683-84 ; il ne porte que sur les quatre premières classes.

Dans la première, on lira, pendant le premier semestre : *Rhetorica contracta Vossii;* — *Orationes Ciceronis pro Archia et pro Marcello;* — *Horatii carminum libri III, IV, V,* — *Homeri Odysseus libri I, II, III.* Le 2ᵉ semestre : *Philippica secunda;* — *Florus;* — *Æneidos libri V, VI;* — *Anacreontis carmina selecta.*

En 2ᵉ, 1ᵉʳ semestre : *Terentii Heautontimorumenos et Adelphi;* — *Metamorphos; Ovidii lib. I, II,* — saint Marc et saint Jean, *cum Grammatica græca,* — *Prosodiæ repetitio cum praxi.* 2ᵉ semestre : *Tractatus de tropis et figuris,* — *De Officiis, liber I.* — *Æneidos lib. I, II, III;* — *Isocrates ad Nicoclem.*

En 3ᵉ, 1ᵉʳ semestre : *Commentar. Cæsaris lib. I, II, III, IV,* — *Ovidii Metamorphos, lib. VI. VII,* — Saint-Mathieu, *cum repetitione grammaticæ græcæ cum praxi.* — 2ᵉ semestre : *Ovidii epistolæ V priores;* — *Plauti Amphitruo;* — les Actes, — *Prosodia cum praxi.*

En 4ᵉ, 1ᵉʳ semestre, *Aurelius Victor,* — *Grammatica græca et Radices linguæ græcæ.* — 2ᵉ semestre : Saint-Marc, — *Phædri fabulæ;* — *Justini libri II, III.*

Comme particularités dans ce programme, on remarquera la répartition des cinq livres historiques du Nouveau Testament dans les classes supérieures : il est même assez singulier de voir saint Marc y figurer deux fois, en 4ᵉ et en 2ᵉ. Notons aussi à Saumur l'usage de Vossius pour la rhétorique et la prosodie : cet auteur, classique à l'époque, était sans doute adopté aussi dans les autres académies, bien que les statuts ne prononcent pas son nom. Parmi les principaux, nous citerons Aurelius Victor et les Racines grecques, en 4ᵉ; Plaute, en 3ᵉ; Juvénal et Anacréon, en rhétorique. On a beaucoup glosé sur le rigorisme huguenot : il paraît qu'il faut en rabattre, lorsqu'on voit les conseils académiques mettre entre les mains des jeunes gens non seulement le IVᵉ livre de l'*Enéide*, mais des auteurs aussi peu suspects de pruderie que Térence, Anacréon, Juvénal et Plaute! Le vrai est qu'en littérature les protestants, bien plus que les catholiques, rendaient à l'art un culte désintéressé et ne se laissaient nullement effaroucher par l'allure quelquefois si dégagée et les mœurs tant soit peu équivoques des muses latine et grecque. Une telle remarque s'applique surtout à Saumur, la plus libérale des académies.

Le programme du 15 novembre 1684 a un intérêt plus spécial : il ne devait recevoir qu'un commencement d'exécution; l'année 1685, qui fut vraiment l'année terrible pour les réformés, vit s'écrouler l'académie avant même la fin du premier trimestre scolaire. Voici le programme pour les six classes du collège.

En 1ʳᵉ, pour le 1ᵉʳ semestre, outre le Vossius, les *Orationes pro Publio Quinctio* et *pro Roscio Amerino;* les livres I, II des *Carmina* d'Horace; Hérodien. — 2ᵉ semestre : *Rhetoricæ quæ supersunt;* les livres I et II de la *Pharsale;* les livres VI, VII et VIII de l'*Iliade*

En 2ᵉ, 1ᵉʳ semestre : *Enéide* liv. I et II; *Syntaxis græca cum accentibus; Prosodiæ repetitio cum praxi; Æliani variarum historiarum lib. I et II;* Quinte-Qurce; les Actes. — 2ᵉ semestre : les *Catilinaires,* liv. I, II, III, IV; *Tractatus de tropis et figuris; Enéide,* liv. III, IV; Dialogues choisis de Lucien; saint Luc; etc., etc.

En 3ᵉ, 1ᵉʳ semestre : l'*Andrienne* et l'*Eunuque* de Térence; *Repetitio grammaticæ græcæ cum praxi ad novum Testamentum; Canones accentuum græcorum;* la *Prosodie latine* de Vossius; *Métaphorphoses* d'Ovide, liv. I, II. — 2ᵉ semestre :

les Epîtres d'Ovide; le Nouveau Testament grec; Cornelius Nepos; *Repetitio Prosodiæ*.

En 4e, 1er semestre: Répétition de la syntaxe latine; *Grammatica græca cum investigatione thematis;* Radices græcæ; Phèdre, fables; Eutrope. — 2 semestre: *Repetitio grammaticæ græcæ cum praxi ad Novum Testamentum*; Esope; Erasme; *Ætas puerilis* et *Convivium religiosum;* le livre I des *Tristes* d'Ovide.

En 5e et en 6e, le programme est le même que celui de 1680, ce qui nous donne lieu de croire qu'il ne changeait jamais.

Le catéchisme se faisait en français dans les basses classes, en latin dans celles de 3e et 2e, et en grec dans celle de rhétorique.

CHAPITRE III

VACATIONS ET SANCTION DES ÉTUDES

Sous cette rubrique, nous nous efforcerons de traiter brièvement quelques questions de nature diverse, mais qui se rapportent néanmoins au même objet, telles que celles des promotions, des examens et des récompenses.

Le règlement de Genève avait consacré un article aux *vacations* (vacances). Les plus longues duraient trois semaines, « au temps de vendange ». Il paraît qu'elles furent prolongées dans la suite et qu'on donna quelques congés à Pâques et à Noël [1]. Le même article règle la question des promotions.

A *Genève*, on ne procédait point comme on fait de nos jours dans l'université, où chaque élève a le droit de monter tous les ans d'une classe, ce qui lui permet souvent de rester neuf ans et plus à ne rien faire : un tel gaspillage de temps et d'argent était inconnu. L'élève n'était admis à passer dans une classe supérieure que lorsqu'il s'en montrait digne à la suite d'un examen d'ascension. C'est ce qu'on appelait une *promotion* [2]. La promotion fut comme le pivot de la machine scolaire chez les protestants, et ce système réussit pleinement. Voici comment la chose se passait : Trois semaines avant le 1er mai [3], un des professeurs publics (chacun remplissait cet office à son tour)

---

1. Cf. *Bull.*, XXII, 275, art. cit. de M. Gaufrès.
2. Nous avons retrouvé cet usage en Angleterre, lorsqu'il nous a été donné de visiter la High School de Nottingham.
3. En 1573, les promotions étaient reculées d'un mois et tombaient, les principales en juin, les autres en novembre. (*Journal de Merlin*.)

dictait en la salle commune à tous les enfants du collège un thème en français; puis chacun retournait dans sa classe et composait pendant cinq heures sans toucher à un livre. Pour éviter la fraude, chaque classe était surveillée par un régent autre que le sien. La composition finie, chaque surveillant classait les copies de sa division suivant l'ordre des dizaines et les remettait fidèlement entre les mains du principal. Les jours suivants, jusqu'au 1er mai, le recteur, aidé des professeurs publics, examinait par ordre les thèmes de chaque classe. Les fautes marquées, on appelait les écoliers selon leurs dizaines, et le recteur, toujours avec le concours des professeurs, proclamait devant tout le collège les résultats de l'épreuve, c'est-à-dire les diverses promotions. Le 1er mai, ou le 2 si le 1er tombait un dimanche, tout le collège se réunissait au temple de Saint-Pierre; un des syndics ou conseillers, les ministres et les professeurs assistaient aussi à la cérémonie. Là, le recteur faisait une courte harangue pour recommander l'observation des statuts, qui étaient lus publiquement. Puis les deux meilleurs sujets de chaque classe étaient invités à se présenter pour recevoir des mains du seigneur syndic « quelque petite estreine » de tel prix qu'il plaisait à « messieurs; et en la prenant, ajoute le statut, qu'ils remercient messieurs avec reverence. » Le recteur continuait par un éloge discret de ces bons élèves, afin de les encourager et de stimuler le zèle et l'émulation de leurs condisciples; enfin, si quelques écoliers de 1re ou de 2e avaient quelque poésie « ou aultre escript » à réciter, ils le faisaient « avec honestete et reverence ». Après quoi le recteur remerciait l'assemblée, et, les prières étant faites, on se retirait; il y avait congé le reste du jour. Ainsi se passait la solennité des promotions. Cependant si les régents, pendant le cours de l'année scolaire, avaient à signaler quelques élèves notoirement en progrès, ils étaient autorisés à présenter des rapports au principal à ce sujet. Le recteur enregistrait à part les noms de ces écoliers, et, lorsqu'il venait au collège à la rentrée d'octobre avec les professeurs, il ordonnait ce qui en devait être fait. Même en dehors de cette date, si le régent en faisait la demande et si le recteur, après examen, y donnait son assentiment, des élèves pouvaient être promus extraordinairement.

Une institution si méritoire, et qui devait produire de si heureux résultats, fut immédiatement acceptée par toutes les académies.

Le règlement de 1600, à *Montauban*, continue d'imiter celui de Genève en ce qui regarde les promotions.

Cependant il distingue entre deux sortes de promotions, dont les unes sont *mensuelles* et les autres *annuelles*. Les promotions annuelles ou publiques s'opèrent comme à Genève. Elles ont lieu le jour où l'on donne les vacations [1]; mais l'épreuve commence trois semaines avant, à sept heures du matin. Il est dit que les élèves du 6e et de 5e prendront seulement quelques lignes de thème, ceux de 4e et de 3e environ la moitié; ceux de 2e et de 1re feront le tout. Quant aux promotions mensuelles, elles se font dans toutes les classes jusqu'à la 6e inclusivement, le premier mercredi du mois : ces thèmes sont en réalité de simples compositions données par les régents, qui sont lues et corrigées à la classe du lendemain « tout hault »; ceux qui ont le mieux réussi prennent place devant leurs compagnons et sont inscrits en tête du catalogue.

Pour ce qui est de la *distribution des prix*, on l'entendait ainsi : trois prix étaient décernés en 1re, un pour le discours, un autre pour les vers latins, un troisième pour le grec. Dans les autres classes, il n'y avait que deux prix, décernés aux deux « plus diligens et sçavants ». Ces prix consistaient en livres, sauf pour la 6e, où ils étaient remplacés par deux écritoires dorés. Ils étaient distribués publiquement par les consuls, au grand temple, en la présence de tout le collège et de l'académie en corps; en outre, ceux qui étaient promus d'une classe avaient leurs noms proclamés par les scribes.

Les vacances avaient lieu deux fois l'an, savoir : 1° deux

---

[1]. C'est-à-dire le 15 septembre, d'après le règlement de Chamier; le 1er septembre, d'après celui de Puylaurens. Ce devait être la semaine avant la cène de septembre (arrêté du synode de Montauban, 1664).

jours avant la cène de Pâques, et huit jours après; 2° en septembre pendant trois semaines [1]. Avant qu'on les proclame, MM. les magistrats sont priés de se trouver au temple, où on lit publiquement les lois de l'académie et où le recteur prononce une harangue, comme cela se fait à Genève, et dans le même esprit. Des élèves de 1re et de 2e déclament ensuite des poèmes ou des discours latins; des écoliers publics en hébreu et en grec déclament aussi des morceaux analogues, chacun dans la langue qu'ils étudient. Puis a lieu la distribution des prix; enfin un des ministres termine par la prière.

Le règlement de Chamier conserve les deux ordres de promotions; il appelle les unes classiques, les autres solennelles. Il explique que les premières, qui ont lieu le premier du mois, servent à organiser les dizaines; la composition consiste en un thème donné dans les cinq premières classes par les régents [2] mais en 1re le thème latin est remplacé par un thème grec. Les places sont proclamées dès le lendemain. Il est laissé à la discrétion des régents de décider comment ils examineront les deux dernières classes. Enfin on accorde congé pour le reste du jour. Quant aux promotions publiques, elles ont lieu le 15 septembre dans les cinq premières classes, sous les yeux du recteur, du principal, des professeurs publics et des pasteurs, c'est-à-dire de tout le conseil ordinaire, comme le confirme le règlement de Puylaurens. Pour les deux premières classes, l'épreuve consiste en un thème grec et une pièce de vers latins. Pour les deux dernières, « elles seront examinées de la manière qu'on jugera la plus convenable et la plus opportune. » Ces compositions une fois remises au recteur, les vacations sont proclamées jusqu'au 15 octobre [3]. Le recteur, le principal

1. Jusqu'en 1612, il y eut aussi des vacations extraordinaires. (Cf. arrêté du synode de Montauban 1612.)
2. Et non aux cinq premiers des écoliers, comme le traduit M. Read, sans s'apercevoir que l'article 11, par suite de cette traduction fautive, devient absolument incompréhensible. (Voy. D. Chamier, 149.)
3. Le règlement de Puylaurens les fait durer du 1er septembre au 18 octobre. « Et pour les dévotions de Noël et de Pentecôte, ajoute-t-il, le collège sera fermé durant quatre jours, scavoir, le samedy veille de la première cène jusques au mercredy suivant, qu'on reprendra les exercices. » (Pujol, op. cit., 133.)

et les professeurs fixent dans l'intervalle le temps et le lieu de leur réunion pour procéder à la correction des copies. Le 15 octobre a lieu la cérémonie solennelle que nous connaissons. Il est dit que tous les magistrats « et tous les personnages savants demeurant dans la ville seront invités nominalement ». Les discours seront préparés par les élèves de 1re et de 2e. On attribue au recteur la fonction de proclamer les noms des élèves promus, pour les deux classes d'humanités seulement, c'est-à-dire la 2e et la 3e [1]; il le fait après avoir prononcé sa harangue. Ces jeunes gens se lèvent alors, et le premier consul distribue les prix à ceux qui les ont mérités. Puis, après une proposition des écoliers publics, la lecture des statuts est faite devant l'auditoire [2]; le recteur en expose la nécessité, exhorte les élèves à y obéir, prie les magistrats d'en favoriser l'observance, et dissout l'assemblée par une prière d'action de grâces. Le dernier article des lois est ainsi conçu : « Le jour suivant, tous les élèves de la basse école [3] seront de bon matin dans leurs classes, et le recteur, accompagné du principal, choisira dans ces classes ceux des élèves qui doivent être promus et les conduira aux places qui leur seront réservées. Alors commencera l'année scolaire de l'université, et tous les exercices reprendront leur cours ordinaire et habituel ». La loi de *Puylaurens* ajoute que la lecture des statuts sera faite ce jour-là dans tous les auditoires; chaque professeur en conserve un exemplaire à cet effet.

Le *règlement de Jean de Serres* fixe les promotions au 1er avril et au 1er octobre de chaque année. L'épreuve a lieu un mois avant chacune de ces dates, et dans les mêmes conditions qu'à Montauban; seulement il est dit que, pour les classes supérieures, les élèves feront le thème en grec, si cela

---

1. La traduction de M. Read nous paraît encore inexacte sur ce point; d'ailleurs le texte de Quick est lui-même amphigourique. (V. D. Chamier, p. 152-153.)

2. Et non devant *un* auditoire, comme le traduit M. Read, sans excuse cette fois-ci. (Voy. D. Chamier, *id.*)

3. Quick traduit par *little school*, et M. Read à son tour par *petite école*; mais ce terme est impropre; d'ailleurs il prête à la confusion avec la véritable petite école, qui était l'école primaire. (Voy. D. Chamier, *id.*)

leur convient, *si velint;* d'autres pourront le faire en vers; mais on souhaite que la majorité fasse le thème latin, et les prix seront de préférence décernés à ceux qui auront choisi cet exercice. La composition des rhétoriciens pour les prix sera un thème libre, c'est-à-dire qu'on leur donnera la matière d'une chrie ou d'une déclamation; ils devront soigner particulièrement le style. Les épreuves seront examinées par le recteur, le principal et les régents. On donnera deux prix dans chaque classe. La solennité des promotions se fera comme dans les autres académies, en présence des consuls des magistrats, des lettrés et des personnes de qualité habitant la ville. Le recteur proclamera les noms des vainqueurs, après la prière d'ouverture; ils seront couronnés par les consuls, et préconisés par le recteur, « à l'imitation du cérémonial usité jadis dans les jeux olympiques; » puis le principal lira les promotions. Après la lecture des statuts, tout le personnel enseignant renouvellera son serment devant le recteur. Le reste de la cérémonie n'offre aucune singularité. Pour ce qui est des récompenses décernées aux vainqueurs dans les compositions de thèmes pendant le cours de l'année, leurs noms sont publiés dans la salle commune : ce sont les promotions mensuelles. Le premier reçoit un prix et un éloge, le second un éloge seulement. Ceux qui ont mal composé sont rejetés et blâmés. On récite tout haut dans la salle commune les thèmes des vainqueurs. Dans toutes les classes, on tient un registre des promus et des rejetés.

Les magistrats, les consuls et autres citoyens de distinction seront invités en temps opportun par le recteur et le principal à visiter le collège et assister aux exercices scolaires.

Quant aux vacances, on estime qu'il est nécessaire, dans un pays chaud, d'accorder quelque congé le soir au temps de la canicule. Toutefois le recteur et le principal sont invités à exercer quelque surveillance sur les enfants, de peur que, pour fuir la chaleur à l'intérieur des appartements, ils ne s'exposent à des maladies en courant la campagne ou en abusant de l'eau froide et en nageant sans méfiance; ils régleront ces sortes de congés à leur fantaisie. Du 1ᵉʳ au 20 septembre, il y aura vacance pour toute l'académie. Les écoliers sont exhortés à se présenter tous avec exactitude le jour de la rentrée ; les noms des absents seront passés sous silence ce jour-là, même s'ils sont désignés pour remporter des prix ; en revanche, un prix sera décerné à celui qui sera rentré le premier.

Nous possédons une liste des livres qui étaient donnés en prix aux élèves du collège de Montpellier à partir de 1600 ; elle est intéressante à connaître : 1° les grammaires grecques de Clénard et de Scot ; 2° les *Apophthegmes* de Lycosthène ; 3° les de *Phrases* de Manuce ; 4° le Despautère, latin-français ; 5° les *Antiquités* de Rosin ; 6° les *Adversaria* de Turnèbe ; 7° les *Epîtres* de Jean Ravius ; 8° les *Oraisons* de Perpinien ; 9° les *Epîtres grecques* d'Erasme ; 10° les *Dialogues* de Vivès ; 11° les *Emblèmes* d'Alciat ; 12° le *Natalis Comes* ; 13° Alexandre d'Alexandre ; 14° Polydore Virgile ; 15° Pindare grec-latin ; 16° l'*Organon* d'Aristote, commenté par Pacius ; 17° Horace, annoté par Lambin, etc., etc. Les prix étaient reliés et ornés de rubans [1].

Un prix fut solennellement décerné à partir de 1608 à l'élève qui s'était le plus distingué par l'assiduité, l'application et la bonne conduite [2].

A *Saumur*, les dates des promotions et des vacations n'étaient pas immuables ; cependant les deux avaient toujours lieu en automne et se terminaient généralement à la fin d'octobre.

En 1640, par exemple, nous voyons le conseil fixer les examens dans sa séance du 18 août ; ils durent du jeudi 29 août au mercredi 11 septembre ; les vacances devront commencer le samedi 14. « La chrie se donnera aux écoliers de la 1ʳᵉ classe le 7 septembre. » En 1683, d'autre part, dans une séance du conseil ordinaire et extraordinaire du 11 août, on fixe les examens du 9 août au 13 septembre. Le thème de prix est donné le 13, et la chrie le 11 septembre [3]. Les examens de

---

1. Cf. Archives communales de Montpellier. Comptabilité : Sac de 1600 à 1629 (Délibérations des intendants).
2. Cf. Faucillon, op. cit., 34.
3. Reg. du cons. acad., II, p. 6.

grec et de latin sont fixés au 1ᵉʳ septembre et aux jours suivants.

Quant aux récompenses, nous savons qu'on distribuait quatre prix de valeur inégale, à la suite des quatre compositions que voici : 1° la chrie, 2° la prose latine, 3° le grec, 4° vers latins ou grecs. La question de la distribution des prix est agitée en séance du 28 octobre 1618 par le conseil. Il se demande comment elle se fera si aucun des écoliers n'a pleinement réussi dans les quatre matières du concours, mais s'ils sont tous « singuliers ». On décide alors que le premier prix sera décerné à celui qui aura excellé dans la chrie « et y aura montré son jugement, sa disposition et son bon latin; » on ne tiendra pas compte de son infériorité pour le grec et les vers. Mais si la chrie est mauvaise chez tous, ou jugée insuffisante même chez le premier, le 1ᵉʳ prix sera décerné à celui qui l'emportera dans l'ensemble; ainsi de suite pour les trois autres prix. Le 2ᵉ prix sera décerné à celui qui aura excellé dans la prose latine, même s'il est inférieur à quelques autres pour le grec et les vers. Mais, si sa composition est néanmoins jugée insuffisante, on lui préférera celui qui aura le mieux fait pour le grec et les vers réunis, et il ne remportera que le 3ᵉ prix. Enfin, pour le 4ᵉ prix, on jugera d'après l'ensemble des compositions[1]. Ces prix furent d'abord fournis par Duplessis-Mornay, tant que vécut ce généreux bienfaiteur; mais, lui mort, il n'y eut aucun seigneur pour hériter de sa libéralité, comme le témoigne un arrêt du conseil en 1626; l'académie fit tous les frais. En 1640, on modifia ce programme, pour favoriser l'étude du grec; on décida que le 2ᵉ prix serait réservé à l'élève qui aurait été le plus fort en grec (thème et chrie).

On voit qu'il y a dans ce régime une certaine différence avec celui des autres académies. D'ailleurs, en l'absence de statuts codifiés, nous manquons de détails précis sur toutes ces questions. Il est cependant à remarquer que la loi des promo-

1. Reg. I, 40.

tions n'a pas toujours été observée à Saumur dans toute sa rigueur[1]. Ainsi nous voyons le principal en 1637 déposer au sein du conseil les plaintes des régents à cet égard ; ils disent qu'on peuple leurs classes d'écoliers trop faibles pour les suivre, ce qui augmente leur peine, fait baisser le niveau des études et décrie le collège. Le conseil décide alors qu'à l'avenir tout écolier jugé indigne de la promotion après le thème de prix sera impitoyablement maintenu dans sa classe, à moins qu'il n'ait déjà redoublé une première fois. Si on se laisse fléchir par les instances pressantes des parents, ce ne sera qu'après un sévère examen de la question par le recteur et le principal. Quant aux nouveaux, on avisera les parents des capacités de l'élève, et s'ils préfèrent passer outre, on leur laissera toute la responsabilité du peu de progrès qu'il accomplira[2].

Outre les congés réguliers du mercredi et du samedi soir, le premier de chaque mois il y en avait un autre que l'on nommait *calendes ;* si le jour des calendes tombait un mercredi, un samedi ou un dimanche, le congé était remis au lendemain. Le mardi gras était aussi jour de congé. Enfin, à Pâques, les vacances commençaient deux jours avant la cène[3] et se prolongeaient huit jours après[4]. Il y avait encore des congés extraordinaires pour les réceptions des nouveaux professeurs ou régents, pour leurs mariages, pour la naissance de leur premier enfant. Mais, à partir de 1647, on supprima ces deux derniers congés, « sauf avis du conseil et si le recteur le juge bon. »

Malheureusement en 1667, il fallut modifier toute cette sage institution des vacances : les registres de l'académie té-

---

1. Nous savons aussi que le jour des promotions, le bedeau lisait les lois de l'académie, les noms des promus et ceux des lauréats, suivant la liste qui lui était communiquée par le principal. (Reg. I : Règlement concernant le bedeau en 1647.)
2. Cf. Reg. I, 1637.
3. On avait l'habitude d'anticiper sur le règlement et de donner vacances dès le lundi ; mais cet usage prit fin en 1647. A la même date, on supprima le congé du mardi gras.
4. Cf. Dumont, 78, 79.

moignent qu'on l'obligea depuis cette année-là à chômer toutes les fêtes de l'Eglise catholique. Or on sait le nombre et la fréquence de pareilles fêtes, même au xvıı⁰ siècle. C'était une perte de temps déplorable pour des écoliers qui, suivant l'expression du conseil, en perdaient déjà tant. Il fallut donc prendre une mesure réparatrice; on fit afficher dans les classes le catalogue de toutes ces fêtes imposées et leur date; de plus, les écoliers étaient avertis que, les semaines où il n'y aurait qu'un seul ou deux de ces jours fériés, ces chômages seraient compensés par des heures de travail supplémentaires et obligatoires pour tous.

A *Die*, le règlement distingue entre les promotions solennelles, qui sont faites la première semaine de septembre, et les promotions particulières pour les classes, qui ont lieu le lendemain de Pâques. Aux promotions solennelles, outre la partie du programme qui est réservée aux étudiants publics, il est dit que les régents de 1ʳᵉ et de 2ᵉ « feront haranguer ou réciter quelque poème à quelqu'un de leurs escoliers ».

Les deux plus capables de chaque promotion classique seront honorés « de quelque livre propre pour la classe à laquelle ils seront promeus »; en même temps le recteur proclamera les titres de chaque élève qui aura mérité un prix.

D'ailleurs la déclamation publique était fort en honneur à Die, témoin les articles XXXII et XXXIII que nous citons en entier : « Estant chose fort utile de dresser et former les escholiers à parler en public, les escholiers des deux premières classes feront les déclamations solennelles et publiques, outre celles qui se feront ès promotions trois fois l'année, à sçavoir à Pasques, Pentecoste et Noël. Lesquelles déclamations seront examinées par le recteur, et tel qu'il luy plaira s'adjoindre avant qu'elles soient publiquement récitées. En classe, les régents feront déclamer les escholiers le plus fréquemment qu'il leur sera possible et verront leurs déclamations avant qu'ils les récitent, et respondront eux-mêmes de ce qui s'y pourroit treuver contre la piété et bonnes mœurs. » Enfin on termine en déclarant que les leçons et exercices ne seront interrompus par aucune fête, en dehors des solennités prévues par les présents statuts.

Outre les prix habituels, il fut question à Die de deux autres prix annuels extraordinaires. L'un, de 13 écus [1], dû à la libéralité de Barthélemy Marquet, de Valence, ami de Calignon, président de la Chambre de l'Edit au parlement de Grenoble en 1603, fut institué dès 1605 [2], sous le nom de prix Marquet ; ce *prix d'étude* était décerné aux plus forts élèves en latin dans les quatre premières classes [3]. L'autre, de 3 livres [4], était un *prix de piété*. Il fut fondé par Guillaume Vallier, de Grenoble, un des pasteurs de Die, homme éclairé, qui aurait laissé, d'après Guy Allard, des Mémoires pour servir à l'histoire du xvie siècle, aujourd'hui perdus probablement, mais dont Chorier a fait usage [5]. M. Arnaud a retrouvé deux exemplaires de ces livres de piété. L'un, le *Traité de l'Eglise* de Mestrezat, fut distribué en 1651 ; l'autre, qui fut distribué en 1639, est de Ch. Drelincourt : *le Triomphe de l'Eglise* (grand in-8) [6].

Le synode de Loudun (1659) loue l'université de Die d'avoir l'œil sur les mœurs et l'éducation des écoliers dans la bonne religion, la félicite de prendre connaissance de leurs progrès aussi bien en la piété que dans les lettres humaines, et approuve hautement la distribution publique de prix à cet effet ; il exhorte les autres académies et collèges à imiter cet exemple [7]. Celle de Saumur put le faire, grâce à la générosité de M. de Villarnoul, gendre de Duplessis-Mornay, qui

---

1. Treize écus, d'après MM. Long et Arnaud ; treize livres, d'après M. Nicolas (*Bull.*, IV, 592).
2. M. Long, *La Réforme et les guerres de religion en Dauphiné*, 231.
3. Cf. Guy Allard, *Soffrey de Calignon, chancelier de Navarre*, p. 21 ; Arnaud, *Histoire de l'académie*, 54.
4. Dix livres, d'après M. Long.
5. Dans son *Histoire générale du Dauphiné*, M. Rochas fait observer (*Bull.*, V, 303) que ce Vallier mentionné par l'auteur de la Bibliothèque du Dauphiné n'est pas nécessairement celui qui nous occupe.
6. M. Long déclare que ce dernier ouvrage est « rempli des diatribes de Mornay et de Sainte-Aldegonde, qui avait mis la religion en rabelaiserie, disait de Thou. » Ceux qui ont lu cet ouvrage, et qui d'ailleurs connaissent le caractère de son auteur, ne peuvent accepter un pareil jugement.
7. Cf. Aymon, II, 796 ; d'Huisseau, *Discipline*, 57.

imita Guillaume Vallier. En 1572, le conseil délibéra s'il continuerait à distribuer les prix de piété; la personne qui s'était chargée d'administrer le fonds légué dans cette intention avait laissé passer quatre ans sans en payer l'intérêt, et l'on avait donné les prix aux dépens des officiers mêmes de l'académie; dans l'espèce, et vu la pauvreté actuelle de l'académie, une telle situation ne pouvait se prolonger; on décida donc de supprimer ce prix, à moins que les intérêts d'une année ne fussent versés dans un délai prochain, ce qui n'apparaissait guère comme probable [1].

Les vacations commencent à Die après les promotions solennelles et durent trois semaines, jusqu'au 1er octobre. Pour le reste de l'année, rien n'est déterminé; seulement il est dit que le recteur et le conseil « pourront disposer de quelques jours ». Mais un règlement du 9 janvier 1660 déclare que « les congés concernant les fériés de Pâques, de la Pentecôte et de la Noël ne pourront être que de huit jours, et celui des vendanges que d un mois [2]. »

A *Sedan*, le règlement de 1615 porte que les examens généraux auront lieu deux fois par an, aux fêtes de Pâques et aux calendes d'octobre. Ceux qui auront mérité de concourir pour passer à une classe supérieure, seront admis au concours, ἀπροσωπολήπτως, sans distinction de personnes. Les premiers recevront un *Brabeum honorarium*, dû à la libéralité du prince. Nul ne sera promu à l'académie, c'est-à-dire aux leçons publiques, qu'il ne sache écrire en latin non seulement avec pureté, mais avec élégance, et interpréter couramment les auteurs grecs [3], de peur qu'en agissant avec une téméraire précipitation et en soumettant les jeunes esprits à des travaux au-dessus de leurs forces, on n'empêche le fruit encore vert de parvenir jamais à maturité.

Les prix étaient distribués solennellement à la Saint-Remy.

---

1. Reg. II, p. 227.
2. Arnaud, *Hist.*, p. 67.
3. Cette clause suffit pour mesurer la force et la solidité des études dans l'académie de Sedan.

Le règlement en 14 articles, dressé par le conseil des modérateurs le 1er avril 1634, porte que les congés seront rares, sauf après Pâques, où l'on pourra accorder un jour par semaine. Les vacations, qui étaient de trois semaines jusqu'à cette date, sont réduites à quinze jours. L'examen des promotions est fixé au second lundi de septembre, et la rentrée des classes au 1er octobre. On abolit aussi les congés qu'on accordait extraordinairement aux accouchements des femmes de régents et aux jours de foire, sauf celui de la foire de la Saint-Martin. Mais, en 1664, il se produisit un fait analogue à ce qui devait se passer trois ans plus tard dans la ville de Saumur. Il paraît que les ministres, professeurs et modérateurs méprisaient les lois de l'Eglise et de la police touchant le repos et la sanctification obligatoire des fêtes chômables; ils ouvraient les classes ces jours-là et donnaient leurs leçons comme à l'ordinaire. Louis XIV ne pouvait souffrir, à cette époque-là, de telles « prévarications »; il envoya ses ordres le 27 mai 1664, portant défense d'ouvrir les classes et donner les leçons aux jours de fêtes chômables, sous peine de 500 livres d'amende la première fois, 1000 la seconde et 2000 la troisième, au bénéfice des pauvres de l'hôpital; enfin, ce qui était plus grave, sous peine de suppression du collège et de l'académie; les ministres seraient en outre déclarés incapables d'exercer leurs fonctions à l'avenir. Sa Majesté enjoint expressément à tous ses officiers de justice, et au comte de La Bourlie, commandant au gouvernement de Sedan, de tenir la main à l'exécution du présent arrêt [1]. C'est alors que, pour obvier au temps perdu, le conseil des modérateurs fait un règlement le 3 mars 1666, portant que les congés accordés les premiers jeudis de chaque mois sont supprimés, ainsi que ceux des jours de foire et ceux des mercredis, toutes les fois qu'il y aura fête chômable pendant la semaine. C'est ainsi que les protestants de Sedan et de Saumur défendaient leurs grandes traditions de travail, sans jamais désobéir aux lois oppressives qui leur étaient faites, alors même que ces lois outrageaient leurs libertés les plus nobles et leurs droits les plus sacrés.

1. Cf. P. Norbert, p. 29, sq. (Extr.).

SECONDE SECTION

L'ACADÉMIE PROPREMENT DITE

CHAPITRE PREMIER

DIVISION DE L'ENSEIGNEMENT : LE PERSONNEL

§ 1. — Le recteur.

En racontant les origines de chacune des académies, nous avons fait remarquer que toutes ne pouvaient pas prétendre au nom d'universités, si l'on entend par ce mot la réunion des quatre facultés de théologie, de droit, de médecine et des arts. Elles pouvaient néanmoins le revendiquer, parce que l'usage autorisait toute faculté pourvue de privilège et en mesure de conférer des grades à porter le titre d'université, comme il arriva à Montpellier, à Orléans et à Nîmes pour le collège des arts. D'ailleurs l'ambition de la plupart des académies protestantes était de parvenir un jour à embrasser toutes les parties de l'enseignement supérieur. Il fallut ce que l'on appelait alors, avec une résignation pleine de mélancolie, mais aussi de dignité, « la difficulté des temps », pour mortifier cette noble ambition et la limiter aux fondations les plus nécessaires.

Il n'est pas besoin de justifier l'ordre dans lequel ces facultés allaient être créées : la nécessité de pourvoir en première ligne à l'enseignement de la théologie et des arts s'imposait naturellement à tous les esprits ; le droit et la médecine venaient ensuite ; mais, pour cette dernière branche, l'enseignement donné dans les universités catholiques était considéré comme suffisant. Genève est la seule académie de langue française qui ait eu une chaire de médecine, ainsi que nous l'avons dit plus haut. Nous ne connaissons qu'à Sedan des professeurs de jurisprudence, en ce qui regarde la France.

Le personnage le plus important de l'académie était le *recteur*, dont nous avons déjà eu bien souvent à prononcer le nom et à signaler l'ingérence dans les affaires du collège. Il était en effet le chef suprême de toute l'académie. Le règlement de *Genève* exige qu'il soit pris parmi les ministres de la ville et professeurs; c'était assurer cette dignité à un professeur de théologie ou d'hébreu : il devait être élu « par bon accord de tous ». On est exhorté à prendre l'homme le plus capable par sa piété et par son savoir; messieurs du conseil l'établiront ensuite par leur autorité. Il a le droit de réprimande sur tout le personnel des deux écoles; les conflits entre régents ou autres suppôts de l'académie relèvent de sa juridiction. Si son autorité paraît encore insuffisante, on recourra aux ministres, sauf ce qui appartient directement aux magistrats. Les écoliers publics qui ne viennent point des classes du collège, mais d'ailleurs, se présenteront dès l'abord devant lui : lui-même les introduira devant « nos magnifiques seigneurs pour estre receus habitants ». C'est lui qui les fera souscrire au formulaire usité pour la confession de foi et les inscrira au rang des écoliers. Lorsque les étudiants quitteront l'académie, c'est lui qui leur délivrera des témoignages, après s'être enquis de l'état de leurs études et de leurs mœurs. Il ne pourra tenir aucune assemblée extraordinaire des écoliers sans l'autorisation des seigneurs. Son mandat expire au bout de deux ans; mais il peut être réélu. On voit qu'à Genève le recteur est placé directement sous le contrôle et l'autorité supérieure de l'Etat. Il est évident qu'une telle condition ne pouvait lui être faite en France; pour le reste, on s'inspira partout de ce règlement.

A *Nîmes*, le recteur devait être un homme de poids et de très grande érudition, d'une piété et d'une probité reconnues : il était élu par le conseil de la ville. Il avait la direction suprême de l'académie, avec le concours du conseil académique dans certaines circonstances importantes. Il avait le droit d'installer et de déposer les professeurs, le principal et les régents, non sans en avoir délibéré avec le conseil. Il avait les mêmes privilèges que le recteur de l'université de Paris, la garde du sceau et du livre des matricules. Sa charge durait deux ans, mais pouvait être prorogée. Autant que possible, il devait ne pas s'absenter de la ville; toutefois, s'il était forcé de le faire, un de ses collègues le remplaçait provisoirement. S'il outrepassait ses droits ou transgressait les lois de l'académie, qu'il avait charge de faire respecter, les magistrats et les consuls devaient le réprimander sévèrement. Enfin il n'était admis qu'après avoir prêté serment selon la formule indiquée.

A *Sedan*, le recteur pouvait être pris dans toutes les facultés; le premier dont il soit fait mention dans les registres est le professeur de jurisprudence Bordellius, en 1620; il était déjà membre du conseil des modérateurs. Cette charge se donna de six mois en six mois, jusqu'en 1651 [1]; à partir de cette date, elle fut donnée tous les deux ans. Les fonctions étaient gratuites, et le sortant rééligible.

Le premier règlement de *Montauban* porte que le recteur sera élu non seulement parmi les pasteurs et professeurs, mais parmi les professeurs publics en général « ou autres gens de qualité et charge ». Participeront à l'élection les pasteurs, le principal et les professeurs; elle aura lieu tous les ans, le 1er septembre. Le recteur élu sera ensuite présenté à la compagnie des intendants, devant laquelle il prêtera serment. Il étudiera et réglera toutes les questions dont l'avisera cette compagnie. Il sera le chancelier de l'académie et le gardien des lois; il appellera les professeurs et régents à l'exercice de leur charge, convoquera les assemblées académiques, « composées quelquefois des seuls pasteurs et professeurs publics, autres fois y appelant aussi les régents et précepteurs, selon qu'il verra estre à faire. » Il adressera les remontrances à tous les écoliers. Il signera les lettres de

---

1. Et non tous les ans, comme le dit M. Ch. Peyran, op. cit.

maîtrise, ensemble avec le principal et le professeur de philosophie. Le reste comme à Genève.

Le règlement de Chamier dit que le recteur partagera avec le conseil ordinaire et extraordinaire et les curateurs (intendants) le gouvernement suprême de l'académie ; il sera membre de droit de ces deux conseils, et élu par le conseil ordinaire, le samedi qui suivra l'élection des consuls de la ville. D'ailleurs il sera tiré du corps des pasteurs et professeurs, c'est-à-dire du conseil académique; cependant on maintient la clause qui permet de le choisir aussi parmi les citoyens savants de la ville, « pourvu qu'ils soient disposés à se donner tout le mouvement nécessaire pour défendre vigoureusement et maintenir l'université. » Si le conseil le juge nécessaire, son mandat pourra être prorogé d'une année. L'article 7 règle la cérémonie de l'installation du recteur. Il sera présenté par le conseil ordinaire au conseil des curateurs [1], devant lequel il prêtera serment; mais après cela on fixera un jour où le recteur sortant, accompagné du conseil ordinaire, le mènera à la salle commune; là, devant toute l'université rassemblée, il présentera son successeur, se démettra de sa charge et en investira le nouvel élu, lui remettra entre les mains les sceaux et le livre matricule de l'académie, et invitera tous les membres de ce corps à lui jurer obéissance. Après quoi le nouveau recteur prononcera une courte harangue en latin, « pour rendre grâces à l'université de l'honneur qu'elle lui a conféré. » Les fonctions qu'on lui attribue n'offrent aucune particularité nouvelle; on ajoute seulement aux statuts qu'il garde les matricules où sont inscrits les noms de professeurs et des étudiants, ce qui du reste se faisait partout [2].

Le règlement de *Puylaurens* porte qu'il visitera une fois par semaine les classes de philosophie et du collège, afin d'exhorter les professeurs, régents, principal et écoliers à faire leur devoir. S'il remarque quelques défauts, il adressera un

---

1. Le règlement de Puylaurens lui donne le nom de conseil extraordinaire.
2. Le Livre du recteur de Genève a été récemment publié par Fick.

rapport au conseil ordinaire, qui sera ensuite porté devant le conseil extraordinaire, s'il y a lieu.

A *Orthez*, lorsque Henri de Navarre, par son édit de septembre 1583, organisa les quatre facultés, il institua non un recteur, mais un doyen pour les présider; ce fait est isolé [1].

Le règlement de *Die* fixe à une année la durée des fonctions de recteur, avec faculté de les proroger pendant plusieurs années consécutives; il déclare que cette charge est gratuite, purement honorifique.

Tous ces règlements sont antérieurs à 1614. Cette année-là, le synode de Tonneins, préoccupé de soumettre toutes les académies à une loi unique et permanente, et désireux de donner suite à une décision déjà ancienne du synode de Gap (1603) [2], entreprit de rédiger des statuts généraux pour remplir cet objet [3]. Mais ce fut le synode d'Alais qui les publia en 1620. Sans doute les règlements en vigueur dans les diverses académies offraient de singulières ressemblances; on a déjà pu se convaincre que les seules différences appréciables apparaissaient dans la forme plutôt que dans le fond; au surplus, elles sont insignifiantes, et les divers documents se complètent les uns les autres, loin de se contredire. Dans l'espèce, le travail du synode d'Alais était inutile; néanmoins nous louons sans réserve le motif qui l'a dicté, ce grand souci de l'unité vivante que les réformés portaient avec eux dans toutes les questions où ils s'engageaient, cet esprit d'ordre et de discipline qui faisait leur force, en un mot la manifestation persistante de ce génie orga-

---

[1]. Voy. *Bull.*, III, 286, article de M. Lourde-Rocheblave.

[2]. Ce synode avait chargé cinq de ses membres, Sonis, Béraud, Ferrier, Chamier et Giraud, de rédiger un règlement général; les deux premiers étaient professeurs à Montauban, le troisième à Nîmes; le quatrième devait aussi occuper un jour une chaire à Nîmes, puis à Montauban. Cette commission dut se rendre à Montauban pour y étudier le règlement de 1600, avec les consuls, les professeurs, les pasteurs de cette ville. Il ne paraît pas que ce travail ait abouti ou même que la mission ait été remplie. En effet, nous voyons le synode de Privas (1612) enjoindre à chaque conseil académique de dresser un modèle de règlement à son gré, afin que le prochain synode, à l'aide de ces mémoires et projets, fît un règlement général. (Cf. Aymon, I, 275, 437.)

[3]. Aymon, II, 36. Ils furent lus et approuvés par ce synode.

nisateur dont ils avaient apparemment hérité de Calvin. Ces statuts généraux sont loin de répondre, dans leurs 17 articles, à toutes les exigences d'un programme complet; à la vérité, ils ne visent que l'enseignement supérieur, et dans cette branche ils ne semblent guère se préoccuper que de la partie théologique. C'était bien là pour un synode le point capital à mettre en lumière; pour cette faculté surtout, il était nécessaire de promulguer des lois uniformes. Quant au reste, nous estimons que le synode a cru bien faire en s'abstenant de fixer une législation trop précise; il pose quelques jalons, trace quelques grandes lignes, et abandonne le soin des détails de l'organisation à la sagesse des académies. En agissant ainsi, il ne condamnait nullement les rédactions des lois antérieures et ne contrariait pas les usages déjà établis auxquels il eût été parfois préjudiciable de renoncer [1]. Aussi ne surprenons-nous aucun changement notable dans le système scolaire des académies après la publication de ce document.

Chose étrange, il semble même qu'on l'ait transcrit avec une certaine négligence, au moins à *Saumur;* était-ce vraiment négligence de la part des scribes du conseil ou du synode provincial, ou bien modifications sciemment introduites dans le règlement par le synode provincial de Preuilly en 1675? Nous l'ignorons; une chose certaine, c'est que le conseil ne rapporta pas avec une scrupuleuse exactitude le texte fourni par le synode général [2]; nous y relevons de nombreux amendements dans la forme, quelquefois aussi dans le fond. En somme, le fait le plus clair qui ressort de cette mesure, c'est

---

1. M. Livet (*Rev. fr.*, VI, 472, 1856), qui ignore l'existence des règlements propres à chaque académie, éprouve une légitime surprise lorsqu'il se trouve en présence des statuts d'Alais. Aussi déclare-t-il que « l'expérience sans doute aurait apporté à ces statuts de profondes modifications ». Il attribue cette réserve excessive du document à la situation politique des réformés. Richelieu les inquiète, veut leur ruine; la subvention royale est mal payée, réduite, puis supprimée; l'embarras des synodes va croissant. Il y a peut-être une part de vérité dans ces conjectures; mais nous pensons que nos explications répondent mieux à la vérité des faits.

2. Cf. *Lois générales des académies dressées pour les Églises réformées de France, au saint synode d'Halez, l'an 1620* (Reg. I.)

que les lois d'Alais furent considérées comme une ébauche, ou un fondement sur lequel chacun pouvait bâtir à sa guise.

L'article IV de ce règlement consacre l'usage qui fixe à une année la durée des fonctions de recteur, avec faculté pour le conseil ordinaire de réélire toujours le dignitaire sortant. Il sera choisi parmi les pasteurs. Le statut, tel qu'il fut reproduit à Saumur, ajoute qu'il y a incompatibilité entre les fonctions de principal et celles de recteur. Avant 1614, l'académie de Saumur avait déjà l'usage de conférer pour un an la dignité de recteur; le 3 novembre 1614, elle avait fait un règlement par lequel elle ordonnait que les recteurs fussent nommés pour deux ans; elle en continua même quelques-uns pendant trois ans de suite [1]; après la promulgation des statuts de 1620, nous voyons, d'après la liste des recteurs, que l'académie les nommait tantôt pour un an, tantôt pour deux ans, le plus souvent pour deux, c'est-à-dire d'après son ancien règlement particulier.

§ 2. — Les professeurs publics.

Il nous reste maintenant à exposer quelle était la division de l'enseignement, c'est-à-dire l'ordre fixé pour les professeurs publics. Les professeurs ou lecteurs publics, ou simplement professeurs, étaient les hommes chargés de l'instruction des écoliers publics, comme les régents pourvoyaient à celle des écoliers classiques ou du collège. Comme le nombre des professeurs et des chaires variait selon les académies, nous allons en dresser un tableau synoptique, afin de faciliter pour le lecteur l'intelligence du système. Nous comprenons la philosophie dans le domaine de l'enseignement supérieur, bien que cette science occupe un rang intermédiaire entre les humanités et cet enseignement; il est bon de rappeler toutefois que ces leçons étaient dites publiques, et par conséquent nettement

---

1. Par exemple Amyraut, en 1626, c'est-à-dire six ans après le règlement d'Alais.

distinctes de l'école classique. En outre, ainsi que nous l'avons déjà déclaré plus haut, quelques-unes de ces chaires n'ont eu qu'une existence nominale ou intermittente [1].

PROFESSEURS

	PHILOSOPHIE			THÉOLOGIE			JURISPRUDENCE	MÉDECINE	MATHÉMATIQUES	GREC	HÉBREU	ÉLOQUENCE	EXERCICES
	Logiq.	Physique.	Métaphys.	1re	2e	3e							
Genève......	1 (arts)	»	»	1	1	»	(1)	(1)	»	1	1	1 (arts)	»
Nîmes.......	1	1	»	(1)	(1)	(1)	1	»	1	1	(1)	1	»
Montpellier...	1	1	(1)	(1)	»	»	»	»	»	1	L.m.	(1)	1	»
Montauban...	1	1	Le même.	1	1	»	[1]	(1)	[1]	1	1	1	»
Sedan........	1	1	(1)	1	1	(2)	1	[1]	1	(2)	1	1	1
Saumur......	1	1	(1)	1	1	(1)	»	[1]	(1)	(1)	1	(1)	»
Die..........	1	1	Le même.	1	»	»	»	»	»	»	1	(1)	»
Orthez.......	1	Le même.	Le même.	1	»	»	[1]	[1]	1	1	1	»	»
Orange......	1	Le même.	Le même.	1	»	»	[1]	[1]	»	»	»	1	»

A *Genève*, les mêmes caractères de moralité et de savoir étaient exigés des professeurs que des régents. Le règlement indique cinq professeurs, dont deux de théologie, un de grec, un d'hébreu et un des arts (philosophie et éloquence). Nous avons déjà vu comment il y eut aussi un professeur de droit et un de médecine [2].

A *Nîmes*, il est dit que les professeurs publics seront choisis parmi les hommes les plus compétents sur les diverses matières à enseigner, de mœurs pures, d'une piété reconnue ; l'étroite alliance du caractère moral et de l'érudition est expressément recommandée. Ils s'attacheront à leur programme, sans empiéter sur le domaine de leurs collègues respectifs. Ils témoigneront de leur constante obéissance au recteur et d'un zèle soutenu, en même temps qu'ils l'aideront de leurs propres

1. Les chiffres entre parenthèses indiquent les chaires qui ont eu une existence intermittente ou qui furent créées en dehors des règlements primitifs connus. Ceux entre crochets indiquent les chaires mentionnées sur lesquelles nous n'avons pu trouver aucun document constatant qu'elles aient été occupées.
2. Voy. p. 91.

conseils. Ils vivront dans la concorde ; mais, si quelque différend survient qui les divise, ils porteront la cause devant le recteur et s'inclineront devant son jugement ainsi que devant celui de leurs collègues : celui qui refusera de s'y soumettre sera déchu de son emploi. Ils surveilleront attentivement les mœurs et les progrès des étudiants, avertiront ceux qui se relâchent, et, si eux-mêmes négligent leur devoir, ils seront réprimandés. Enfin ils écouteront avec douceur ceux qui auront quelque difficulté à leur soumettre et les éclaireront de leur mieux. Nul ne sera admis sans avoir prêté le serment d'usage. Les professeurs, à Nîmes, d'après le règlement de 1582, devaient être au nombre de six[1] : deux pour la philosophie, un pour la jurisprudence, un pour les mathématiques, un pour le grec et un pour l'éloquence. Il est assez curieux de voir une académie où les statuts ne mentionnent ni la théologie ni l'hébreu. Ce serait un phénomène unique dans les annales des universités protestantes, si ce fait n'avait une cause naturelle que nous nous hâtons d'expliquer.

Jean de Serres se propose uniquement de restaurer l'université de Nîmes, telle que les lettres patentes de François Ier l'avaient constituée ; c'est le collège des arts qu'il relève, ce sont les traditions de Baduel qu'il remet en honneur.

Sans doute il fait subir des améliorations très sensibles à l'ancien programme ; on peut même soutenir hardiment qu'il rajeunit assez le vieil édifice pour qu'on ne le reconnaisse plus guère à travers la transformation qu'il lui fait subir ; mais il ne prétend pas élever un bâtiment nouveau. La théologie était toujours enseignée à Nîmes, depuis 1664. Mais Jean de Serres ne se sentait pas libre d'en parler dans son règlement, cette faculté n'ayant pas été prévue par le décret royal. Voilà pourquoi, fidèle à l'esprit de Baduel, il considère toujours l'académie de Nîmes comme une sorte de haute école spécialement littéraire, un institut préparatoire aux grandes facultés et aux

1. Nous ne pensons pas qu'il y ait eu de chaire de médecine à Nîmes, comme le suppose M. Faucillon en attribuant à Abrénethée le titre de professeur de médecine en 1608. (Op. cit., 35.)

études spéciales. La preuve de ce fait, nous la trouvons d'ailleurs dans le court passage où il fait mention de la théologie à la suite de la philosophie, de l'éloquence et du grec, et où il déclare que cette étude-là devra être comprise dans celles-ci. Nous aurons à rendre compte de cet article plus bas. Quant à la faculté de théologie proprement dite, bien qu'elle fît partie de l'académie, elle n'était pas une institution royale : elle dépendait du consistoire et des synodes [1]. C'est donc dans les procès-verbaux des synodes qu'il faut chercher les lois qui la régissent, et nous avons déjà vu qu'elle possédait un professeur de théologie et un d'hébreu [2]

A *Montauban*, les professeurs, aussi bien que les régents, sont conviés à nourrir entre eux une concorde vraiment chrétienne et à ne « s'entrepiquer » point les uns les autres dans leurs leçons. Si quelque dissension s'élève, rapport en sera fait au conseil académique, qui, sur son autorité, y remédiera après que le recteur aura usé de toute son influence pour apaiser le conflit. Le règlement de 1600 nomme dix professeurs, dont deux en théologie, un en jurisprudence, un en médecine, un en mathématiques, un en hébreu, un en grec, un en éloquence et deux en philosophie (pour cette dernière faculté, il ne fixe pas le chiffre des chaires, mais il emploie le pluriel). Il faut noter qu'à Montauban, dès le début, la philosophie était rattachée à l'académie classique, contrairement à ce qui se faisait à Genève et à Nîmes. Le règlement de Chamier est formel à cet égard. « L'académie classique sera divisée en deux sections, dit-il : une pour la philosophie et l'autre pour la grammaire. » Il conserve les deux chaires de philosophie, l'une pour la logique, l'autre pour la physique; en revanche, il ne parle plus des trois chaires de jurisprudence, de médecine et de mathématiques. L'académie de Puylaurens perdit la chaire de grec, qui n'est pas plus mentionnée dans les statuts de 1678 que les trois précédentes.

1. Cf. *Bull.*, VI, 16, article de A. Borrel.
2. Voy. p. 106. Elle avait en commun avec le collège des arts le professeur de grec et ceux de philosophie. (Cf. *Hist. litt. de Nîmes*, par M. Nicolas, t. I, 33.)

Cependant nous sommes certains que les deux premières ont été occupées au moins une fois [1].

L'académie de *Sedan* eut généralement dix chaires, dont trois de théologie (et quatre à une certaine époque), une d'hébreu, une d'éloquence, une de jurisprudence, une de mathématiques et deux de philosophie (trois à une certaine époque); elle paraît avoir eu d'abord deux chaires de grec, puis une seule; enfin elle posséda une académie des Exercices dont on parlera ci-après [2]. On rencontre à Sedan des professeurs qui cumulent quelquefois deux ou plusieurs chaires, tels que Colvin, qui enseignait en 1619 la physique et en même temps l'hébreu, et qui se chargea en outre en 1628 des leçons de grec et de théologie. Quant à la médecine, nous ne savons pas si elle fut enseignée à Sedan; cependant il se pourrait que ceux des professeurs auxquels on donne le titre de docteur en médecine aient occupé cette chaire [3]. En effet, nous voyons le règlement montalbanais de 1600 donner au professeur de médecine le titre de *docteur en médecine*, sans autre appellation. Au cas où cette conjecture serait fondée, la même observation s'appliquerait tout naturellement à Nîmes et à Saumur [4].

Saumur posséda sept, huit, neuf professeurs, dont deux de philosophie (logique et physique); il y en eut un troisième pour la métaphysique à une certaine époque (1617); un d'hébreu; deux de théologie, et même trois à partir de 1626 [5];

1. En effet, M. Nicolas a trouvé un acte notarié qui mentionne un étudiant en droit de l'académie de Montauban, lequel logeait chez le régent Etienne Vidailhan; quant à la seconde, elle fut occupée par Isaac Constans.
2. Il en était de même à Nîmes, où Jean de Serres enseignait en 1578 le grec et la philosophie. (Cf. *Bull.*, IV, 590.)
3. Exemple : Abraham Durand, docteur en médecine et professeur de philosophie. (Cf. Norbert, 24-25 [Extr.].)
4. M. Arnaud cite Samuel Benoist (qui traduisit en vers latins la IIe semaine de du Bartas) comme [professeur de médecine à Saumur; il fut en effet professeur dans cette académie, mais nous ignorons quelle était sa chaire. (Cf. Arnaud, *Hist.*, II.)
5. Les archives nationales (t. 239) conservent une requête adressée par les protestants de Saumur au roi, dans laquelle ils déclarent qu'ils ont toujours eu deux pasteurs pour le ministère actif, et trois ministres qui étaient professeurs en théologie; sur ces trois derniers, un est décédé; ils demandent l'autorisation de lui donner un successeur,

un de grec et un de mathématiques, dont les chaires furent intermittentes, surtout la seconde [1]; enfin, une chaire d'éloquence, qui fut occupée par un professeur de philosophie jusqu'en 1618, et depuis par le premier régent.

Les synodes n'entretenaient à *Montpellier* que deux chaires, dont une pour la théologie et l'autre pour les langues (hébreu et grec); mais le collège ou académie des arts avait trois chaires de philosophie, dont l'une était occupée par le principal lui-même.

Le règlement de *Die* porte quatre chaires, dont deux de philosophie (physique et logique), une d'hébreu et une de théologie. Mais on créa aussi celle d'éloquence ou philologie en faveur du premier régent [2]. Les mêmes lois concernant les régents étaient appliquées aux professeurs. Ils ne s'adonneront à aucun état ni vocation qui les puisse détourner de leur charge.

A *Orthez*, il y avait six professeurs, dont un de théologie, un de grec, un d'hébreu, un de mathématiques et un de philosophie [3]; en 1599, Bertram de Lasserre est nommé dans une pièce officielle [4] *professeur ez arts libéraux;* mais nous estimons que c'est là un titre imaginé et appliqué fautivement

comme il a été fait jusque-là. Mais cela ne veut pas dire qu'il y ait eu trois chaires; l'origine de cette division date du moment où l'une des deux chaires fut partagée entre Louis Cappel et Amyraut (1626); l'Académie se déclara depuis très satisfaite de cette mesure et s'appliqua à la rendre permanente. Ceci ne l'empêcha pas de réclamer longtemps une troisième chaire. Pendant deux ans (1663-1665), Gaussen remit cent livres sur ses gages pour cette fondation, et Tanneguy Le Febvre vingt livres; on voulut aussi y employer les revenus de la maison de Doull, qui appartenait à l'académie. Mais ce fut en vain. Quant à la philosophie, il n'y eut trois chaires que du vivant de Duncan, parce que ce professeur conserva une chaire tout en étant principal.

1. Duncan seul fut professeur de mathématiques en 1617; il ne l'était plus en 1637, puisque le conseil demande au synode le rétablissement de cette chaire.

2. Arnaud, *Histoire de l'académie de Die*, 22.

3. En 1578, nous lisons dans une remontrance adressée au sénéchal de Béarn par les jurats d'Orthez que le collège possédait « personnages doctes tant en las lengos hébraïques, grecques et latines que aussi en las sciences de théologie, philosophie, arismatique. » (Cf. *Bull.*, III, 283, art. de Lourde-Rocheblave.)

4. Délibération du corps des professeurs dont l'original est au Trésor de Pau. (Cf. *Bull.*, III, 289, art. cité, anciennes archives de Béarn.)

au professeur de mathématiques [1]. Quant au professeur d'éloquence, il est très présumable qu'il était aussi premier régent, comme à Saumur et à Die [2]. Y avait-il des professeurs de jurisprudence et de médecine ? Nous n'en avons pas trouvé trace dans les pièces qui ont été mises sous nos yeux. Cependant nous savons, par l'édit publié en septembre 1583 par Henri de Navarre, que ce prince accorda à l'université le privilège de conférer des grades pour ces deux facultés. Dès le commencement du XVIIe siècle, une partie des professeurs se trouva supprimée.

Quant à l'académie d'*Orange*, nous avons peu d'éléments d'appréciation pour dresser une liste complète et exacte de ses professeurs ; nous savons seulement de source certaine que la théologie, la philosophie et l'éloquence y étaient enseignées.

Dans toutes les académies, les pasteurs de la ville pouvaient être appelés à professer la théologie ; ces cours supplémentaires étaient aux frais de l'académie qui les réclamait.

L'*histoire* fut comprise à Nîmes dans l'enseignement de l'éloquence ; à Montpellier, nous la trouvons enseignée par Casaubon (1596-1599) ; à Saumur, par Duncan (1616-1618) ; à Sedan, par Bayle (1681) : on la rattachait donc plutôt à la philosophie dans ces deux dernières académies.

---

[1]. En effet, cinq autres professeurs sont cités, ceux de théologie, de philosophie, de grec, d'hébreu et d'éloquence ; or le professeur des arts libéraux n'est évidemment pas le professeur de médecine ou de jurisprudence.

[2]. Tous les régents sont cités, depuis le huitième jusqu'à la seconde. (Cf. *Bull.*, III, 289.) Qui était donc premier régent, sinon le professeur d'éloquence ?

[3]. Voy. p. 110.

CHAPITRE II

DIVISION DU TRAVAIL : LES LEÇONS PUBLIQUES

A *Genève*, toutes les leçons publiques se donnaient dans le même auditoire. Les professeurs d'hébreu, de grec et des arts lisaient chacun deux heures par jour, les lundis, mardis et jeudis, savoir une heure le matin, une heure l'après-dînée. Les mercredis et vendredis, la leçon de l'après-dînée seule subsistait ; les samedis et dimanches, il n'y avait pas de leçons. Le vendredi matin, tous les professeurs étaient exhortés à se trouver, autant que possible, au colloque des ministres.

Voici quel était l'ordre de la journée. Le matin, « incontinant après le sermon », c'est-à-dire le culte qui se faisait habituellement dans la salle commune, le professeur d'hébreu commençait sa leçon, puis venait le professeur de grec, puis le professeur des arts. Le soir, le professeur d'hébreu avait sa leçon de midi à 1 heure en hiver, de 1 heure à 2 en été ; puis venait le professeur de grec de 1 heure à 2 en hiver, et de 3 heures à 4 en été ; enfin de 3 heures à 4 en hiver, et de 4 heures à 5 en été, le professeur des arts.

Quant aux deux professeurs de théologie, ils étaient soumis à un règlement singulier : ils donnaient les leçons pendant une semaine alternativement, et seulement les lundis, mardis et mercredis soirs, de deux heures à trois heures, été comme hiver.

La matière des leçons, d'après les statuts, était la suivante :

1° Théologie : Exposition des livres de la sainte Ecriture.

2° Hébreu : Matin, exposition de quelque livre de l'Ancien Testament « avec le commentaire des Hébreux [1] ». Soir, grammaire hébraïque.

3° Grec : Matin, exposition de quelque livre de philosophie morale d'Aristote, Platon, Plutarque ou quelque philosophe chrétien. Soir, lecture d'un poète, orateur ou historien, « en un temps d'une sorte et puis de l'aultre et choisissant des plus purs ».

4° Arts : Matin, physique pendant une demi-heure; le programme ne fixe pas l'emploi de la seconde demi-heure [2]. Soir, exposition savante de la *Rhétorique* d'Aristote, des discours les plus célèbres de Cicéron ou du *De Oratore*.

On voit qu'à Genève la philosophie était partagée inégalement entre les deux professeurs de grec et des arts, le premier enseignant la morale, et le second les autres branches de cette science. D'autre part, le professeur des arts enseignait aussi l'éloquence.

Le samedi, de 2 à 3 heures, les étudiants en théologie devaient traiter « en lieu public » quelque passage de l'Ecriture, en la présence d'un ministre ayant qualité de modérateur. Ce ministre critiquait ensuite le proposant; tous les assistants avaient également le droit de dire leur avis « modestement et en la crainte du Seigneur ». Chaque étudiant, à tour de rôle, devait dresser et écrire une fois par mois des propositions « ne curieuses, ne sophistiques, ne contenantes faulse doctrine », et les communiquer de bonne heure au professeur de théologie. Les thèses étaient soutenues publiquement; chacun avait le droit de les attaquer. « Que toute sophisterie, curiosité impudente et audace de corrompre la parole de Dieu, semblablement toute mauvaise contention et opiniastreté en soyent bannies. Que les points de la dotrine soyent traictes sainctement et religieusement d'une part et d'aultre des disputants. » Le président dirigeait la séance selon sa sagesse et

---

[1]. C'est-à-dire l'exégèse et la critique rabbiniques, les Targoums, le Talmud, etc.

[2]. Elle était sans doute réservée aux autres parties de la philosophie.

donnait par l'Ecriture sainte la solution des difficultés proposées [1].

A *Nîmes*, dans le collège des arts, il n'y avait en réalité à l'origine que deux chaires affectées à l'enseignement supérieur ; Baduel avait créé l'une, celle des arts, qui comprenait toutes les belles-lettres latines et grecques ; Guillaume Bigot avait illustré l'autre, celle de philosophie. Le règlement de 1582 élève ce nombre à six, ainsi que nous l'avons vu. Mais il ne fixe pas la durée des leçons et la distribution quotidienne du travail ; à cet égard, il décide que le recteur s'entendra avec ses collègues pour dresser ce programme selon les circonstances. Comme à Genève, il n'y avait qu'un auditoire pour tous les cours publics ; là se faisaient régulièrement les disputes et déclamations ; là, les professeurs exerçaient leurs élèves chacun en sa partie.

Le règlement appelle les deux professeurs de philosophie « les coryphées et les hérauts de la république des lettres », et à ce titre il déclare que la ville les traitera avec honneur. La doctrine de leur enseignement sera tirée de Platon et d'Aristote. Cette juxtaposition de noms n'est pas indifférente ; mettre Platon sur le même rang que le Stagirite, proclamer qu'il inspirera au même degré le système philosophique des professeurs, c'est bien là une innovation hardie qu'il importe de signaler. La philosophie est divisée en quatre branches : la logique, l'éthique, la politique et la physique. 1° La logique, qui comprend la dialectique et la rhétorique, sera exposée avec le plus grand soin et appliquée dans des exercices répétés : ces deux connaissances sont en effet d'une absolue nécessité pour les arts et les sciences ; celle-là apprend l'art de bien raisonner et celle-ci l'art de bien parler. 2° L'éthique, nécessaire surtout au théologien et au juriste ; il serait honteux qu'un jeune homme peu versé dans la logique et dans l'éthique s'introduisît malgré cela dans le sanctuaire des lois, comme pour le violer. Cette science importe d'ailleurs à tous, pour la

[1]. On sait que l'autorité des Ecritures était la norme en matière théologique chez les réformés.

conduite propre de chacun, pour le bien de la république en général. 3º La politique, qui doit être enseignée d'après les mêmes maîtres. 4º La physique, qui sera exposée avec clarté et simplicité : car l'homme a été créé capable d'embrasser les lois de l'univers, et il est naturellement doué pour comprendre les principes des choses ; il ne doit donc ignorer ni la physique ni la métaphysique ; mais on usera sobrement de cette dernière.

Le professeur de mathématiques enseignera l'arithmétique et la géométrie, la cosmographie, l'astrologie et toutes les autres sciences comprises sous le nom de mathématiques. Il ne retiendra pas la jeunesse dans les études inutiles ; mais, après avoir exposé la théorie de ces très nobles sciences, il en démontrera avec soin la pratique et ornera ainsi les jeunes esprits de connaissances indispensables dans la vie. Nous ne saurions trop admirer l'insistance avec laquelle le rédacteur de la loi nîmoise, humaniste passionné, disciple de Sturm et héritier de Baduel, fait néanmoins l'éloge de l'étude des sciences, auxquelles il marque une place si honorable dans son programme [1].

Le professeur de grec exposera, suivant les circonstances, les œuvres de Platon, de Démosthènes, d'Isocrate, de Xénophon, d'Homère, d'Hésiode, de Pindare, de Sophocle, d'Euripide, de Plutarque, de Synésius, d'Oppien, de Nonius, d'Aratus, de Nicandre, de Denys et les épigrammes grecs.

Le professeur d'éloquence exposera les chefs-d'œuvre oratoires de Cicéron d'après les règles d'Aristote, d'Hermogène, de Denys, de Longin, de Quintilien et de Cicéron lui-même ; il ramènera les préceptes à l'usage avec un soin extrême. Du reste, ce caractère essentiellement pratique du vaste enseignement donné à Nîmes est partout rappelé, partout recommandé.

Quant à l'histoire, elle n'est pas oubliée dans le programme encyclopédique de Jean de Serres : le professeur d'éloquence

---

[1]. « *Num vero mathematicorum disciplinorum ignoratio liberali ingenio tolerabilis esse potest?* » etc.

l'enseignera par des leçons tirées alternativement des chroniques de Mélanchthon ou de Jean Sleidan : car cette connaissance, qui est comme la lumière et le tableau de la vie, est absolument nécessaire à quiconque prétend au titre d'homme instruit, surtout au théologien et au juriste [1]. Ici encore, nous avons le devoir de relever une innovation vraiment extraordinaire, dont la hardiesse étonnerait même chez un pédagogue du siècle suivant. Établir l'enseignement de l'histoire contemporaine [2], en faire ressortir les avantages, l'envisager comme indispensable ! Ce dernier fait, ajouté à d'autres, montre une fois de plus comme le magnifique règlement de Nîmes devançait son siècle, tout en s'adaptant merveilleusement aux besoins comme aux mœurs de la génération à laquelle il s'adressait.

Quant à la jurisprudence, nul n'ignore, dit le règlement, combien cette faculté est en honneur chez ceux de notre religion : il est nécessaire que l'académie de Nîmes donne un certain développement à cette science. Une douloureuse expérience de tous les jours montre en effet que les jeunes gens, quand ils secouent le joug de la discipline scolaire, se font du tort à eux-mêmes, ainsi qu'à leur famille et à leur patrie, et perdent tout le fruit de leurs études. Cependant on estime préférable que ceux qui se destinent à cette carrière se préparent à fréquenter des académies plus célèbres, après avoir reçu ici une éducation soignée dans toutes les autres parties, lorsqu'ils posséderont déjà des notions appréciables de cette science excellente ; ainsi l'on évitera bien des frais et l'on prémunira cette jeunesse contre les dangers de la vie libre que mènent ailleurs les étudiants. Le professeur de jurisprudence enseignera avec clarté et netteté les Institutes de Justinien et les mettra à la portée des jeunes écoliers. Il expliquera l'objet, l'organisme, la terminologie propre du droit, et ne puisera qu'aux sources les plus pures du droit naturel et du droit des gens. Il exposera les opinions diverses des docteurs sur toutes les

---

1. « *Quantum autem historiæ, quantum linguæ græcæ cognitio ad solidam utilemque eruditionem conducat, nemo sanus nescit.* »
2. L'histoire ancienne était enseignée dans les auteurs latins et grecs.

questions, mais non sans prudence et en usant de sobriété : car l'esprit des jeunes gens est encore faible, et il ne faut pas le faire ployer sous l'abondance et la trop grande variété des matières. Il faut d'ailleurs se conformer aux préceptes de Justinien lui-même, c'est-à-dire amener les élèves aux premiers principes, par une voie simple et abrégée ; ils seront ainsi mis en état de suivre plus tard dans les universités, avec facilité et profit, les leçons les plus doctes et les plus complètes ; de même, ils se prépareront à devenir un jour, non pas des *braillards* [1], mais de vrais jurisconsultes, les oracles de la patrie, les ministres de la justice, les gardiens de la république, les avocats et les soutiens des pauvres.

Enfin comme la religion doit être le premier but et le soin capital de tous les gens de bien, et que pour cette raison une telle étude ne doit pas manquer à l'académie, on apprendra les principes de la théologie ; la jeunesse pourra ensuite aller demander aux universités en renom un enseignement complet de cette science.

A *Montpellier*, en 1599, le professeur de philosophie donnait deux leçons par jour d'une heure et demie chacune. Il dépendait du collège. Lorsqu'il y eut, en 1608, trois chaires de philosophie, l'enseignement embrassa naturellement la logique et la physique d'une part, de l'autre différentes branches, telles que la métaphysique, l'éthique, la politique, la rhétorique, les éléments d'Euclide et la Sphère de Sacrobosc.

Nous avons déjà fait observer qu'à *Montauban* les professeurs de philosophie dépendaient du collège ; il en était de même du professeur d'éloquence, qui d'ailleurs était aussi premier régent. Cette distribution se trouve soigneusement indiquée dès le préambule du règlement [2].

Les professeurs de philosophie devaient lire deux heures par jour, une le matin et une le soir, sauf le mercredi et le

---

1. C'est l'expression même dont se sert Ménard (*Hist. de Nîmes*, t. V).
2. L'académie « sera composée de docteurs et professeurs publics en théologie, jurisprudence, médecine, mathématiques, langues hébraïque et grecque : des professeurs qui enseigneront la physique, la logique, l'éloquence, la grammaire. »

samedi soir, jours de disputes, et le mercredi matin, jour de prêche. Le professeur de la première année (logique) exposera le matin, « avec la plus grande facilité qu'il se pourra », un abrégé de toute la logique, puis l'*Organon* d'Aristote en entier, avec l'*Isagoge* de Porphyre; le soir, les *Éthiques* d'Aristote, et *Ad Nicomachum*. Le professeur de seconde année (physique) exposera cette science ainsi que la métaphysique, toujours d'après Aristote, puis la Sphère de Sacrobosc. Les deux exerceront leurs écoliers par des disputes, aux heures indiquées, et leur feront faire des leçons où ils exposeront les textes d'Aristote en grec; il sera loisible à leurs condisciples de discuter l'interprétation donnée.

Les professeurs de langues liront deux heures, comme ceux de philosophie. Celui d'hébreu enseignera tous les ans la grammaire hébraïque et en appliquera les préceptes sur des textes de l'Ancien Testament, à son choix. A la fin de l'année, il exposera la grammaire chaldaïque et syriaque. Les exercices consisteront pour chaque écolier à tourner et exposer devant ses condisciples un chapitre de la Bible.

Le professeur de grec exposera des orateurs, tels que Démosthènes, Socrate, Eschine; des historiens, tels que Thucydide et Polybe; des poètes, tels qu'Homère, Hésiode, Pindare, Euripide, Sophocle; des philosophes, Aristote, Théophraste, Platon; des théologiens, tels que Théodoret, Cyrille, Justin Martyr, Chrysostome, Basile, Clément d'Alexandrie. « Il baillera l'interprétation en monstrant la terminaison des noms, des verbes; et pourra s'estendre pour traiter sommairement la matière que son autheur lui fournira, sans obmettre de marquer les figures et ce qui est de la rhétorique et de la dialectique, selon qu'il se trouvera ez orateurs ou poètes qu'il aura en main. Il exercera ses escoliers par leçons et compositions, tant en oraison qu'en carme [1]. » On voit que le programme de Montauban n'est pas moins chargé que celui de Nîmes; il semble que les académies aient cherché à s'inspirer

---

[1]. C'est-à-dire en vers.

du système encyclopédique de Rabelais. Le professeur de mathématiques enseignera Euclide, Ptolémée « et autres ».

Le docteur en médecine lira Hippocrate, Gallien « et autres ».

Le professeur de jurisprudence lira les Institutes de Justinien et autres livres de droit civil, selon que décideront le recteur et le professeur d'un commun avis. En théologie, l'un des professeurs exposera les livres de l'Ancien et du Nouveau Testament, dans la langue originale qui appartient à chacun d'eux, c'est-à-dire l'hébreu pour les uns, le grec pour les autres ; il fera en même temps l'exégèse de tous les passages qu'il lira, expliquant les doctrines qui y sont contenues et les réfutations qu'il y a lieu d'opposer aux doctrines adverses. Le second professeur exposera les livres communs de la théologie, c'est-à-dire les lieux communs ou dogmatiques ; il est nécessaire que tous les deux ans un sommaire général de la théologie soit présenté aux nouveaux étudiants. Il prendra aussi les points controversés et les examinera avec soin. Les exercices consisteront en disputes, qui auront lieu tous les quinze jours ou tous les mois, et en propositions tant latines que françaises. Les propositions ou thèses ne seront pas curieuses, mais confirmées par des textes scripturaires [1]. Ceux qui attaqueront seront exhortés à apporter dans leur discussion la révérence et la modestie que le sujet requiert, afin que tous les points de la doctrine soient traités saintement et religieusement, « toute audace de corrompre la Parole de Dieu, pour faire valoir son opinion, et toute mauvaise contention et opinhastreté en estant banie » ; on peut trouver que la liberté de l'argumentation était singulièrement restreinte par ces recommandations ; cependant, outre que le règlement se borne à une exhortation générale sans enfermer ses injonctions dans aucune formule précise, il n'était pas mauvais de poser des limites à la fantaisie individuelle, toujours prompte à se donner libre carrière, surtout dans le champ clos de la théologie et lorsque les jouteurs sont novices. Les leçons se donnaient les lundis, mardis, jeudis et

---

[1]. On retrouve ici, comme à Genève, l'argument décisif de la preuve externe, si cher aux calvinistes, surtout au xviie siècle.

vendredis; les mercredis et samedis, l'après-midi était consacrée aux disputes ou aux propositions pendant une heure.

Signalons seulement les modifications ou développements apportés par le règlement de Chamier. En philosophie, le mode adopté pour les discussions est le suivant : les étudiants en philosophie naturelle argumenteront contre les logiciens chaque samedi à midi; les logiciens contre les philosophes naturels ou physiciens, le mercredi à midi; les thèses seront présentées alternativement par les uns et par les autres, et en petit nombre. Le samedi matin, les écoliers feront chacun à leur tour, par série de deux ou trois, une sorte de leçon de leur composition sur tel sujet que leur maître leur aura donné d'avance, « afin qu'ils puissent le méditer et le préparer à leur aise. » Il n'est plus parlé, pour l'enseignement, que du texte d'Aristote; la première leçon, dans chaque cours, doit être consacrée à un abrégé de la science qu'on étudiera. Chacun des deux cours doit durer deux ans, et les professeurs le donnent alternativement, selon l'usage.

Le synode de Saint-Antonin (1672) établit que les leçons auront lieu deux fois par jour et dureront deux heures à chaque reprise; les professeurs devront expliquer leur cours, dicter les annotations et les questions « non comprises en icelui ». On exige comme sanction de cette loi que les professeurs exhibent à chaque synode provincial ce qu'ils auront dicté pendant l'année [1].

Le règlement de *Puylaurens* enjoint aux professeurs de philosophie de ne point faire imprimer leurs thèses avant de les avoir présentées d'abord au recteur. Il maintient les quatre heures de leçon par jour, dont deux le matin et deux le soir; le jeudi matin, jour de prêche, est excepté. On rappelle que l'enseignement de la métaphysique est obligatoire. Les professeurs « dicteront un petit traité dans lequel ils expliqueront les termes de l'art les plus obscurs et difficiles à entendre ». Enfin les disputes publiques auront lieu une fois par mois,

---

1. Pujol, op. cit., 110.

présidées tantôt par l'un, tantôt par l'autre des professeurs [1].

Pour l'hébreu, on transporte au commencement de l'année l'étude de la grammaire chaldaïque : il est dit que le professeur pourra s'étendre dans ses leçons sur les difficultés que présente le texte sacré, et les résoudre conformément au génie de la langue hébraïque. Le règlement de Puylaurens ramène à une heure par jour la durée des cours, sauf le jeudi et le samedi. Le professeur de grec fera observer soigneusement les locutions propres à cette langue et les idiotismes de toute nature; il s'occupera spécialement de la rhétorique et de la logique des Grecs; il pourra même amplifier cette matière toutes les fois qu'il le jugera utile. Tous les vendredis soirs, ces deux professeurs exerceront leurs écoliers en leur proposant quelques passages de la Bible ou d'un auteur grec quelconque à expliquer devant leurs condisciples.

En théologie, nous voyons que le second professeur ordonne ses leçons de manière que les étudiants puissent embrasser toutes les parties du corps théologique et en mesurer l'étendue dans l'espace de trois ans. Les leçons auront lieu les lundis, mardis et jeudis, et dureront une heure le matin, une heure le soir. Le règlement de Puylaurens rétablit les quatre leçons par semaine qui étaient primitivement obligatoires; mais il fit droit aux observations présentées par le professeur Pérès et reprit le chiffre de trois leçons devant durer une heure au moins chacune. Tout professeur absent sera suppléé par ses collègues; mais « les absents reviendront au plus tôt ». Les propositions auront lieu à midi, le mercredi en latin, et le samedi sur un texte hébreu ou grec, en français. Lorsque le proposant aura fini, « il sera charitablement averti de ses défauts par ses condisciples inscrits au registre des proposants et par les pasteurs et professeurs qui auront été ses auditeurs. » Le samedi, de 1 heure à 4, il y aura disputes latines sur les thèses publiques, dont on aura publié les sujets quelques jours auparavant en les distribuant aux étudiants en théologie. Il sera permis à tous, sans

---

[1]. Pujol, op. cit., 124.

distinction, d'attaquer les thèses, mais non « d'une manière audacieuse ou téméraire, par voie de défi ou de provocation. » Les professeurs de théologie présideront et modéreront toujours les discussions, chacun à leur tour, « et après avoir laissé l'écolier répondant faire de son mieux, essayer ses forces et ses talents à défendre sa cause et ses thèses, les professeurs résoudront, avec la gravité convenable, les difficultés proposées, en tirant leurs arguments des saintes Écritures. »

Les disputes publiques sont fixées par le règlement de Puylaurens à une fois par mois.

A *Sedan*, le registre des modérateurs (année 1675) nous apprend qu'il y avait alors cinq jours de leçons par semaine pour la philosophie. Il y avait deux leçons par jour de 2 heures chacune, excepté le cinquième jour, qui était réservé aux thèses; il n'y avait ce jour-là qu'une séance de 2 heures. Les leçons d'hébreu se donnaient, depuis 1628, les lundis, mercredis et vendredis, de midi à 1 heure; celles de grec, les mardis, jeudis et samedis, à la même heure [1]. « Pour rendre l'étude de la philosophie plus claire, le duc avait recommandé, contre l'usage alors généralement reçu, que les professeurs, quand ils traitaient des matières inutiles et abstraites, donnassent aux étudiants une traduction verbale de leurs leçons en langue vulgaire. Cette précaution était d'autant plus convenable que toute la jeunesse ne se destinait pas à l'état ecclésiastique, aux sciences ou aux lettres..... L'usage du latin comme unique instrument aurait compliqué leur tâche sans utilité.... (1607) [2]. » La durée des études en théologie était de trois ans [3].

Le règlement de *Die* offre peu de particularités. L'article 12 porte qu'aux disputes publiques ni l'un ni l'autre des professeurs de philosophie ne pourra discuter contre son collègue, ni contre l'écolier qui soutiendra des thèses sous la modération de son collègue, à cause des inconvénients qui en pourraient résulter, et afin que l'amitié soit entretenue tant parmi les

---

1. Cf. Norbert, 19 (Extr.).
2. J. Peyran. *Hist. de Sedan*, II, 24.
3. Ch. Peyran, op. cit., p. 24.

professeurs que parmi les écoliers. Les professeurs exposeront le texte d'Aristote et y joindront des questions et leurs résolutions, « sobrement toutes fois et en tant que les dites questions seront nécessaires pour entendre le texte du dit Aristote. »

« Et afin qu'ils s'en puissent eux-mêmes acquitter, seront tenus tant eux que leurs écoliers avoir en main les textes du dit Aristote tant grec que latin, et s'abstiendront les dits professeurs tant que faire se pourra de multitude de dictations superflues et manières de traiter monachales. » On ne saurait écarter avec plus de dédain la scolastique du moyen âge.

Tous les professeurs auront congé le jeudi matin : le soir, les théologiens seront exercés aux disputes « tant que faire se pourra, outre ce que l'ordre établi porte qu'ils les fassent. » Le samedi, il y aura disputes pour la logique et la physique alternativement, « auxquelles disputes assisteront les escholiers tant de l'une que de l'autre profession. » Les logiciens pourront assister, s'il leur plaît, aux cours de physique dès la première année. Il y aura propositions pour les théologiens, le samedi matin, en latin, et le dimanche, en français; les pasteurs y assisteront autant que possible, au moins l'un d'eux.

Les professeurs d'hébreu et de philosophie enseignaient deux heures par jour, non compris le temps consacré à la répétition des leçons; le professeur de théologie, une heure [1].

Le synode de Charenton constate en 1631 que les professeurs de philosophie n'enseignent pas la métaphysique, quoique ce soit une des principales sciences et de laquelle toutes les autres tirent leurs principes; qu'il est donc plus nécessaire que jamais de lui rendre son lustre et sa pureté, « parce que depuis longtemps elle a été entièrement corrompue par les fausses subtilités des docteurs de l'Eglise romaine, lesquels, abusant de ses maximes, ont défiguré toute la théologie et tâchent d'établir leurs faux principes au grand préjudice de la vérité. »

---

1. Cf. Arnaud, *Histoire de l'académie*, 15.

Il enjoint donc à tous les professeurs de philosophie d'enseigner ladite science avec les autres; il enjoint aussi expressément à tous les conseils académiques de faire enseigner dans les premières classes les éléments de la logique, afin que les écoliers au sortir du collège fussent déjà propres à des connaissances plus élevées [1]. Le synode de Charenton (1645), ratifiant l'interdiction faite aux professeurs de philosophie d'enseigner les questions oiseuses de physique dans leurs cours de métaphysique, ordonna qu'ils n'eussent pas davantage à s'embarrasser des questions de logique inutiles, « au lieu desquelles ils dicteroient un petit abrégé de morale, afin de donner à leurs écoliers la première teinture de cette philosophie [2]. »

Le règlement général d'*Alais* comprend sous le titre de professeurs publics ceux qui enseignent la théologie, l'hébreu, le grec, la philosophie, la rhétorique et les mathématiques. Mais, trois ans plus tard, le synode de Charenton (1623) prit une mesure étrange. « Cette assemblée, est-il dit, considérant la pauvreté de nos Eglises, et combien il était nécessaire que nous fussions bons économes des sommes que le roi nous accordoit, ordonna qu'à l'avenir on suprimeroit les places de professeurs en langue grecque, comme étant de peu d'utilité [3]. » Cette mesure étonne moins au premier abord, vu la difficulté des temps, que le considérant final qui l'accompagne. Supprimer la chaire de grec pour pratiquer des économies nécessaires, cela se comprend; évidemment, on ne pouvait pas sacrifier la théologie ou même la philosophie. Mais ajouter que cette chaire est de peu d'utilité, c'est apparemment répudier une tradition bien vieille chez le peuple protestant, et trahir ce zèle ardent pour les études grecques qui animait les premiers organisateurs des académies. Cependant nous ne voulons pas qu'on interprète ainsi cette mesure, sans observer que la littérature grecque était encore solidement

---

1. Cf. Aymon, II, 510.
2. Aymon, II, 696.
3. Aymon, II, 286.

étudiée pendant les classes, non moins qu'en philosophie; on a pu en juger par les programmes que nous avons interrogés. Dans ces conditions-là, l'observation du synode n'a plus rien que de très légitime et de très naturel; elle n'a plus lieu d'étonner qui que ce soit. D'ailleurs cette suppression ne fut pas pratiquée, sauf à Saumur pour un temps très restreint; on retrouve des professeurs de grec jusqu'à la disparition des académies. Bien plus, les synodes eux-mêmes revinrent immédiatement sur leur première décision, et celui de Castres (1626) donna un démenti au synode qui l'avait précédé trois ans auparavant. En effet, le professeur de Vismes, de Montauban, demande à enseigner les mathématiques et la métaphysique « en même temps qu'il enseignerait la langue grecque »; il exerçait donc encore sa charge à cette époque; enfin, dans les sommes allouées aux universités, mention est faite d'un professeur de grec à Montauban, à Nîmes et à Saumur [1].

Voici ce que le synode d'Alais décide à l'égard des théologiens : il y aura deux professeurs *pour le moins*; l'un exposera l'Ecriture sainte, sans s'étendre sur les lieux communs; l'autre enseignera les lieux communs. S'il y a trois professeurs, l'un exposera l'Ancien Testament, l'autre le Nouveau, et le troisième les lieux communs; ce dernier fera son cours en trois ans *pour le plus tard* [2], « en expliquant le tout solidement et

---

1. Cf. Aymon, III, 402, 409. En 1631, le synode de Charenton s'exprime ainsi : « L'Assemblée, considérant l'absolue nécessité de la langue grecque pour tous les proposans qui aspirent au sacré ministère, et que la profession de cette langue sert d'un bel ornement à nos universités, souhaitoit qu'elle fût enseignée; mais à cause des grands besoins de nos Eglises, qui n'etoient pas en état d'entretenir un professeur pour cela, ce synode, laissant au synode national le soin de faire quelques règlemens là-dessus, ordonna néanmoins (afin que notre jeunesse ne cessât pas d'être bien instruite) que tous les conseils des universités auroient soin que les régens de la première et seconde classe enseignassent diligemment et assidument cette langue, afin que, quand nos écoliers seroient promus à l'office de lecteurs publics, ils pussent être capables de lire et d'entendre les auteurs dans leurs propres langues. » (Aymon, II, 514.)

2. Le synode de La Rochelle (1607) avait déjà fait une exhortation semblable. (Aymon, I, 313.)

le plus succinctement qu'il sera possible, d'une manière scholastique, pour faire d'autant mieux profiter les Etudiants, qu'ils seront obligés de s'appliquer plus fortement aux disputes et aux distinctions métaphysiques[1]. » Tous dicteront des sommaires de leurs cours. Les cours auront lieu quatre fois par semaine; toutes les semaines, les étudiants seront exercés à des propositions en forme de sermons, qu'ils feront à tour de rôle, tant en latin qu'en français, suivant l'ordre et au temps que prescrira le conseil académique. Toutes les semaines, il y aura disputes particulières, et tous les mois disputes publiques, sous la présidence de chaque professeur à tour de rôle. Les écoliers seront astreints à fréquenter régulièrement toutes les leçons, propositions et disputes, comme aussi à proposer, soutenir des thèses et argumenter, chacun à leur tour selon le

[1]. Il semble qu'il y ait là une fâcheuse tendance à retourner aux méthodes scolastiques; il est certain qu'on était beaucoup plus scolastique au XVIIe qu'au XVIe siècle, mais en théologie seulement. C'est avec raison qu'on a appelé le XVIIe siècle l'âge de la scolastique protestante; cependant, ne l'oublions pas, cette appellation serait notoirement fausse si elle s'appliquait à une autre science que la théologie. D'ailleurs, pour montrer qu'il ne faut pas s'exagérer l'importance de ce penchant à la scolastique, nous n'avons qu'à citer une autre délibération prise *à ce même synode d'Alais* : « Les professeurs en philosophie prendront garde en traitant les questions de Phisique, ou de Métaphisique, qui ont quelque raport à la théologie, de le faire de telle manière qu'ils ne donnent aucune atteinte aux Principes de la Vraie Religion et ne fassent point naître des scrupules dans les Esprits de la jeunesse, qui soient contraires à la Piété; et quant aux Docteurs et Professeurs en Théologie, *ils s'abstiendront autant qu'il leur sera possible des questions curieuses et des vaines recherches des scholastiques Romains*, et ils ne s'étendront sur la Réfutation des Hérésies inconnues parmi nous, qu'autant qu'il est nécessaire pour l'interprétation des passages de l'Ecriture sainte qu'ils exposeront *en gardant dans leurs Discours Dogmatiques la gravité et la simplicité qui se remarque dans les Ecrits dont Dieu s'est servi, en ces derniers Tems, pour ralumer le flambeau de son Evangile.* » (Aymon, II, 203.)
Ainsi, que chacune des deux sciences ait son domaine bien marqué, et qu'aucune ne franchisse celui de sa voisine; que l'enseignement soit pratique et non scolastique à la façon catholique : la chose n'y est pas seulement, il y a le mot.
Le synode de Charenton (1631), s'adressant aux professeurs de philosophie, les invite également à s'abstenir de traiter des matières de théologie ou des questions inutiles, afin qu'ils se tiennent « toujours dans leurs limites, sans vouloir errer dans une région qui leur était inconnue ». (Aymon, II, 511.)

rang de l'immatriculation; on ajoute cette réserve que les nouveaux pourront être dispensés de faire des propositions et des disputes publiques pendant six mois ou un an à la discrétion des professeurs, qui jugeront de leur capacité. Les thèses pour les disputes publiques seront courtes et contiendront le plus souvent quelque lieu commun, sans qu'on les charge des objections qui peuvent surgir au cours de la dispute, ni d'une longue déduction de toutes les raisons propres à confirmer la vérité, afin qu'elles ne soient pas aussi développées que les traités publiés dans les livres. L'écolier proposant, avant la soutenance, fera un petit discours en latin, tant pour annoncer l'objet de ses thèses que pour former son style et s'exercer lui-même à l'éloquence. Ceux qui l'attaqueront parleront dans la même langue que lui, et pour cet effet les étudiants en théologie critiqueront les premiers, en l'absence du proposant, lequel rentrera ensuite pour entendre les professeurs et les pasteurs [1].

L'académie de *Saumur* s'attribua ce règlement, non sans le modifier quelque peu. Dans l'article VI, elle remplace le mot de rhétorique par le terme plus exact d'éloquence et ajoute à la liste des professeurs publics ces deux mots significatifs : *et autres*. Ces autres étaient sans doute les professeurs de jurisprudence et de médecine, que cette académie ne paraît pas avoir jamais possédés. Il n'est plus parlé d'insister sur les disputes et les distinctions métaphysiques, non plus que des sommaires à dicter; mais on dictera les leçons. Le conseil de Saumur a voulu sans doute corriger la tendance scolastique qui caractérise, au moins dans la forme, le document d'Alais.

Les professeurs présidaient les propositions latines [2] et françaises chacun à leur tour pendant une semaine [3]; les philoso-

---

1. Cf. Aymon, II, 697. Un règlement analogue est observé actuellement dans la faculté de théologie protestante de Montauban, pour la critique des sermons; seulement les étudiants critiquent leur condisciple en sa présence; celui-ci n'a pas le droit de répondre.
2. Le synode de Saumur (1665) se plaint que l'usage des propositions latines soit complètement aboli dans l'académie, ordonne de le rétablir et interdit au conseil de délivrer des témoignages aux proposants réfractaires.
3. Ainsi, en 1617, Gomar et de La Coste, professeurs en théologie,

phes, à partir de 1647, eurent la faculté, mais non l'obligation d'assister aux disputes des théologiens. Quant aux proposants, nous voyons en 1665 que les professeurs de théologie et d'hébreu devront déclarer au conseil tous les trois mois, après la cène, la façon dont chacun aura fréquenté les disputes, leçons et exercices publics, « afin que les négligents soient repris et censurés. » L'ordre d'argumentation, aux disputes des logiciens, était le suivant : un maître ès arts pris parmi les nouveaux, un étranger, un étudiant en théologie; puis la parole était donnée à qui la réclamait dans ces trois catégories indifféremment.

Terminons en donnant un aperçu des programmes de cette académie, comme nous avons fait pour son collège[1]. Voici d'abord la partie du programme imprimé de 1680 relative à l'enseignement supérieur tel qu'il subsistait à cette date :

SACRO-SANCTÆ Theologiæ brevis Institutio tradetur.
Controversiæ tractabuntur.
Loca selecta Veter. et Novi Testamenti explicabuntur.
HEBRAICÆ Linguæ Professor, post explicatam de more Grammaticam, Praxim ejus in explicandis uno et triginta Psalmis omnium postremis monstrabit. Dein Aggæum, Zachariam, etc., interpretabitur.

PHILOSOPHIÆ Professorum Alter, præmissis brevioribus Institutionibus Logicis, Organum Aristotelis explicabit, eoque absoluto, Epitomen Ethices tradet.
Alter præmissa Physices Epitome, libros Aristotelis Physicos, quotquot in scholis prælegi solent, commentariis illustrabit, quæstiones necessarias discutiet, et Metaphysices Epitomen tradet.

Accedent frequentissimæ Disputationes Theologicæ et Philosophicæ ad exacuenda Studiosorum ingenia necessariæ.

Le programme de 1683 dit que, pour la théologie, on suivra l'ordre accoutumé; l'un des professeurs expliquera un *compendium* de théologie et les principales controverses; l'autre, des passages choisis de l'Ancien et du Nouveau Testament.

Pour l'hébreu, l'un lira au 1er semestre la grammaire hébraïque; au 2e semestre, des auteurs sacrés; l'autre, s'adressant

Cappel, professeur d'hébreu, et Bouchereau, pasteur et professeur, se partagent la besogne suivant cette règle. (Cf. Reg. I, 31.)
1. Voy. page 208.

aux étudiants plus avancés, lira au 1er semestre quelques auteurs sacrés et reprendra au 2e semestre la grammaire hébraïque. Ainsi, en tous temps, les plus avancés et ceux qui le sont le moins pourront également profiter. Les livres indiqués sont : Genèse, les Psaumes depuis le LIe jusqu'au LXXXVe, et quelques petits prophètes.

Pour la philosophie, suivant l'ordre accoutumé, l'un expliquera la logique et la morale ; l'autre, la physique et la métaphysique.

Le programme de 1684 ne présente pas de changement ; les professeurs seuls intervertissent l'ordre de leur enseignement, suivant la loi d'alternance adoptée dans toutes les académies.

En dehors des cours publics de théologie, les proposants avaient chez quelques-uns de leurs professeurs des réunions particulières dans lesquelles on leur expliquait familièrement certains points obscurs ou délicats particulièrement de *polémique*.

Enfin les jeunes gens qui se destinaient à la carrière pastorale devaient s'exercer à la *prédication*; on ne comprendrait pas que les futurs ministres eussent pour tâche unique de sonder les mystères de la théologie ; une telle préparation à une profession toute d'activité et de dévouement pratique serait notoirement insuffisante. A Genève, les proposants (candidats en théologie) allaient prêcher dans les villages voisins, sans règle aucune. La discipline des Eglises réformées de France trouva cette liberté abusive et y porta remède. L'art. 5 du chapitre II est ainsi conçu : « En chacune Eglise on dressera Proposition de la parole de Dieu entre les Escoliers, selon que la commodité des lieux et des personnes le portera, auxquelles assisteront les pasteurs, tant pour y présider que pour dresser les dits Proposants[1]. »

Déjà, le synode de Lyon avait improuvé cette coutume d'origine genevoise, en 1563, et trouvé défectueuse la raison alléguée par les partisans de ce système, qu'il était bien permis

1. D'Huisseau, *Discipline*, p. 68.

aux diacres de catéchiser; l'Eglise de Caen avait même contrevenu sur ce point aux arrêtés d'un des synodes provinciaux de Rouen, et il en était résulté quelque scandale; ceux qui l'avaient provoqué par leur négligence furent fortement censurés[1]. En 1601, le synode de Gergeau déclara également qu'il n'était pas bon d'introduire la coutume de quelques Eglises étrangères, qui envoient les écoliers proposants prêcher quelques mois dans les villages avant de leur imposer les mains[2]. Il paraît que malgré tout cette pratique menaçait sans cesse de s'introduire en France, puisque le synode de Charenton (1644) agite de nouveau la question; « en ratifiant les Canons des Synodes Nationaux de Gergeau et de Gap, et du troisième Synode National tenu à la Rochelle, touchant les Proposans qui présument de monter en Chaire pour faire leurs Propositions, qui pourroient estre considérées comme des prédications apuiées de l'Autorité de nos Eglises, particulièrement si elles se font aux jours et heures que le peuple a accoutumé de s'assembler; le Synode, à la Requête de la Province de Xaintonge, défend à tous les Pasteurs et Consistoires de souffrir que cette pratique se glisse dans aucune de leurs Eglises; et ils se garderont à plus forte raison de l'introduire de leur Chef[3]. » Le synode de Loudun (1659), reprenant cette délibération et l'article de la Discipline ci-dessus énoncé, ajoute que les transgresseurs de cette loi, qui feront monter en chaire les proposants aux heures réservées pour les prédications, seront « censurez par les coloques et les synodes[4] ».

Nous retrouvons ces défenses dans les cahiers des synodes provinciaux du haut Languedoc (Montauban, 1639; Saint-Affrique, 1646; Saint-Antonin, 1650; Mauvezin, 1657). Celui de Montauban (1639) interdit en outre aux pasteurs et consistoires de permettre que les proposants choisissent eux-mêmes leurs textes : le pasteur seul exerce ce droit, et le proposant

1. Aymon, I, 42.
2. Aymon, I, 245.
3. Aymon, II, 653.
4. Aymon, II, 749.

doit rendre sa tâche dans le délai fixé. Le synode de Réalmont (1659) menace de la censure les ministres et consistoires, s'ils souffrent que les proposants donnent leurs discours en l'absence des pasteurs; cet arrêt est confirmé successivement par huit synodes jusqu'en 1678.

Un arrêté du synode provincial de Castres (1616) porte que les écoliers en théologie liront publiquement l'Ecriture en pleine chaire, et que place honorable leur sera donnée dans le temple après qu'ils auront fait lecture. Bien que toute cette réglementation soit indépendante des statuts académiques officiels, nous avions le devoir de la rapporter ici, puisqu'elle concerne la catégorie d'étudiants la plus importante.

Quant au moment des études où les écoliers en théologie étaient admis à faire des propositions ou *thèses*, nous voyons, d'après une délibération du synode de Saint-Maixent, en 1609, qu'on s'en remettait à la prudence des conseils académiques pour en décider, « sans s'astreindre à un certain temps limité, attendu la diversité des Esprits, et des Progrès des Etudians; » même liberté pour juger si les critiques des propositions devaient se faire en la présence ou en l'absence du candidat; dans ce dernier cas, le rapport du modérateur des censures lui était communiqué [1].

Lorsque le proposant avait terminé ses études universitaires le colloque de sa province le présentait au synode particulier, qui lui réclamait son certificat d'études. Puis le candidat devait soutenir plusieurs propositions en latin et en français : il était ensuite questionné sur les trois langues (latin, grec, hébreu), et surtout sur la logique, afin qu'on pût se convaincre s'il était réellement en état de « répondre aux contradicteurs et de fermer la bouche aux sophistes ». Après quoi le synode, ou plutôt la commission d'examen [2], lui donnait un passage de

---

1. Aymon, I, 379.
2. Voici ce que nous lisons dans le cahier du synode du Mas-d'Azil (1669) : « Le sieur Bardon, Ministre de Saint-Anthonin, a représenté à la compagnie, pour tous les examinateurs des proposans. que les députez du synode, Ministres et Anciens, s'étoient rendus au lieu de l'Examen, disant qu'ils avoient ce droit. La compagnie déclare qu'il

l'Ancien ou du Nouveau Testament, dans le texte original, qu'il devait expliquer le lendemain en latin, sous forme de leçon. Le surlendemain, même épreuve en français. En dernier lieu, il devait soutenir des thèses sur quelques points de la dogmatique; elles étaient remises à des pasteurs de chacun des colloques de la province, chargés de les discuter avec le candidat « en un lieu séparé du synode ». Le matin, ils répondaient à trois députés des colloques, le soir à ceux qui restaient. Le jour suivant, ces examinateurs faisaient leur rapport au synode, qui, sur leur avis, recevait le proposant à la consécration ou le renvoyait à l'académie pour y perfectionner ses études. On voit avec quel soin scrupuleux les Eglises contrôlaient l'admission au saint ministère des proposants, et combien étaient sérieuses les connaissances que l'on exigeait d'eux [1].

Enfin une division importante du système scolaire supérieur, tel qu'on le pratiquait à Sedan, mérite de fixer ici notre attention. Nous voulons parler de l'*académie des Exercices*. Voici comment s'exprime J. Peyran, au sujet de l'académie de Sedan en général : « Nouveau Périclès, il (Henri de La Tour) avait fait de sa ville bien-aimée une autre Athènes où se donnait rendez-vous, des régions les plus distantes, tout ce qui ambitionnait les palmes décernées au talent, à la science et au génie. Nulle branche des connaissances humaines n'y languissait inculte et délaissée. Langues hébraïque, latine et grecque; rhétorique, histoire, philosophie, mathématiques, sciences naturelles, théologie, médecine et droit, tout y était enseigné; sans en excepter la théorie même de la guerre, qui, dans l'académie dite des *exercices*[2], avait aussi ses maîtres habiles, ses

---

n'y a que les examinateurs qui ont droit d'assister au dit Examen, exclusivement aux autres, et que ce sera un règlement pour l'avenir. » (Pujol, op. cit., 14.)

1. Cf. Boyer, *Samuel Petit*, 13, et *Bull.*, II, 548, article de Borrel. D'après le rapport de M. Arnaud (*Hist. de l'ac. de Die*, 21), il paraîtrait qu'en Dauphiné les épreuves étaient moins compliquées. On ne parle que de deux textes de l'Écriture à étudier, l'un en français, l'autre en latin : ce double travail devait être récité devant le synode; puis venait un examen sérieux et solide portant sur la doctrine et les mœurs du candidat.

2. Elle fut créée en 1607, d'après J. Peyran (t. II, p. 21); en 1613, d'après Norbert, 14 (Extr.).

instituteurs éprouvés. Aussi quel concours d'étrangers ! etc.[1]. »
Cette académie spéciale était surtout fréquentée par la noblesse ;
on y donnait un grand soin au maniement des armes blanches
et à feu, à l'équitation et aux exercices du manège, d'où elle a
tiré son nom. Son premier directeur, établi par Henri de La
Tour, fut le sieur de Saint-Martin. Mais les académistes des
exercices, comme on les appelait, n'avaient point pour unique
objet d'études la stratégie et les arts qui en sont les auxiliaires ;
ils devaient assister aussi aux cours de droit, de philosophie et
de mathématiques [2]. On comprend aisément qu'une telle institution ne pouvait naître qu'en dehors du royaume ; Henri IV
lui-même n'eût pas autorisé la fondation d'écoles semblables
dans les académies proprement françaises [3]. On comprend
également que le valeureux capitaine qui gouvernait Sedan à
cette époque ait eu l'idée de créer cette académie, qui ne tarda
pas à devenir extrêmement florissante. Lorsque la principauté
fut réunie à la France, elle fut maintenue intégralement ; par
l'édit de juin 1644, Louis XIV lui conserva ses privilèges.
En 1680, il en fait un grand éloge dans le brevet de direction
qu'il octroie au sieur Baron ; les leçons publiques se donnaient
alors au manège couvert du bastion de Turenne, que le roi
avait assigné à cet usage avec la maison et les écuries qui en
dépendaient [4]. L'académie des Exercices survécut quatre ans à
l'académie proprement dite, dont elle faisait partie ; enfin,
en 1685, elle aussi succomba. A la veille de cette date néfaste,
en l'an 1684, le P. Norbert constate qu'il y avait encore plus

---

1. Nous avons emprunté ce passage à un discours prononcé en public par J. Peyran et publié dans une brochure intitulée : « Récit de la découverte en l'église provinciale de Sedan, et de la translation dans le temple protestant de cette ville le 9 janvier 1842, des cercueils de Henri de La Tour d'Auvergne, prince souverain de Sedan ; de Marie-Elisabeth de Nassau, princesse d'Orange, sa femme, et de quelques membres ou alliés de leur maison, » Sedan, 1842.

2. Cf. J. Peyran, *Hist. de Sedan*, t. II, p. 24 ; Ch. Peyran, *Hist. de l'acad. de Sedan*, p. 23.

3. Il y eut bien à Saumur une Académie d'équitation, ouverte aux étudiants des deux religions ; mais elle ne dépendait pas de l'Académie protestante.

4. Reg. du bailliage.

de 80 officiers, enfants de Sedan, au service de la France, la plupart protestants : dans ce nombre, on comptait des généraux, aides de camp, colonels, capitaines, lieutenants, enseignes, tous formés à l'académie des Exercices. L'heure était venue pour ces loyaux serviteurs du roi de prendre le chemin de l'exil et de porter à l'étranger les lumières de leur expérience ainsi que la vaillance de leur bras.

CHAPITRE III

SANCTION DES ÉTUDES

Il ne s'agit plus ici de promotions ou de récompenses, mais de la sanction définitive des études académiques [1]. Les académies avaient le privilège de la *collation des grades* pour les arts [2]; elles n'eurent pas occasion d'en conférer pour la médecine. Mais toutes, à l'exception de Die, pouvaient conférer le grade de docteur en théologie, et Sedan conférait ceux de licencié et de docteur en jurisprudence. Tous les élèves de philosophie n'étaient pas obligés de prendre leurs degrés; mais il fallait produire le diplôme de maître ès arts pour être immatriculé au livre des étudiants publics [3]. On donnait à ceux qui avaient terminé leurs études un *témoignage*, délivré par le recteur après délibération du conseil [4], constatant le travail accompli par l'écolier depuis son entrée dans l'académie,

---

1. Les vacations des académies étaient les mêmes que celles des collèges classiques; nous n'avons donc pas à revenir sur ce chapitre.

2. Elles jouissaient des mêmes privilèges, immunités et prérogatives que les autres universités du royaume. (Cf. Nicolas, *Discours*.) A l'assemblée politique de Saumur en 1611, qui les réclamait pour l'académie de cette ville et celle de Montauban, il fut répondu que « des collèges, en tout semblables aux collèges catholiques, pourront être établis dans les lieux d'exercices. » (Anquez, 399.) A Montpellier, on ne conféra les grades des Arts qu'à partir de 07, d'après de nouvelles lettres patentes du roi. (Cf. Faucillon, op. cit., 30.)

3. Le synode de Saint-Maixent (1609) défend expressément aux professeurs en théologie de recevoir des étudiants dans leur auditoire, s'ils n'ont leurs lettres de maîtrise. (Aymon, I, 380.)

4. Cf. arrêté du synode de Castres (1616), rapporté par Pujol (op. cit., 117).

le temps qu'il y avait passé, les leçons par lui suivies et les satisfactions qu'il avait données par sa bonne conduite; ce témoignage pouvait être refusé, lorsque les mœurs de l'étudiant avaient été légères et qu'il s'était attiré par là de fréquentes censures [1].

Quant à la collation du grade de *maître ès arts*, elle se faisait solennellement.

A *Nîmes*, le règlement de 1582 porte que le recteur, assisté des professeurs, examinera avec soin les étudiants de tous les cours publics, afin de voir s'ils ont acquis véritablement de solides connaissances dans les matières qu'ils ont particulièrement étudiées. Cet examen sera cependant encyclopédique, c'est-à-dire qu'il portera sur toutes les parties du haut enseignement. Ceux qui se trouveront avoir fait le plus de progrès dans les langues et les sciences seront proclamés maîtres ès arts [2], au jour solennel des promotions, par la bouche du recteur, qui fera en même temps leur éloge. Puis il leur délivrera un témoignage public, que signeront aussi les professeurs et le principal; ce diplôme fera foi de leur application et de leur savoir, et ils jouiront ainsi de privilèges semblables à ceux de l'université de Paris.

Partout ailleurs, l'examen ne porta que sur la philosophie naturelle, c'est-à-dire sur les matières contenues dans le programme de la physique.

A Nîmes même, on finit par abandonner le règlement de 1582 pour imiter l'usage général des autres académies. Nous en avons la preuve dans le *diplôme* de maître ès arts décerné en 1660 à Charles des Vignoles de Prades que nous reproduirons ici [3] :

---

[1]. Le synode d'Alençon de 1637 ordonne que, en sus des attestations délivrées habituellement par les professeurs et régents sous lesquels ils ont faits leurs études, les écoliers devront aussi produire de bons témoignages de leurs vie et mœurs, signés par les pasteurs et les consistoires de leur lieu d'origine. (Aymon, II, 577.)

[2]. On disait aussi *docteur en philosophie*, comme il appert d'un passage de Ménard, VI, 149, ou *maître de philosophie*, comme on le verra d'après le diplôme cité plus bas.

[3]. Il appartient à M. le docteur Raymond de Castelnau, de Nîmes;

CONSULES NEMAUSENSES RELIGIONEM REFORMATAM PRO-
FITENTES, ACADEMIÆ RECTORES, LECTORIBUS SALUTEM
A DEO TER OPTIMO MAXIMO DEPRECANTUR.

Sapienter a majoribus nostris comparatum est, ut studiosis adolescentibus qui bonam operam in Philosophia navassent, honores haberentur, et
præmia quædam iis publice in conventu academico decernerentur; nam ut
præclare dictum est HONOS ALIT ARTES, præmiumque virtutis honos esse
debet, neque vero minori sapientia cautum ab iis fuit, ut illi honores iis
solis tribuerentur, qui eruditionem et doctrinam suam bonis et idoneis
judicibus probassent. Qua de causa certamina quædam litteraria in collegio
Professorum Artium Liberalium instituta sunt, et disputationes adhiberi
solitæ, ut qui studiorum suorum fiducia freti præmia illa petere auderent,
prius ingenii sui specimen pro illo collegio præberent, ut si de Professorum sententia digni judicati essent quibus honos haberetur, iis merita
dignitate ornati ab iis dimitterentur. Ob hasce res cum adolescens eximiæ
spei *nob*. CAROLUS DE VIGNOLES DE PRADES *Nemausensis* bonam operam in
dictis artibus Philosophiæ dederit, et in Collegio Professorum Nemau-
sensium productus a clarissimo viro Domino D. DERODONE, magni nominis professore, doctrinam suam universo illi ordini habitis acerrimis adversus se disputationibus, a mane ad vesperam probârit, summoque
omnium consensu dignus habitus sit qui privilegia magisterii philosophici
in publico conventu assequeretur : Nos prænominatum ex senatus academici nostri sententia philosophiæ magistrum renunciamus, et pro authoritate regia, nobis concessa suprema hæc laurea donamus et decoramus,
potestate ipsi facta legendi, docendi et interpretandi hic et ubique loco-
rum artes liberales, et omnes immunitates, prærogativas et privilegia
huic magisterio artium annexa concedimus, largimur et conferimus, ut-
pote qui hac palma communibus suffragiis de rigore examinis nemine
penitus discrepante tanquam optime meritus dignus judicatus sit. In
cujus rei fidem Academiæ sigillo manuque nostra hoc diploma firmari
jussimus. Datum Nemausi die 19 mensis junii 1660.
DARVIEUX, *P. th. professor.* JOANNES ROUREUS, *Eccl. nem. pastor.* GALA-
FRES, *Pr. consul.* GUIBÆUS, D. M. *et gymnasiarcha.* CLAUDIUS, *pastor,* CLAU-
DIUS ROSSELLETUS, *P. et the pr.* VIGUES, *consul.* JOANNES BRUGUERIUS,
Eccl. nem. pastor. DAVID DERODO, *philosophiæ professor et promotor.* Ps.
MESGRIEUX, DOUZEL, *secr.*

(Ici, une grande rosette en rubans de couleur jaune, blanche et rouge.
Au bas pend le sceau en cire, dans une boîte de fer-blanc.)

A *Montpellier*, les bacheliers, après avoir reçu le petit
laurier, payaient un écu d'or à leur promoteur, que l'on appelait avant 1608 du nom de *parrain* : les docteurs recevaient

---

copié par M. Nicolas, il a été communiqué au *Bulletin du protestantisme* (Cf. XII, 55).

le laurier entier et payaient deux écus d'or. L'examen des bacheliers durait trois jours, celui des physiciens quatre jours [1].

Le premier règlement de *Montauban* déclare que le recteur signera les titres de maîtrise avec le professeur de philosophie. La maîtrise sera conférée à la fin des années de philosophie ; elle sera comme le couronnement des études classiques, et une lettre d'introduction nécessaire pour l'enseignement supérieur.

Les étudiants de physique qui se présentent à la maîtrise seront examinés publiquement, suivant des thèses proposées par eux huit jours auparavant, et recevront le degré au temple devant toute l'académie. Quant au baccalauréat, il était obligatoire pour passer de la logique en physique ; l'examen avait lieu en séance publique après les vacations de septembre ; c'étaient là les seules disputes publiques qu'il y eût en philosophie.

Le second règlement de Montauban fournit des détails précis sur la forme de l'examen. Le recteur ainsi que le conseil académique et les professeurs de philosophie se réuniront de bonne heure, dans la matinée du premier jour de septembre, et examineront rigoureusement à huis clos les étudiants en logique et en physique. Ils consacreront à cet examen tout le temps qu'ils jugeront nécessaire. Les écoliers qui les satisferont seront nommés les uns bacheliers, les autres maîtres ès arts. Les régents donneront ensuite des thèses aux bacheliers et maîtres ès arts élus ; ces thèses porteront, pour les physiciens, sur toutes les parties de la physique ; pour les logiciens, sur toutes les parties de la logique. Elles seront imprimées, avec les noms de ces candidats, et soutenues par eux dans une dispute publique contre tous ceux qui voudront argumenter, quels qu'ils soient, aux jours et heures mentionnés dans la thèse. Les régents seront présents dans leurs chaires, modérant la discussion. Tout bachelier ou maître sera autorisé, dans cette circonstance, à prononcer en public un discours ou morceau de déclamation quelconque composé par lui. Ces disputes

---

[1]. Faucillon, op. cit., 34.

une fois terminées, le recteur convoquera l'assemblée générale de l'université dans le grand temple et invitera nominalement à cette séance les magistrats et autres personnes de distinction de la ville, afin qu'ils honorent cet acte par leur présence. Là, un des candidats à la maîtrise haranguera modestement ses condisciples au nom de toute l'école et demandera qu'on leur accorde les récompenses et honneurs auxquels ils ont droit après avoir fourni une laborieuse carrière. Après ce discours, le recteur fera une sorte de panégyrique en l'honneur de la science et des candidats présents; puis il lira les noms des logiciens nommés bacheliers et les déclarera admissibles à l'étude des parties plus élevées de la philosophie; enfin les noms des maîtres ès arts, à qui il déclarera que dorénavant ils auront plein pouvoir d'exercer les fonctions de ce grade; ils accompliront alors toutes les cérémonies qui accompagnent ordinairement de pareilles investitures [1]. Un autre des candidats élus clôra la solennité par un discours de remerciement au recteur et à l'Académie, pour la grâce et l'honneur qu'ils viennent de conférer à lui et aux autres candidats agréés.

Quant aux diplômes délivrés aux maîtres ès arts, la pièce suivante, datée de l'an 1628, peut servir de spécimen [2]:

PETRUS OLLERIUS, rector inclytæ academiæ Montalbanensis, omnibus hæc diplomata inspecturis.

S. P. D.

OMNE BONUM DONUM, ut Apostolus nos commonitos habet, a Patre luminum proficiscitur; nemo autem est qui in maximorum donorum censu non numeret humanarum scientiam disciplinarum : neque Spiritus Sanctus dedignatus est eruditionem ægyptiam in Mose laudare et in Daniele chaldaicam. Quotidiana quoque testatur experientia istius institutionis fructus in omnes vitæ nostræ partes longe lateque dimanare, sive ecclesiam et conscientiam, sive politiam et in communis administrationem spectes. Cum igitur omnia Dei dona suum mereantur honorem et grato a nobis animo accipienda sint, temere est quod omnes academiæ adolescentibus litterarum humaniorum et philosophiæ stipendiis meritis publicum perhibent testimonium quo aditus iis ad sublimiora theologiæ, jurispru-

1. Le règlement ne dit pas quelles sont ces cérémonies.
2. Cf. *Bull.*, VI, 364. Nous remplaçons parmi les signatures le nom de *Burgata* par celui de *Burnata*, qui est plus authentique.

dentiæ et jatrices adyta pateat. Hac nos adducti ratione, *Jacobum* Dur-
banum, et humanæ litteraturæ et philosophiæ curriculo feliciter decurso,
eximio quoque diligentiæ et ingenii specimine edito, non tantum in
publicis disputationibus, sed privato quoque examine quod vulgo rigoro-
sum audit : de senatus academici sententia, magistri titulo dignum judi-
cavimus et judicamus. Quocirca pro aucthoritate majestate regia nobis
collata prædicto *Jacobo* Durbano, ritibus solemnibus observatis, magistri
gradum contulimus, conferimus, concessimus et cedimus ut dehinc libe-
rum jus et potestatem obtineat regendi, docendi, disputandi, interpretandi,
in privatis publicisve scholis artes liberales et quæcumque istius magisterii
prærogativæ inter viros eruditos receptæ sunt, ea eidem lubentes omnibus
suffragiis nemine repugnante, meritissimo damus, volumusque eum iis-
dem uti, frui, ut qui jure optimo, quippe qui magister artium a nobis
jure declaratus sit; in cujus rei robur, utrumque academiæ nostræ sigil-
lum huic diplomati anneximus et lubenter suscripsimus cum nostra, tum
professorum manu. Datum Montalbani anno salutis 1628 et 25 septembris.

P. Ollerius, academiæ rector pro tempore. P. Beraldus, Michaëlis f.,
Verbi minister, S. theologiæ professor.

Garrissolius, verbi Dei minister, S. theologiæ professor.

Delonus, ecclesiastes Montalbanensis.

Bichetæus, pastor et linguæ hebraicæ professor.

P. Carolus, ecclesiæ Montalbanensis pastor.

Robertus Remons, gymnasiarcha et linguæ græcæ professor.

Gilbertus Burnata, E. P. M.

Le sceau de l'Académie était appliqué aux lettres de maîtrise; celui de Montauban fut conservé à Puylaurens. Enfin,
il résultait d'un arrêté du synode de Saint-Antonin (1668)
qu'on distribuait aussi un *prix* en philosophie, puisque cette
assemblée enjoint aux régents de ne dépenser que deux écus à
cet effet; le prix consistait en deux volumes. Nous ne savons
si cette récompense était décernée aux bacheliers ou aux maîtres ès arts [1].

Le règlement de *Die* porte seulement, dans son article XXI,
que nul ne sera déclaré maître ès arts qu'il n'en soit bien capable, et sans faveur ni acception de personne. Mais nous avons
trouvé dans la *Revue du Dauphiné* [2] la reproduction *in extenso*
d'une affiche imprimée en langue latine, annonçant une *fête*

---

1. Pujol, op. cit., 107 sq.
2. Tome I, p. 461, 1877. Fête universitaire à l'académie de Die, le
4 septembre 1615, à sept heures du matin. Article de *Deensis*, bibliophile.

universitaire à l'académie de Die. Cette fête n'est pas une distribution de prix, comme le suppose le bibliophile qui a communiqué ce précieux document; car la cérémonie qui correspond à la distribution des prix dans nos collèges contemporains était celle des promotions. La solennité dont il est question ici est celle qui accompagne la collation des grades. Nou sn'hésitons pas à reproduire intégralement cette pièce [1] :

POTENTISSIMO ET CHRISTIANISS.
LVDOVICO XIII GALLIARVM, ET
NAVARRÆ REGE PERMITTENTE :
REVERENDO ORNATISSIMOQVE VIRO
D. D. IOH. VVLSONE DE LA COLOMBIERE
ECCLESIÆ DIENSIS PASTORE FIDELISSIMO,
ET ACADEMIÆ RECTORE MAGNIFICO VOLENTE :
AMPLISSIMO SENATV INCLYTÆ
EIVSDEM ACADEMIÆ COMPROBANTE :

Ioh. Rodolphus Faber Philosophiæ Professor hos triarios spectatæ virtutis,
Et eruditionis Cataphractos :
Post publicum et privatum examen quod feliciter subierunt,
viriliterque, sustinerunt sorte locatos :

D {
Danielem Boverivm Diensem.
Abrahamum Colignvm Diensem.
Alexandrvm Cressonvm Gratianopolitanum,
Antonivm Gressivm Diensem.
Danielem Pastorem Valdusonensem.
Carolvm Pavanvm Tricastensem.
Petrvm Thomevm Romanensem.
}

D {
Hvgonem Robinvm Vinaisiensem.
Antonivm Garnerivm Privasiensem.
Petrvm Jossavdvm Diensem.
Nob. Gabrielem de Genton Gratianopolitanum.
Ioannem Delphinvm Argentinensem.
Lvdovicvm Videlivm Serrenum.
}

HASCE QVÆSTIONES ENODANTES.

Utrum angeli differant numero an specie inter se.
An odores nutrire possint.
An dentur tres aeris regiones, et quæ sint illæ.

An omne agens sub Deo positum agat per contactum.
An cœlum sit incorruptible.
Quo modo producatur forma.

---

1. L'affiche ne porte pas le nom d'imprimeur. Sa hauteur est de 0 m. 45, sa largeur de 0 m. 30; les caractères sont très jolis; le texte est entouré d'un encadrement. En tête, les armes du roi Louis XIII (écusson France et Navarre).

An unitas sit affectio realis et positiva entis.
An Phantasia imprimat aliquam speciem fœtici.
Quare medita aeris regio sit frigida, cum aer sit calidus.

An elementa maneant in mixto.
An detur certus cœlorum numerus.
An res omnes sint in loco naturali.
An ex putrida materia animalia gigni possint, et a qua causa efficiente.

SVPREMA PHILOSOPHIÆ LAVREA
DONATVRVS, ARTIVM MAGISTROS PRONVNTIATVRVS
ET DECLARATVRVS.

OMNES VIRTVTVM, ET SCIENTIARVM CVLTORES, ET
AMATORES,

Tam incolas quam advenas, audituros atque spectaturos ad diem quartum septemb. 1615, hora septima matutina, compellat, invitat et rogat.

Ainsi treize étudiants [1] ont passé avec succès leurs examens de physique, et l'affiche nous renseigne exactement sur les treize questions qui leur ont été adressées; l'information n'est pas moins précieuse que singulière. Le recteur était alors Jean Vulson, sieur de La Colombière, pasteur et professeur en théologie; le professeur de philosophie appelé à proclamer les noms des lauréats est Jean Rodolphe Le Fèvre [2], le même qui fut aussi pendant longtemps imprimeur en titre de l'Académie. Tous les citoyens ou étrangers amis de la vertu et des sciences sont invités à assister à cette fête, qui paraîtrait au public d'aujourd'hui assez matinale, puisqu'elle était fixée à sept heures.

Quant aux diplômes, ils étaient rédigés dans le style le plus emphatique; nous avons le privilège de posséder deux pièces importantes, puisque l'une d'elles n'est autre qu'un diplôme de maître ès arts, et la seconde un diplôme de bache-

---

1. Daniel Bouvier, de Die; Abraham de Colignon, de Die; Alexandre Cresson, de Grenoble; Antoine Gresse, de Die, qui fut ensuite régent et professeur à la même académie; Daniel Pastor, Vaudois; Charles de Payan, de Saint-Paul-Trois-Châteaux; Pierre de Thomé, de Romans; Hugues Robin, de Vinay; Antoine Garnier, de Privas; Pierre Jaussaud, de Die; Noble Gabriel de Genton, de Grenoble; Jean Dauphin, de Largentière; Louis Videl, de Serres. (Cf. *Revue du Dauphiné*, t. I, p. 508 sq., 1877.)

2. Et non *Fabre*, comme le dit l'auteur de l'article de la *Revue*.

lier [1]. Voici d'abord la première ; elle est écrite sur parchemin ; le sceau de l'académie a été enlevé :

Tametsi virtus se ipsa contenta intaminatis fulget honoribus, commendatione tamen et præconio gaudet, gloriæque monumentis, caducis illis quidem, sed majorum præmiorum symbolis recreatur et crescit : unde triumphales, obsidionales, civicas, murales coronas, gramine licet solave lauro constantes haud unquam dedignata est : quippe quod levibus denilimentis humanæ mentes lactatæ laboribus indurescunt, nec se frangi patiuntur : his ipsis illecebris pellectus egregius juvenis *Andreas* GACHŒUS, Diensis, non solum humaniorum literarum vernantes campos et amœna vireta jugi labore peragravit, sed etiam studium philosophicum indefesso pede emensus est. *Quocirca nos rector Academiæ Diensis et senatores, authoritate regia fulti*, cum fortis ille athleta publico privatoque agoni se nuper objecerit, illæsus evaserit, solemnesque de philosophia disputationes imperterritus sustinuerit, et acutissimas quæstiones non minus docte quam prompte enodavit ; pro nunquam satis laudato recte institutarum academiarum more. *Eum summa philosophiæ laurea nullo nostrum reclamante donandum decrevimus ipsumque artium liberalium magistrum et doctorem in publico conventu pronunciavimus et pronunciamus*, potestatem facientes ejus dignitatis insignia nunc de manu præfecti clarissimi doctissimique viri *Joannis-Francisci Vicecomitis*. Quæ illico e vestigio illi collata fuere nobis annuentibus ut posthac ubique gentium artes liberales profitendi, philosophiam interpretandi, quæstiones exagitandi, de loco superiori publice privateque docendi, ac demum omnia munera obeundi, quæ reliquis artium liberalium professoribus incumbunt, ei facultas concessa intelligatur. Quod nostrum decretum ad perpetuam rei memoriam in acta ejusdem Academiæ relatum publico diplomate manu nostra subscripto et Academiæ sigillo, testatum voluimus. Datum Diæ, idibus septembribus, anno a Christo nato millesimo sexcentesimo decimo sexto.

PODRILLUS, *Sen. Ac.* SCHARPIUS, *Acad. rector.* JO. VULSO COLUMBERIUS, *Eccles. Diens. past.* GILBERT. *Sen. Ac.* JOH. RODOLPHUS FABER, *Philosoph. professor et gymnasiarcha.* J.-F. VICECOMES, *Pphiæ antecessor.*

Le diplôme de *bachelier* est ainsi conçu :

Solis in aurora splendor est tenuior qui tamen altius assurgit, et in meridiem usque attollitur : sic ex virtute et meritis præmia cum ævo ipso augentur,

[1]. Le D*r* Long les a adressées en 1855 au comité des travaux historiques, qui a proposé au Ministre de l'Instruction publique de les communiquer à la Société de l'histoire du protestantisme français. (*Bull.*, VII, 415, 514.) Il les a trouvées dans un recueil manuscrit de Conclusions de l'académie de Die, en 2 vol. in-4° complets, formant un ensemble de 1100 pages, et les tient de sa famille, dont plusieurs membres ont occupé des emplois dans la magistrature. (Cf. *Bulletin des sociétés savantes*, 20 janvier 1855, Section d'histoire du comité de la langue, de l'histoire et des arts de la France.)

« *Queis meliore luto finxit præcordia Titan.* »

Hos inter egregius juvenis *Joannes* FAUREUS, Valisdromensis, feliciter emensus logicæ stadium, dignum præteritis laboribus ambiit encomium ; quod ut reportaret, sistit sese coram censoribus academicis : quorum calculo, morum et doctrinæ, præmisso examine solito, quo privato, quo publico, dignus fuit judicatus, qui *prima philosophiæ laurea* decoraretur. Ideo *nos, Academiæ apud Dienses rector et senatores, authoritate regia fulti*, eum ejusdem honoris gradu donavimus et philosophiæ baccalaureum solemni ritu a *Domino Jacobo Bandol, ministro et apud nos professore meritissimo*, declarandum decrevimus, ut porro apud omnes virtutis et eruditionis cultores iis honoribus privilegiisque gaudeat, quibus potiri solent philosophiæ baccalaurei. In quorum omnium fidem, præsentes literas manu propria subscriptas Academiæ sigillo communiri jussimus. Datum Diæ Augustæ Vocontiorum, die XXIX augusti, anno eræ christianæ M. DC. LXXXII.

GAUTERIUS, *Acad. rector.* BANDOL, *Philos. professor et promotor.* S. JULIANUS, *Acad. præfectus, Pphiæ professor,* REYNAUDUS, *Theolog. prof.* LAMANNDE, *Med. doct.*

Un second diplôme de maître ès arts a été traduit par M. Arnaud; le candidat s'appelle François de Flotte de Rambaud du Villars, de Gap ; la pièce est datée du 28 août 1649 et signée : Alex. d'Ize, ministre et recteur; Et. Blanc, prof. de théol.; Théophile Terrisse, prof. de philosophie [1].

L'académie de Die est la seule peut-être qui n'ait jamais obtenu le privilège de conférer le grade de docteur en théologie : elle le réclama cependant, et le synode provincial de Veynes (1611) s'était engagé à déférer ce vœu au prochain synode national : il ne le fit pas; du moins l'affaire parut dès lors oubliée [2].

L'académie de *Sedan* suivait un mode particulier pour la collation des grades. Elle accordait cinq grades, ceux de bachelier et de maître ès arts, ceux de licencié et de docteur en droit, puis celui de docteur en théologie. Un règlement du conseil des modérateurs, daté du 21 mai 1610 et autorisé par le prince Henri de La Tour d'Auvergne, déclare qu' « on borne, pour le temps présent, le cours de philosophie au grade de maître ès arts et de bachelier. » Le candidat au baccalauréat devait être versé dans la connaissance des historiens grecs et

1. Arnaud, *Histoire de l'académie*, 19 sq.
2. Id., *id.*, 21.

latins et du *compendium* de la logique. Pour obtenir la maîtrise, il fallait pouvoir soutenir une thèse générale sur toutes les parties de la philosophie. Quant au licencié, il devait avoir une notion générale du droit, principalement des matières les plus communes. Le docteur devait être parfaitement au courant du droit particulier, des lois, de la jurisprudence et du droit canon. Mais ces grades ont acquis successivement plus d'étendue à mesure que l'étude des langues orientales et de la théologie s'est perfectionnnée et ajoutée aux précédentes.

On conférait aussi le grade de docteur en théologie : en 1665, Christophe Jeankin, du pays de Galles, ministre et maître ès arts, fellow de l'université d'Oxford, vient à Sedan, prendre le grade de docteur en théologie [1]. En 1680, le célèbre apologète béarnais Jacques Abbadie fut reçu également docteur en théologie [2].

Le bachelier recevait, pour marque de son grade, non pas un diplôme, mais un livre particulier. Le maître ès arts montait dans la chaire du professeur, où on lui mettait un chapeau sur la tête, cérémonie analogue à la prise de bonnet dans l'université de Paris : on lui mettait aussi au doigt une bague achetée à ses frais et on lui donnait « le livre d'Aristote ». Le licencié et le docteur en droit montaient dans la chaire de jurisprudence, où ils se couvraient et passaient une bague à leur doigt, comme les maîtres ès arts. Le sixième des dépenses en argent que chacun des candidats devait faire pour la prise de son grade était destiné aux pauvres; mais les écoliers pauvres eux-mêmes étaient reçus gratuitement. Les thèses se soutenaient à l'Hôtel-de-ville, comme l'indique un placet des catholiques adressé au roi en 1663 « pour exclure les académiciens de l'Hôtel-de-ville » [3].

A *Orthez*, l'édit de 1583 donne à l'académie le droit de conférer les grades de bachelier, licencié et docteur pour toutes

---

1. Cf. Norbert (Extr.), 31. Le P. Norbert l'appelle à tort *Jeankin Cristophore*.
2. Cf. Reg. des modérateurs.
3. Cf. Norbert (Extr.), 27.

les facultés de sciences, de jurisprudence, de médecine et de théologie [1]; mais il ne faut pas oublier que le Béarn devait perdre tous ses privilèges à l'époque où il fut incorporé à la France.

A *Saumur*, la collation des grades avait lieu à peu près comme dans les autres académies.

Nous avons recueilli quelques détails intéressants à ce sujet dans le règlement concernant le bedeau, qui a été publié par le conseil académique dans sa séance du 12 juillet 1647.

Quelques jours avant les soutenances, il doit afficher en ville les placards contenant les thèses sur lesquelles doit rouler la dispute. Le jour même de la cérémonie, il se rendra de bonne heure au collège pour y recevoir les instructions du recteur. Il marchera en tête du cortège, devant le recteur et les professeurs, portant le laurier jusqu'au temple. Là, il recevra les ceintures des maîtres ès arts, qui lui seront remises par le professeur, et il les donnera aux récipiendaires à raison de 20 sols pour chaque ceinture. Au retour de la cérémonie, le cortège se rendra au collège dans le même ordre, et de là le bedeau reconduira le professeur jusqu'à sa maison, où il laissera le laurier.

Quand il faisait mauvais temps, la cérémonie se faisait au collège et l'on ne conduisait pas les maîtres ès arts par la ville [2].

Un document, conservé aux archives nationales [3], nous donne, sous le titre de *Assertiones ex variis philosophiæ partibus selectæ*, un spécimen de la nature des thèses que les candidats à la maîtrise soutenaient publiquement en 1681, dans le temple de Saumur [4]. Nous donnons ici la reproduction en entier

---

1. Cf. *Bull.*, III, 286, art. de Lourde-Rocheblave.
2. Marchegay, *Académie de Saumur*, 8. Dumont, op. cit., 63.
3. Archives nationales, TT, 239. On y trouve aussi la copie de ce document, envoyée sans doute au marquis de Châteauneuf, secrétaire d'Etat, par Alphonse du Tertre, sieur de Petit-Bois, lieutenant particulier au siège de la sénéchaussée de Saumur.
4. Cette affiche manuscrite suscita à l'Académie un malheureux procès. On reprocha à ses auteurs : 1° de n'avoir pas fait imprimer le programme; 2° d'avoir omis volontairement le nom du professeur, afin de

de cette pièce intéressante, elle paraît démontrer que l'examen de la maîtrise roulait sur toutes les matières de la philosophie. Les soutenances des thèses qu'il indique étaient présidées par Villemandy, professeur de philosophie :

Assertiones
Ex Variis Philosophiæ Partibus Selectæ.

Ex Logica.

Assertio Prima.

Cum ad Rerum cognitionem facti simus, Philosophandum certe : sed ad distinctam rerum præstantiorum ac utiliorum cognitionem; quæ una cognitio est vera Philosophia.

Ass. 2ª.

Ad ejus comparationem requiruntur equidem tum sensus, tum intellectus; sed necessaria insuper ars discendi, seu Logica, quæ cum sensuum, tum rationis excursus ac errores præceptis suis dirigat.

Ass. 3ª.

Artis hujus industria in eo præsertim elucet, quod infinitam rerum multitudinem paucis quibusdam classibus ingeniosissime complectatur : Earumdem convenientiam et oppositionem scite definiat: aliarum ex aliis consecutiones perspicue ostendat; omnes situ suo denique collocet.

Ass. 4ª.

Classes illæ sunt naturales Generum et Specierum, individuorumque nonnullorum, cum adjacentibus uniuscujusque differentiis,

subordinationes. Decem porro convenienter statuuntur, substantiæ, quantitatis, etc., reipsa differentes; in quibus finita quæque imo et Deus ipse infinitus, collocentur.

Ass. 5ª.

Conveniunt præ ceteris universalia, singulariaque ipsis subordinata. Universale autem est, unum aptum inesse multis; in eoque duo, Natura et Universalitas; quorum prius existit re ipsa, posterius, duntaxat intellectus operatione. Hujus quinque sunt species, Genus, Species, Differentia, etc., Universalis naturam ex æquo participantes. Opponuntur præsertim relativa, contraria, privativa et contradictoria.

Ass. 6ª.

Enunciatione Rerum respectus solent definiri. Nulla formari potest quæ non sit determinate vera vel falsa, etiamsi futurum contingentissimum respiciat. Ut effugiatur error, enunciatio perceptioni semper est conformanda.

Ass. 7ª.

Earumdem Rerum connexiones sequitur discursus cujus potissima

n'avoir pas à ajouter les fameuses lettres RPR; 3º de n'avoir pas demandé l'autorisation d'imprimer, dans le but d'éluder cette même obligation; 4º de n'avoir pas fait suivre les noms des candidats à la maîtrise de ces trois lettres, partout exigées par les arrêts du roi.

species est syllogismus, in quo ex duabus propositionibus, tertia necessario deducitur. Tres sunt illius figuræ; fundamenta duo. Quæcumque sunt eadem uni tertio, ea sunt idem inter se. Quæcumque non sunt eadem uni tertio, ea non sunt idem inter se.

Ass. 8ª.

Methodus convenienter omnia disponit, id semper præscribens, ut a notioribus ad ignotiora semper procedatur.

Ex Metaphysica.

Assertio prima.

Ubi Ars sciendi est comparata, tum sciendum. Quod autem primum objicitur, evidenter cognoscendum, est substantia Immaterialis, cujus ratio in cogitatione sita est. Species vero sunt tres : Mens humana, angelica, et divina, in quibus omnibus explicandis occupatur Metaphysica.

Ass. 2ª.

Mens humana est Substantia cogitans, ad hominis compositionem naturaliter ordinata. Hujus facultates sunt, intellectus, et voluntas, operandi modo differentes, sed entitate eædem. Prærogativa vero Libertas, quâ ex cognitione prævia sese ad agendum determinat. Origo omnino divina; quandoquidem aliâ viâ quam creatione, produci nequeat. Et immortalitas, non quidem absoluta, quæ uni Deo convenit; sed naturalis, nulli cuiquam creaturæ subjacens, cujus vi annihilari possit, aut interire.

Ass. 3ª.

Angelica est substantia cogitans finita, ex se ad nullum corpus determinata. Hujus quidem existentia naturalibus rationibus potest suaderi. Demonstrari autem non potest : eædem sunt ejus facultates eademque privilegia, sed tum intellectus, tum voluntatis, tum potentiæ, modum vix possumus definire.

Ass. 4ª.

Divina est substantia cogitans summe perfecta. Ejus existentia tam nota, quam quod notissimum. Omnia unico actu distinctissime cognoscit. Potest quoque distributive producere; at quæcumque potest non vult. Quemadmodum mundum ex nihilo creavit, sic quoque in fluxu perpetuo conservat. Quin et nihil quicquam efficitur, quin ad ejus productionem concursu tum simultaneo, tum prævio, cooperetur.

Ex Physica.

Ass. prima.

Ut Metaphysica in substantiæ immaterialis, sic Physica in materialis, seu corporis naturalis contemplatione occupatur. Hujus autem disciplinæ pars duplex, generalis, quæ corporis naturalis principia, essentiam et proprietates. Et specialis, quæ varias ejusdem species persequitur.

Ass. 2ª.

Principia ex quibus corpus naturale componitur, sunt materia et forma, seu extensio, extensionisque modificatio. Principia vero a quibus producitur sunt tum mundi permanentia, tum natura, hunc scopum operando sibi præstituens.

Ass. 3ª.

Quæ in scholis explicari solent rerum naturalium proprietates, sunt, Quantitas, Locus, Tempus, Motus. Quantitas autem est extensio determinata, a materia ratione determinationis tantum diversa; quæ mathematice est equidem infinite divisibilis; at physice, finite.

Ass. 4ª.

Locus internus non est spatium quoddam intelligibile, sed situs unius corporis inter alia. Externus vero est immediate circumjacentium superficies, quæ quidem immobilis; sed potius in idea quam in re, eo quod corpus ab ea discedere nequeat, quin cogitatione figatur.

Ass. 5ª.

Rei cujusque naturalis tempus est ejus duratio, externo quodam motu uniformi et perspecto mensurabilis.

Proinde cum duratio a re durante non distinguatur, nisi ratione exterioris mensuræ notificantis : nec etiam distinguitur tempus. Ut magnitudo ex punctis existentibus; sic tempus ex momentis sibi essentialiter succedentibus constat.

Ass. 6ª.

Motus est successiva status mutatio. Quilibet est essentialiter localis, possunt tamen ex variis effectibus sex ejus species statui. Generatio, Corruptio, Accretio, Decretio, Alteratio et motus Localis, specifice sic dictús. Sive quid quiescat, sive moveatur, tamdiu manet in suo statu, quamdiu ab alio non dimovetur.

Ass. 7ª.

Pro varia partium constituentium dispositione variæ sunt corporum naturalium species. Aliud enim est simplex et homogeneum, cujus partes sunt similes : aliud concretum ac mixtum, cujus sunt dissimiles; omnium systema a Deo sapientissime structum, vocatur mundus, qui est ita unus, ut eodem tempore multiplex esse posse non detur; quique certo quodam tempore ex nihilo ita eductus, ut æternus esse non potuerit, tametsi in æternum sit quodam modo permansurus.

Ass. 8ª.

Corpora simplicia ex quorum mixtione alia concrescunt dicuntur Elementa. Chimistarum sal, sulphur, et mercurius; Aristoteleorum Terra, aqua, aer et ignis, possunt ordinis hujusce corpora utrumque censeri. At recentiorum Philosophorum, ignis, æther et tellus, potiori jure censebuntur.

Ex Ethica.

Ass. prima.

Contemplatio omnis ad praxim et vitæ felicitatem est transferenda; adeoque, partâ rerum spiritualium ac materialium cognitione, hisce merito accedit Ethica, quæ ultimo hominis fine præmonstrato, hujus obtinendi viam, actionum omnium humanarum enumeratione, earumdemque directione commonstret, eoque modo Philosophiæ totius systema compleat.

Ass. 2ª.

Datur ultimus hominis finis, quo adepto possit quiescere : is est summum illius bonum. Quod duplex, vel morale, vel physicum. Morale est Dei ut redemptoris dilectio. Physicum vero voluptas inenarrabilis, ex ea dilectione efflorescens. Ex utriusque autem concursu adjunctisque concomitantibus, plena exsurgit hominis felicitas.

Ass. 3ª.

Media, ad hunc finem ducentia, sunt omnes hominis actiones, ex prævia cognitione sic procedentes, ut rectæ esse possint, vel vitiosæ. Harum quædam ex superiori animæ parte, cujus modi : Intentio, Volitio, etc. Aliæ vero ex inferiori, cujus generis affectus, ex boni aut mali apprehensioné animum sic commoventes, ut in corpus redundent, procedunt.

Ass. ultima.

Non possunt porro ad felicitatem perducere, ni eo, quo debent, modo temperentur : temperatio autem ejus modi dicitur vel honestas, vel virtus, quæ nihil aliud est quam conformitas cum rationis dictamine fidei lumine illustrato. Generales autem virtutis species, sunt Pietas, quæ Deo, Justitia quæ proximo, et Sanctitas, quæ nobismet ipsis jus persolvunt. Quamobrem qui piè, justè et sanctè vixerit, is omnibus tum hominis, tum christiani officiis, ad felicitatem plene fuerit defunctus.

Ad obtinendum artium magisterium tuebuntur adolescentes sorte sic dispositi.

Daniel Day. Benearnensis.
Petrus des Reaux. Rupellensis.
Philippus Cappellus. Salmuriensis.
Elia Duval. Issoldunensis.
Paulus Bancellinus. Metensis.
Claudius Testifollius. Niortensis.
Petrus Seignette. Rupellensis.
Joannes Laius. Benearnensis.
Petrus de Villemandi de la Mesnière. Rupelfocaldensis.

Fredericus Rivetus. Picto.
Franciscus de Laeger. Castrensis.
. . . .
Petrus Hamelotus. Rupellensis.
Joannes Casamajor. Benearnensis.
Isaacus Dusoul }
Jacobus Cappellus } Salmurienses.
Daniel Ligerius }
Elias Berthon. Turonensis.

Nous n'avons point de programme pour le baccalauréat. Cependant ce dernier grade était conféré à Saumur comme partout ailleurs; nous en avons la preuve dans le programme des examens publié par le conseil ordinaire et extraordinaire du 11 août 1683 [1]. Parmi ces examens, qui durent du 19 août au 13 septembre, nous voyons que ceux de la piété (est-ce de la théologie?) sont fixés aux 19, 20 et 21 août; ceux de philosophie, aux 30 et 31; ceux de latin et de grec, au 1er septembre et jours suivants. Le 6 septembre ont lieu des thèses des maîtres ès arts; le mardi 7, les lauriers sont décernés; le 9 ont lieu les disputes des *bacheliers*. Après l'examen des logiciens, le conseil enregistrait les noms du plus avancé et du plus faible [2].

1. Reg. II, p. 6.
2. Cf. Reg. I, 30.

TROISIÈME SECTION

ADMINISTRATION GÉNÉRALE ET DISCIPLINE DES ACADÉMIES

CHAPITRE PREMIER

ADMINISTRATION ET SUPPÔTS

§ 1. — Conseils ordinaires et extraordinaires.

On a vu que le recteur, en sa qualité de chef suprême de l'académie, avait des pouvoirs très étendus; mais il n'était pas omnipotent. Investir un individu de l'autorité absolue, lui remettre tous les pouvoirs, lui placer entre les mains les rênes de l'administration tout entière, c'était là un usage inconnu aux protestants réformés, toujours amateurs du gouvernement représentatif et du contrôle en toutes choses. D'ailleurs un seul homme n'aurait pu suffire à la tâche, et les nécessités de ses fonctions de censeur général l'auraient gêné dans l'accomplissement de celles d'administrateur. Aussi le recteur était-il placé sous le contrôle immédiat de corps constitués, dont l'autorité supérieure s'exerçait parallèlement à la sienne sans jamais l'entraver. Issu lui-même de ce corps, à qui il devait son élection, le recteur trouvait dans chacun des membres du conseil académique non seulement un collègue, mais un aide; et dans la compagnie rassemblée, une sorte de cour suprême qualifiée pour trancher les questions litigieuses ou délicates qui l'embarrassaient. Enfin tous les fonctionnaires ou suppôts de l'académie, soumis à l'autorité du recteur, vivaient sans crainte de l'arbitraire ou des excès de pouvoir, armés qu'ils étaient du droit d'appel au conseil. Quel était l'organisme de ce conseil? Lorsque le règlement d'Alais institua les conseils, il ne fit que consacrer une institution contemporaine des académies elles-mêmes. Chose étrange, Genève ignora ce genre d'assemblées; il est vrai que dans cette ville les pouvoirs civils et religieux, intimement unis, étendaient leur juridiction à toutes les sphères de l'activité morale, intellectuelle ou autre dans la république; on est donc moins surpris de voir la vénérable compagnie des pasteurs, aidée du conseil d'Etat [1], régler toutes les questions administratives et élire les professeurs et le recteur, en admettant d'ailleurs les élus dans son sein comme membres de droit

Mais en France, la situation politique n'étant plus la même, on avisa à une organisation différente. Voici quelle fut la législation admise par les statuts d'*Alais*. Chaque académie avait deux conseils, l'un appelé ordinaire, l'autre extraordinaire. Le premier était composé des pasteurs de l'Eglise où se trouvait située l'académie, des professeurs publics et du premier régent, qui du reste était en général professeur public d'éloquence; le recteur en était président. Le second était composé du conseil ordinaire, auquel on adjoignait quelques-uns des principaux membres de l'Eglise au choix de la municipalité, si cette municipalité était protestante, ou du consistoire du lieu, lorsqu'elle était catholique. Pour la nomination du président, on s'inspirait des circonstances de lieu et de personnes.

Le *conseil ordinaire* tenait ses séances une fois par semaine; il était chargé de convoquer l'extraordinaire chaque fois qu'il le jugeait opportun. Il surveillait la conduite des professeurs publics, des régents et des élèves, « afin que chacun fît son devoir. » Il élisait le recteur [2]. Tous ses membres, tant le recteur que les autres, étaient soumis aux censures qui se fai-

---

1. Les décisions de la Compagnie étaient nécessairement soumises à l'approbation du Grand Conseil; en outre, le Conseil nommait directement les professeurs de droit et de médecine, ces facultés n'étant point de la compétence des pasteurs. (Cf. *Bull.*, IV, 18, art. de M. Cellerier.)

2. M. Nicolas attribue à tort cette fonction au conseil extraordinaire (*Histoire littéraire de Nîmes*, t. I, p. 28, et *Bull.*, II, 156).

saient quatre fois l'an aux consistoires, la veille des jours de communion; le principal et les régents y étaient également assujettis.

Le *conseil extraordinaire* élisait les professeurs et les régents, avait le droit de les censurer, de les suspendre et de les déposer, comme aussi de procéder selon qu'il était expédient contre ceux qui n'obéiraient pas au conseil ordinaire ou qui mépriseraient les avertissements reçus. Il avait aussi le soin des deniers accordés par les synodes pour l'entretien de l'académie.

Ce règlement, très complet, corrige heureusement la disposition arrêtée par le synode de Saint-Maixent (1609); suivant celle-ci, les conseils extraordinaires ne devaient se composer que de pasteurs et d'anciens, à la nomination du synode provincial. Il y avait évidemment là un abus; l'élément universitaire était trop sacrifié à l'élément ecclésiastique proprement dit [1].

Mais n'oublions pas que les lois d'Alais reproduisent simplement, en la fixant, l'organisation adoptée partout dès l'origine. Déjà le *collège des Arts* avait eu une sorte de conseil académique; on le retrouve ébauché dans cette commission décrite par Baduel et qui avait pour mission de s'occuper du choix des livres ainsi que de l'administration générale du collège; elle était composée du principal, des professeurs et régents, de deux médecins et de quatre notables que Baduel appelle *curateurs* ou *gymnasiarques*. Ce sont là les éléments du conseil extraordinaire, avec ce trait particulier que toute préoccupation ecclésiastique est mise de côté à cause de l'origine même du collège. Les deux médecins dont il est fait mention et dont les noms sont cités doivent leur titre, non à leur profession de médecin, mais à leur réputation de lettrés. Les convocations de ce conseil n'étaient pas régulières, mais dictées par les circonstances. Le règlement de 1582 ne dit pas un mot de ce conseil; l'administration générale du collège était alors

---

1. Voy. Aymon, I, 378. — *Annotationes in Ciceronem*, p. 337 sq.

attribuée à la ville [1]. D'après MM. Nicolas et Borrel, l'académie de Nîmes eut cependant ses deux conseils, tels que le synode d'Alais les définit. La seule différence à relever est celle-ci : le principal faisait partie du conseil ordinaire ; encore cette différence n'est-elle que dans les termes, puisque le principal était presque toujours le premier régent. Les professeurs du collège des Arts et ceux de l'école de théologie se retrouvaient tous dans les deux assemblées [2].

A *Montpellier*, la commission des intendants, chargée d'organiser la faculté des Arts en 1596 avec le concours des consuls, se composait de huit notables dont quatre étaient catholiques. Les quatre protestants qui furent nommés à l'origine de ce conseil étaient : Jean Philippe, conseiller du roi et président à la Cour des aides; Jean de Fontanon, conseiller du roi et maître à la Chambre des comptes; Guillaume Branchin, conseiller du roi et avocat à la Cour des aides, professeur de droit, et Jean Gigord, pasteur et professeur de théologie. Ces intendants s'appelèrent, à partir de 1608, *révérends seigneurs*. Les *octumvirs* formaient le corps des régents, sorte de conseil ordinaire qui comprenait les deux professeurs de philosophie et était présidé par le principal [3].

Le premier règlement de *Montauban* ne leur consacrait pas non plus d'article spécial; mais leur existence est nettement affirmée dans l'article relatif au recteur. En effet, il est question pour lui de convoquer les assemblées académiques, « composées quelquefois des seuls pasteurs et professeurs publics, autres fois y appelant aussi les régens et précepteurs selon qu'il verra être à faire. » Voilà qui décrit le conseil ordinaire; il est seulement à remarquer qu'ici les pouvoirs et l'initiative du recteur sont plus étendus qu'ailleurs. La compagnie des intendants, dont il est aussi fait mention, n'est autre qu'une sorte de conseil extraordinaire civil, devant lequel le recteur

---

1. Voy. Ménard, t. IV et V.
2. *Histoire littéraire de Nîmes*, I, 27. *Bull.*, II, 547 sq., article de Borrel.
3. Voy. Faucillon, op. cit., *passim*.

prête serment. Mais le véritable conseil extraordinaire apparaît dans les statuts de Chamier, et ceux de Puylaurens exigent de lui qu'il se réunisse au moins une fois par mois [1]. Quant au conseil des intendants ou des curateurs, il subsiste à côté des autres et ne se compose que des notables de la ville.

Le conseil ordinaire dont fait partie le principal, mais d'où les régents sont exclus ainsi que les précepteurs, se réunit régulièrement chaque samedi à une heure du soir; les séances extraordinaires sont convoquées par le recteur. La mission de cette compagnie est de veiller au maintien de l'ordre et de la discipline dans tous les domaines. Le conseil des curateurs, « composé de..... [2] ainsi que du conseil ordinaire », sera convoqué aussi souvent qu'il le faudra, pour traiter les affaires extraordinaires et de grand intérêt : « telles sont, par exemple, la confection des statuts, leur révocation et le payement des salaires accordés aux différents membres de l'université. » Le syndic de l'académie sera aussi du conseil des curateurs; il aura mandat de défendre et poursuivre les droits de l'université le cas échéant.

A *Die*, le règlement ne parle que d'un seul conseil, qui est l'extraordinaire. En effet, le recteur doit régler toutes les affaires de l'académie « par l'avis du conseil establi par iceluy et notamment quand il se présentera des affaires d'importance ». Cette assemblée est composée des pasteurs, du principal « et de six personnages de la ville de Dye », sous la présidence du recteur. L'un des six personnages désignés sera élu procureur ou syndic. Les conseillers seront nommés pour un an; cependant on pourra en continuer quelques-uns pendant deux ou plusieurs années de suite.

Le règlement d'Alais, reproduit à Saumur, n'offre pour

---

1. A Puylaurens on se borne à rappeler les lois générales de 1620, principalement l'article VI, qui oblige le conseil ordinaire à censurer les professeurs et régents quatre fois par an avant les cènes. (Cf. Pujol, op. cit., 122.)

2. Ce passage laissé en blanc est facile à combler : il s'agit évidemment de notables de la ville.

toute variante notable que le mot de principal substitué à celui de premier régent, parmi les membres du conseil ordinaire.

A *Orthez*, l'édit de Henri de Navarre en 1583 ne parle pas de conseils de ce genre ; mais nous voyons que l'administration, au temps de Jeanne d'Albret, était aux mains d'une société dite *sénat ecclésiastique*, qui se composait de neuf membres, dont deux pasteurs, tous réélus annuellement par le synode du Béarn ; ce conseil réglait en particulier la question des finances [1].

Enfin, à *Sedan*, nous avons déjà rencontré plus d'une fois ce fameux *conseil des modérateurs*, dont les droits étaient aussi fortement établis que le furent ceux du recteur à Montauban. Ce conseil, qui organisa l'Académie, était composé à l'origine de personnages divers nommés par le prince ; en effet, parmi ceux qui organisèrent l'Académie, nous trouvons le président du Conseil souverain, Lalouette ; le lieutenant du bailliage, Roussel ; le pasteur Tilénus ; le jurisconsulte Caillet ; les trois autres nous sont inconnus. Ces sept membres portent le nom de « conseillers modérateurs en l'administration du collège académique et des biens ecclésiastiques ».

Chacun recevait 60 livres *pour l'administration et conduite de l'académie*. Le recteur était président de droit, et le payeur des deniers ecclésiastiques était secrétaire trésorier ; les professeurs étaient membres de droit [2]. Nous avons déjà vu [3] que ce conseil, constitué en 1576 par Françoise de Bourbon, avait aussi entre les mains depuis 1580 la gestion des biens du clergé, sous le nom de *recette ecclésiastique*. Chargé de payer la desserte de tous les bénéfices, cures, etc., il devait pourvoir à toutes les autres charges ecclésiastiques, aux pensions des professeurs, régents, maîtres d'école, à l'entretien et la réparation des églises, à tout ce qui concernait le service divin des deux religions, etc. Un de ses membres était nommé régisseur ou

---

1. Cf. *Bull.*, III, 283 ; *Discipline ecclésiastique de Béarn*, tit. II, art. 8.
2. Quand Tilénus et Caillet furent nommés professeurs, on ne les remplaça pas par deux nouveaux membres pris hors de l'académie.
3. Page 118.

receveur des biens ; le bureau pouvait les vendre, aliéner, en disposer à volonté [1]. A la requête du conseil, Henri de La Tour, par ordonnance du 12 avril 1599, étendit sa juridiction à toute la principauté de Sedan et Raucourt, aux prévôtés de Mouzon et Donchéry ; il décréta que les deniers provenant de ces ventes et aliénations seraient mis en rentes constituées « pour en être disposé au gré du conseil ». Plusieurs presbytères furent vendus à cette époque-là. Enfin les fonctions proprement universitaires du conseil étaient de déterminer le choix des livres, l'enseignement, la doctrine ; il se réunissait aux membres du consistoire pour l'élection des professeurs et suppôts, et formait ainsi le Conseil académique ; mais il ne faisait pas partie du consistoire, comme le suppose le P. Norbert ; nous en avons la preuve dans les conflits assez aigus qui ont surgi en 1673 entre ces deux corps et que le P. Norbert lui-même a rapportés [2]. Le conseil dressait les programmes scolaires annuels, prononçait sur la validité des examens, fixait les connaissances requises pour l'obtention des grades, et censurait les thèses des candidats avant l'impression. Mais l'académie des exercices échappait à sa juridiction, pour ne relever que du prince ou de son délégué [3].

En 1602, au moment où il organisa l'académie, le prince Henri enjoignit au conseil de se réunir tous les samedis, après la prière. On commença à tenir registre de tous les faits concernant l'administration. Toutes les délibérations des modérateurs, pour les baux, ventes des biens, des grains, marchés, réparations des bâtiments, ne pouvaient se faire que dans cette assemblée. Le reste des articles touchant le conseil ne fait que confirmer ce que nous savons déjà, c'est-à-dire le maintenir dans sa fonction d'intendant suprême des écoles et de trésorier général des cultes ; l'ordre, la discipline, les finances dépendaient de lui [4].

1. Cf. Mémoire sur les domaines de Sedan et Raucourt.
2. Voy. Norbert, 6, 34 sq., 41 (Extr.).
3. J. Peyran, *Histoire de Sedan*. II, 26 sq.
4. Cf. Norbert, 9 (Extr.).

En 1638, lorsque le prince Frédéric Maurice se convertit au catholicisme, il conserva par un édit les privilèges de l'académie et, dans les articles 3, 4 et 12, spécialement ceux du conseil. En 1640, le conseil obtint de lui le droit d'avoir séance et voix délibérative au conseil souverain dans tous procès en matière civile où les professeurs, régents, suppôts ou écoliers seraient parties, en qualité de défendeurs ou de demandeurs. Le prince ordonna que ces procès seraient instruits et jugés par le bailli ou son lieutenant; les jugements seraient expédiés par le greffier du bailliage, qui, en cette occasion, serait regardé comme le greffier du conseil [1].

Louis XIV, par son édit de juin 1644, dans lequel il confirme les privilèges de l'académie, retire cependant au conseil la gestion des biens et revenus ecclésiastiques, qu'il restitue à leurs anciens possesseurs [2].

§ 2. — Suppôts.

Les divers suppôts des académies et collèges étaient nommés par les conseils. Il y avait généralement un *portier*, un *bedeau*, un *imprimeur* et un *libraire;* l'office de *chancelier* et celui de *bibliothécaire* étaient remplis par le recteur.

A *Orthez*, le personnel était plus nombreux, le roi Henri ayant voulu dans son édit faire magnifiquement les choses. Il y avait « des greffiers, appariteurs et huissiers pour le service intérieur; un imprimeur, pour publier le fruit des travaux littéraires des maîtres, sous l'approbation du recteur et du principal [3]. » Il y avait aussi une chancellerie et un sceau; un

---

1. Cf. Norbert, 23 (Extr.).
2. Cf. Norbert, 24 (Extr.).
3. Cf. *Bull.*, III, 286. Le premier ouvrage imprimé porte la date de 1583 et appartient à M. Gabriac, ancien président du consistoire d'Orthez. Il est intitulé : *Los Psalmes de David, metuts en rima bearnesa*, par Arnaud de Salette, ministre. A Ortez, per Louis Rabier, imprimeur deü Rey. Il contient le psautier en langue béarnaise, les liturgies des cultes public et domestique et deux catéchismes. Il paraît que le livre est d'une très belle exécution typographique.

économe, un médecin, un apothicaire, un chirurgien, etc., comme l'indique une note manuscrite sur l'emploi des revenus ecclésiastiques datée du commencement du règne de Louis XIII [1]. Une clause particulière, fort libérale et sagement inspirée, promet aux libraires et imprimeurs étrangers qui voudront s'établir à Orthez, non seulement une hospitalité inviolable, mais les mêmes privilèges qui sont octroyés aux nationaux.

A *Nîmes*, le règlement de 1582 place les bedeaux sous la dépendance du recteur; le recteur est aussi chancelier. En 1599, lorsqu'il s'agit d'appeler au rectorat le jurisconsulte Julius Pacius, la ville passa un traité avec lui : nous détachons des conditions de ce traité les clauses suivantes. On ferait un sceau pour le rectorat, dont seraient scellées toutes les lettres testimoniales; si l'on faisait quelque promotion publique en philosophie, comme on en avait le pouvoir et le privilège émanés du roi, il serait fait un sceptre pour servir à ces promotions: enfin on ne pourrait rien imprimer pour le collège sans la permission du recteur. Ce pacte donna lieu la même année à une procédure assez curieuse et fut cassé par la cour du sénéchal : d'ailleurs il faut convenir qu'il n'innovait guère; mais il donnait à Pacius des garanties formelles sur la plupart des points traités [2].

Jean de Serres, dont l'activité se répandait dans tous les domaines, entreprit de seconder l'établissement d'une imprimerie au commencement de l'an 1579. Il facilita par ses démarches le traité passé le 24 février entre les consuls et le Dauphinois Sébastien Jacqui; ce dernier s'engageait à tenir pendant toute sa vie un atelier bien outillé de types grecs et romains, ainsi que tous les instruments nécessaires à l'impression des ouvrages classiques; on lui fournissait en échange une habitation, une somme de 80 écus-sol, payée comptant, et l'exemption de toutes charges ou tailles personnelles [3].

---

1. Lourde Rocheblave l'a eue entre les mains. (Cf. *Bull.*, III, 284.)
2. Voy. Ménard, V, 295 sq., 300, et Preuve LXV.
3. Cf. *Bull.*, XIII, 293.

A *Montauban*, le règlement de Chamier définit ainsi les fonctions du portier : « Il sera chargé de balayer les classes et les écoles ainsi que la cour du collège et de les tenir propres et nettes ; il sonnera la cloche pour l'entrée et la sortie des classes, en gardera les portes fermées pendant toute la durée des exercices [1] : il ne laissera sortir aucun élève sans une autorisation régulière du régent. Il dépendra absolument du principal pour tous les devoirs de sa charge. » Lorsque l'académie de Montauban fut transférée à Puylaurens, son imprimeur Bertier mit tant de lenteur à la suivre qu'il ne fut définitivement installé qu'en 1667. La ville l'établit à ses frais [2]. Les professeurs avaient ordre de ne point approuver les livres imprimés hors de la province [3].

Le premier imprimeur, à *Sedan*, fut Jacob Salesse (1596) [4]. Scrupuleuse et rigide dans l'examen des ouvrages imprimés, l'Académie défendit, en 1607, d'imprimer aucune thèse sans l'approbation et le visa du conseil des modérateurs. En 1612, le second imprimeur fut Jean Jannon, graveur et fondeur bien connu : il est l'inventeur des caractères typographiques nommés les *sedanoises*, les plus fins de l'époque ; on sait que c'est à l'imitation de ces types que Jacques Sanlecque a imaginé depuis la lettre dite *parisienne*, dans le dessein de l'opposer à la *sedanoise* [5]. Ces deux caractères sont aujourd'hui confondus par le vulgaire. En 1621, Jannon fabriqua des poinçons pour former les lettres hébraïques, chaldaïques, syriaques, arabes, grecques, allemandes ; il en fit aussi pour les lettres fleuries, les notes de musique, les vignettes et les fleurons [6]. Le 6 juillet 1639, le

---

1. La traduction de M. Read (*Chamier*, 141) nous a paru défectueuse ; aussi l'avons-nous modifiée.
2. *France prot.*, II, 445.
3. Arrêtés du synode de Mauvezin (1643) et de Réalmont (1644).
4. Nous savons que l'imprimerie était établie tant sur la tour de l'ancienne porte du Rivage que dans la maison attenant à cette porte et au Bastion de Floing ; une des portes de l'imprimerie donnait sur le rempart et la courtine de ce bastion.
Pour les obligations de l'imprimeur, voyez ch. II, § 5.
5. Les détails donnés par Haag (VI, 31) sont inexacts, ainsi que ceux de la *Biographie ardennaise* (art. JANNON). Ceux que nous donnons sont tirés de la *Chronique* du P. Norbert.
6. Il inventa également le coupoir de fer, instrument propre à

conseil ordonna que tout ce qui serait imprimé porterait à l'avenir cette inscription : « Avec approbation du conseil des modérateurs [1]. » Jean Jannon était mort à cette époque; mais il fut remplacé par sa veuve Suzanne François, son fils étant encore trop jeune; on permit cependant à son fils, Pierre Jannon, de jouir comme titulaire des gages et privilèges attachés à cet emploi, en reconnaissance des services exceptionnels rendus par son père à l'académie. Dès 1610, on avait établi un chancelier et un bedeau [2].

L'académie de *Die* eut un portier, un bedeau et un imprimeur [3]. Le règlement de 1604 avait déjà fixé les gages du portier et de l'imprimeur; mais il paraît qu'on négligea cet article, car en 1609 on voit le professeur d'hébreu, John Sharp, représenter la nécessité d'avoir une imprimerie académique. Jean Gautier, de Chêne, près de Genève, fut donc appelé à la fonction d'imprimeur et l'exerça de 1609 à 1613. Le sénat académique vota 600 l. pour les frais du premier établissement et procura à Gautier deux pièces et un galetas : il acheta sa presse à Lyon et ses caractères à Genève. Il fut convenu qu'il n'imprimerait rien qui n'eût été vu et approuvé par le recteur, clause qui ne fut pas toujours observée dans la suite. Son successeur Jean Rodolphe Le Fèvre, de Lausanne, était déjà professeur de philosophie et cumula les deux fonctions jusqu'en 1618. Un traité fut passé entre le consistoire, les consuls, l'académie et lui; on lui donna pour un an une maison avec boutique. Il avait le monopole de l'impression des thèses et compositions; s'il survenait quelque difficulté

---

retenir deux ou trois cents lettres dans le justifieur, de telle sorte qu'elles résistent à l'effort d'un rabot qui coupe dans toute la longueur certaines parties du corps de la lettre susceptibles de nuire à l'impression.

1. En 1675, le roi défendit de faire imprimer aucun livre ou écrit avec la seule approbation du conseil, « comme chose abusive et absolument contraire aux règlements généraux du royaume; » il fallut alors la permission de deux ministres, plus celle du lieutenant général du bailliage, ou en son absence d'un magistrat catholique. Cf. Norbert (Extr.), p. 33.
2. Cf. Norbert (Extr.), 24, 29, 13.
3. Read, *Chamier*, 289, 286.

touchant la question pécuniaire, le recteur ou le bureau jugerait de l'affaire. Il devait imprimer gratis les programmes annuels des cours; on pouvait en exiger 300 copies, mais en fournissant le papier. Il eut pour successeur Ezéchiel Benoît (1618-1662), puis Jacques Fiquel (1662-1684). L'arrêt de suppression de l'académie adjugea le matériel à l'hôpital de la Croix de Die.

M. Arnaud, qui a fait un travail spécial sur les imprimeurs de cette académie, constate que leurs publications ont été assez considérables, mais en somme d'une étendue médiocre, parce que les grands ouvrages des professeurs s'imprimaient habituellement à Genève [1]. Nous sommes loin des magnifiques productions de Sedan, aussi illustres par la beauté de la forme que par la valeur du fond.

A *Saumur*, nous avons vu que le *portier* devait être présenté par le principal au conseil, qui conférait la charge; il pouvait le changer au bout d'un an ou d'un mois, s'il le jugeait nécessaire. La charge du portier est définie par le conseil dans sa séance du 30 mars 1640. 1° Il doit ouvrir et fermer toutes les portes; 2° sonner les cloches pour avertir les écoliers des leçons publiques ou classiques et pour les congédier; 3° tenir en ordre les auditoires, les classes et les cours; 4° empêcher les écoliers d'y venir en dehors des classes; 5° assister les régents pour faire observer la discipline sur leur réquisition; 6° tenir les latrines communes du collège le plus nettes que faire se pourra; 7° faire une fois l'an tous les châssis des auditoires, le bois et le papier lui étant fournis; 8° obéir au principal pour ce qui touche au collège; 9° avoir son logement près de la porte. Quant au *bedeau*, par une coutume singulière, on le choisissait toujours dans la corporation des imprimeurs. A la date du 12 juillet 1647, le règlement suivant fut pris à son adresse : Il doit, sur l'ordre du recteur, convoquer les conseils ordinaires et extraordinaires; se tenir à la porte de ces assem-

---

1. Cf. Arnaud, *Histoire de l'académie*, 50. Voir pour les détails : *Notice historique et bibliographique sur les imprimeurs de l'académie protestante de Die*, par le même.

blées pendant les séances; assister chaque jour aux propositions, et convoquer les professeurs qui y doivent prendre part; remplir dans les cérémonies de la collation des grades et des promotions le rôle que nous avons indiqué plus haut [1]; assembler les écoliers pour les thèmes de prix; afficher au temple et au collège les titres des thèses, programmes, etc.; porter aux professeurs, afin qu'ils les signent, tous les mandements et acquits de l'Académie; apposer sur les thèses le sceau de l'académie, et recevoir 8 sols pour chaque sceau de cire. Le présent règlement est signé par le bedeau Isaac Desbordes, un des plus célèbres imprimeurs de Saumur. Le conseil avait droit de censure sur le bedeau; il l'exerça cette même année 1647, parce que ce suppôt avait refusé d'afficher une thèse [2]. Une dernière obligation du bedeau était d'aller lire aux étudiants contumax et à domicile les sentences quelconques portées par le conseil contre eux; une infraction à cette loi valut à Desbordes sa destitution [3]. Un tel bedeau devait être naturellement l'imprimeur attitré de l'académie [4]. Cependant nous ne pouvons que souscrire au jugement de M. Dumont, lorsqu'il dit : « Si quelque chose peut nous donner une idée de l'importance de cette ville et de son développement intellectuel au xviie siècle, c'est, sans doute, le nombre des libraires presque tous imprimeurs qui pouvaient y vivre de leur profession. Il n'y en avait pas moins de douze, tenant *boutique* ouverte. Paris, seul aujourd'hui, peut-être pourrait nous montrer en France un pareil luxe de typographes [5]. » Le plus grand nombre de ces imprimeurs a acquis une certaine illustration en publiant les ouvrages, si recherchés de nos jours et malheureusement si rares, des professeurs et des pasteurs soit de Saumur, soit d'ailleurs. C'étaient Jean Lesnier, le premier mari de

---

1. Voy. p. 221 et 273.
2. Cf. Reg. I.
3. Voy. Dumont, op. cit., 64.
4. C'est en 1637 que l'académie demande au synode d'avoir un imprimeur spécial. La même année, nous voyons la taxe pour l'impression des thèses et programmes signée de Lesnier et de Desbordes.
5. Dumont, op. cit., 52.

Mme Dacier, l'éditeur de Tanneguy Le Febvre; Thomas Portau, éditeur de Marnix de Sainte-Aldegonde; René Péan, éditeur de Jean Claude, l'adversaire de Bossuet, de Lortie, etc.; Isaac et Henri Desbordes; Ribotteau; Ernou; Louis Guyon; Piédedieu, l'éditeur de Jean Benoist; Antoine Chappui; Claude Girard et Daniel de l'Erpinière; et peut-être y en avait-il d'autres, dont les noms nous échappent. Nous accusera-t-on d'engouement, si nous plaçons Saumur parmi les villes où s'est manifestée la plus grande activité intellectuelle et littéraire au xviie siècle?

Toutes les académies avaient des *bibliothèques*, dont il serait intéressant de faire l'histoire. Le synode de Gap en 1603 exhorte déjà chacune des académies à dresser autant que possible une bibliothèque commune « et particulièrement avoir la grande Bible d'Anvers en plusieurs langues [1] ». Celle de Die fut créée en 1616 par le bureau du conseil académique, après avoir été longtemps à l'état de projet. On résolut, pour le bien et honneur de l'académie, de solliciter tous les notables de la ville et de la province, afin d'obtenir de leur libéralité le don de quelque livre « avec prescription de leurs noms »; on décida de s'adresser notamment au prochain synode, à messieurs les pasteurs. Dès à présent, en attendant que l'académie fût pourvue d'un lieu plus grand et plus convenable, on désigna pour bibliothèque « le cabinet du collège, qui aboutit à la première et troisième classe; » le recteur en garderait une clef, et le premier consul (qui était protestant) une autre. Catalogue serait dressé des livres en copie double, dont une appartiendrait au recteur et l'autre au premier consul. Toutes les fois qu'il serait fait acquisition d'un nouvel ouvrage, et lorsqu'il y aurait lieu de l'ajouter au catalogue et de lui assigner une place dans les rayons, le recteur et le premier consul seraient présents. Tous les écoliers, théologiens et autres, qui vou-

---

[1]. Aymon, I, 276. A la demande de la province de Berri, le synode de La Rochelle (1607) exhorta aussi toutes les Eglises qui en auraient le moyen, à dresser des bibliothèques, spécialement pour l'usage des pasteurs.

draient sortir de l'académie avec attestation, même les bacheliers et maîtres ès arts, seraient tenus de donner un livre à leur choix [1] avant de recevoir leurs lettres, « sauf s'il y avait quelque écolier si pauvre que grâce lui fût faite par Monsieur le recteur de l'avis de Messieurs du bureau. » Ces dernières conditions ne font pas moins honneur à la sagesse du conseil qu'à son humanité.

Il ne faut pas confondre le *libraire* avec le bibliothécaire; cette dernière charge était remplie par le recteur assisté du premier consul; la première avait un titulaire spécial. Le libraire devait fournir aux élèves les livres de classe dont ils avaient besoin. Il ne faut donc pas davantage le confondre avec l'imprimeur, bien que le même homme ait pu cumuler les deux fonctions [2].

Lorsque le conseil de Die créa en 1609 la charge de libraire, la ville possédait déjà des négociants qui faisaient le commerce des livres; le bureau du conseil académique, pour favoriser le libraire particulier qu'il avait choisi, Jean du Sac, supprima tous les autres [3]. De 1604 à 1609, la librairie avait sans doute été tenue par le portier, comme l'indique l'article 43 du règlement.

A Nîmes, une bibliothèque fondée par le consistoire était ouverte tous les jours et mise à la disposition des pasteurs, des professeurs et des étudiants [4]. Cependant, pour des raisons qui nous échappent, Nîmes et Montauban eurent assez de peine à

---

1. Aujourd'hui, à la faculté de Montauban, chaque étudiant laisse en partant la somme de dix francs pour la bibliothèque.
2. Le professeur J. R. le Fèvre, dont nous avons déjà parlé, fut aussi en 1613 imprimeur et libraire. Par le traité qu'il passa avec le recteur, il s'engagea à tenir « boutique de bons livres grecs et dûment fournie, notamment des livres nécessaires pour écoliers soit classiques, philosophes ou théologiens, auxquels, à ces fins, sera enjoint d'être fournis des livres portés par le programme en ce que le chacun d'eux touche, sauf les pauvres et les nécessiteux » Tous les élèves étaient obligés d'acheter les livres indiqués par les programme; mais pour les nécessiteux le libraire et le recteur se réservaient d'user à leur égard de dispositions spéciales.
3. Cf. Arnaud, *Hist.*, 51, 53. *Notice sur les imprimeurs de Die*, 32 sq.
4. Cf. *Bull.*, II, 548.

former leurs bibliothèques; le synode de Castres en 1626 est obligé de stimuler leur zèle [1].

A Sedan, ce fut en 1607 que l'académie forma un fonds de bibliothèque, dans un appartement de l'ancien hôtel de ville; elle en commit la garde au libraire François Martin, qui fut gagé à cet effet. Toutefois, cette charge ne fut pas toujours remplie par un libraire; en 1629, la princesse de Sedan la donna par brevet à Daniel de Lambermont, avocat au parlement et second régent du collège « avec les honneurs et prérogatives accoutumés ». On le charge de présenter dans le délai de deux mois un nouveau catalogue de tous les livres, qui sera vérifié par les sieurs Rambour, de Moranvillé et du Vicquet, membres du conseil des modérateurs, nommés à cet effet [2]. En 1639 pareil brevet est accordé par Frédéric Maurice à Pithoys, professeur de philosophie [3].

En 1617, Henri de La Tour, retiré de la cour et du tumulte des affaires, s'adonnait exclusivement à favoriser l'essor des œuvres fondées pour le bien et l'honneur de sa ville. Il s'adressa à son parent, l'Electeur palatin, pour avoir des manuscrits de la célèbre bibliothèque palatine; mais il ne put obtenir tout ou partie de cette précieuse collection, possédée depuis par l'empereur Ferdinand II et envoyée avec tous les imprimés au pape Urbain VIII, qui la déposa au Vatican. Cependant le prince s'attacha à recueillir les meilleurs livres qui fussent en Europe; il fit de si nombreux et si estimables achats que de son vivant la bibliothèque de Sedan compta parmi les mieux assorties et les plus complètes de l'époque. Il ne fallut pas autre chose que les malheureux événements politiques survenus dans la suite pour disperser cette riche bibliothèque; ce qui en restait encore en 1671 fut donné au cardinal de Bouillon, qui la revendiquait, comme bien meuble appartenant à la maison de La Tour [4]. Déjà en 1666, un grand nombre d'ou-

1. Aymon, II, 378.
2. Cf. Norbert, 12, 19 (Extr.).
3. *Id.*, 23 (*id.*).
4. Voy. Norbert, 16 (Extr.). Louis XIV s'était d'ailleurs engagé à la rendre par un traité d'échange en 1652.

vrages importants avaient été détériorés; en effet, lorsque le consistoire et les professeurs furent obligés d'évacuer l'hôtel de ville en 1663, la bibliothèque fut transférée au château [1]; là, on entassa les volumes dans une salle petite, basse et humide, où ils auraient tous fini par périr, si le comte de La Bourlie n'avait exposé au Roi cette situation fâcheuse. Louis XIV ordonna qu'on les rétablit dans une grande chambre de l'hôtel de ville. Mais les nouveaux bibliothécaires, indépendants de l'académie, laissèrent prendre ou égarer multitude de livres qui n'ont plus été retrouvés [2].

A Saumur, le papier des recettes des deniers académiques nomme cinq libraires, ayant fourni les livres de prix et probablement aussi les livres de classes : Desbordes, Péan, Riboteau, Nobileau et Vaillant [3]. Quant à la magnifique bibliothèque de cette université, on en comprendra la valeur quand on saura que Duplessis-Mornay l'avait constituée en lui laissant peu à peu tous ses livres [4]; le reste fut donné par les par-

---

1. « Des milliers de volumes propres à entretenir l'esprit d'investigation et de critique remplissaient les salles de ce riche dépôt. La masse du peuple, avec la facilité d'emprunter des ouvrages sans que ses choix subissent de contrôle, alimentait le trésor de ses connaissances et se mettait toujours mieux à même de discuter, de censurer et de réprouver les actes arbitraires qui se succédaient. En décrétant la clôture de cet établissement, l'on était à peu près certain de ne laisser un libre cours qu'à l'espèce de lumières qui n'enfantent ni la liberté d'examen, ni la défense des droits, ni le murmure contre les ordres violents et injustes. Il fut donc enjoint au savant et vertueux Pithoys, alors bibliothécaire, de remettre cette précieuse collection entre les mains de l'une des congrégations reconnues, qui en ferait l'épuration et remplacerait les ouvrages indignes d'y figurer; après quoi le public serait admis à en jouir. La commission chargée de ce travail mit trois ans à le faire.... Lorsque le cardinal de Bouillon, quelques années plus tard, recueillit cet héritage, ce n'était plus qu'une masse de livres dépareillés, communs et de peu de prix. » (J. Peyran, *Hist.* cit., II, 218.)

2. Cf. Norbert, 33 (Extr.).

3. Cf. Marchegay, op. cit., 4.

4. Il faut en excepter la partie de sa bibliothèque qui fut pillée et dispersée à l'époque où Mornay quitta définitivement Saumur pour La Forêt-sur-Sèvre. On sait que, à peine était-il parti, une tourbe de valets et de pages envahit le château, fit main basse sur les imprimés et les manuscrits, les déchira ou jeta par les fenêtres; on les vendit au poids. Louvet dit que les rues de Saumur en étaient jonchées. Le vandalisme de ces fanatiques n'épargna pas même une grande armoire que Mornay, au dire d'un chroniqueur, appelait sa petite bibliothèque et qui conte-

ticuliers dans les derniers temps de l'académie. On en peut lire le catalogue complet aux Archives nationales [1]. La pièce qui le contient est un procès-verbal dressé par Jacob de L'Estang, chevalier seigneur de Ry, lieutenant du Roi au gouvernement de Saumur. Cet officier rapporte qu'il s'est présenté assisté du notaire Dovalle, ce jour même 20 janvier 1685, par devers Jacques de Prez, écuyer ministre, professeur de théologie et principal du collège, afin de visiter la bibliothèque de l'académie [2]. De Prez répondit qu'il recevait avec la plus grande soumission les ordres du Roi, et ouvrit la bibliothèque, dont il avait la garde depuis 1681. Il présenta aussi son catalogue et réclama, tant en son nom qu'en celui de ses collègues et des imprimeurs ou libraires qu'on voulût bien payer leurs arrérages au moyen des livres de cette bibliothèque [3]. De l'aveu général, la valeur de ces ouvrages fut déclarée peu considérable, ce qui est pour nous aujourd'hui un objet de véritable stupéfaction. L'imprimeur chargé alors de l'expertise était François Degouy. Il y avait 600 volumes in-folio, 260 in-4°, 600 in-8°, et d'autres d'un format plus petit; la plupart étaient reliés en parchemin, le reste en veau. « Et quoy que la plus part des dits livres portant un très beau titre, dit le rapport, toutes fois ils sont de nulle considération. » Degouy estima le tout à 1300 livres au plus. En admettant qu'une partie de ces ouvrages fût détériorée, on ne peut que trouver absurde ou malhonnête une telle expertise, si l'on songe que cette bibliothèque renfermait une très belle collection des auteurs anciens, hébreux, grecs et latins, des théologiens de tous les temps, des philoso-

---

nait toutes ses œuvres, écrites par la plupart ou annotées de sa propre main, reliées en maroquin du Levant avec ses armes en dehors. (Cf. *Journal de Jehan Louvet, clerc au greffe civil d'Angers : Revue d'Anjou*, 1855, 2ᵉ partie; *Duplessis-Mornay, études historiques et politiques,* par Joachim Aubert, p. 296.)

1. TT, 239.
2. En effet, la salle de la bibliothèque faisait partie du logement du principal et était confiée à la garde de celui-ci. On avait eu un moment l'idée de la transformer en un auditoire de physique (1664), mais on y avait renoncé après.
3. Il n'adresse cette requête que dans la prévision trop évidente de la suppression prochaine de l'Académie.

phes, des humanistes, des jurisconsultes, des historiens, des contemporains célèbres, etc., etc. Les scellés furent posés sur cette bibliothèque, qui fut vendue au profit de l'hôpital de la ville, ainsi que les autres biens et effets de l'académie. Une autre pièce nous apprend qu'elle fut vendue 1550 livres, sur laquelle somme les administrateurs furent obligés de payer 190 livres aux libraires pour solde de leurs arrérages [1].

Nous ne savons pas si toutes les académies avaient des *emblèmes*. Cependant Ménard nous décrit celui de l'académie de Nîmes; il le découvrit sur un bas-relief de pierre, apposé à une des colonnes qui soutenaient les galeries de l'ancien collège. « On y voit représenté le Pégase, cheval ailé, qui grimpe sur le haut du mont Hélicon, où paraît une fleur de lys, et qui, en frappant du pied droit le bas du rocher, en fait sortir la célèbre fontaine, appelée Hippocrene, qui fut consacrée aux muses. Au-dessus étoient ces mots en banderolle : *Academia Nemausensis* [2] ».

Disons en terminant que l'académie de Sedan possédait un *registre mortuaire* depuis 1620. Par un choix assez singulier, il fut tenu d'abord par le maître de musique; mais une nouvelle ordonnance à la date de 1638 chargea de ce soin un des régents [3].

---

1. Archives nationales, t. 239.
2. Ménard, *Histoire*, V, 215.
3. Cf. Norbert, 17 (Extr.).

CHAPITRE II

RAPPORTS AVEC LES SYNODES, FINANCES

§ 1. — Synodes généraux et provinciaux.

Le goût des réformés pour la hiérarchie des pouvoirs se retrouve dans tous les domaines; au sein du catholicisme, cette hiérarchie se personnifie, s'incarne dans des hommes; chez les protestants réformés, elle se développe au moyen des assemblées représentatives. En religion, le pasteur dépendait du consistoire, le consistoire du colloque, le colloque du synode provincial, le synode provincial du synode national; en matière d'instruction publique, le régent dépend du principal, le principal du recteur, le recteur du conseil, le conseil lui-même du synode provincial, ce qui nous ramène encore au *synode national*, centre véritable de l'autorité souveraine où convergent toutes les lignes et d'où partent tous les rayons. Tout ce qui avait trait au gouvernement général des Eglises, tout ce qui touchait de près ou de loin aux affaires publiques était porté devant ce tribunal en dernière instance. Il est superflu de revenir sur ce qui a déjà été dit au sujet de son intervention dans les questions scolaires; le chapitre II de la Discipline donnait « ordre » que la jeunesse fût instruite dans des écoles; les synodes, fidèles gardiens de la discipline, avaient pour mandat de veiller à l'exécution de cet ordre. Toutefois on remarquera que l'ingérence de ce corps dans les questions de ce genre n'était pas abusive; il ne prétendait pas exercer une autorité inquisitoriale sur les académies et collèges, et imposer despotiquement ses volontés ; il ne prétendait pas davantage déterminer par le menu l'organisation intérieure de ces établissements et tout régler jusqu'aux programmes. Au contraire, il respectait la compétence supérieure des professeurs et des conseils académiques, et leur laissait une grande liberté. Le règlement d'Alais est là pour témoigner de cet esprit de conduite ; en théologie, les membres du synode étaient compétents, et ils posent les jalons de cet enseignement ; le synode se croit aussi autorisé à définir les fonctions administratives les plus en vue, puisqu'il dispose lui-même d'un service important, l'administration des finances générales. Mais quand il délibère sur le reste, et lorsqu'il s'agit de constituer, il se borne à émettre des idées pédagogiques générales dont on pourra et devra s'inspirer ; quand il est amené à sanctionner une négligence coupable ou une infraction notoire à la discipline, il ne le fait que sur un appel motivé et présenté régulièrement par des délégués provinciaux. Il agit par voie répressive, mais non préventive ; encore agit-il avec une modération constante, multipliant les avertissements, usant moins des censures, et ne recourant aux mesures extrêmes que pour céder à une nécessité douloureuse qu'il déplore. Telle était la manière de procéder des synodes généraux.

Entre le synode national et les conseils académiques, un corps servait d'intermédiaire : c'était le *synode provincial*. Si la part d'intérêt accordée par les synodes nationaux aux académies et collèges était très large, celle que leur faisaient les synodes provinciaux l'était bien davantage ; il est évident que nous voulons surtout parler des assemblées synodales qui avaient une académie dans les limites de leur juridiction. Les registres du conseil de Saumur reproduisent toujours soigneusement les décisions prises dans les synodes de la province relativement à l'académie.

On a déjà retracé le rôle qu'ont joué les synodes généraux dans l'histoire de la création des académies et collèges ; il importe, avant d'aborder la question des finances, que nous marquions ici quelques-uns des points particuliers traités par ces grandes assemblées, afin de montrer en quelles circonstances elles avaient l'habitude d'intervenir [1].

Le synode de Lyon en 1563 déclare que les professeurs en théologie pourront être reçus membres du consistoire et députés aux synodes. Celui de Nîmes, en 1572, les avertit en outre qu'ils seront toute leur vie au service des colloques et des synodes, « à l'autorité desquels ils obéiront. » Lorsqu'il surgira quelque difficulté sur certains points de doctrine, et que les professeurs seront sur les lieux, on les appellera pour les consulter. Défense leur est faite, ainsi qu'à tout ministre, d'exercer la médecine, ou tout autre métier qui pourrait nuire à la pratique de leurs fonctions et compromettre l'honneur de leur profession. Au reste, le synode de La Rochelle (1607) charge les synodes provinciaux de rendre témoignage consciencieusement de la manière dont les professeurs et régents s'acquittent de leur devoir. Les députés des provinces sont tenus d'apporter aux synodes nationaux, avec l'état de leurs proposants, les témoignages des universités dans lesquelles ces proposants étudient. Quant aux proposants, ils peuvent être admis aux synodes, lorsqu'on y traite de la doctrine et de la discipline en général, s'ils ont un bon témoignage.

Les intendants de l'académie de Montauban devaient être tous élus parmi les notables de la ville; cependant le synode provincial du haut Languedoc, malgré la décision du synode de La Rochelle, maintint dans cette fonction deux pasteurs de localités voisines, Richard et Bicheteau. Le professeur Béraud en appela au synode national de Saint-Maixent (1609); cette assemblée reprit la délibération de La Rochelle qui interdisait à ces deux pasteurs de se mêler en aucune manière des affaires de l'Eglise et académie de Montauban, à moins qu'ils ne fussent dûment appelés par le consistoire ou le conseil académique, et redressa la fausse interprétation que le synode provincial avait donnée à cet article. Il démontre que, dans le cas actuel, il ne s'agit pas de personnages appelés extraordinaire-

---

[1]. Aymon, I, 33, 197, 374, 324, 368, 378, 400.

ment par le conseil, fait autorisé par la Discipline, mais d'intendants ordinaires; il casse donc comme illégale la décision du synode provincial.

Ce même synode interdit aux provinces de déléguer des professeurs en théologie aux assemblées politiques ou ecclésiastiques et aux députations en cour [1]; cependant les synodes provinciaux pourront continuer à les déléguer aux synodes nationaux s'ils le jugent convenable ou nécessaire. Parlant du conseil extraordinaire de Montauban, il déclare qu'il sera seulement composé des pasteurs et anciens nommés à cet effet par le synode provincial.

En 1617, le synode de Vitré fonde une excellente institution, celle des *inspecteurs* · afin que les règlements soient toujours bien observés, il charge les synodes des provinces où se trouvent les académies de députer tous les ans deux pasteurs pour visiter ces écoles; on les prendra dans les Eglises autres que celles qui comprennent des académies; ils examineront les écoliers, constateront leurs progrès, apprécieront la conduite des maîtres, et feront ensuite leur rapport au synode provincial, qui le transmettra au synode général suivant [2]. Ces inspecteurs, dit M. Livet, « sont la preuve d'une unité remarquable dans l'institution et dans la direction des divers établissements réformés, et nous n'en avons trouvé trace dans les universités catholiques ni des laïques ni des Jésuites [3]. »

Une inspection analogue était faite à Sedan par les professeurs publics dans les classes une fois par mois [4]. Deux fois par an, un inspecteur général rendait au prince un compte détaillé de l'état de l'Académie [5].

En résumé, les synodes peuvent intervenir sans cesse et dans toutes les questions, sauf celle de l'organisation intérieure; nous les avons vus dicter aux professeurs de théologie et de philo-

---

1. Le synode de Privas (1612) déclare qu'on suspendra de leur charge pour six mois les professeurs qui violeront ce règlement.
2. Aymon, II, 124.
3. *Revue française*, 1856, t. VI, 404.
4. Cf. Norbert, 10. (Extr.).
5. Cf. Peyran, *Histoire de Sedan*, II, 26.

sophie l'esprit dans lequel ils doivent donner leurs leçons [1], discuter le maintien ou la suppression de la chaire de grec [2], édicter des lois pour les proposants [3], fixer le nombre des académies [4]. Toutes les fois qu'un conflit s'élevait à propos de l'élection d'un professeur ou qu'il y avait mésintelligence entre les conseils académiques, les synodes provinciaux et les professeurs, soit dans leurs rapports entre eux soit dans leurs rapports avec les autres corps, le synode national vidait le différend et décidait en dernier ressort [5]. Quant à la doctrine théologique des professeurs, il est clair qu'il la contrôlait également, puisque son autorité dogmatique était souveraine.

§ 2. — FINANCES GÉNÉRALES.

De toutes les questions posées devant le synode, la plus importante ou du moins la plus souvent traitée était celle des finances. Sans doute il ne l'épuisait pas; tous les corps ecclésiastiques ou civils avaient à l'aborder par quelque côté; cependant les plus grandes charges pesaient sur lui. On sait que ce fut le synode de Montpellier (1598) qui distribua pour la première fois les deniers royaux, soit la somme de 43 300 écus et un tiers, octroyée annuellement par le Roi pour l'entretien des Eglises réformées de France. Cette allocation varia beaucoup dans la suite. Voici quelle part de la première somme fut répartie entre les académies; les synodes ne nous expliquent pas les causes des variations, peu importantes d'ailleurs, survenues ultérieurement dans cette répartion ; mais il est trop évident que le subside fut payé avec beaucoup d'irrégularité par les officiers royaux.

1. Voy. p. 25, 253.
2. Voy. p. 251.
3. Voy. p. 256 sq.
4. Voy. p. 96.
5. Cf. Aymon, II, 754, etc.

TABLEAU DES SUBSIDES
D'APRÈS AYMON

Synode de Montpellier (1598).

Saumur	1111 écus 6 sols 8 deniers.
Montauban	1111 — 6 — 8 —
Montpellier	500 —
Nîmes	500 —

Synode de Gergeau (1601).

Les mêmes.
Sedan .... 500 écus.

Synode de Gap (1603).

Saumur	1101 écus 6 sols 8 deniers.
Montauban	1111 — 6 — 8 —
Montpellier	500 —
Nîmes	611 — 6 — 8 —
Sedan	800 —

Synode de La Rochelle (1607).

Montauban	3303 liv. 6 sols 8 den. tournois.
Saumur	3303 — 6 — 8 —
Montpellier	1500 —
Nîmes	1833 — 6 — 8 —
Sedan	2400 —

Synode de Saint-Maixent (1609).

Montauban	2450 livres.
Saumur	4190 —
Montpellier	1250 —
Nîmes	1250 —
Sedan	1500 —

Synode de Vitré (1617).

Montauban	3151 livres.
Saumur	5190 —
Nîmes	2236 —
Sedan	4000 —
Die	600 —

Synode d'Alais (1620).

Montauban	3151 livres.
Saumur	5190 —
Nîmes	3151 —
Sedan	4000 —
Die	600 —

Synode de Privas (1621).

Montauban	3000 livres.
Saumur	4290 —
Montpellier	1300 —
Nîmes	1300 —
Sedan	4000 —

Synode de Charenton (1623).

Montauban	3450 —
Saumur	4100 —
Nîmes	1800 —
Sedan	4000 —
Die	600 —

Synode de Castres (1626).

Montauban	3000 livres.
Saumur	4530 —
Nîmes	2200 —
Sedan	4000 —
Die	600 —

Régime du quint denier.

Synode de Charenton (1631).

Montauban	3000 livres.	
Saumur	4120 —	
Nîmes	1800 —	
Die	981 —	5 sols.

Synode d'Alençon (1637).

Montauban	3000 livres.
Saumur	4130 —
Nîmes	1100 —
Die	2936 —

Synode de Charenton (1644).

Montauban	3200 livres.
Saumur	4130 —
Nîmes	1100 —
Die	2996 —

Les universités furent averties par le synode de Montpellier qu'elles auraient à exposer au prochain synode tout ce qu'elles auraient fait pour leur établissement et en rendraient compte[1]. Toutefois cette reddition des comptes fut ajournée par le

---

1. Aymon, I, 225 sq.

synode de Gap jusqu'au synode de La Rochelle (1607). Ce délai expiré, les académies de Montauban, Nîmes, Montpellier et Sedan manquèrent d'apporter leurs comptes et furent vivement censurées. Pour les punir, on retira à Montauban 500 livres et 250 livres à chacune des autres. On déclare que, si pareille négligence se reproduit, on retranchera encore 500 écus, mais que, s'il n'y a pas récidive, les sommes retirées seront restituées [1]. Au synode suivant (Saint-Maixent, 1609), les comptes de Montauban furent trouvés défectueux; on les renvoya à la province, afin qu'elle les vérifiât et que lesdits comptes pussent être rapportés en règle au prochain synode. On décida que les gages des régents n'entreraient pas en ligne, mais seulement ceux des professeurs publics de philosophie, de langues et de théologie; enfin on exhorta ceux qui devaient vérifier les comptes à soigneusement contrôler la gestion du conseil extraordinaire. Quant aux académies de Nîmes, Montpellier et Sedan, qui n'apportaient point leurs comptes [2], elles furent censurées et sommées de les présenter dans un mois à leurs synodes provinciaux. On fit observer à Sedan que le professeur de droit n'était pas compris dans la liste des subventionnés. Quant au brevet de 4000 livres dont bénéficie cette académie, le roi lui-même avait fixé cette part relativement si considérable attribuée à Sedan. Richelieu voulait en effet se concilier alors la faveur de la noblesse, et le duc de Bouillon comptait parmi les seigneurs les plus influents. Plus tard, il ne se fit aucun scrupule de supprimer ce privilège. Enfin l'assemblée de Saint-Maixent n'exécute pas, à l'égard de ces académies en faute, la menace du dernier synode; mais elle les avertit qu'elle les déclarera déchues de leur privilège si cette négligence se reproduit.

Voici comment les synodes de Saint-Maixent et de Privas fixèrent les émoluments de chaque professeur [3] :

---

1. Aymon, I, 308.
2. Des faits analogues se sont souvent renouvelés; nous nous abstenons de les enregistrer tous.
3. Aymon, I, 378, 379.

ACADÉMIES PROTESTANTES

Montauban.

	Saint-Maixent.	Privas.
Théologie, 2 professeurs	{ 350 liv.[1] { 700 —	700 liv. 700 —
Hébreu, 1 professeur	200 —[2]	300 —
Grec, 1 professeur	400 —	300 —
Philosophie, 2 professeurs	{ 100 — { 100 —	400 — 400 —

Nîmes et Montpellier [3] (chacune).

	Saint-Maixent.	Privas.
Théologie, 1 professeur	700 liv.	Id.
Hébreu, 1 professeur	400 —	Id.

Sedan [4].

	Saint-Maixent.	Privas.
Théologie, 1 professeur	700 liv.	
Hébreu, 1 professeur	400 —	Brevet de 4000 l.
Grec, 1 professeur	400 —	

Saumur.

	Saint-Maixent.	Privas.
Théologie, 2 professeurs	{ 700 — { 700 —	Id. Id.
Hébreu, 1 professeur	400 —	Id.
Grec, 1 professeur	400 —	Id.
Philosophie, 2 professeurs	{ 400 — { 400 —	Id. Id.
1er régent	340 —	400 —
2e régent	300 —	300 —
3e régent	200 —	200 —
4e régent	180 —	180 —
5e et 6e régents	150 —[5]	150 —

1. Le premier, étant pasteur, n'a que la moitié du traitement du professeur.
2. Au lieu de 400, parce qu'il est pasteur.
3. A partir de 1624, le synode entretint à Nîmes les deux professeurs de théologie qui y enseignaient déjà. (Aymon, II, 286.) En 1626, il entretint celui de grec. (*Id.* 409.) Le second professeur de théologie, étant aussi pasteur, ne recevait que 400 livres. (*Id.*, 587.)
4. Aymon, I, 379 porte 500 livres à tort probablement, puisqu'on en distribua 1500. (*Id.*, I, 391.)
5. Le dernier régent eut 210 livres à partir du synode de Castres (1626); et celui de 4e, 250 livres. Mais il faut bien retenir que ces gages étaient rarement payés en entier. Ainsi, en 1626, les quartiers furent distribués ainsi que suit :

Hébreu	80 livres.	2e Régent	57 livres.
Philosophie	80 livres.	3e Régent	47 livres.
Principal	20 livres.	4e Régent	39 livres.
1er régent	69 livres, 14 s.	5e Régent	31 livres.

Le bedeau et le portier reçoivent seuls le montant intégral de leur quartier. (Reg. I, 14 février 1626.)

Le synode de Privas (1612) corrige le règlement en allouant 700 livres à tout professeur de théologie, qu'il exerçât ou non le ministère ; mais le synode de Castres devait rétablir la demi-portion. Le professeur d'hébreu, qui était aussi pasteur, avait déjà 300 livres au lieu de 200 ; le synode de Castres lui assura tout le traitement ; de plus, on ajoute 100 livres à chacun des premiers régents de Montauban et de Saumur, en leur qualité de professeurs d'éloquence ; ce qui élève leurs gages à 400 livres. Chaque fois qu'il y avait des reliquats dans les comptes, les synodes veillaient à ce qu'ils fussent exactement rapportés. Les deniers royaux étaient distribués par quartiers, ainsi que les subsides des académies et les gages des professeurs [1].

A partir de 1631, nous voyons que les synodes abandonnent l'académie de Sedan à ses propres ressources. Les académies réclamèrent à diverses reprises des augmentations de gages, surtout lorsque l'allocation du gouvernement était plus forte : mais les synodes repoussèrent toujours de telles demandes [2]. Chaque fois qu'une place de professeur était vacante, la somme représentant ses gages était retenue par le sieur du Candal, trésorier général des synodes.

Le synode de Charenton (1623) décida que les universités ne donneraient pas de gages aux imprimeurs, que les offices de portier et de bedeau seraient désormais confondus, et que les gages de celui qui les tiendrait seraient de 60 livres par an ; le portier de Saumur les reçut du synode, à partir de 1626.

Les ordres expédiés pour le payement des salaires des professeurs et régents devaient être donnés et signés par le recteur et le conseil ; ils y ajoutaient cette clause que les fonctionnaires créanciers étaient tous actuellement en charge. A partir du synode de Castres (1626), Aymon rapporte qu'il fut alloué 100 livres au « recteur du collège » de Saumur ; mais il veut parler du principal [3].

---

1. Aymon, II, 124.
2. En 1637, l'académie de Saumur réclama une augmentation pour le principal, le professeur de grec et le portier, mais sans succès.
3. Cf. Aymon, II, 587, 514.

En 1631, une décision très importante fut prise par le synode de Charenton. Comme depuis plusieurs années « les nécessités de l'Etat » ne permettaient pas aux Eglises de jouir des effets accoutumés de la libéralité royale, et comme les académies ne recevaient pas régulièrement les sommes affectées à leur entretien; comme aussi on avait détourné certaines pensions et assignations, de telle sorte que les écoles pouvaient s'écrouler dans une ruine irréparable, le synode décrète que, jusqu'au moment où l'on recevra de nouveau les bienfaits du roi [1], on réservera le *quint denier* de toutes les aumônes, dont on tirera une certaine somme pour l'entretien des académies; l'argent ainsi recueilli sera considéré comme un prêt, et on le restituera quand cette situation elle-même aura pris fin. Chaque province nommera un consistoire pour ramasser ce fonds et le faire parvenir à telle université qui lui sera indiquée; les conseils académiques lui fourniront les quittances. Les contributions furent ainsi déterminées au synode de 1631 :

Montauban.

Haut-Languedoc	956 liv.	
Normandie	1100 —	
Saintonge	319 —	

Saumur.

Normandie	5600 liv.	
Ile-de-France	768 liv.	15 s.
Saintonge	556 —	
Poitou	875 —	
Berri	343 —	7 s.
Anjou	850 —	
Bretagne	106 —	5 s.

Nîmes.

Bas-Languedoc	875 liv.	
Basse-Guienne	875 —	

Die.

Dauphiné	662 liv.	10 s.
Bourgogne	131 —	17 s.
Cévennes	180 —	10 s.

1. L'allocation subsistait d'abord, mais elle était devenue absolument insuffisante. En 1631, le roi, pris de remords, envoya bien 60 000 livres. Mais on connaissait trop l'humeur fantasque de Louis XIII pour oser espérer qu'une pareille libéralité se renouvellerait.

Sedan fut abandonné aux soins de sa principauté. Les synodes suivants modifieront ces chiffres et l'ordre de contribution des provinces, sans que nous connaissions les raisons de ces changements. Mais, grâce à cette mesures énergique et à cet esprit d'initiative qui honore les membres du synode, les académies conservèrent à peu près les mêmes subsides, comme on peut s'en apercevoir en jetant les yeux sur notre tableau. « Et, ajoute le synode, de peur que si les provinces négligeoient de porter leurs contributions.... nos universites ne deperissent entierement, on enjoignit tres expressement a leurs députés qui etoient présens... d'avoir soin que ce décret fût ponctuellement observé, et aux provinces, de censurer tous les consistoires delinquans, et de ranimer l'ancien zele de toutes les Eglises particulieres de leur Departement, et de les porter à augmenter leurs charités, qui devoient être emploiées à des usages sacrés et nécessaires [1]. » Il fallut en effet stimuler souvent le zèle des provinces : au synode suivant (Alençon, 1637), Montauban [2] et Saumur se plaignirent de la négligence de plusieurs d'entre elles : l'Ile-de-France en particulier, sous prétexte que le dernier synode l'avait surchargée, n'avait rien payé. On somma les provinces retardataires d'acquitter leur dette, et on les menaça de leur enlever le droit de séance aux synodes, si elles continuaient à désobéir. D'autre part, la Basse-Guienne avait envoyé 1309 l. à Montauban au lieu de Nîmes ; on décida que cette somme serait reprise à Montauban sur la contribution de la Normandie, et que par conséquent Nîmes n'y perdrait rien ; mais le procédé de la province de Basse-Guienne fut flétri. Cependant le synode ne put s'empêcher d'adresser un nouvel appel solennel aux Eglises. Il se plaint que la charité se soit refroidie, que le zèle languisse, qu'on préfère l'intérêt égoïste à l'intérêt public; il supplie toutes les Eglises, les gentilshommes et seigneurs, les

---

1. Aymon, II, 514 sq.
2. La province de Haut-Languedoc dut envoyer sa contribution tous les six mois aux receveurs, comme il apparaît au synode de Saverdun (1678). Cf. Pujol, op. cit., 136.

particuliers, quels qu'ils soient, de faire un effort pour soutenir les écoles; il enjoint à tous les corps ecclésiastiques de se servir des expédients les plus propres pour recueillir les sommes nécessaires, afin que les régents puissent recevoir régulièrement leur salaire « et qu'ils remplissent ainsi leur devoir avec joie [1] ». Ce manifeste, dont la simplicité éloquente et l'accent ému étaient bien faits pour frapper les esprits et remuer les cœurs, fut lu publiquement dans toutes les Eglises. Il n'était pas inutile, car les dettes des provinces envers les académies s'élevaient déjà à la somme de 16 515 livres.

§ 3. — Finances particulières.

Il importe maintenant de donner quelques détails complémentaires sur les finances particulières de chaque académie.

On a vu que les synodes entretenaient seulement à *Nîmes* l'école de théologie. Quant au collège des arts proprement dit, il dépendait de la ville. Déjà Baduel avait déclaré que des émoluments convenables seraient attribués aux maîtres; mais il regrette qu'ils aient à partir presque tous les ans pour chercher autre part de meilleurs salaires. Cette pénible nécessité n'était que trop réelle. En 1553, dans le traité passé entre la ville et Guillaume Tuffan, il est convenu qu'il recevra 600 livres de gages, sur lesquels il devra payer les professeurs et pourvoir aux réparations urgentes; il en devra rendre compte tous les ans aux consuls; on lui remettra aussi tout l'argent qu'on pourra recouvrer du collège, dont il emploiera la moitié pour acheter de gros meubles et l'autre pour faire ses provisions. Les trois professeurs et les quatre régents étaient ses commensaux et logeaient au collège [2]. La situation, en 1575, n'était guère plus brillante; le principal n'avait que 240 livres; les trois premiers régents avaient chacun 80 livres, et le 4e, 60; c'est-à-dire l'équivalent des gages que devait avoir le portier

1. Aymon, II, 583, 584.
2. Ménard, IV, 227.

dans les autres académies [1]. Ce traitement fut élevé à 300 livres pour le principal, en 1576; mais, comme il dut être en même temps premier régent, il y perdit : le quatrième régent eut 80 livres [2]. Chaque fois qu'on appelait un nouveau principal, on passait avec lui un nouveau traité. Jean de Serres, en 1578, qui fut aussi professeur de grec et de philosophie, eut 1200 livres : ce qui donne à croire que le traitement de chaque professeur était alors de 450 livres. En outre, on lui donna 200 livres pour frais de déplacement, de Lausanne à Nîmes [3]; on promit aussi de l'indemniser, chaque fois qu'il ferait venir quelque régent étranger, jusqu'à concurrence de 50 écus; enfin les consuls firent toutes les réparations nécessaires pour son habitation, celle des régents et les classes [4]. En 1597, lorsqu'on appela Julius Pacius, on lui promit 1000 livres pour la charge de principal et de professeur de philosophie seulement; on voulut bien le défrayer aussi de toutes ses dépenses de voyage. Par le second traité qu'on passa avec lui en 1599, la ville s'engagea à lui acheter un office de conseiller au présidial et à faire tous les ans un fonds de 4000 livres mis à sa disposition pour l'entretien du collège, sur lequel il prendrait 1900 livres pour salarier deux professeurs et six régents; il les distribuerait comme il le jugerait bon; le reste, soit 2100 livres, lui demeurait pour gages, à condition d'entretenir un portier. On lui offre 100 livres par an pour vaquer aux réparations urgentes; mais la ville prend à sa charge celles qu'il faut faire pour le moment. Ce traité, avantageux pour l'époque, montre que la ville savait faire des sacrifices pour retenir les hommes de mérite [5]. Peu après, elle n'hésita pas à payer encore les frais

1. Ménard, V, 144.
2. Id., id., 154.
3. Lorsqu'un candidat recevait vocation, on lui remboursait presque toujours ses frais de déplacement. En 1684, l'académie de Saumur accorde 100 livres à Renaudot nommé professeur de philosophie, « pour le transport de sa famille. » (Cf. Reg. III, Saumur, p. 112.) En 1615, elle accorda 36 livres d'indemnité à Nubula, qui avait concouru sans succès pour deux chaires. (Cf. Reg. I, p. 14, 15.)
4. Ménard, V, 177.
5. Voir les détails du traité et de toutes ces négociations dans Ménard, V, 291 sq.; Preuves, LXV.

de ses lettres de naturalisation. Malheureusement, le zèle intelligent de la municipalité devait échouer devant la malveillance de la cour du sénéchal.

Charles d'Aubus, qui prit en 1600 les charges de Pacius, n'eut pas les mêmes avantages; il n'eut que 600 livres par an, outre le logement pour sa famille et ses pensionnaires, avec 10 écus pour frais de voyage. Le second professeur de philosophie avait alors 300 livres ainsi que le premier régent, le deuxième 250 livres, le troisième 200 livres, les quatre autres 150 livres, et le portier 100 livres. En 1634, lorsque le collège fut partagé, les gages du principal furent définitivement fixés à 500 livres, on donna 400 livres aux professeurs de philosophie, et l'on ne changea rien aux autres traitements [1].

A *Montpellier*, lorsqu'on releva le collège en 1579, le premier régent eut 300 livres, le deuxième 140 et le troisième 100; les élèves ne payaient rien. En 1594, quand on appela Casaubon comme professeur des arts (grec, éloquence), on ne lui offrit d'abord que 600 livres avec le logement et les accessoires; c'était le traitement des professeurs de médecine; on éleva plus tard ses gages à 800 livres, sans compter le logement, le mobilier et le chauffage [2]. Mais les finances de la ville étaient obérées; l'impôt sur le sel ne rentrait que difficilement, et, comme on payait les professeurs à l'aide de cet impôt [3], ils furent très mal payés. Casaubon dut quitter la ville, parce qu'on ne tint plus les engagements pris envers lui : on ne lui donna que le dixième de la somme annoncée pour le chauffage, on réduisit d'un tiers celle destinée à l'achat de son mobilier, et on le contraignit à payer une partie de son loyer dans une maison à peine habitable; on lui acquittait ses gages plus irrégulièrement encore; enfin on voulut lui faire payer ses

---

1. Ménard, V, 635, Preuves, CIX.
2. Mais Faucillon dit qu'on les éleva en 1597 à 1000 livres. Casaubon eut le titre de conseiller du roi, et défense fut faite d'ouvrir un autre collège dans le diocèse.
3. On imposait une crue de cinq deniers sur chaque quintal de sel. Henri IV la porta à douze deniers dans les dix-sept greniers du Languedoc, en 1596, lorsqu'il publia les lettres patentes du collège. (Voy. Faucillon, *La faculté des arts de Montpellier.*)

lettres de naturalisation cinquante écus d'or, soit la cinquième partie de son traitement [1]! Quant aux officiers du collège, ils étaient salariés ainsi que suit en 1603 :

Philosophie, 2 professeurs, chacun.....	400 livres.
1ᵉʳ régent.................................	300 —
2ᵉ régent.................................	250 —
3ᵉ régent.................................	210 —
4ᵉ régent.................................	180 —
5ᵉ régent.................................	180 —
6ᵉ régent.................................	150 —

Le principal avait 600 livres.

A *Montauban*, comme on n'avait pas encore de professeurs pendant les années 1598 et 1599, on employa l'allocation à l'érection du collège.

En 1614, le pasteur Joli, que secondait Tenans dans l'enseignement de l'hébreu, obtint du synode de Tonneins un dédommagement de 100 livres par an sur les 400 que l'on accordait au titulaire; il s'engageait en même temps à continuer ses leçons [2]. En 1620, nous voyons le synode d'Alais assigner à Pierre Bérauld, professeur en théologie, une portion franche sur les deniers de l'octroi appartenant à la province, outre les 700 livres réglementaires; cette mesure est justifiée comme s'appliquant à tous les autres pasteurs au service des académies. Ce principe est donc tout à fait contraire à celui que les synodes avaient adopté au début. La même assemblée raye sur les comptes de Montauban les gages que le conseil avait assignés à son secrétaire [3], contre l'usage général. Sous le régime du quint denier, il ne paraît pas que cette académie ait eu à se louer de la bonne volonté des provinces chargées de la payer. Le synode de 1614 constate cette pénible situation; il ordonne que ses débiteurs la remboursent dans le délai de six ans; en outre, il veut qu'on établisse dans chaque colloque un receveur, chargé de porter au receveur général de la pro-

1. Cf. Germain, *Casaubon à Montpellier*.
2. Aymon, II, 33.
3. Aymon, II, 204 sq.

vince les sommes versées par les consistoires de son colloque. Les pasteurs sont chargés de veiller à l'exécution ponctuelle des décrets; les synodes provinciaux ont le droit de censurer et même de suspendre les pasteurs ou anciens qui négligeraient ce devoir [1]. La province de Béarn, qui n'avait à fournir que la petite somme de 50 livres, avait poussé l'indiscipline jusqu'à refuser ouvertement de contribuer d'un seul denier; le synode la censure grièvement, refuse les excuses de son député et déclare que, si dans six ans elle n'a pas tout remboursé, elle sera considérée comme ennemie de l'union des Eglises et perdra tous ses privilèges. Le conseil académique fut autorisé à épargner ce qu'il pourrait de l'argent payé aux régents par les écoliers entrants [2], au bénéfice du trésor commun, et spécialement en prévision des frais qu'on était obligé de faire pour ramasser les contributions des provinces.

Le même synode, prévoyant une épargne de 400 livres lorsque tous les professeurs seraient payés, décide qu'on donnera 50 livres à chacun des trois régents protestants du collège et au portier, 100 livres à chacun des deux professeurs de théologie. L'un d'eux, Garissolles, obtient même une prime de 300 livres sur les 1027 qui lui sont dues, « parce que lorsque les autres professeurs avaient quitté leur emploi, faute d'être payés de leurs salaires, il avoit toujours continué dans le sien, et s'étoit acquité diligemment des devoirs de sa profession. » Enfin lorsque les professeurs venaient à mourir, leurs veuves recevaient généralement une pension, et leur requête au synode était toujours écoutée quand elles réclamaient le payement des arrérages que leurs maris n'avaient pas touchés [3].

Lorsqu'il n'y eut plus de synodes généraux, ceux de la province du Haut-Languedoc traitèrent la question des finances. Celui de Saint-Antonin (1668) décide que les régents ne pourront obliger les écoliers à payer les répétitions, ni prendre pour le prix décerné en philosophie (soit deux volumes) que

1. Aymon, II, 694 sq.
2. Voy. p. 316 (minervaux).
3. Aymon, III, 697.

deux écus en tout. Mais le synode de Puylaurens (1670) dresse un tarif spécial, pour fixer la cote imposée à chacune des Eglises de la province; la contribution totale fournit 1000 livres. En 1673, le synode de Revel supprima l'allocation supplémentaire de 200 livres accordée aux professeurs pasteurs et en fit bénéficier les régents. Pour assurer l'exécution de ces arrêtés, le synode de Saint-Antonin (1672) avait décrété que les députés des Eglises n'auraient ni séance ni voix délibérative aux synodes, s'ils n'apportaient les quittances régulières de leur contribution, ou des promesses enregistrées par les receveurs [1].

A *Saumur*, on a remarqué que les synodes entretenaient non seulement l'Académie, mais le collège. Le synode de Tonneins (1614) augmente la subvention de 600 livres par an, « pour rendre le collège plus accompli et le fournir de tous les régents et professeurs nécessaires; » il exprime le vœu que les receveurs exercent leurs fonctions gratuitement; du moins le maximum de leur bénéfice ne doit-il pas dépasser 2 liards par livre [2]. Il est remarquable que, de toutes les académies, celle de Saumur fut la plus exacte à rendre ses comptes; elle apporta presque toujours un reliquat. En 1620, elle demande à le garder pour agrandir ses classes, devenues trop étroites à cause de l'affluence des écoliers. 300 livres lui furent abandonnées à cet effet, toujours sous la condition qu'elle justifierait de leur emploi au synode suivant [3]. Il paraît qu'elle donnait 20 écus (60 livres) par an à son imprimeur; le synode constate qu'il tolère cet usage, sans le consacrer. En 1626, celui de Castres, malgré l'état de pénurie dans lequel il se trouvait, élève à 210 livres le salaire du cinquième régent, parce qu'il faisait aussi la sixième classe [4]; le troisième régent avait à cette époque 250 livres, et le quatrième 200 livres [5]. On voit que les synodes faisaient aux régents de Saumur une plus belle

1. Cf. Pujol, op. cit., 108 sq.
2. Aymon, II, 35.
3. Id., id., 206.
4. Id., id., 403.
5. Aymon, II, 587.

situation que la ville de Nîmes à ceux du collège des Arts. Au reste, le synode de 1631 félicite le conseil académique de Saumur du zèle avec lequel il pourvoit à tous les besoins, « et applaudit à tous les Professeurs de cette Université, lesquels s'aquitoient si dignement de leur emploi si pénible [1]. » Lorsque l'Académie fut supprimée, il était dû aux professeurs régents et libraires la somme de 6197 livres 4 s. 9 d., et ils réclamèrent dans un placet adressé au roi qu'on leur payât ces arrérages sur les biens de l'académie. Cette satisfaction leur fut refusée sous prétexte que c'était là pour eux un compte à régler avec les Eglises. Quant aux libraires, on répondit qu'ils ne pouvaient être remboursés que sur certains deniers légués par Villarnoul. Quant à la bibliothèque, on fit observer que retrancher du prix de vente une somme pour acquitter cette dette, ce serait frustrer l'hôpital d'une partie de son bien [2].

Il y eut des moments à Saumur où la chaire d'éloquence fut occupée par un professeur de philosophie ; ainsi, lorsque Duncan fut nommé principal en 1617 et qu'il conserva ces deux chaires à la condition de donner par semaine deux leçons d'éloquence et autant de philosophie, il eut, outre le logement au collège, 400 livres d'une part, pour la philosophie, et 100 livres de l'autre, pour l'éloquence. Le règlement portait qu'il aurait 200 livres comme principal, mais on a vu que le synode réduisit cette somme de moitié. Il fut convenu également que, si le synode retranchait ses gages, il pourrait reprendre comme avant sa chaire de philosophie, mais en gardant la maison du collège comme habitation. Si le synode augmentait tous les gages dans les mêmes proportions, il participerait à ce bénéfice ; mais il n'aurait pas à réclamer si l'augmentation portait sur quelques fonctionnaires désignés en dehors de lui.

L'instruction était gratuite dans toutes les académies ; le seul débours fait par les écoliers était celui connu sous le nom

1. Cf. Aymon, II. 515.
2. Archives nationales, TT. 239.

de *minerval* [1]. Tel était le nom donné à la modeste somme payée par les écoliers aux professeurs au moment de la rentrée des classes et de l'immatriculation. En 1616, cette contribution était fixée à 3 livres, à Saumur [2]; le conseil promet, à cette date, de faire des efforts pour amener le synode général à augmenter les gages des régents, et le synode provincial à élever le taux des minervaux de 3 à 6 livres; il échoua momentanément dans la première de ces entreprises et réussit dans la seconde. Plus tard, ce même taux de 6 livres fut élevé à 12 par le synode de Saint-Aignan [3] (1666). Le principal dut à partir de 1664 rendre compte des matricules au conseil une fois tous les trois ans, en exposant l'état des recettes et des dépenses.

A *Puylaurens*, la question des minervaux est fréquemment agitée et portée devant les synodes de la province. Peu après le transfert de l'académie, des difficultés avaient surgi à propos du traitement des régents entre les consuls de la ville, le consistoire et le conseil académique. Le synode de Lacaune (1666) trancha le débat par un règlement. Les classiques devaient payer double minerval, soit 6 livres 10 sols.; les philosophes, simple minerval; et les proposants, demi-minerval. Les proposants pauvres étaient déchargés, ainsi que les écoliers habitant Puylaurens. La ville versait pour ces derniers aux régents la somme de 60 livres par an. Mais, comme le produit des minervaux ne suffisait pas pour l'entretien des régents, le synode ordonne que toutes les églises de la province contribueront « la moitié de leur cotte » à cet effet. Le consistoire

---

[1]. Ce mot tire son étymologie des fêtes de Minerve, célébrées à Rome au mois de mars, c'est-à-dire au commencement de l'année latine. « *Hoc mense*, dit Macrobe, *mercedes exsolvebant (pueri) magistris quas completus annus deberi fecit.* »

[2]. Reg. I, p. 20. Nous voyons que le principal Duncan toucha 129 livres en 1617. (*id.*, p. 33.) En 1685, Philipponeau de Hautecour et Jacques Cappel, nommés pour vérifier les comptes de de Prez, observent que, depuis le 1er février 1680, il a reçu 310 livres 8 sols pour les minervaux. (*Papier des recettes*, p. 111.) Le rapport de Charles Colbert au roi en 1664 sur les écoles de l'Anjou, parlant de l'académie de Saumur, constate que la somme tirée des écoliers était alors d'environ 300 livres. (Cf. Marchegay, op. cit., 5.)

[3]. Cf. Dumont, op. cit., 81.

de Puylaurens est chargé de nommer le receveur, aidé des commissaires élus par le synode pour l'expédition des affaires courantes. Cet arrêté fut confirmé à diverses reprises (synodes de Saint-Affrique, 1667; du Mas-d'Azil, 1669; de Mauvezin, 1671; de Saint-Antonin, 1672). Le receveur des minervaux prélevait 5 sols par écu. En 1668, le synode de Saint-Antonin permit provisoirement aux classiques de n'acquitter que le simple minerval. Il décida aussi que le receveur tiendrait un rôle des écoliers, présenterait des reçus au recteur et rendrait ses comptes au consistoire. Le synode du Mas-d'Azil (1669) ajouta qu'on ne recevrait aucun écolier sans qu'il portât quittance du minerval.

Cette loi fut-elle observée? Oui, mais irrégulièrement. Ainsi, au synode de Pont-de-Camarès (1675), les régents Loquet et Trossières se plaignent que proposants, philosophes et classiques refusent tous leur contribution; ils réclament un règlement plus sévère. Le synode ordonna en conséquence que dorénavant nul proposant ou philosophe étranger ne fût reçu, dans un auditoire, ni à disputer ni à soutenir une thèse, sans avoir au préalable payé le minerval. Les professeurs et régents étaient déclarés responsables de l'exécution de cet arrêté. Il leur était défendu de fournir des attestations aux proposants ou philosophes en contravention [1].

Chaque fois que le synode provincial se réunissait, le conseil extraordinaire de Saumur préparait un *cahier de vœux* qui lui était ensuite présenté. Nous avons dit que ce corps servait d'intermédiaire entre les académies et les synodes généraux. La question financière était toujours abordée; en 1617, on signale déjà la modicité des gages des régents, vu la cherté « des louages et des vivres »; on réclame une gratification pour le scribe de l'académie; une autre pour la veuve de Craig, professeur qui avait servi douze ans [2]; enfin que l'imprimeur

---

[1]. Cf. Pujol, op. cit., 105 sq.
[2]. Les synodes votaient quelquefois spontanément les pensions de ce genre : ainsi celui de Castres en fait une de 700 livres aux orphelins de Cameron et se charge de publier ses œuvres.

Portau continue d'avoir 60 livres pour imprimer douze thèses par an, la feuille coûtant un écu, et le tirage étant de cent copies.

Quant au bedeau, le règlement de 1647 fixe à 36 livres ses appointements. Le règlement du 30 mars 1640 sur la charge de portier lui assigne 64 livres, dont 24 prises sur les deniers du synode et le reste obtenu par le moyen des étrennes; le jour des étrennes, les régents percevront à cet effet 5 sols de chaque écolier classique; les écoliers publics verseront cette somme au moment de l'immatriculation.

Le registre conservé aux archives municipales de Saumur qui porte le titre de : *Papier de recette des deniers académiques*, produit l'état des comptes du 1er novembre 1631 au 29 janvier 1685. Parmi les recettes extraordinaires, nous devons mentionner le don de 800 livres dû à la libéralité de M. de Villarnoul, gendre de Duplessis-Mornay; Amyraut et Tanneguy le Febvre le rapportèrent en 1652 du synode provincial de Poitou; le donateur voulait qu'on l'employât à relever la chaire de grec, qui paraissait abandonnée par les synodes. Cette somme fut peut-être détournée de sa destination première, comme le suppose M. Dumont[1]; dans tous les cas, nous voyons en 1665 Tanneguy le Febvre remettre volontairement 20 livres du subside qu'il touche *grâce à la générosité de Villarnoul*, afin de contribuer à la création d'une troisième chaire de théologie[2]. Enfin tant que vécut le professeur Amyraut, il abandonna 300 livres par an sur ses gages à l'académie; il lui légua 300 livres par son testament.

A *Sedan*, le principal avait 200 livres. Les gages des régents étaient, en 1595, de 300 livres pour celui de première (qui furent plus tard réduits à 200), et de 200 livres pour chacun des autres; l'imprimeur eut 72 livres. Plus tard, on donna à Jannon 200 livres et une indemnité de 100 livres pour son

---

[1]. Cet écrivain aura sans doute confondu ce fonds avec celui que le même Villarnoul institua pour la distribution d'un prix de piété.

[2]. Cf. Reg. I; Dumont, 70. M. Célestin Port prétend à la vérité que le Febvre recevait ce secours comme un don gracieux de son ami Villarnoul; mais nous croyons qu'il se trompe.

logement; il devait imprimer à ses frais une feuille et demie par mois à cinquante exemplaires, et entretenir deux presses pour l'impression de l'hébreu, du grec, du latin et du français. Le bibliothécaire eut 100 livres. Les dons particuliers se renouvellent fréquemment. Dès 1585, c'est la demoiselle de Buzanval qui donne 300 livres t., Françoise de Bourbon qui lègue 400 écus; en 1588, c'est Guillaume Robert, qui, par son testament, fait un autre legs de 600 écus. En 1604, c'est une demoiselle Hélène de Louvain, femme du président du Conseil d'Etat, qui lègue 1200 livres; les modérateurs en profitent pour mettre en état l'imprimerie avec 150 livres de frais. En 1612, lorsque la reine régente elle-même constitue à l'instigation du cardinal une rente annuelle de 400 livres en faveur de l'Académie, les gages du professeur de théologie sont fixés à 800 livres; il recevait en outre 100 livres par an pour son logement et son chauffage et 3 livres par mois pour le loyer d'une salle destinée aux leçons publiques en dehors du collège.

En 1619, il eut 1000 livres [1], soit 300 de plus que ses collègues des autres académies; en 1620, Du Moulin en eut 1500, c'est-à-dire plus du double [2]; l'Académie versait alors 3700 livres à ses trois professeurs en théologie; elle ajouta encore 800 livres en 1628 pour une quatrième chaire. Le professeur de grec avait 100 livres, celui d'hébreu 200, et celui de mathématiques 100. Le professeur de jurisprudence recevait toujours un subside pour frais de voyage et de déménagement : ainsi Daubert reçoit 600 livres, Lefebvre 200 livres [3], et Billot 50. Le traitement de ce professeur était d'abord fixé à 400 livres; il en eut 600 en 1630; mais il n'en a plus que 100 en 1663. Chaque professeur de philosophie avait 400 livres.

1. Soit 700 livres comme pasteur, et 300 comme professeur.
2. Soit 700 livres comme pasteur et 800 comme professeur; son successeur Le Vasseur ne toucha plus que 1125 livres dès la première année de sa charge.
3. Bayle reçut également 50 livres pour frais de voyage et d'installation lorsqu'il vint en 1675. On donna à Trouillart 168 livres pour le même motif en 1676. L'Académie en usait donc ainsi avec tous les professeurs qu'elle faisait venir.

Louis XIV, dans son édit de juin 1644, tout en restituant au clergé les biens et revenus ecclésiastiques, conserve à l'académie les 1200 livres de revenus qu'elle tirait de ce fonds [1]. C'était en effet à cette rente fixe que l'Académie devait sa prospérité.

Elle se décomposait ainsi : 1° 949 livres fournies annuellement par la ville; 2° une dîme payée par chacune des 24 villes ou villages de la principauté; 3° le produit de la location de vingt-trois pièces de terre, soit environ 300 livres; 4° enfin quelques charges en nature ou le rapport de quelques immeubles d'une valeur insignifiante. En 1659, le roi réduisit la rente de 12 000 livres à 10 000, et chargea en outre l'académie de payer annuellement sur cette somme 600 livres aux pauvres catholiques et 400 livres aux pauvres de la ville en général ; c'était l'ouverture de l'ère des vexations. En 1663, les catholiques demandent à exclure les académiciens de l'hôtel de ville et des bâtiments du collège, et réclament pour fonder un collège les 11 000 livres de la rente faite aux protestants. Le roi fit droit à cette requête et força l'académie à verser 10 000 livres pour l'érection d'un collège dirigé par les Jésuites. De plus, il fut décidé que dorénavant ce collège jouirait de 7500 livres sur la rente précitée, ce qui réduisit à 4500 livres le revenu de l'académie. Le directeur de l'académie des exercices reçevait déjà 1500 livres sur cette somme; on voit ce qui restait pour les autres professeurs.

Mais on alla plus loin : en 1681, il fut décidé que ces 3000 livres restant seraient payées au curé de la paroisse de Saint-Laurent, pour l'entretien de vingt jeunes gens destinés à l'état ecclésiastique; c'était un séminaire dont les élèves étaient choisis par l'archevêque de Reims, placés sous la direction du curé et recevaient les leçons d'un maître fourni par les prêtres de la Mission. Quatre ans plus tard, les 1500 livres

---

1. A cette époque, l'Église et l'université de Sedan envoyèrent des lettres au synode de Charenton pour lui faire part des bontés que Sa Majesté leur avait témoignées depuis l'annexion : le synode partagea leur joie. Que de déceptions les attendaient tous! (Cf. Aymon, II, 694.

du directeur de l'académie des exercices vinrent s'ajouter à ces 3000 ; l'œuvre de spoliation était consommée [1].

A Sedan, comme ailleurs, nous voyons le conseil se préoccuper de servir des pensions de retraite soit aux professeurs, soit à leurs veuves. Brazy a 500 livres depuis le moment de sa démission jusqu'à sa mort (1664-1670) ; la veuve de Rambour a 1000 livres en 1650.

Le système des minervaux était aussi pratiqué à Sedan, comme le prouve le tarif dressé à la fin du règlement de 1615, mais d'après un mode particulier ; les élèves payaient chaque mois la somme indiquée par ce tableau, savoir : en 6e et en 7e, 10 sesterces ; en 4e, 2 ; en 3e, 17 ; en 2e, 20 ; en 1re, 25. Les pauvres étaient admis gratuitement, comme à Puylaurens. D'ailleurs il est très présumable que cette dernière clause était également observée dans les autres académies. Le bourses sedanaises prises sur les revenus ecclésiastiques étaient généralement de 200 livres, et nous savons que le professeur Le Vasseur jouit de cette faveur pendant plusieurs années lorsqu'il était simple écolier.

Les finances de l'académie de *Die* ont une histoire particulière. En effet, les synodes ne fournirent pendant longtemps aucun subside ; en vertu de la convention du 28 octobre 1604, la ville de Die s'engageait à fournir 1400 livres par an, et la province du Dauphiné, 3000. Mais, en 1606, les catholiques diois se plaignirent qu'on les fît contribuer malgré eux, parce que les 1400 livres étaient prélevées sur le prix des farines d'après le pesage ; le chiffre fut abaissé à 300 livres. Quant aux 3000 livres imposées à la province, le synode provincial de Die, en 1604, voulut fonder un capital de 47 000 livres pour les assurer [2] ; mais la pauvreté des Eglises mit obstacle à ce projet. Il fallut recourir au synode général, qui avait déjà refusé en 1603 la subvention de 6000 écus réclamée pour la fondation de l'Académie [3]. Le synode de Privas accorda

---

1. Cf. Reg. du bailliage.
2. M. Gaufrès (*Bull.*, XXII, 417) parle d'un fonds de 66 000 livres, dont 45 000 seraient fournies par la province et 21 000 par l'Eglise.
3. Cf. Aymon, I, 273.

3ooo livres à prendre sur les deniers dus par la province de Bas-Languedoc, mais à titre exceptionnel, et à la condition que cette somme constituerait un fonds inaliénable [1]. Cependant la province payait irrégulièrement ses 3ooo livres de contribution annuelle; les députés diois prirent le parti de réclamer au synode de Tonneins une indemnité régulière, que cette assemblée leur accorda, en la fixant à 400 livres de rente par an [2]; elle versa immédiatement 406 livres 13 sols 3 d. Au synode de Vitré, nous voyons que cette rente est portée à 6oo livres [3]. Cependant cette somme, comme les autres, fut irrégulièrement payée; on voit, au synode de 1623, l'Eglise de Die offrir, par l'organe de son député, d'abandonner tous ses droits sur l'académie, si le synode s'engageait à assurer les salaires des professeurs [4]. En 1628, l'Académie est si pauvre que le professeur Blanc va emprunter de l'argent à Grenoble, au nom du conseil. Enfin, en 1629, le roi abolit l'impôt sur les farines [5]; c'est alors que les synodes provinciaux de Die (1630) et de Livron (1649) constituent un capital de 5282 livres, puis de 6792. D'ailleurs il n'est guère surprenant que le régime du quint denier ait médiocrement profité à l'académie, de 1631 à 1637, puisque, apportant 1062 l. à la masse, elle n'en touchait pour sa part que 981! En 1636, les professeurs tiennent une très belle conduite : plus de trois ans de gages sont dus à quelques-uns; la dette totale est de 6500 livres, et cependant chacun reste à son poste, « afin que la perte d'un si grand bien public qu'est la subsistance de l'académie ne leur puisse être imputée. » A cette époque, des sergents parcouraient les Eglises de la contrée pour réclamer les contributions de chacune. En 1646, le synode de Guillestre assigne à chaque Eglise l'entretien d'un professeur ou régent : le créancier devra aller

---

1. Cf. Aymon, I, 348.
2. Aymon, II, 35, 44 sq.
3. Et non au synode d'Alais, comme le suppose M. Arnaud (*Hist.*, 96). Cf. Aymon, II, 134. Il paraît que l'académie de Die a été mise en 1637 seulement sur le même rang que les autres.
4. Aymon, II, 282.
5. Cf. Mémoires de la maison des Gay (Arch de M. de Lamorte, à Die).

en personne chercher son traitement, aux frais de l'Eglise débitrice (45 sols par jour); si l'on refuse de le satisfaire, il pourra obtenir contrainte de la Cour et de la Chambre de l'Edit. Enfin, en 1663, l'Eglise de Die demande à être déchargée de la contribution exceptionnelle qui lui était imposée; mais le synode provincial ne lui accorda sa requête que sept ans plus tard; dès lors, elle ne fournit plus que 30 livres, c'est-à-dire qu'elle fut soumise à la même loi que les autres Eglises de la province [1].

Le tableau suivant montre à quel taux ont été les gages dans cette académie à différentes époques [2]:

	1604 (règlement).	1646	....
Théologie, 1 professeur....	600 liv.	600	700
Physique, 1 professeur....	400 —	360	400
Logique, 1 professeur.....	400 —	360	400
Hébreu, 1 professeur......	400 —	»	»
1er régent...............	400 —	348	400
2e régent...............	300 —	276	300
3e régent...............	250 —	230	250
4e régent...............	200 —	188	200
5e régent...............	120 —	150	»
6e régent...............	120 —	120	»
7e régent...............	110 —	110	»
Imprimeur...............	40 —	80	40

Le portier libraire avait 50 livres; le professeur de musique, 9 livres par mois.

En ce qui regarde l'académie d'*Orthez*, nous savons qu'elle devait être entretenue d'abord « aux despends du publicq »; elle le fut en réalité au moyen des biens ecclésiastiques, comme celle de Sedan. Jeanne d'Albret les avait saisis en 1568, pour punir le clergé d'avoir conspiré contre elle avec l'Espagne. Un conseil, appelé sénat ecclésiastique [3], composé de neuf

---

1. Ceci n'arriva qu'en 1670, et non des 1629, comme le suppose M. Gaufrès (*Bull.*, XXII, 417). Voir pour les détails: Arnaud, *Hist.*, 95-101. Cf. *Bull.*, XXII, 221 sq., la copie d'une lettre du recteur académique pour réclamer les sommes dues par l'Eglise d'Aulas; suivent des extraits de décisions synodales au sujet de l'entretien des académies et de celle de Die en particulier (1641-1648).
2. Cf. Read *Chamier*, 283 sq.
3. *Discipline ecclésiastique de Béarn*, titre II, article 8. Les revenus

membres dont deux ministres, réélus annuellement par le synode, administrait ces biens, et fournissait entre autres les gages des professeurs. Nous ne pouvons donner ici les chiffres ; nous savons seulement par la délibération de 1599, dont nous avons déjà parlé [1], que ces gages étaient alors « extrêmement petits, ayant égard à la cherté des vivres, livres et habillements », à la suite des guerres de religion. Nous puisons également dans une note manuscrite déjà mentionnée [2] l'indication suivante : « Les principal, professeurs, régents, économe, médecin, apothicaire, chirurgien, imprimeur et autres officiers du collège, et pour les drogues pour les enfants malades du séminaire, — 6350 livres. » Cette note fut rédigée vers l'an 1570 [3].

des biens ecclésiastiques formaient une sorte de trésor général, puisque l'Académie, les pasteurs, les pauvres, le conseil souverain, le lieutenant royal et même la garnison de Navarrenx en vivaient.
1. Voy. page 237.
2. Voy. page 158.
3. Cf. *Bull.*, III, 283 sq., article de Lourde-Rocheblave.

CHAPITRE III

RECRUTEMENT DES MAÎTRES ET DES ÉCOLIERS

§ 1. — VOCATION DES MAÎTRES.

Il est intéressant de rappeler comment se recrutait le corps professoral, quelles conditions étaient exigées des candidats, et quels engagements ils devaient prendre au moment de leur installation.

En ce qui concerne les professeurs en théologie, l'article 3 du chapitre II de la *Discipline* décide qu'ils seront élus par le synode de la province où se trouve située l'académie; cet article, ébauché au synode de Nîmes (1572) [1], fut rédigé dans sa forme définitive à Gap en 1603. Cependant les statuts d'Alais ajoutent qu'ils seront nommés d'abord par le conseil extraordinaire, puis présentés au synode provincial, pour être ensuite examinés selon l'ordre prescrit par la *Discipline* si leur nomination est approuvée [2]. Les synodes nationaux avaient aussi une part d'intervention dans cette question, comme dans la plupart des autres. Ils avaient l'habitude d'indiquer les hommes capables et savants qui leur paraissaient qualifiés pour occuper des chaires; ou bien ils les avertissaient qu'ils eussent à se tenir prêts en prévision d'une vocation prochaine [3].

---

1. « Les professeurs en théologie seront choisis par le synode, ou colloque, apres qu'on aura des preuves satisfaisantes de leur probité et capacité. » (Aymon, I, 115, 260.)
2. L'article d'Alais fut amendé et éclairci dans la forme au synode de Charenton (1631). Cf. *Discipline*, édit. d'Huisseau, p. 59 sq.
3. Aymon, II, 126, 577.

Le synode de Vitré (1617) avait même examiné la question d'un fonds mis à part pour entretenir certains étudiants « de grandes espérances » en vue du professorat en théologie [1].

En 1659, les députés de Saintonge proposèrent qu'on désignât dans chaque province deux sujets, lesquels auraient à se préparer pour la profession de la théologie, avec obligation pour les conseils de recruter exclusivement parmi eux leur personnel enseignant en ce qui concernait cette branche; mais le synode de Loudun s'en tint aux lois existantes [2].

D'ailleurs les éventualités de vacances prolongées avaient été prévues par le synode de Gap; il déclare que les professeurs, les pasteurs et le consistoire peuvent nommer quelqu'un par provision, en attendant la nomination d'un titulaire [3].

Peu après, le synode de La Rochelle (1607) décide que s'il survient quelque débat dans les académies à propos de la vocation des professeurs et régents, et si l'une des parties se pourvoit hors des assemblées ecclésiastiques, elle encourra les plus grièves censures, « jusqu'à l'excommunication »; et, si le titulaire ainsi élu d'une manière illégale avait auparavant quelque emploi, il devait être cassé et déclaré indigne de remplir dans la suite une charge quelconque [4]. D'autre part, ce même synode exhorte les pasteurs des Eglises comprenant des académies à faire quelques leçons de théologie, aux heures extraordinaires et sur l'avis du conseil académique, afin de se préparer à la charge de professeur en cas de besoin [5]. Enfin, le synode de Saint-Antonin (1661) nous révèle un usage qui ne paraît pas s'être répandu hors des limites de la province du

---

1. Aymon, II, 99.
2. Aymon, II, 795.
3. Aymon, I, 275.
4. Aymon, I, 309 sq.
5. En 1644, les députés du Bas-Languedoc avertissent le synode de Charenton que, depuis la mort de Samuel Petit, quatre pasteurs de Nîmes se sont partagé la besogne des professeurs de théologie et d'hébreu : ils réclament du synode qu'il daigne nommer des titulaires à ces chaires. Ce n'était point dans l'ordre; aussi le synode se borne-t-il à solliciter l'acceptation de Jean de Croy, dans la prévision de l'appel que le synode provincial adresserait très certainement à ce pasteur. Cf. Aymon, I, 699.)

Haut-Languedoc; voici les termes de l'arrêt : « La compagnie désirant de pourvoir à l'advenir, et ôter tout sujet de jalousie et de contestation entre les Pasteurs, a résolu que lorsque la chaire Hébraïque et celles de Philosophie seront vacantes, le conseil Académique envoyera des programmes dans toutes les provinces, et tous ceux qui se présenteront seront admis à l'examen, et le plus digne sera préféré, et les Pasteurs à tous autres : à condition toutesfois qu'on aura égard principalement à la probité et au jugement des Prétendans : dequoi les examinateurs nommez par la province connoîtront avec les Directeurs de l'Académie; et le présent règlement sera observé provisionellement, jusques à la tenue du synode national, auquel la province en demandera la confirmation, comme d'un ordre nécessaire à la paix de nos Eglises; à quoi le sieur Martel, député de l'Académie, a acquiescé et promis, au nom de ses collègues, de l'observer inviolablement [1]. » Malheureusement, il ne devait plus y avoir de synode national pour rendre cette loi générale.

Mais un conflit pouvait s'élever entre le conseil et le synode provincial; quelle procédure suivait-on en pareil cas? Nous en avons un exemple en 1609.

L'académie de Montauban désigne le sieur Gardesi, pasteur à Mauvezin, pour la chaire de grec; le synode de Pamiers fait opposition. On en appelle au synode national de Saint-Maixent; il ordonne que le synode particulier et les deux colloques chargés d'examiner les proposants montalbanais jugent de cette affaire; s'ils accordent Gardesi, ils auront soin de pourvoir à son remplaçant immédiatement; s'ils le refusent, ils devront désigner comme professeur l'un des proposants examinés ou tel autre à leur choix. Quant aux frais provoqués par les négociations de cette nature, le synode général refuse de les payer [2]. Un conflit analogue fut présenté au synode d'Alais. Le synode du Haut-Languedoc refusait Chamier à l'Académie de Nîmes, qui voulait l'enlever à celle

1. Pujol, op. cit., 104.
2. Aymon, I, 368. 438.

de Montauban ; le synode de 1620 écouta d'une part les raisons des magistrats, consuls et consistoire de Nîmes, de l'autre celles des députés du consistoire, de l'académie de Montauban et de la province, puis il confirma Chamier dans la charge de pasteur et de professeur qu'il remplissait déjà [1].

Lorsqu'une académie n'observait pas toutes les formalités requises par la *Discipline*, le synode confirmait ou non la nomination du professeur, selon les circonstances, mais blâmait ou censurait la province délinquante ; il agit ainsi lors de la nomination d'Abel Bicheteau et de Pierre Bérault à Montauban en 1620 [2]. Depuis 1617, on ne pouvait arracher un pasteur à son Eglise pour le nommer professeur, sans le consentement de cette Eglise [3] ; la pratique de cette règle provoqua d'incessants embarras aux académies, et souvent aux pasteurs eux-mêmes qui consentaient pour leur part. En 1620, l'Eglise de Bordeaux, qui avait prêté son pasteur, le célèbre John Cameron, à l'académie de Saumur, le réclama ; l'académie, soutenue par Duplessis-Mornay, supplia le synode d'Alais de le lui laisser. Cette assemblée reconnut que le ministère de Cameron appartenait de droit à l'Eglise de Bordeaux, mais ordonna néanmoins qu'il resterait à Saumur jusqu'au prochain synode, « attendu les grands avantages que toutes nos Eglises

---

1. Aymon. II, 174. La même procédure se reproduisit en 1626, au sujet du sieur Charles, que Montauban voulait enlever à Orthez. Le synode de Castres déclara que la raison et la conscience plaidaient en faveur d'Orthez, et lui donna gain de cause ; mais il avertit la province de Béarn qu'elle obligera celle de Haut-Languedoc en lui envoyant M. Charles dès qu'il ne lui sera plus nécessaire. (Aymon, II, 401.)

2. Aymon, II, 161, 204. En 1631, le synode de Charenton improuve également la conduite de la province du Bas-Languedoc, qui avait commis la même faute à propos de la nomination de Codure à Nîmes. (Aymon, II, 511.)

3. Sur la demande de l'académie de Saumur, présentée par le professeur Benoist, et appuyée par les députés d'Anjou, et considérant la nécessité que les académies fussent pourvues de professeurs en théologie avant que les titulaires en activité meurent, le synode de Vitré décide que la province s'assemblera avec le conseil académique, jettera les yeux sur quelque pasteur dont elle aura l'adhésion formelle, et pourra l'enlever à son Eglise de sa propre autorité, « mais ce pasteur-là ne pourra pas l'abandonner qu'elle ne soit duement pourvue d'un autre, et la dite Eglise aura deux mois de tems pour se pourvoir, à quoi la province l'aidera. » (Aymon, II, 125.)

reçoivent de la dite académie, par les travaux dudit sieur Cameron ; c'est pourquoi l'Eglise de Bordeaux est exhortée de n'improuver pas cette résolution, et cependant l'académie de Saumur fera tout ce qui lui sera possible pour se pourvoir d'un autre professeur en théologie [1]. »

Cependant lorsqu'il ne s'agissait encore que du choix d'un pasteur, le synode se prononçait suivant les circonstances. Ainsi, en 1626, le synode de Castres accorde Garissolles, pasteur à Puylaurens, aux consuls de Nîmes, malgré le vœu de celui-ci de rester dans son Eglise ; il est vrai qu'il n'alla point à Nîmes, le synode du Haut-Languedoc n'ayant pu trouver un pasteur digne de lui succéder [2]. Au contraire, en 1631, le synode de Charenton permet à David Blondel de rester dans son Eglise de Houdan, où chacun était extrêmement édifié de son ministère, et où il manifestait l'intention d'achever son *Histoire des cinq premiers siècles de l'Eglise;* il fut donc refusé au conseil de Saumur [3].

Le synode intervenait aussi pour invoquer les services de professeurs habiles qui exerçaient à l'étranger, quoique Français ; ainsi celui de Castres décide qu'on écrira à André Rivet, aussi bien qu'à l'université de Leyde, où il professait, pour exhorter ce pasteur éminent à accepter une chaire dans une université française [4]. On faisait plus encore : le synode de Vitré (1617) remboursa à la province d'Anjou tous les frais qu'elle avait eus à faire venir de Hollande le fameux Gomar [5] pour l'académie de Saumur.

Les synodes de Charenton (1644) et de Loudun (1659) confirment des nominations de professeurs [6] ; cet usage n'existait

---

1. Aymon, II, 205.
2. Aymon, II, 407. 695.
3. Aymon, II, 515.
4. Aymon, II, 403.
5. Aymon, II, 123. En 1620, le synode d'Alais octroie également 200 livres à Codurc, nommé professeur à Nîmes, pour ses frais de déménagement ; 150 livres à Le Faucheur, pour le même motif, et 400 livres au même, « afin de lui donner le moïen d'augmenter sa bibliothèque et de travailler plus utilement dans sa charge. » (Aymon, II, 208.)
6. Aymon, II, 577, 796.

guère avant le synode de Privas (1612). Les derniers synodes réclament aussi une grande exactitude dans l'observation des règlements prescrits par la *Discipline* au sujet des examens pour l'obtention de la chaire de théologie.

Au *collège des Arts,* nous avons eu l'occasion de montrer par l'exemple de Julius Pacius [1] comment se faisaient les nominations ; la ville passait un traité avec le professeur qu'elle appelait pour lui confier la charge de principal, et celui-ci choisissait ensuite ses collaborateurs.

A *Sedan,* depuis l'annexion, le conseil des modérateurs, d'accord avec le consistoire, présentait au gouverneur une liste de candidats, entre lesquels il choisissait; toutefois il lui faisait pressentir lequel méritait la préférence. Mais il pouvait y avoir conflit entre le consistoire et le conseil ; ce fut ce qui arriva en 1673. Le conseil présente une liste de trois candidats, à la place de pasteur et professeur de théologie, en marquant sa préférence pour Jurieu; le consistoire voulut y ajouter cinq autres noms, en marquant son aversion pour ce même Jurieu. Cependant la honte d'étaler une division intestine sous les yeux du gouverneur La Bourlie et la sagesse des arguments du conseil finirent par émouvoir le consistoire, qui se rallia à la candidature de Jurieu [2].

§ 2. — Concours et examens d'admission.

Quelle était la nature de l'examen auquel on soumettait les postulants? L'article 3 du chapitre II de la *Discipline,* visant les candidats aux chaires de théologie, nous dit qu'ils seront examinés « tant par leçons qu'ils feront sur le Vieil et le Nouveau Testament, suivant l'édition authentique des textes hébreux et grecs qui leur seront baillez, que par dispute d'un ou de plusieurs jours, ainsi qu'il sera advisé. » Le règlement d'Alais répète cet article, qui fut observé dans toutes les aca-

---

1. Voy. page 310.
2. Cf. Norbert, 34 sq. (Extr.).

démies. Le synode d'Alençon ajouta que la province où l'académie est située, ainsi que les quatre plus proches, députeraient à leurs frais quelques-uns de leurs pasteurs pour assister à l'examen du candidat au siège de l'académie [1]. A Saumur, chaque fois qu'un candidat désigné venait du dehors, l'Académie en corps se portait à son devant et chargeait l'un de ses membres de le saluer.

Lorsqu'Etienne Gaussen, professeur de philosophie à Saumur, passa ses examens en 1665 pour obtenir la chaire de théologie à laquelle il avait été appelé par le synode de Châtillon-sur-Indre (1664) sur la présentation du conseil, on lui demanda une leçon sur I *Pierre*, IV, 6 (texte grec); une autre sur *Genèse*, XLIX, 10 (texte hébreu); puis il y eut dispute de thèses sur ce double sujet pendant toute une journée. Enfin la proposition française roula sur le chapitre XII de l'Epître aux Romains [2]. Le sujet de la thèse principale, que le synode avait désignée, était *De Verbo Dei*, son format est in-4°; elle a 48 pages; elle est terminée par 8 propositions destinées à fournir la dispute, et par un avertissement de l'auteur, qui se déclare prêt à répondre sur toutes les questions qu'on voudra bien lui adresser touchant les autres points de la religion chrétienne. Parmi les délégués des provinces, on remarquait les pasteurs de Tours, du Mans, d'Angers, etc., MM. de Vausoudan, Piozzet, Castelfranc et Malnoe, désignés à Châtillon-sur-Indre. Citons encore une autre thèse soutenue à Puylaurens par Antoine Pérez, candidat désigné par le synode du Haut-Languedoc en 1674; elle a pour titre : *De connexione sanctificationis cum justificatione* (60 pages in-4°), et se termine par 22 propositions, ainsi que par une déclaration de fidélité à la confession de foi. Des délégués du synode provincial faisaient partie du jury [3].

Mais, si l'on veut se rendre un compte exact des détails de la cérémonie ou de l'examen pour l'élection d'un professeur de

1. Aymon, II, 565.
2. Cf. Reg. I.
3. Cf. *Bull.*, II, 158, article de M. Nicolas.

théologie, on n'a qu'à consulter les *Actes de l'Assemblée des députés du synode du Mans tenu à Saumur* le 8 août 1618 et les jours suivants [1]; c'est le récit officiel du concours entre Louis de La Coste, pasteur à Dijon, et John Cameron, pasteur à Bordeaux, pour obtenir cette place importante. Le jury se compose de MM. Fleury, pasteur à Loudun; Le Bloy, pasteur à Angers; Bouchereau et Cappel, pasteurs à Saumur, délégués du colloque d'Anjou; Cottière, pasteur à Tours, et Périllau, pasteur à l'Ile-Bouchard, délégués du colloque de Touraine; Vigneu, pasteur au Mans, et Barbier, pasteur à Pringé, délégués du colloque du Maine. Ces messieurs forment, avec les professeurs Duncan, Benoist, Gedde et Franco, la représentation de la province. Les délégués des provinces voisines sont : pour la Normandie, de La Buissonnière, pasteur à Alençon; pour le Berri, Vignier, pasteur à Blois; pour le Poitou, Chauffepied, pasteur à Niort; pour la Bretagne, de La Place, pasteur à Sion. Le bureau élu se compose de : Fleury, modérateur de l'action, Bouchereau, vice-président et Vigneu, secrétaire. Ont été admis avec voix délibérative, comme n'ayant aucun mandat officiel, les pasteurs de Bourgueil et de Montreuil-Bellay. Duplessis-Mornay, invité par députation à assister à l'examen, honora la cérémonie de sa présence. Dès le lendemain (jeudi 9), à la même heure (quatre heures et demie p. m.), La Coste dut exposer le commencement du chapitre LIII d'Esaïe. Le samedi 11 à sept heures du matin, il traita I *Pierre*, IV, 9. Ce candidat fut tellement inférieur à son concurrent qu'il en tomba malade. Cameron fit sa leçon sur *Philippiens*, II, 12, 13, le samedi matin; sur le Psaume LXVII, 19, le lundi suivant, à neuf heures du matin. Avant de procéder à l'examen, on contrôlait soigneusement les pièces et témoi-

[1]. Bibliothèque nationale, Mss. français, n° 15 829, p. 187-195. On trouvera également des détails sur cette affaire et les difficultés suscitées au jour de l'examen par La Coste, dans Haag, t. III, 175, et Reg. I, Saumur, p. 33 sq. La Coste prétendait n'avoir pas à subir d'examen, sinon pour la forme, le synode national ayant déjà prononcé sur sa capacité et l'envoyant professer à Saumur dès 1617. C'était une mauvaise defaite.

gnages des candidats. Le député Chauffepied s'opposa, au nom de sa province, à l'admission de Cameron comme candidat; mais, comme il était seul de son avis, l'examen se fit malgré lui; il y assista à titre bénévole. Le concours terminé, le jury, après en avoir délibéré, dressa un témoignage des plus honorables en faveur de Cameron et n'eut pas dans la suite à se repentir du choix heureux qu'il avait fait pour le bien et la gloire de l'académie.

Un examen analogue était subi par les candidats aux autres chaires, suivant la matière de leur enseignement. Le 11 novembre 1683, la chaire de logique se trouva vacante à Saumur. En attendant la nomination d'un titulaire, elle fut mise au concours, suivant l'usage, et quatre étudiants posèrent leur candidature; mais, le 17, un seul se présenta pour l'examen, Fanjoux, et il fut reçu. Le concours pour la place fut fixé au 25 juillet 1684; trois concurrents se présentaient, Fanjoux, Tannay et un médecin du nom de Moïse, recommandé par le consistoire de Charenton. Le 25, on vit arriver comme député de la province le pasteur de Tours, de Sicqueville. Le conseil, avisant à quelques préliminaires, décida que ceux de ces trois messieurs qui n'avaient pas encore produit leurs témoignages le feraient avant la clôture de la dispute, et que l'on exigerait de chacun d'eux la promesse de s'attacher au service de l'académie pour plusieurs années; enfin que l'examen se ferait en particulier, au sein du conseil, sauf quelquelques leçons données dans l'auditoire public. Pour plusieurs raisons importantes imposées par les circonstances, on se contenterait de quelques propositions manuscrites tirées des quatre parties de la philosophie, qui seraient présentées à la compagnie, ainsi qu'à cinq ou six étudiants théologiens désignés par elle pour argumenter contre les candidats; on les introduirait dans la compagnie pour ce motif. La première leçon, qui fut développée devant le conseil extraordinaire seulement, est intitulée : *De propositione dialectica*, ad textum Aristotelis et Topicorum lib. I. cap. 8; elle eut lieu le jeudi matin 27 juillet. Tannay dut se désister, pour se conformer à la volonté de son père ; les deux autres subirent l'épreuve. La seconde leçon, qui fut donnée publiquement le 31, eut pour texte : *De summo bono*, ad cap. 7 libri. I Ethicorum. La troisième eut lieu le 2 août, à trois heures, devant le conseil extraordinaire : *An detur substantia æterna perpetuo et actu movens, immobilis et immaterialis?* ad textum Aristotelis libri XIV cap. 6 Metaphysicorum. Mais Moïse se désista ; Tannay voulut alors se remettre sur les rangs ; on lui objecta qu'il était trop tard. Fanjoux fut donc seul inscrit pour subir la quatrième épreuve le 5, à une heure, dans l'auditoire public : *De principiis internis corporis naturalis,* ad textum Aristotelis lib. I Physic. cap. 7. Le 8, il soutint des thèses de huit heures du matin à midi, et le 9, de deux heures jusqu'au soir, contre les étudiants désignés et les professeurs. L'épreuve terminée, Fanjoux produisant des témoignages de bonnes vie et mœurs et de capacité, ayant du reste tenu d'une manière satisfaisante l'auditoire de logique pendant un intérim d'un an, ayant enfin passé de bons examens, fut élu à l'unanimité professeur de philosophie, aux mêmes conditions, honneurs et gages que ses prédécesseurs, après avoir juré la confession de foi, « promis de bien et fidellement s'acquitter de son devoir et de se soumettre à tous les règlemens de l'école et en particulier à celui du 25 mai 1683, auquel tous ceux de l'Académie ont souscrit. » Fanjoux est ensuite présenté devant le conseil, qui lui a notifié le jugement ci-desssus, auquel il a acquiescé en donnant sa signature. Le principal de Prez présida le lundi suivant, 14 août, la cérémonie de son installation, suivant la coutume [1].

En 1615, lorsqu'il s'agit de remplacer le régent de 2e, Zachary Boyd, deux candidats se présentèrent, Nubula et Petit. Ils eurent à expliquer une ode d'Horace (IIe livre) en présence du conseil, le 11 avril, à quatre heures du soir. Le 13, dans l'après-midi, ils expliquèrent la Harangue de Germanicus à ses soldats (Tacite, Ier liv). Le 14, à quatre heures, Petit se

1. Reg. II, p. 917.

présenta seul pour expliquer les premiers vers du 6ᵉ chant de l'*Iliade* : en effet, Nubula était timide et se troublait facilement, « tellement qu'on appréhendait pour lui commettre la jeunesse ; » sauf cette réserve, les deux furent déclarés doctes et capables. De semblables considérations firent écarter Nubula cinq jours plus tard, lorsqu'il se présenta à un nouveau concours pour remporter la chaire de 3ᵉ [1].

Ces exemples suffisent à montrer quel était l'ordre suivi généralement pour les examens des aspirants aux chaires.

Lorsqu'ils sortent vainqueurs du concours, les candidats signent la confession de foi ; l'article 31 du chapitre II de la *Discipline* ajoute que, « s'ils ne sont pasteurs, la main d'association leur sera baillée ; » ils doivent promettre de « traiter l'Ecriture en toute pureté selon l'analogie de la foy ».

§ 3. — Serments et obligations diverses.

Le recteur et les professeurs élus avaient à prêter serment. Les lois de l'académie de *Genève* donnent la formule du serment que doit prononcer le recteur et dont voici le texte [2] : « Je promets et jure de m'acquitter loyaument de mon devoir en la charge en laquelle je suis appelé, comme j'espère que Dieu m'en fera la grâce. C'est de veiller soigneusement sur l'estat de l'eschole, à fin de pourvoir à tous les désordres qui pourroyent survenir. Et le tout selon le contenu des ordonnances. Item d'exhorter tous les escholiers qui ne seront point soubs les Regens, mais seulement seront auditeurs des leçons publiques, de se maintenir soubs la subjection et obéissance de

---

[1]. Reg. I, p. 14. On attachait une grande importance au choix des personnes. Lorsque Pibles, régent de 1ᵉ, meurt en 1642, le Conseil écrit immédiatement à Paris, Rouen, Poitiers, La Rochelle, Bordeaux, etc., pour demander des candidats « honnêtes et capables ». Lorsqu'il s'agit de remplacer Josué de La Place, on s'adresse simultanément à de Langle, Dusoul, Samuel Bochart, Daillé et de Brissac des Loges, tous pasteurs d'élite ; etc., etc.

[2]. Les textes de ces serments ayant été publiés en français et en latin, nous donnons de préférence la version française.

nos seigneurs et supérieurs. Et de ne point souffrir ceulx qui seront dissolus et desbauchez, mais, en cas qu'ils ne se vueillent réduire par admonitions amiables, d'en advertir messieurs à fin d'y pouvoir. Finalement de procurer, selon qu'il me sera possible, que les escholiers vivent paisiblement en toute modestie et honnesteté, à l'honneur de Dieu, et au profit et repos de la ville. »

Le serment pour les professeurs et régents était ainsi conçu : « Je promets et jure de m'acquitter loyaument de la charge qui m'est commise, à savoir de travailler pour l'instruction des enfans et auditeurs, de faire les lectures qui me sont ordonnées par les statuts de nos seigneurs et supérieurs. Et en general de mettre peine que l'eschole soit conduite en bon ordre. Et de procurer selon qu'il me sera possible (comme j'espère que Dieu m'en fera la grâce) que les escholiers vivent paisiblement, en toute modestie et honnesteté, à l'honneur de Dieu, et au profit et repos de la ville. »

A *Nîmes*, on reproduisit à peu près ces deux formes de serment ; mais on dédoubla celui des professeurs et des régents, et on en fit un spécial pour le principal. Voici quelles étaient les quatre formules :

Serment du recteur à Nîmes : « Polliceor et juro me fideliter officium facturum in hoc rectoratus munere; id est hanc academiam ex præscriptis legibus cum bona conscientia administraturum ejusque utilitati et dignitati, quantum in me erit, diligenter invigilaturum, ut omnia ordinate et pacate in ea fiant. Minime autem me passurum diserte profiteor, ut quicquam vel adversus christianissimi regis, summi domini nostri edicta, vel civitatis statuta et consuetudines ab iis committatur, qui in hac fuerint academia : quinimo me omnem operam daturum, ut omnes intemperies coerceantur : et intemperantes, aut in bonam frugem redeant, aut ad magistratum, nisi resipuerint, deferantur. Denique me ad juventutis istius utilitatem promovendam nihil reliqui facturum : quo illa recte instituta crescat ad gloriam Dei, regis obsequium, universæque patriæ otium atque tranquillitatem. »

Serment des régents : « Polliceor et juro me ex legibus academiæ conformiter et docturum et victurum : juventutem meæ fidei concreditam cum bona conscientia fideliter et accurate, tum in bonis moribus, tum in literis, quantum in me situm erit, instituturum : concorditer cum meis collegis victurum : et ut legibus, ita rectori et gymnasiarchæ, omnem obedientiam modeste et sine recusatione exhibiturum. »

Le *serment des professeurs* était plus concis : « Polliceor et juro me ex legibus academiæ conformiter et docturum et victurum; rectori obedientiam exhibiturum : cum collegis meis concorditer et pacate victurum : auditorum meorum utilitatem quantum in me situm erit, fideliter et strenue, promoturum. »

Serment du principal : « Polliceor et juro, me ex academiæ legibus scholam hanc gubernaturum, ex illarum præscripto cum bona conscientia disciplinam moderaturum, itaque et docturum et victurum me ut et collegis meis et studiosis omnibus qui hanc scholam adeunt, sim exemplo pietatis, modestiæ, concordiæ, diligentiæ; omnemque operam daturum ut juventus curæ meæ commissa, in bonis moribus literisque fideliter instituatur, omnes intemperies coerceantur : neque vero passurum me, ut hic quisquam aliter doceat et vivat quam academiæ leges ferunt; me denique ut legibus, ita rectori legum custodi omnem obedientiam, modeste et sive recusatione, exhibiturum. »

Chaque année, ces serments étaient prêtés à nouveau.

Nous ne possédons que peu de formules pour les autres académies; mais il est probable qu'elles ne différaient guère de celles de Genève et de Nîmes. Cependant le règlement de Chamier publie le serment que doivent prêter les professeurs et régents ; il était ainsi conçu : « Je ..... soussigné, natif de ....., ayant été appelé par le conseil de l'université de *Montauban* à l'emploi de..., promets et jure en conscience, par le Dieu vivant, en présence de..., que je remplirai fidèlement et diligemment les devoirs de ma place, que je serai soumis aux lois et statuts de ladite université, que je ferai tout mon possible pour les maintenir en vigueur, et que, avec l'aide de

Dieu, je m'efforcerai de remplir mes fonctions sans aucune fraude ; je déclare aussi que j'approuve tous les articles de la foi de l'Eglise réformée de France, et je promets, en outre, que, conformément à cette foi, j'élèverai les jeunes gens confiés à mes soins dans notre sainte religion. Fait ce... jour du mois de..., en l'année de Notre-Seigneur... »

Citons encore le serment des professeurs de théologie à *Sedan*. Il portait que les professeurs de cette académie déféreraient en tout aux avis du conseil des modérateurs ; qu'ils feraient tous leurs efforts pour vivre en hommes de bien devant Dieu et devant les hommes, pour n'être en scandale à personne, pour faire tout ce qui pourrait contribuer à la gloire de Dieu, à l'édification de l'Eglise chrétienne et orthodoxe et à l'honneur de l'académie et faculté de théologie de Sedan ; qu'ils promettaient et juraient devant Dieu le Père, le Fils et Saint-Esprit, et l'indivisible Trinité, de ne jamais enseigner, soit de vive voix soit par écrit, aucune proposition qu'ils ne jugeraient pas conforme à la Parole de Dieu enseignée dans les saints Livres ; qu'ils soutiendraient de tout leur pouvoir et expliqueraient le plus clairement qu'ils pourraient la vérité céleste et salutaire révélée dans ces saints Livres ; qu'ils combattraient dans toutes les occasions, soit en public, soit en particulier, comme doivent faire des docteurs pieux et chrétiens, toute erreur contraire à ces vérités saintes ; que jamais enfin ils ne prendraient aucun grade de docteur ou de licence dans d'autres académies que celle de Sedan [1].

A Genève, les *écoliers* devaient signer un formulaire de confession de foi et le remettre au recteur, afin d'être inscrits dans le livre des matricules [2]. C'est un véritable traité théologique, une sorte de *compendium* de la doctrine calviniste, que les élèves du collège signaient évidemment sans le comprendre ; que pouvait savoir un adolescent des hérésies de Manichée, de Marcion, de Nestorius, d'Eutychès, de Servet et

---

1. Cf. Norbert, 25 (Extr.).
2. Voir ce formulaire dans les deux langues, à la suite de l'Ordre du collège de Genève.

de Schvenfeld? Quelle pouvait être sa compétence dans la discussion de la théorie sur la cène? Il y a là certainement un abus, ou une grave méprise psychologique de la part des législateurs genevois. Nous ne voyons pas que les académies de France aient commis une erreur semblable. La Discipline est muette à cet égard. Les règlements parlent de serments à prêter par les écoliers publics, mais rien d'autre.

A *Montauban*, la loi de 1600 porte que les maîtres ès arts qui viendront pour étudier en théologie, jurisprudence, médecine et langues seront tenus de se présenter au recteur pour l'*immatriculation,* « lesquels promettront et signeront de se porter modestement et en la crainte de Dieu, de vaquer diligemment à l'estude, de se soumettre à l'ordre establi dans cette académie, de rendre obéissance et porter révérence aux recteurs et professeurs. » Les statuts de Chamier ne modifient cet article que pour le compléter : ces écoliers promettent de ne jamais rien faire de contraire à « notre sainte religion, ni au gouvernement civil de la cité; » d'éviter toute occasion de querelle et de trouble entre eux, et, dans le cas où ce malheur arriverait, d'y chercher prompt remède avec le concours du recteur et du conseil. Un article spécial vise les écoliers étrangers qui entrent en philosophie ou au collège : ils se présenteront devant le principal pour être examinés, et seront, selon leurs capacités, placés dans les classes qui leur conviennent [1]. Les étudiants de philosophie prêteront le même serment que les autres écoliers publics devant le recteur. Outre qu'on inscrira tous les noms des entrants dans les livres du recteur et du principal, on y marquera aussi leur patrie, leurs parents, la date de leur entrée et les études qu'ils prétendent suivre, et la classe dans laquelle on les a placés.

Le règlement de *Die* reproduit à peu près les mêmes dispositions; toutefois il déclare que, si les écoliers étrangers apportent des témoignages suffisants des collèges ou académies d'où ils sortent, on pourra les classer sans examen préparatoire.

---

1. Cet article est confirmé par le règlement de Puylaurens (1678).

« On sera du tout exact de n'advancer personne plus que de sa portée. » Les écoliers ne prêteront serment que « s'ils ont l'aage compétent », c'est-à-dire à partir de la quatrième. Voici quelle était la formule depuis 1609 [1] : « Je ,...., jure devant Dieu et devant cette Compagnie que j'obéirai à toutes les lois de l'Académie en ce qui me concerne comme écolier d'icelle, desquelles lois j'ai ouï la lecture, et particulièrement que j'obéirai entièrement, sans dol ni fraude, et sans exception ou restriction, au règlement et lois faites contre les factions et sociétés des écoliers, auxquelles, si je me suis joint par ci-devant, je renonce absolument dès à présent, et promets et jure qu'à l'avenir je n'entrerai en aucune telle société, quelque nom qu'on lui puisse donner et sous quelque prétexte que ce soit, et je ne jurerai ni ne prononcerai, ni de bouche ni par écrit, chose contrevenante desdites lois, et à l'honneur et obéissance que je dois à monsieur le Recteur et à messieurs les sénateurs académiques, et, si je sais qu'on fasse par ci-après quelques telles associations, je jure de les révéler auxdits sieur Recteur et sénateurs académiques, sans acception de personne. »

Outre le serment, les professeurs et régents juraient la *Confession de foi* [2], la *Discipline* et les *statuts* de l'Académie dans laquelle ils entraient. L'article 2 du chapitre II de la Discipline, rédigé en 1620, exigeait les deux premières conditions; il ajoutait même que « les Villes et Eglises n'en recevront aucun sans le consentement du Consistoire du lieu ».

Une autre question s'était présentée, celle du *cumul* de diverses fonctions : elle fut traitée de différentes manières suivant les charges et les personnes. Aux députés du Dauphiné qui demandaient si un ministre pouvait être à la fois pasteur et professeur en philosophie, le synode d'Alais répond par la négative [3]. La province de Poitou demande que les professeurs et les régents n'exercent point la médecine, « qui les détourne

---

1. Cf. Arnaud. *Histoire de l'académie*, 65.
2. Celle de La Rochelle (1540).
3. Aymon, II, 180.

ordinairement de leur profession, mais que leurs gages soient augmentés s'il est nécessaire, afin qu'ils ne soient pas contraints de s'appliquer à aucune autre chose; » le synode estime qu'il est difficile de faire un règlement fixe et précis sur cette matière, et remet à la prudence des conseils académiques de statuer selon qu'ils le trouveront le plus utile ou le plus convenable [1]. Il décida également qu'un pasteur pouvait être professeur de théologie et d'hébreu [2], mais non de grec, à moins de renoncer à son ministère, parce que le professeur de grec était appelé à expliquer la plupart du temps les auteurs païens et profanes. Les premiers étaient considérés comme pasteurs de l'Eglise où ils se trouvaient, mais déchargés des fonctions ordinaires prescrites par la Discipline; en somme, ils étaient tenus seulement de prêcher la Parole de Dieu certains jours [3]. Tout professeur à titre provisoire ou volontaire devait aussi être le titulaire d'une Eglise; mais il n'était pas besoin que ce fût celle où se trouvait l'académie.

Le synode de Charenton (1623) confirma ces décisions prises à Alais, et déclara que les Eglises n'étaient pas obligées de salarier les pasteurs qui remplissaient aussi les fonctions de professeurs; on laissait à la sagesse des consistoires de s'accorder avec eux pour les gratifier selon l'étendue de leur charge, et on se bornait à leur recommander de les entretenir honnêtement, d'une manière conforme à la raison et à l'équité [4].

L'académie de Die s'était signalée entre toutes en déclarant dès le début que « les régents et professeurs ne s'adonneraient à aucun état ni vocation qui les puisse destourner de leur charge ». Par une étrange contradiction, cette académie est la seule à présenter un professeur tel que Jean Rodolphe Le

---

1. Aymon, II, 203 sq.
2. C'est ainsi que nous voyons le professeur d'hébreu, Pérès, obtenir l'autorisation de faire des leçons de théologie à des heures extraordinaires avec l'assentiment du conseil. (Arrêté du synode de Puylaurens, 1670.)
3. Cf. Discipline, éd. d'Huisseau, 61.
4. Aymon, II, 249.

Fèvre, qui fut à la fois maître de philosophie, imprimeur, libraire et avocat au tribunal de la justice mage. A Saumur, Jean Benoist et Marc Duncan, tous deux professeurs de grec, n'en exercèrent pas moins la médecine. A Sedan, Abraham Durand fut à la fois professeur de philosophie et médecin. Quant au cumul des fonctions dans l'académie même, il fut partout autorisé; nous en avons déjà signalé un exemple frappant dans la personne d'Alexandre Colvin, qui enseignait à Sedan, en 1628, la théologie, la philosophie, le grec et l'hébreu [1].

§ 4. — Les proposants.

La classe la plus importante des étudiants, celle des *proposants*, se recrutait dans des conditions particulières et était soumise à une organisation spéciale que nous ne pouvons passer sous silence. L'article 4 du chapitre II de la Discipline est ainsi conçu : « Afin qu'il y ait nombre de pasteurs, et que les Eglises puissent estre toujours pourvues de personnes capables pour les conduire, et leur annoncer la Parole de Dieu, les Eglises sont adverties de choisir des Escoliers déjà advancez aux bonnes lettres et de bonne espérance, pour les entretenir aux Universitez, afin que là ils soient preparez et façonnez pour estre employez au Saint Ministère, préférant les enfans de Ministres pauvres, propres aux lettres, dont les Colloques connoistront. Les Rois, Princes et Seigneurs seront suppliez et exhortez d'avoir ce soin, et y employer quelque portion de leur revenu ; comme aussi les Eglises opulentes. Les Colloques et Synodes provinciaux en feront les advertissemens et solicitations où ils verront estre bon, et suyvront toutes voyes propres à ce que choses si nécessaires soyent mises à effet; et si les Eglises seules ne le peuvent faire, les voisines se joindront ensemble, afin que pour le moins il y en ait un entretenu par chaque Colloque, et que plustost le cin-

---

1. Voir page 236.

quieme denier des aumônes soit mis à part, s'il se peut faire commodement, pour y estre employé. » La première partie de cet article fut votée dès le synode de Paris (1565), la seconde à Vitré (1583), la troisième à Sainte-Foy (1578) et à Figeac (1579), et la quatrième à La Rochelle (1581).

En 1594, le synode de Montauban décide qu'on veillera à la stricte exécution de cet article par les colloques; les synodes provinciaux feront des rapports et les présenteront au synode national [1]. Les députés de Saintonge ayant demandé ce qu'il fallait faire, au cas où les proposants, après avoir été entretenus quelque temps par les Eglises, ne pourraient pas y être appelés, ou refuseraient de poursuivre leurs études, on répondit que, s'il y a là quelque faute de la part des proposants, ils seront tenus de restituer aux Eglises les sommes déboursées pour leur entretien, « s'ils en ont le moïen [2]. » Le synode de Charenton (1623) ordonna qu'à l'avenir il ne serait payé aucun argent sur ce chef sans caution de restitution. Le synode de Saumur (1596) exhorte les provinces à entretenir le plus grand nombre de proposants qu'il leur sera possible, et adresse un nouvel appel aux princes et gentilhommes, seigneurs et communautés, spécialement à ceux qui jouissent de quelque bénéfice ecclésiastique [3]. Mais la mention de ces derniers fut supprimée au synode de Gergeau (1601), parce qu'il n'approuva point la jouissance de cette sorte de biens. A Montpellier (1598), on demande sévèrement la reddition de ses comptes à un personnage de haute condition, qui avait détourné une somme destinée à l'entretien des proposants. Ce même synode décida que les Eglises qui avaient entretenu des écoliers et se servaient ensuite de leur ministère, mais qui les traitaient indignement, en ne leur faisant pas le même traitement qu'à leurs collègues, seraient censurées; si elles se montraient réfractaires, les jeunes pasteurs seraient licenciés et pourvus d'autres Eglises. Mais un proposant ne pouvait jamais être imposé

1. Aymon, I, 178.
2. Aymon, I, 185.
3. Aymon, I, 197.

comme pasteur à une province ou à l'Eglise particulière qui l'avait entretenu[1]. Nous voyons par les cahiers des synodes du haut Languedoc que ces corps ne recevaient point de proposants étrangers à leur province, à moins qu'ils ne prissent l'engagement de la servir (synode de Castres, 1637) et ne montrassent une autorisation du synode de leur propre province (synode de Saint-Antonin, 1665[2]). Il était permis aux provinces de pourvoir à l'entretien des proposants comme elles l'entendaient, en ce qui regardait le nombre des candidats et le chiffre de la dépense. Enfin les diacres devaient apporter à chaque colloque ou synode provincial les comptes qu'ils avaient rendus des deniers des pauvres, afin qu'on pût contrôler exactement l'exécution de l'article 4 du chapitre II de la Discipline[3].

Le synode de Gergeau exhorte la duchesse de Bar, sœur du roi, à convertir les deniers dont elle veut bien disposer en faveur des écoliers d'Orthez, à l'entretien d'un certain nombre de proposants[4]. Celui de Gap dit que les provinces seront libres de choisir les universités où elles enverront leurs proposants; chacune produira sa liste au moment de la distribution des deniers royaux[5]. Celui de La Rochelle (1607) décide que nul ne pourra être entretenu comme proposant, s'il n'a terminé sa philosophie[6]; il sanctionne les décisions prises avant lui en faisant restituer, par un pasteur que l'Ile-de-France avait entretenu à Sedan et qui servait dans une autre province, le montant de son ancienne bourse; même jugement contre un autre qui avait été infidèle à la province du Poitou[7]. Le

---

1. Le synode d'Alençon exhorte les Eglises à s'entr'aider en charité, nonobstant leurs droits incontestables. (Cf. *Discipl.*, éd. cit., 65.)
2. Cf. Pujol, op. cit., II, sq.
3. Voy. *Discipline*, éd. cit., 65 sq. Le synode de Gergeau (1601) insiste sur cette dernière obligation. (Aymon, I, 237.) Celui de Gap ajoute que chaque province emploiera la première somme pour ses proposants en général. (Aymon, I, 260.)
4. Aymon, I, 246.
5. Id., id., 274.
6. Id., id., 315.
7. Id., id., 331. Le synode de Privas traite un autre cas de ce genre. Aymon, I, 443.)

synode de Saint-Maixent rappelle à l'ordre l'Église de Lyon, qui avait négligé de fournir le quint denier pour les proposants, et renouvelle la menace de la privation du ministère pour les pasteurs réfractaires à cette loi. Il fait une exception aux précédents règlements en faveur des fils de pasteurs pauvres, lesquels pourront être entretenus avant d'avoir achevé leurs humanités, au gré des colloques [1].

Le synode de Vitré (1617) nous fournit l'exemple d'un proposant, Samuel du Frêne, à qui sa province, la Normandie, fit un procès de doctrine. Il paraît qu'il était hérétique sur certains points de la parousie et de l'eschatologie; on le suspendit de la cène avec menace de le retrancher de l'Eglise : il en appela au synode, qui nomma une commission pour faire une enquête; convaincu de nouveau d'hérésie par cette commission et par le synode lui-même, du Frêne eut un délai de quatre jours pour se rétracter. Il le fit devant le synode, qui lui permit en conséquence de poursuivre ses études de théologie à Saumur, ou même dans telle autre académie qu'il lui plairait. Grâce à ce curieux incident, nous apprenons que la pension des proposants était partout fixée à 150 livres ou 200 livres par an environ [2]. Toutefois cette bourse pouvait être augmentée. Ainsi le synode de Vitré avait donné pour sanction à son jugement que du Frêne se présenterait devant le prochain synode avec des témoignages satisfaisants, gages de la sincérité de son repentir et de sa foi. Il comparut en effet à Alais, avec un certificat du consistoire de Saumur

1. Aymon, I, 361, 374. Même déclaration fut faite au synode d'Alais à la province du Poitou. (Cf. *Discipline*, éd. cit., 65.)
2. Aymon, II, 93. M. Livet dit qu'à La Rochelle (1588), Henri de Navarre fit prendre la résolution suivante : « Sur les revenus ecclésiastiques seront entretenus aux dites universitez (Montpellier, etc.) trente-six escoliers pris de toutes les provinces, sçavoir est, quatre de Dauphiné, trois du haut et cinq du bas Languedoc, huit de la Guienne, huit de Xaintonge, ville et gouvernement de La Rochelle, pays d'Aunis, Poitou et Angoumois, et huit des Églises du petit Berry et au delà de la Loire, lesquels escoliers auront annuellement de pension la somme de 50 escus, estudiants en humanités, et 200 livres lorsqu'ils estudieront en théologie. » Ce bénéfice ne s'appliquait qu'aux fils de ministres. De sept à seize ans, ils pouvaient choisir ou rejeter l'état ecclésiastique. (Cf. *Revue française*, 1856, t. VI, 400.)

« attestant sa piété, ses bonnes mœurs, la pureté de sa doctrine, le soin qu'il a pris de consoler les malades tout le temps qu'il a demeuré parmi eux, et la modestie qu'il a fait paroître en assistant dans leur consistoire avec un grand silence [1]; tout cela étant confirmé par un autre témoignage du Recteur et des Professeurs; » ceux-ci constatent les progrès du proposant dans les langues et dans la théologie, dans les propositions faites par lui, dans les thèses qu'il a soutenues publiquement et dans ses conversations privées. Le synode satisfait offrit sur-le-champ 100 livres pour payer son voyage, et 200 livres pour son entretien pendant un an; après quoi il pourrait être appelé au saint ministère dans quelque Eglise [2].

Au reste, ce n'est pas la seule fois que les synodes contribuèrent extraordinairement à l'entretien d'un proposant. Celui de Vitré donna 60 livres au pasteur de Chambrun pour aider à l'entretien d'un fils de réfugié dans l'académie de Nîmes [3]. Les députés d'Anjou ayant fourni de bons témoignages sur un proposant espagnol, nommé Solers, qui avait fait de réels progrès dans les belles lettres, la piété et la théologie, la province de Normandie demande à l'entretenir; le synode détourna la subvention accordée pour la seconde place de pasteur à Saint-Lô, qui était vacante, et l'adjugea à ce proposant, qui devint ainsi le futur titulaire de la place [4]. Enfin il enjoignit aux conseils académiques et consistoires de choisir les proposants les plus avancés, et leur ordonner de faire la lecture à l'église avant le sermon, sous peine de la censure [5].

---

1. Les consistoires permettaient à deux ou plusieurs des élèves les plus avancés d'assister à leurs séances hebdomadaires, afin d'apprendre le maniement des affaires ecclésiastiques; mais ils devaient garder le silence, sans avoir même voix consultative, et prêter d'avance le serment de ne rien révéler au dehors de ce qui s'y passerait. Ce corps désignait aussi ceux qu'il voulait pour aller visiter les malades, leur lire la Bible et leur faire la prière; afin d'encourager cette touchante habitude, il leur allouait un salaire annuel qui les aidait à pourvoir à leur entretien. (Cf. *Bull.*, II, 587, art. de Borrel.)
2. Aymon, II, 154.
3. Aymon, II, 111.
4. Id., id., 120.
5. Cf. *Discipline*, éd. cit., 66.

Le synode de Charenton (1623) récapitula en quelque sorte toutes ces conditions ; il insista sur le devoir des provinces de faire des choix sérieux, d'avoir égard aux mœurs, au jugement et autres dons naturels des jeunes gens, de contrôler scrupuleusement les attestations des consistoires et des collèges, et, pour plus de certitude, de faire passer examen auxdits écoliers non seulement devant le colloque, mais devant le synode provincial. Les colloques recommanderont aux professeurs de veiller sur leurs « nourriçons », afin que leur vie soit sans reproche, puisqu'ils sont les futurs conducteurs des peuples ; qu'ils n'aillent pas « çà et là en voïage », et qu'ils ne changent pas d'université sans prévenir leur colloque. Les professeurs les examineront deux fois par an et rendront compte aux colloques de la conduite des élèves, ainsi que de leurs progrès. On préférera les fils de ministres aux autres, *ceteris paribus* [1].

Lorsqu'un proposant voulait étudier dans une *académie étrangère*, il ne s'y rendait pas sans l'autorisation du synode provincial, qui déterminait la durée et le lieu de son séjour ; ceux qui ne recevaient aucun secours étaient soumis à la même loi. Le gouvernement finit par prendre ombrage de cette coutume ; ou plutôt ce fut une des premières tracasseries que Louis XIV fit subir aux réformés, un an après son avènement. Le commissaire du roi, dans la harangue qu'il fit lors de l'ouverture du synode de Charenton (1644), demande, comme chose fort agréable à son maître et pouvant tourner à l'avantage des religionnaires, l'interdiction de cet usage ; la principale raison alléguée est qu'en Suisse, en Hollande et en Angleterre les étudiants français peuvent puiser des idées républicaines très dangereuses, vu que ces nations professent « une extrême aversion pour les monarchies ». Mais le modérateur du synode refusa de donner satisfaction au roi sur ce point et réclama pour les protestants le droit commun, accordé à tous les étudiants des diverses facultés, d'aller dans

---

1. Aymon, II, 287.

les universités étrangères ; outre que ces pays sont de fidèles alliés du roi, ils envoient également leurs enfants dans les académies du royaume ; il n'y a pas d'exemple d'étudiant français à l'étranger qui ait témoigné de l'aversion pour les institutions monarchiques à son retour dans sa patrie ou qui ait manqué à l'obéissance qu'il doit à son roi [1]. Cependant il paraît que le gouvernement maintint son avis, car le modérateur du synode de Loudun supplie Sa Majesté de *donner* aux écoliers la liberté de visiter les universités étrangères, pour les mêmes raisons que ci-dessus [2]. Comme le fait remarquer avec raison M. Nicolas, les synodes comprenaient bien quelles graves conséquences pouvait entraîner une telle mesure au cas où les académies seraient supprimées en France [3].

Le règlement de *Puylaurens* contient un chapitre spécialement réservé aux étudiants en théologie. Il proclame que les proposants ne seront pas immatriculés par le recteur avant d'avoir subi l'examen du conseil ordinaire. Il leur faut produire des témoignages de bonne vie et mœurs, et attester de leurs connaissances dans les lettres et la philosophie. On les renvoie en philosophie, s'ils ne paraissent pas assez avancés. Ils seront inscrits en outre dans la matricule du préteur : « à faute de quoy ils ne pourront assister aux censures des propositions, ni être admis à aucun exercice public. » Ceux qui, contrairement aux lois de 1620, seront inexacts aux leçons et exercices, seront notés par les professeurs ; ce mémoire sera consulté lorsqu'il s'agira des attestations finales.

Les particuliers faisaient des *donations* pour l'entretien de proposants, comme on le voit d'après un canon du synode d'Alençon [4] ; c'était alors le consistoire qui choisissait l'écolier, de concert avec le colloque, et qui gérait le fonds, toujours sous le contrôle des synodes provinciaux. Dans toutes les académies, il est question de dons de ce genre, aussi bien pour

1. Aymon, III, 633, 640.
2. Aymon, II, 730.
3. *Bull.*, II, 164.
4. Aymon, II, 558.

les écoliers en général que pour les proposants. A Sedan, dès 1582, une dame Françoise de Lamothe, veuve de l'écuyer de Dallon, lègue 400 écus par testament, portant rente de 100 livres pour l'entretien de deux écoliers destinés à la carrière pastorale et attachés au consistoire; en 1584, une demoiselle Marie L'Huillier fait un don semblable. En 1600, la demoiselle de Vrignel donne 1200 livres, mais ne spécifie pas que l'écolier doive être proposant; en 1610, le sieur Jean Picard donne 3210 livres 10 sols pour les pauvres écoliers qui aspirent au saint ministère [1]. Duplessis-Mornay légua 100 livres par son testament, pour l'entretien d'un étudiant en théologie à Saumur [2]. Cependant, lorsque le donateur vivait, cette coutume pouvait avoir des inconvénients; ainsi M. de Clermont, qui avait entretenu à l'académie le proposant Etienne Le Bloy, l'établit ensuite de son chef dans l'Eglise de Pringé, qui était la sienne. Le synode d'Anjou, passant outre l'initiative prise par ce gentilhomme, plaça Le Bloy à Angers; en effet, le poste rural de Pringé convenait fort peu à un pasteur de talent comme ce jeune homme promettait de le devenir. M. de Clermont en appela au synode de Gap, qui lui donna tort. Ce fait montre combien les institutions synodales offraient de garanties contre les usurpations des hauts personnages [3].

A Orthez le sénat ecclésiastique, qui fournissait le salaire des professeurs, pourvoyait aussi à l'entretien de cent écoliers, « tant auditeurs que proposans, dont dix étoient nommés par la reine, trente par les colloques et soixante par le sénat sur la présentation de patrons laïques. » Ce chiffre fut abaissé à trente en 1603 par Henri IV; on convint aussi que les proposants qui refuseraient d'entrer dans la carrière pastorale rembourseraient aux Eglises les frais de leur éducation.

De même qu'il y avait, comme on vient de le voir, des sortes de *séminaires* pour les pasteurs, les statuts de 1582 à Nîmes parlèrent d'en fonder aussi pour les professeurs du col-

---
1. Cf. Norbert 7, 9, 13. (Extr.).
2. *Vie de Mornay*, 720.
3. Cf. *Revue française*, 1856, t. VI, 402.

lège des Arts. Ils exprimèrent le vœu qu'on recherchât dans ce but des enfants bien doués, modestes, intelligents, qu'on fît les frais de leur éducation à bas prix, et qu'on les élevât comme des nourrissons de la république des lettres. Non seulement la ville, mais la province tout entière devait veiller à ce soin, si elle ne voulait retomber dans la barbarie; il serait indigne, alors qu'on n'épargne aucune dépense pour les objets frivoles, de lésiner dans les choses les plus utiles et les plus nécessaires. Cependant ce vœu n'eut pas d'effet dans la suite [1].

On songea également à préparer de futurs professeurs de théologie. Ainsi l'académie de Saumur, dans le cahier qu'elle rédige en 1617 pour le synode de sa province, exprime le vœu que 400 l. soient affectées à l'éducation spéciale de deux jeunes gens dans chaque académie, en vue du professorat. Mais ce vœu ne fut pas réalisé [2].

1. Cf. Ménard, V, p. 214 et Preuves.
2. Cf. Reg. I, 22.

CHAPITRE IV

DISCIPLINE GÉNÉRALE, RÉGIME ET MŒURS

Avant d'examiner quelle était la vie matérielle et morale des écoliers, nous devons signaler quelques points de discipline qui n'ont pas encore été traités. Tels sont, par exemple, certains usages ou règlements qui s'appliquent à la police intérieure des universités. Nous avons vu comment on récompensait la bonne conduite et les progrès des élèves les plus méritants ; il importe de jeter un coup d'œil sur la nature et l'objet des punitions.

§ 1. — LA DISCIPLINE A NÎMES.

A Nîmes, Claude Baduel avait donné des instructions précises au sujet du *vêtement* des écoliers et de la *langue* qu'ils devaient parler [1]. L'entrée du collège était interdite à quiconque ne portait point d'habillement honnête, comme l'exigent le respect humain, la pudeur naturelle à la jeunesse et la dignité de la république des lettres. Baduel constate avec un sentiment de douleur et de honte que la tenue des étudiants contemporains est généralement fort mauvaise, de telle sorte qu'on eût fait malaisément la différence entre les traîneurs de sabre et ceux qui prétendaient s'adonner à la profession des arts libéraux.

1. *Annotationes in Ciceronem*, 237 sq.

Selon lui, le soin du corps et du vêtement est intimement lié aux mœurs. « Nul ne doit jeter son manteau sur le dos de son voisin, laisser pendre ses manches, encore moins cacher une lame sous ses habits. » Peu importe que le vêtement soit trop long ou trop court, pourvu qu'on le porte avec décence, comme le veut la sainteté de la religion chrétienne. Baduel continue à entrer dans les moindres détails : ceux dont les habits sont faits pour être ceints auront soin de mettre les ceintures; ce sera pour eux un symbole d'obéissance; c'est aussi un signe de pudeur et de chasteté, deux vertus qu'on recommande par-dessus tout à la jeunesse et qui doivent se refléter dans toute la tenue extérieure [1]. On remarquait au sujet de Jules César, quand il était enfant, qu'il avait toujours la ceinture lâche ou détachée, et Sylla en conclut que ce seul fait trahissait une mauvaise nature. Qu'aurait-il pensé, s'écrie le bon Baduel, s'il avait vu nos jeunes gens? Il avait raison, d'ailleurs, d'insister avec un zèle en apparence puéril sur cette partie autrefois trop négligée de l'éducation, et son mérite est grand d'en avoir compris la réelle importance.

La langue qu'il recommande est la latine. Il est vrai qu'elle n'est pas celle de notre pays; cependant un jeune homme ne saurait prétendre parvenir à la connaître sérieusement, s'il ne s'exerce à la parler et à l'écrire; car on doit poursuivre deux buts par l'étude : le style, où l'on arrive en écrivant soi-même; l'art de la parole, que l'on acquiert au moyen de la conversation familière de tous les jours. L'usage du latin est donc rigoureusement imposé à tous les membres du collège : on ne pourra faire d'exception que pour le grec ou pour l'hébreu. Du reste, il ne s'agit pas seulement de parler latin, mais de s'exprimer correctement et élégamment en cette langue. A cet effet, on institue une double série de châtiments : pour ceux qui parleront en français, et pour ceux qui parleront mal en latin. Les châtiments consistent soit en des amendes, soit en des peines corporelles, soit en d'autres punitions non spéci-

---

1. « ... qua (pudicitia) amissa quid et mulieri, ut apud Livium dicit Lucretia de sexu muliebri, et puero saluti esse potest. »

fiées. En outre, on veillera à ce que le langage de chacun soit conforme aux lois de l'honnêteté et aux préceptes de la modestie, afin que l'éducation reste morale dans toutes ses parties : les principaux vices interdits en cette matière sont l'incorrection, la sottise, l'obscénité, l'arrogance, l'invective, et ceux qui les commettront s'exposent à de graves censures.

Mêmes punitions attendent toutes sortes d'infractions à la discipline. A cet effet, les régents ont plein pouvoir pour admonester et châtier, revêtus qu'ils sont d'une haute autorité morale ; les enfants ont à se bien persuader que leurs maîtres sont les représentants directs de leurs parents, et qu'ils leur doivent à ce titre une obéissance égale.

Le règlement de 1582, sans être aussi minutieux, est dicté par le même esprit, que l'on retrouve aisément dans les lois communes à tous les étudiants. L'académie est ouverte à tout chrétien professant la religion protestante ou la catholique ; elle est rigoureusement fermée à tout impie ou contempteur de religion. Ordre est donné aux maîtres d'enseigner la piété et les bonnes mœurs, en même temps que le reste, par de fréquentes exhortations. Les tumultes, les clameurs, les paroles grossières ou impudiques, surtout les blasphèmes et l'immoralité dans la vie, sont proscrits du sanctuaire des muses. Les costumes fantaisistes ou immodestes sont interdits. Les disputes et rixes, également : car les amitiés de l'âge mûr se contractent dès l'enfance. Le recteur et ses collègues surveilleront les élèves pendant les récréations et les promenades ; les sorties de nuit sont défendues. On flétrit la gourmandise et l'ivrognerie comme des fléaux pour la jeunesse ; le cabaret est donc prohibé, et la transgression de ce règlement sévèrement punie. Si le recteur apprend qu'un étudiant s'adonne à la débauche, il l'avertira dès le début, car le remède est inefficace qui est appliqué tardivement à la maladie. La paresse est aussi dénoncée : ne rien faire, c'est faire le mal. On évitera la société des débauchés, des oisifs et des ignares. Enfin nul n'aura le droit de sortir de la ville sans la permission du recteur ou du principal.

Pendant les classes, on recommande aux régents de s'abstenir au même titre de la sévérité excessive et de l'indulgence inconsidérée; ce sont là les deux écueils de la discipline. Qu'ils établissent leur autorité sur la raison et au moyen d'une attention soutenue, plutôt que par la contrainte et au moyen des coups de fouet. Leurs exhortations, leurs reproches, leurs éloges intelligemment distribués, pourront alors corriger la trop grande vivacité des esprits méridionaux. Il était interdit de parler autrement que latin à partir de la quatrième. Enfin la *censure publique* avait lieu tous les trois mois. Devant tout le collège rassemblé, le recteur démontrait l'utilité des censures et exhortait chacun à la concorde. Puis il demandait au principal ce qu'il avait à dire contre les régents; aux régents, quels sujets de plainte ils avaient à l'égard du principal. Une bienveillance sage et paternelle est recommandée au recteur; la modération et la simplicité, aux autres membres de l'académie. Ceux qui regimberont contre les censures seront sévèrement rappelés au respect de la loi. Pareilles censures sont administrées aux pédagogues, mais à des heures séparées.

Lorsque les régents ou les autres fonctionnaires négligeaient leurs devoirs, ils étaient responsables devant le conseil de la ville[1]. Ainsi, en 1591, on se plaint qu'ils expliquent à leurs élèves des livres au-dessus de leur portée, qu'ils fassent des promotions extraordinaires, dans lesquelles ils laissent monter en première des écoliers indignes d'être en troisième, et reculent tels autres qui mériteraient d'être avancés. Les membres du conseil avisèrent au moyen de faire cesser ces abus[2].

Le système des *punitions* était emprunté à l'académie de Genève. Lorsque tout le collège était réuni dans la salle commune à la fin de la journée pour la proclamation des délits les plus importants, les admonitions étaient parfois accompagnées du *fouet;* mais on devait en user rarement, car le

---

[1]. Ce conseil, appelé aussi *Assemblée mixte des trois corps*, était composé des membres du consistoire, des quatre consuls et des conseillers au présidial : les trois corps, comme on a pu le voir, n'étaient pas toujours unis. (Cf. *Bull.*, VI, 15, art. de Borrel.)

[2]. Cf. Ménard, V, 266.

règlement genevois n'en parle pas et recommande surtout au tribunal « une gravité modérée ». Nous sommes loin des « geôles de jeunesse captive » que Montaigne vouait à l'exécration publique dans ce style pittoresque qui lui était propre [1].

§ 2. — La discipline a Sedan.

Nous avons déjà observé que le règlement de Sedan insiste plus sur les devoirs des écoliers que sur ceux des maîtres; il vise spécialement la discipline, et sur ce chapitre nous le trouvons plus minutieux que Baduel lui-même et plus complet. Les 40 articles de ces statuts saisissent l'écolier dans toutes les manifestations de sa vie et ne laissent échapper aucun détail. Le point de vue essentiellement moral du rédacteur s'affirme dès la première ligne. « Le Dieu très bon et très grand doit être adoré par tous comme la loi suprême; et toutes les études littéraires, sans la religion, doivent être considérées comme vanité. Il faut être convaincu que tout ce qui est bon provient de sa bonté et lui rapporter tout don reçu, lui en garder reconnaissance, et implorer son secours en toute chose. » L'article 2 traite des devoirs religieux des écoliers : exactitude aux cultes publics, conduite au temple faite par les régents, tenue pendant le service, etc. L'écolier doit être tout oreilles au prêche, et retenir l'idée générale ou tout

---

[1]. Cependant à Saumur le fouet avait été administré aux philosophes dans l'auditoire jusqu'en 1610, date où le synode provincial de Loudun le supprima. (Cf. Dumont, op. cit., 44.) Les académies protestantes étaient des plus florissantes à cette époque, dit un historien catholique, Dumoustier de Lafond; « elles tenoient déjà tête aux plus savantes de l'Europe. Cependant leurs règles rigoureuses dégoûtoient beaucoup les jeunes gens qui étudioient la philosophie, par la loi Accadémique qui les assujetissoit au fouet et à d'autres peines proportionées à la griéveté de leurs fautes. Cette assemblée (de Loudun), pour éviter la désertion de ces écoles, se proposa de représenter au premier synode national qu'il ne convenoit pas de laisser subsister une loi aussi ridicule et aussi humiliante pour la jeunesse. » (*Essai sur l'histoire de la ville de Loudun*, 93.) L'usage de ce châtiment, condamné par ceux-là mêmes qui étaient chargés de l'administrer, tomba rapidement.

au moins une partie du discours[1], afin d'en rendre compte de mémoire à ses maitres; il doit prier et chanter avec recueillement, ne point sortir sans un motif grave, et ne quitter sa place que sur l'injonction du principal ou des régents. On interdit les jurements, les imprécations, etc. On ordonne aux nouveaux d'aller trouver en premier lieu le principal, qui leur fera passer un examen, prendra leurs noms, et recevra d'eux un serment d'obéissance à leurs supérieurs ainsi que de soumission à la discipline. Cette obéissance est due à tous les maitres indistinctement; l'écolier doit les aimer comme ses propres parents[2], les respecter, les écouter avec bienveillance, ne point murmurer s'il est réprimandé ou frappé. Il est défendu de sortir du collège sans l'autorisation du principal; du moins, le délinquant devra montrer un certificat signé de ses parents. On interdit toute entrée en classe faite avec tumulte, accompagnée de chants, de cris, de promenades; l'écolier doit s'asseoir à son banc immédiatement et se mettre à l'étude sans tarder. Les décurions seront les premiers arrivés, feront l'appel, marqueront les coupables, les rebelles, les absents en toute bonne foi et sans fraude; ceux qui négligeront leur devoir seront considérés comme complices des délinquants. Ils doivent régler soigneusement l'ordre des leçons avant que l'école soit ouverte, et tenir toujours en réserve les *arma scholastica*, telles que papier, plumes et encre; ils prendront exactement les dictées, ne liront pas d'autres auteurs que ceux qui sont prescrits pour la classe, n'écriront rien d'étranger à la leçon. Ils suivront attentivement celui qui récite ou qui explique, et veilleront à ce que personne ne le souffle[3]. Ils remettront les copies de style, à l'heure indiquée, écrites lisiblement et élégamment; si pour un juste motif il y a du retard, ce service sera ajourné, mais jamais négligé. Les absents devront se mettre en règle dans le délai de trois jours. Les

---

1. Il y a là une heureuse atténuation de la loi genevoise, qui était vraiment trop exigeante. (Cf. 1re sec., ch. II.)

2. Touchante recommandation et bien propre à relever le prestige des maitres.

3. « ... *neque ulli quidquam suggerunto.* »

devoirs corrigés seront transcrits dans un cahier spécial, conservés et montrés aux régents une fois par trimestre. On ne parlera que latin au dehors et au dedans du collège avec ceux qui peuvent le comprendre. Le régent doit être l'incarnation de la loi; l'écolier est tenu de lui obéir, même s'il donne quelque ordre qui ne soit pas spécifié dans ce règlement. Les différentes sortes de punitions seront distribuées suivant la nature de la faute, le degré de culpabilité, le caractère du coupable[1]; on se gardera d'une indulgence déplacée. A cet égard, nous voyons que le règlement de discipline de 1634 ordonne de châtier, après une ou deux admonitions, les élèves qui se rendront en classe lorsque la leçon est commencée. Celui de 1675 recommande l'usage de la férule pour la correction des écoliers des quatre classes inférieures[2].

§ 3. — La discipline a Montauban et a Die.

Le premier règlement de *Montauban* invite les écoliers à venir au collège avec des robes, autant que faire se pourra, et les régents à leur donner l'exemple. Le latin est le seul langage permis en philosophie et dans les quatre plus hautes classes; lorsque les écoliers de ces classes se trouveront ailleurs en compagnie des régents et professeurs, cette obligation subsistera. Les châtiments publics auront lieu comme à Genève; cependant on n'y convoquera le recteur et les professeurs que si le besoin s'en fait sentir. Tous les écoliers classiques et philosophes seront sujets au châtiment de la verge « par leurs professeurs, régents et principal. » Une autre punition plus

---

1. Cette méthode d'appliquer les châtiments est non seulement excellente, mais elle est la seule bonne; ici encore, les législateurs de Sedan se font remarquer par des vues psychologiques tout à fait supérieures, que nous ne trouvons pas ailleurs au même degré.

2. Le règlement de 1615 était en vigueur dans l'enceinte du collège et au dehors, pour tous les écoliers, jusqu'à ce que, maîtres d'un diplôme, ils aient été promus régulièrement aux leçons publiques et immatriculés au registre de l'académie : « .... *donec, emeritis stipendiis, rude donentur, et studiosorum Academicorum Albo, legitima promotione ad lectiones publicas admissi, inscribantur.* » (Art. 39.)

sévère est appliquée aux « négligens et débauchés, qui auront follement perdu leur temps, qui, au lieu de sçavoir, n'auront rien appris; » on les fait descendre d'une classe.

Le règlement de Chamier porte que la censure sera infligée à ceux qui négligeront de parler latin ; comme celui de Jean de Serres, il recommande aux maîtres la plus grande douceur et les exhorte à stimuler leurs élèves par l'aiguillon de l'honneur et du mépris. « Cette manière d'agir, dit-il, est la plus agréable à la nature humaine et la plus propre à encourager au travail. » Cependant les écoliers « à l'humeur perverse et irréligieuse » seront châtiés avec la verge pour les fautes graves, surtout celles inspirées par la dépravation ou l'impiété. On laisse à la discrétion des régents le choix des punitions pour les fautes légères. Il est bien spécifié que les graves châtiments publics n'auront lieu que sur l'ordre du recteur, du principal ou du conseil ordinaire; mais on peut rencontrer certaines natures assez réfractaires pour résister à toutes les punitions; ces coupables seront expulsés sur l'avis du conseil et déclarés indignes de rester parmi les membres de l'académie; la mesure prise à leur endroit sera rendue publique par l'affichage à la porte du collège de placards dénonçant leurs noms et leurs fautes.

Le règlement de Puylaurens ajoute peu de chose à ces prescriptions. Il recommande aux régents de châtier les écoliers qui s'absentent sans sujet et ceux qui assistent au culte avec irrévérence. Un inspecteur désigné par le maître doit le renseigner sur ce dernier point. Quant aux philosophes, s'ils ne fréquentent pas assidument les leçons et exercices ou s'ils s'absentent sans excuse valable, l'académie en prendra note; s'ils récidivent, après deux ou trois admonitions, ils seront expulsés. « Et parce qu'ils ne sont pas venus dans l'Académie pour apprendre seulement la philosophie, mais aussi pour se former à la piété, ils ne manqueront de fréquenter les exercices de piété, tous les dimanches et les jeudis; et d'y paroître avec la modestie et décence requise. » Comme à Nîmes, il se produisit à Puylaurens un certain relâchement dans l'usage des promotions. On lit en effet dans le cahier du synode de Saint-Antonin en 1668 : « D'autant que les écoliers sont promus souvent aux plus hautes classes, sans être capables; il a été arresté qu'il ne passera aucun Ecolier dans la première classe qu'il ne soit entièrement congru en la langue Latine et suffisamment instruit en la langue Grecque; et dans la seconde on enseignera, outre les langues Grecque et Latine, la Poésie; et que tous les Ecoliers qui sortiront de la troisième classe, sçauront composer passablement en latin et auront appris les élémens, ou la grammaire de la langue Grecque[1]. » Le synode du Mas-d'Azil (1669) fait une observation analogue au sujet des étudiants qui montent en philosophie : « La compagnie ordonne qu'à l'advenir les Ecoliers n'entreront en Philosophie qu'apres un examen particulier, qui sera fait par le Recteur de l'Academie, autre toutes-fois que les Professeurs en Philosophie, qui ne pourront faire le dit examen, et que l'Académie en prendra quelqu'autre. »

Le règlement de *Die* impose aussi les robes longues à tous les maîtres; ils ont quinze jours pour y pourvoir, et s'ils y manquent le recteur leur en fera faire en « retenant de leurs gages ce qu'elles cousteront ». Un décret du conseil, à la date du 23 janvier 1619, les oblige à les porter surtout au collège, et bannit impitoyablement « le gallicisme et langage maternel... Est commandé de parler ensemble latin, dehors, partout. » Il défend aussi aux régents de recevoir à leurs classes des élèves étrangers, et de se faire remplacer sans raison suffisante; enfin il renferme un article très curieux sur le trafic du bois pendant l'hiver[2].

Un règlement du 7 janvier 1622 censure les régents trop indulgents, abolit l'usage du patois et ordonne celui du fran-

[1]. Cf. Pujol, op. cit., 107 sq.
[2]. On décida qu'il n'y aurait point de feu au-dessus de la quatrième. « Quant aux dernières classes, on les fera plancher aussi en bois et faire un bon châssis, et, jusque ce que cela soit fait, il sera licite de faire feu, attendu la faiblesse des écoliers.... lesdits écoliers ne pourront porter que du bois et non du charbon.... Il est très expressément défendu au régent.... de sortir le bois qui y sera porté, comme non plus le brasier. » (Cf. Arnaud, *Hist. de l'ac.*, 66..)

çais depuis la 7ᵉ jusqu'à la 4ᵉ, « à peine de fouet à ceux qui parleront le vulgaire. » Un autre acte du 9 janvier 1660 prescrit celui du latin à partir de la quatrième et rappelle à l'ordre le professeur Crégut, qui lisait ses cours de théologie chez lui et non au collège. Enfin un arrêt du 22 février 1662 interdit à tous les écoliers de sortir après sept heures du soir, « et, là où lesdits écoliers seraient nécessités de sortir, leurs hôtes les feront accompagner avec lumière par quelqu'un de leurs domestiques, qui aura soin de les ramener dans leur logis. » Les philosophes délinquants étaient bannis; les classiques, fouettés [1].

§ 4. — COUTUMES ET RÈGLEMENTS DIVERS.

Dans toutes les académies, les étudiants en théologie élisaient un *préteur* [2], sorti de leurs rangs, qui avait mission de prévenir chacun d'eux des exercices auxquels il devait prendre part; il veillait aussi à ce que la lecture fût faite dans les temples par les proposants, suivant la règle, et signalait les contrevenants au consistoire ou au conseil. Avec le préteur, les étudiants élisaient six *assesseurs*, chargés de le seconder ou de le suppléer. Il faut noter qu'ils rédigeaient entre eux un règlement particulier, approuvé par le conseil, en vue d'assurer à chacun sa part légitime dans les exercices publics, disputes et thèses; ce rôle était entre les mains du préteur et des assesseurs [3].

A Saumur, par exemple, en 1615, nous voyons le préteur signaler le proposant Jorlin, lequel avait négligé de proposer à son tour, de fréquenter les assemblées religieuses et les disputes, mais surtout abusait continuellement de la Parole de Dieu, « l'appliquant à choses ridicules, sornettes et profanes. » La Compagnie le censure et le raie des matricules pour six

---

1. Cf. Arnaud, *Hist. de l'ac.*, 65 sq.
2. Cet usage s'est conservé dans les pays protestants, en Suisse et en Angleterre.
3. Cf. *Bull.*, II, 166, 547.

mois. Il fut avisé par le bedeau d'avoir à comparaître devant l'assemblée générale pour ouïr la lecture de ladite sentence [1]. Mais le préteur pouvait être destitué par le conseil. Ainsi, en 1666, le préteur Crespin, qui était en même temps régent de 5e, se dispute violemment avec un autre proposant, nommé de La Jugonnière; celui-ci réclame qu'on destitue Crespin ou qu'on le soumette à la réélection. Dans l'intervalle, on raie des matricules le nom de ce préteur, et on met à la place le mot *Interregnum*. La compagnie vit là une injure grave apposée sur un livre « qui est sous la foi publique »; l'auteur inconnu fut grièvement censuré. Néanmoins elle reprit à Crespin son office, pour maintenir la paix entre tous.

Pour ce qui est des *comédies*, l'article 28 du chapitre XIV de la Discipline interdit aux fidèles d'y assister, non plus qu'aux tragédies, farces, moralités et autres représentations données en public ou en particulier, « veu que de tout temps cela a esté défendu entre les chrestiens, comme apportant corruption de bonnes mœurs, mais surtout quand .l'Escriture sainte y est profanée. Néanmoins quand en un Collège il sera trouvé utile à la jeunesse de représenter quelque histoire, on le pourra tolérer, pourvu qu'elle ne soit comprise en l'Escriture sainte, qui n'est baillée pour estre jouée, mais purement preschée; aussi que cela se face rarement et par l'advis du colloque, qui en verra la composition. » D'après Aymon, ce serait le colloque lui-même qui aurait dû fournir les sujets [2]. On a vu qu'à Nîmes cet article du synode de 1572 ne fut pas observé; les comédies étaient rigoureusement interdites [3]. A Saumur, en juin 1648, quelques écoliers de philosophie ayant entrepris de jouer une comédie française, *les Visionnaires* [4], dans les salons du sénéchal, furent censurés avec défense expresse d'entreprendre rien de semblable à l'avenir sous peine d'être rayés de l'Académie. Mais à quoi la censure s'ap-

1. Cf. Reg. I, 21.
2. Cf. Aymon, I, 119. *Discipline*, 240.
3. Voy. page 198.
4. Cette pièce de Desmarets était très en vogue à l'époque et obtenait à Paris un vif succès.

plique-t-elle? Il est probable que c'est au fait de jouer la comédie en ville sans l'autorisation de l'académie; on eût sans doute permis à ces jeunes gens de la jouer à l'intérieur du collège. A l'appui de cette hypothèse, nous citerons un fait du même genre qui s'est produit à Die en 1643. L'imprimeur Benoist fut censuré pour avoir fait préparer la représentation d'une pièce qui n'avait été « vue ni approuvée par les commis du consistoire de cette Eglise et bureau de ladite Académie; » c'était en effet une violation de l'article 28 du chapitre XIV de la Discipline. La permission en question n'en sera pas moins refusée, continue le rapport du sénat académique, « jusqu'à ce qu'on ait des nouvelles certaines de la pleine et parfaite convalescence du roi, laquelle nous demandons tous à Dieu par nos prières publiques et particulières. » Il y a là un scrupule de délicatesse vis-à-vis de Louis XIII malade qui est tout à l'honneur des vaincus de 1620 et de 1628; une telle attitude est celle de citoyens d'élite [1].

Les régents, professeurs et écoliers perdirent le droit de porter leur *costume* officiel dans les rues, dans les cérémonies publiques et même dans le collège. Nous le voyons d'après un procès-verbal du sénéchal de Saumur, dressé le 24 juillet 1669, sur la plainte des catholiques. Trois régents, trois professeurs de philosophie et d'hébreu et huit écoliers qui avaient achevé leurs cours de philosophie, avaient paru dans les rues en soutanes et longues robes, portant ou faisant porter des lauriers par leurs bedeaux; selon la coutume, ils étaient allés en cortège au temple, marchant deux à deux, pour la dispute publique, et étaient retournés dans le même ordre. Il paraît qu'un règlement du mois de février de la même année avait banni rigoureusement toute cérémonie extérieure d'un culte autre que celui de l'Etat; les réformés firent valoir que la cérémonie présente était purement universitaire et n'avait aucun caractère religieux, mais que par un scrupule dont on

---

1. A Die, on jouait souvent des pièces dramatiques; le professeur Basson composa une tragédie *de Virginia*, une comédie en l'honneur de Lesdiguières, etc.

devait leur savoir gré tous les professeurs qui portaient aussi le titre de pasteurs s'étaient abstenus d'y paraître, nonobstant l'usage. Ce système de défense n'agréa point aux officiers royaux, qui interprétèrent la déclaration de février dans le sens de l'interdiction absolue de toute cérémonie extérieure quelconque; car, si elle vise les ministres du culte, à plus forte raison vise-t-elle ceux qui ne le sont pas! En vain les professeurs essayèrent-ils de démontrer qu'il fallait au moins un arrêté du roi pour leur notifier la défense de porter des robes à l'intérieur du collège; les avocats du pouvoir répliquaient toujours par le même argument vainqueur.

Une procédure analogue eut lieu dix ans plus tard à la suite des funérailles du professeur de théologie de Brais. L'inhumation eut lieu le 25 juin 1679 avec la plus grande pompe; six proposants portaient le corps, ayant tous de très longs crêpes à leurs chapeaux et de longs manteaux de drap noir traînant, suivis de plus de trente religionnaires également en deuil et marchant deux à deux; il était quatre heures du soir : la déclaration du 28 mai 1669 défendait aux hérétiques de faire des enterrements à d'autres heures que celles de l'aube et du crépuscule, et laissait à dix personnes seulement la faculté de suivre le convoi. Les dépositions des témoins dans cette singulière affaire ont été conservées[1].

Les bureaux académiques étaient généralement très jaloux de leur autorité en matière de *juridiction disciplinaire*. Nous en avons un exemple dans l'affaire du professeur Visconti, à Die, en 1616; ce personnage avait été compromis, ainsi que plusieurs étudiants, dans la publication de certains « libaux diffamatoires » contre les damoiselles de La Colombière, Poudrel, de Choméane et Benoist, toutes femmes de professeurs et pasteurs; la cause fut jugée par le tribunal. De son côté, le bureau du sénat châtia sévèrement les coupables; mais il déclara que « néanmoins c'est chose dangereuse que, s'agissant de professeurs et escoliers, on procède contre eux par-

---

1. Cette pièce et la précédente sont déposées aux Archives nationales, TT, 230.

devant le dit sieur juge (de Die), qui est de contraire religion, estant oculaire que l'Académie en son corps et en sa juridiction en pourroit recevoir un contre-coup irréparable¹. »

En 1620, le même bureau chargea le pasteur de Saignes de faire une *harangue funèbre* sur la vie et la mort de René de La Tour du Pin Gouvernet, dit le Grand René, baron d'Aix, Mérouillon et Montauban, marquis de Charce et maréchal de camp. Mais ici le bureau dépassa ses attributions, et ce fut au synode provincial à le rappeler à l'ordre; en effet, celui de Briançon, qui se tint la même année, « considérant que ceste procédure est contre la discipline et l'usage de nos Eglises, d'ailleurs pesant les conséquences qui s'en pourroient ensuivre, a treuvé que le bureau académique, ensemble les pasteurs qui y sont assistés, sont censurables, et particulièrement le dit sieur de Saignes, pour avoir fait la dite harangue; auquel défense très expresse a été faite de s'esmanciper dores en avant à semblables procédures, sous peine d'être poursuivy par la rigueur de la discipline². » En 1656, une harangue funèbre provoque aussi une affaire devant le bureau du conseil; mais ici le coupable n'est autre que l'imprimeur. Benoît avait imprimé la harangue funèbre de la duchesse de Lesdiguières, à la requête du sieur du Faur Sautaraille, théologal de la cathédrale de Die, son auteur. Grand scandale dans la communauté protestante; Benoît avait agi en effet à l'insu du recteur et violé le règlement; il excipa d'une surprise et promit de ne plus commettre à l'avenir une pareille transgression; on le censura grièvement, avec menace de le suspendre au cas où il y aurait récidive³.

Si les oraisons funèbres étaient peu en faveur, les *harangues officielles* ne choquaient pas toutes au même degré l'esprit égalitaire et religieux des réformés; il y en avait de tolérées et même d'approuvées. Lorsque la reine-mère passa à Saumur

---

1. Voy. *Revue du Dauphiné*, 1877, p. 510, article de M. Brun-Durand.
2. Signé : De La Colombière, pasteur de Gap, modérateur; Guyon, pasteur de Dieu-le-Fit, adjoint. (Cf. Long, *La Réforme*, p. 314.)
3. Cf. Arnaud, *Imprimeurs*, 24.

en 1614, avec son fils qu'elle conduisait aux Etats de Bretagne, Duplessis-Mornay lui fit une magnifique réception. Dans sa séance du 3 août, le conseil décida : 1° que l'Académie en corps se rendrait au devant de la reine jusqu'à la porte de la Bilange ; là, deux étudiants désignés par le recteur feraient une harangue en latin et l'autre en français ; 2° que la courtoisie exigeait qu'on adressât à la reine celle en français; 3° que le recteur, le conseil et la compagnie des pasteurs adresseraient le salut ; le pasteur et professeur Bouchereau parlerait en leur nom. Au nombre des professeurs se trouvaient alors des hommes tels que Craig, Boyd de Trochorège, Duncan, Louis Cappel, etc. Quelques écoliers récitèrent aussi des pièces de vers qu'ils avaient composées pour la circonstance. Lorsque Condé s'était arrêté à Saumur quelques semaines auparavant (20 juin 1614), Trochorège avait été chargé de le haranguer et de le saluer au nom de l'Académie ; les professeurs lui faisaient cortège [1]. A Sedan, lorsque Frédéric Maurice épousa Eléonore de Bergues (1643), un régent du collège, Claude Sonnet, les salua à leur arrivée par une pièce de vers composée en leur honneur et imprimée par Jean Jannon [2].

Les droits de *préséance* dans les cérémonies publiques étaient fixés à l'avance, et nul ne pouvait les violer sans encourir une peine. A Saumur, le règlement de 1615, qui règle les attributions du principal, détermine ainsi que suit l'ordre du cortège : Quand l'académie et le collège marcheront séparément, soit pour aller à la cène, soit pour toute autre cérémonie particulière, le recteur s'avancera le premier à la tête des professeurs publics et de leurs écoliers [3] ; puis

---

1. Reg. I, 7, 9. Cf. Dumont, op. cit., 8 ; et *Vie de Mornay*.
2. Cf. Norbert (Extr.), 22. A Die, on cite le cas du professeur d'éloquence Basson, qui, chargé de haranguer l'avocat Pierre du Cros, nouvellement élu président en la Chambre de l'édit de Grenoble, fit une « détestable satire » au lieu d'une « scholastique honorable ». (Cf. Arnaud, *Hist.*, 63.)
3. Un arrêté du synode provincial de Réalmont (1606) porte que les écoliers en théologie se régleront pour la préséance d'après la volonté des consistoires ; « et en cas ils seront réfractaires, les pourra forclore de l'entrée du consistoire. » En 1670, le synode de Puylaurens, informé

viendra le principal, suivi des professeurs de philosophie, des régents et des étudiants en philosophie et enfin des écoliers classiques.

Le 16 octobre 1640, le professeur de philosophie Hugues plaide devant le conseil contre le premier régent, Pibles, qui l'avait débouté de son rang à la dernière solennité. Mais le conseil lui donne tort, parce que les professeurs de philosophie doivent venir après le professeur d'éloquence, si celui-ci est plus ancien qu'eux dans l'académie. Hugues déclara qu'il en appellerait au prochain synode provincial. Le 9 janvier 1641, comme il avait montré son dépit en n'administrant pas la cène suivant son rang, il fut censuré par le conseil. Le synode de Preuilly (1er août) déclara que, s'il persistait dans sa désobéissance, on irait jusqu'à le déposer; en attendant, il fut suspendu, avec retenue de ses gages. Quant au deuxième régent, Forbes, qui n'administrait plus la cène sous prétexte qu'il était inconvenant de voir les régents marcher après les étudiants en théologie, on lui fit observer que, l'ordre ayant été ainsi établi, il avait l'obligation de s'y conformer. Le troisième régent, Parisod, qui se trouvait en faute au même titre, allégua que pour lui c'était une circonstance fortuite. Cependant, en 1643, il revint aux idées de Forbes, et on pensa remettre la question à l'étude, puisqu'on appela un proposant, qui comparut au nom de ses condisciples; on chercha avec lui un expédient qui pût satisfaire les deux parties; mais, en attendant, l'antique usage fut maintenu [1].

§ 5. — RÉGIME.

Le régime auquel les écoliers étaient soumis variait suivant que les régents habitaient ou non le collège. Le système de l'internat n'existait pas; mais on avait adopté celui des pen-

qu'un proposant a pris place en l'église de Cajarc dans le banc du consistoire et devant les anciens, interdit dorénavant une pareille liberté, sauf autorisation préalable du consistoire. (Voy. Pujol, op. cit., II sq.)
1. Reg. I.

sions. Les élèves logeaient chez des maîtres de pension, qui le plus souvent étaient les régents eux-mêmes, ou chez des pédagogues chargés de les conduire au collège. A Genève, les externes dominaient, comme on l'imagine aisément. A Nîmes, c'était le système des pédagogues. A Saumur et à Die, les pensions étaient tenues par des particuliers. A *Sedan*, les régents qui logeaient tous au collège étaient seuls autorisés à avoir des pensionnaires à l'origine. Il en résulte certains règlements spéciaux dans cette dernière ville. Une ordonnance du 5 août 1604 défend à tout Sedanais de soustraire et recevoir en sa maison les jeunes gens du dehors venus pour suivre les leçons de l'académie. Mais le règlement de 1615 prouve que le système des pensions en ville était pratiqué à cette date concurremment avec l'autre. Le principal et les régents surveillaient les écoliers au temple, où l'on se rendait en corps au sortir du collège. Le règlement de discipline de 1634 porte que les régents doivent faire exactement, soir et matin, la prière publique chez eux, et y faire assister tous leurs domestiques et pensionnaires. La porte du collège était toujours fermée, afin que nul ne pût sortir sans permission. Enfin le principal, chargé de réprimer les infractions au règlement commises par les régents, devait avertir le conseil des modérateurs chaque fois que sa propre autorité paraissait insuffisante à maintenir l'ordre.

En 1653, un arrêt à la date du 7 février porte que, vu la cherté des vivres et le petit nombre des écoliers au collège, il sera permis aux régents d'exiger, pendant la présente année seulement, 12 sols par mois de chaque élève en 6e, 15 sols en 5e, 18 en 4e, 23 en 3e, 28 en 2e, et 32 en 1re.

Nous avons dit qu'à *Nimes* le système des pédagogies, c'est-à-dire l'ancien régime, subsista tout le temps. Lorsque le collège des arts fut fondé, Baduel obligea tous les pédagogues à conduire leurs élèves aux leçons; le règlement de 1582 fait de même. Les pédagogues sont sous la dépendance et la surveillance immédiates du recteur ; il inspecte leur vie privée, les censure et, s'ils ne se corrigent, les expulse ; il a leurs noms sur son registre, et nul ne peut tenir pension sans sa permission. Toutes ces conditions furent rappelées dans le traité passé avec Pacius en 1599. Les régents logeaient au collège, ainsi que le principal, dont ils étaient les commensaux [1].

C'est à *Saumur* que nous pouvons le mieux étudier le régime des pensions, qui était celui des académies en général. Dès 1617, nous lisons dans le cahier présenté au synode d'Anjou que la licence des écoliers logés en chambre est grande, là où nulle « personne de respect » ne veille sur eux. Aussi le conseil décide-t-il que dorénavant les étudiants ne se logeront point sans une permission du recteur, du principal ou d'un des pasteurs : il demande au synode d'interdire aux parents la coutume prise par eux de loger leurs fils avant même de les avoir présentés au principal. La même année, des plaintes arrivèrent de plusieurs côtés au synode de Vitré, touchant le prix élevé des pensions dans la ville de Saumur ; beaucoup refusaient d'y envoyer leurs fils à cause des sacrifices qu'il leur fallait faire. Le synode chargea une commission, composée de MM. Rivet, Lanusse et de La Pilletière, de transmettre ces plaintes au conseil académique et de lui faire entendre que, si les prix n'étaient pas abaissés avant le prochain synode national, l'Académie serait transférée dans un autre pays où le séjour fût moins dispendieux [2]. Le conseil prit en conséquence un arrêté, à la date du 27 novembre 1619, qui réglait une sorte de tarif consenti par les maîtres de pension, auxquels on donnait alors le nom d'*économes* ou *hôteliers* [3]. On fixe à trois le nombre des tables. La plus modeste était de 100 livres; en voici le règlement : « Les écoliers qui ne pairont que cent livres de pension par an seront nourris de pain de méteil, et en auront chacun en quatre repas autant qu'ils en pourront manger, et n'auront que du pain à déjeuner et à goûter, et à dîner et à souper n'auront qu'une serviette à deux, et deux fois la semaine de blanches. A disner et souper, outre leur potage

---

1. Cf. Ménard, V, 297, IV, 227. Cf. p. 335.
2. Aymon, II, 99.
3. Cf. Dumont, op. cit., 14 sq.

qui sera mis en un plat pour quatre, ils auront tous quatre ensemble une livre de bonne viande, laquelle sera de deux sortes, demi-livre d'une, demi-livre de l'autre, soit bœuf, lard, veau ou mouton, et n'auront point de dessert; mais deux fois la semaine auront quelques prunes, pommes ou noix, selon la saison, et auront une pinte de vin pur pour quatre à dîner et autant à souper. Les jours auxquels on ne trouve pas de la chair, outre le potage à dîner et à souper, sera fourni à chaque plat, auquel devront être quatre, un morceau de morue au beurre, ou bien six œufs fricassés, ou bien à chacun un hareng ou deux œufs, selon la saison et commodité. » Outre ceci, la table de 120 livres avait à déjeuner du beurre ou un œuf, à goûter quelques fruits, à dîner et souper quelque dessert; chacun avait sa serviette, que l'on changeait deux fois par semaine, et on donnait une chopine de vin pour quatre à déjeuner.

Quant à la table de 150 livres, elle était ainsi réglée : « Ils seront nourris de bon pain blanc de froment, et leur en sera donné tant qu'ils voudront manger quatre fois le jour ; en outre de que dessus auront un demi septier de vin à goûter, et tous les jours à souper une salade et une livre et demie de viande rôtie pour quatre en un plat, et à dîner une livre et demie de chair bouillie pour quatre et deux ou trois fois la semaine quelques volailles bouillies ou rôties ou bien d'autre viande. »

M. Dumont observe avec raison que cette idée de diviser les écoliers en trois castes, d'après leur fortune, est très malheureuse; mais elle s'est perpétuée jusqu'à la fin du siècle dernier, et il cite tels anciens élèves du collège de Châteaugonthier qui auraient soupé chaque soir pendant plusieurs années avec du pain trempé dans du vinaigre.

Quant au logement, chaque écolier de Saumur avait droit à un cabinet d'étude, et on dressait un lit pour deux [1]. En

---

1. « Ce dernier usage, que la prudence a fait supprimer, était très commun à cette époque. On sait que Mme de Maintenon, cette future reine, partageait le lit de Ninon de Lenclos. » (Cf. Dumont, op. cit., 14.)

outre, chaque *hôtelier* devait entretenir à ses frais un pédagogue pour « instruire, conduire, châtier les écoliers, les mener au collège, présider au coucher et au lever. »

En décembre 1632, le synode de Poitou tenu à Lusignan envoie des lettres pour accuser la cherté des pensions et les dépenses extraordinaires faites par les écoliers avec la connivence des hôtes et hôtesses, qui leur fournissent de quoi satisfaire à leurs débauches et couvrent ces prodigalités « de prétextes faux et empruntés de choses nécessaires ». Le conseil estime que cette question est difficile à résoudre ; il mande les régents pour leur demander quel est leur plus bas prix, sans vouloir les contraindre par aucune loi exceptionnelle ; il leur fait des remontrances, ainsi qu'aux économes. Il interdit aux étudiants les repas de corps après la collation des maîtrises et l'impression des thèses latines ou autres cérémonies. Il est défendu aux professeurs de se rendre à aucun festin public. Les maîtres ès arts ne pourront pas faire plus d'un festin, et encore en particulier, sans débauche ni excès ; quelqu'un des professeurs y sera convoqué. Le prix des thèses latines sera modéré, et il n'en sera imprimé qu'une seule. Quant au régime, il est ainsi fixé : 1re table, 40 écus; 2e table, 50; 3e table, 55. Les pères fournissent les lits et les « linceuls ». Le plus bas prix offert par les régents pour les pensions était de 60 écus [1].

En 1659, le synode de Loudun reçoit de nouvelles plaintes, toujours au sujet de l'élévation des prix des pensions dans les diverses villes d'universités, et principalement à Saumur : non seulement on trouvait trop coûteux la nourriture, le logement et le blanchissage, mais on accusait les régents de lever une contribution extraordinaire pour leurs leçons et le soin qu'ils prenaient de leurs élèves. Le synode réclama l'avis des provinces sur cette matière, et fit avertir l'académie de Saumur qu'elle eût à établir un nouveau règlement [2]. En 1660, le

---

1. En 1637, l'académie se plaint encore des débauches des écoliers; mais cette fois-ci elle accuse les parents de négligence. Les étudiants mangent leurs quartiers au lieu de payer leurs hôtes.
2. Aymon, II, 796.

conseil reconnaît lui-même que la vie à Saumur a doublé de prix. Pour ce qui est des répétitions chez les professeurs et régents, il déclare qu'elles sont libres, mais que les fils de pasteurs et les écoliers pauvres doivent y être admis gratuitement ; l'argent légalement perçu est d'ailleurs fort mal payé. Il fut rédigé au synode provincial de Châtillon-sur-Indre, en juin 1664. Les députés du Poitou renouvelèrent devant ce synode les plaintes exposées ci-dessus. On décida alors que les trois pensions seraient à l'avenir de 200, 250 et 300 livres, et c'était une concession! On voit combien le prix des denrées avait dû augmenter dans l'espace de cinquante ans. Voici quel fut le tarif adopté par le conseil extraordinaire le 7 juillet 1664 :

Table de 200 livres. On ne pourra retirer les pensionnaires sans avertir le conseil extraordinaire. On paiera exactement, à l'avance et par quartier; l'argent sera envoyé directement à l'hôte ou à quelque notable. Tout l'argent que les parents enverront à leurs fils sera remis pareillement à l'hôte, tant celui des divertissements que celui du bois, de la chandelle et du blanchissage, etc.; rien ne sera fourni qu'au comptant. Un lit pour deux. Un cabinet pour chaque élève. Déjeuner : pain de froment avec toute sa fleur et un setier de vin pour deux. Dîner : même pain, un setier de vin par tête, potage, viande de boucherie, bœuf, pourceau salé, veau ou mouton, savoir une livre pour deux; pas de dessert. Pas de collation. Souper : comme le dîner, sauf que deux fois la semaine, les mercredis et dimanches, il y aura viande rôtie. — *Table de 250 livres.* Même service, sauf qu'on aura du beurre à déjeuner, honnêtement, soit une demi-livre pour six. Dessert à tous les repas ; trois ou quatre fois la semaine, viande rôtie au souper. Tous les pensionnaires seront ensemble pour les repas, et exacts, surtout pour le déjeuner. — *Table de 300 livres.* Elle est continuée comme ci-devant, c'est-à-dire : vin à chaque repas, viande à dîner et à souper; au déjeuner et à la collation, beurre, fruits, fromage, etc.; dessert après le dîner et le souper, composé des fruits de saison, et en hiver de fruits secs, confitures, etc.

Cette satisfaction fut insuffisante ; en 1665, le synode provincial de Saumur constate que les parents continuent à ne point envoyer leurs enfants : « la grande cherté des pensions rend l'académie presque entièrement inutile. » En conséquence, il se résout à imposer le prix unique de 200 livres à tous les écoliers, avec défense expresse aux hôtes d'exiger davantage, sous peine des plus grièves censures [1]. Les hôtes pourront fournir des répétitions au prix convenu. D'autre part, le recteur demande, au nom des régents, que les minervaux soient doublés, à cause de la médiocrité de leurs gages et des modifications apportées ci-dessus à la taxe des pensions. On leur promet d'ailleurs de prier le synode national de les augmenter s'ils s'acquittent fidèlement de leurs devoirs, s'ils ne manquent pas de faire le catéchisme toutes les semaines à leurs écoliers, et « s'ils n'en dispensent aucun d'étudier le grec [2] ». Le conseil est également invité à observer soigneusement les vacations d'après les instructions du synode provincial de Loudun (1655), qui avait fixé la durée de celle de Pâques (huit jours) ; celles des vendanges avaient lieu du 23 septembre au 31 octobre [3]. Ce règlement resta en vigueur jusqu'à l'époque de la suppression de l'académie.

§ 6. — Mœurs des professeurs.

Si telle était la discipline et tel le régime, quelles étaient les mœurs ? D'une manière générale, on peut dire que les mœurs des maîtres, dont la plupart étaient ou avaient été ministres, nous apparaissent empreintes d'une grande pureté, moins sévères sans doute que celles des premiers huguenots, moins rudes qu'à Genève, mais plus humaines peut-être ; il est vrai qu'elles étaient réglées par une législation moins tyrannique.

---

1. M. Dumont (p. 74) confond certains articles de ce synode avec ceux du synode de Châtillon-sur-Indre.
2. Singulière recommandation ; il s'agit sans doute des répétitions de grec.
3. Tous ces détails montrent quels points de la discipline étaient plus particulièrement relâchés à cette époque.

Le défaut le plus généralement répandu est plutôt un travers qu'un vice; la question de la préséance entre autres [1] était dans bien des cas la source de pénibles conflits, auxquels on est étonné de voir de si graves personnages accorder une importance si grande. Cependant ce sont là des accès de mauvaise humeur plutôt que des actes répréhensibles : ces hommes honnêtes oubliaient quelquefois que la charité est la première des vertus chrétiennes, et l'on serait tenté souvent de leur rappeler ce mot de l'apôtre Paul : « Que l'évêque ne soit pas attaché à son sens. » Mais les natures susceptibles sont de tous les temps, et nous aurions apparemment mauvaise grâce à leur jeter la première pierre.

Les écoliers menaient aussi une vie plus régulière que leurs compagnons des universités catholiques; la discipline vigoureuse qui leur était imposée contribuait certainement à cet heureux résultat. Cette discipline, bien plus redoutable en apparence qu'en réalité, opposait un frein sérieux aux incartades dont la jeunesse est coutumière. Sans être draconiennes, les lois avaient une sanction suffisante pour agir efficacement sur les esprits. On dira que les censures n'obtiennent pas toujours le résultat attendu ; que c'est là un frein purement moral, impuissant à saisir et surtout à retenir les caractères ingrats ou dépravés; mais la façon solennelle dont on infligeait les remontrances, les peines plus graves dont elles menaçaient les coupables en cas de récidive, en un mot tout cet appareil disciplinaire était bien fait pour émouvoir, et l'indulgence même que l'on mettait dans l'application des châtiments les plus sévères laissait au jeune délinquant le loisir de la réflexion et de la repentance.

Est-ce à dire que la vie des maîtres et des élèves s'écoulât toujours dans la sérénité la plus parfaite, à l'abri du reproche et des défaillances? Non assurément : il y eut des troubles

1. Cette question ne préoccupait pas les seuls professeurs; en 1620, par exemple, nous voyons les proposants de Saumur adresser une requête au conseil sur divers sujets, principalement sur la place qui leur est assignée au temple et le mélange avec les philosophes qui en résulte. (Cf. Reg. I. 44.)

assez fréquents, surtout dans la seconde période de l'histoire des académies. Nous en indiquerons ici la nature.

Pour parler d'abord des professeurs, il n'y a guère d'académies qui n'aient eu maille à partir avec des esprits brouillons, fantasques, perfides ou légers ; à Nîmes, c'est Jérémie Ferrier, Jean Cotelier ; à Orange, c'est Samuel Sorbière ; à Montauban, c'est Joseph Arbussy, Sébastien Daubus et Marc-Antoine Benoist ; à Die, c'est Visconti ; à Sedan, Tilénus ; à Saumur, dans une certaine mesure Tannegny Le Febvre et quelques autres ; mais la masse resta toujours au-dessus des rivalités mesquines et des défections, étrangère aux intrigues des uns et aux frivolités des autres.

Il est inutile de dire que, contrairement à la loi en vigueur dans les universités catholiques, les professeurs et régents étaient mariés ; cette condition était si naturelle chez les protestants qu'on ne prit même pas la peine de faire un règlement à cet égard. On marqua seulement la différence entre la situation des pasteurs et celle des professeurs en théologie : ainsi l'adultère d'une femme de pasteur entraînait la révocation de son mari ; celui d'une femme de professeur n'avait pas les mêmes conséquences, parce que le professeur n'est pas « établi pour reprendre et pour corriger, comme le ministre [1]. »

Chaque fois qu'il s'élevait un différend entre professeurs, les autorités chargées de le vider s'efforçaient de réconcilier les parties. C'est ce qui arriva au synode de La Rochelle (1607), à propos du conflit entre Pierre Béraud et Guillaume Duncan, professeurs à *Montauban* [2]. A *Sedan*, en 1678, du Rondel, premier régent, avait insulté Jurieu, alors qu'il visitait les classes dans l'exercice de ses fonctions de recteur ; le conseil des modérateurs le censura, et profita de l'occasion pour rappeler à tous les régents qu'ils devaient obéissance à chacun des membres du conseil ; que dans toutes les assemblées, corrections de thèmes ou distributions de prix, ils devaient ne parler qu'à leur tour et avec le respect dû à leurs supérieurs ;

1. Aymon, I, 119.
2. Id., id., 326.

enfin il autorisa le recteur à leur imposer silence lorsqu'il le jugerait à propos [1].

A *Saumur*, en 1618, le troisième régent, Granjon, s'emporta en paroles et en gestes contre le principal, Duncan. L'affaire fut portée devant le conseil, qui cita tous les régents comme témoins. Voici quel était le sujet du différend. Le principal avait mandé Granjon ; celui-ci n'avait obéi qu'au troisième message ; comme Duncan se plaignait de sa négligence, il se mit en colère ; de plus, il calomnia publiquement le principal, en répandant le bruit que le régent Petit avait quitté le collège pour éviter sa rigueur ; que le régent Merle allait en faire autant ; enfin que Duncan avait porté la main sur lui, mais que le régent Parisod avait paré le coup. Il fut prouvé que Duncan s'était retenu de lui-même et qu'il n'avait pas jeté Granjon hors de la chambre à coups de pied, avec de grosses injures, comme le prétendait celui-ci. Le conseil reconnut que les deux parties avaient des torts inégaux et ordonna à Granjon de faire des excuses à la Compagnie aussi bien qu'au principal. Granjon se soumit, sauf sur ce dernier chef, duquel il appela au synode provincial [2]. En 1628, ce sont les régents que le conseil censure en bloc, parce qu'ils viennent tard à leurs leçons ; il les avertit d'être exacts au temple et de s'y comporter avec modestie. Le 21 novembre 1656, c'est un professeur de théologie, de Brais, à qui le conseil adresse de vives remontrances pour la façon méprisante avec laquelle il parle de l'académie et de son enseignement ; enfin on lui reproche de fomenter des divisions et des troubles parmi les étudiants.

Ces exemples suffisent pour montrer l'esprit d'impartialité qui animait les conseils académiques ; ils faisaient respecter la discipline par tous les officiers indistinctement. Dans des cas plus graves, ils n'hésitent pas à déposer les indignes : ainsi firent-ils à *Die* pour le régent Jean-Baptiste Raude, convaincu d'ivrognerie [3], et pour le fameux David Derodon, alors

---

1. Cf. Reg. des modérateurs.
2. Reg., I, 31, 32.
3. Cf. Read, op. cit., 291.

simple proposant, qui remplaçait son père dans la charge de quatrième régent en 1619, et qui fut solennellement déposé en raison de ses « débauches et dissolutions » [1]. A *Montauban*, le principal Joseph Arbussy, ami du luxe et des plaisirs, fut interdit par le synode de Loudun [2] ; à *Nîmes*, le professeur Ferrier, coupable de virements et convaincu de trahison [3], fut interdit par le synode de Privas; Jean Cotelier, convaincu de paillardise, fut déposé par le synode provincial de Melgueil (1619). On s'étonne même quelquefois de la longanimité des conseils : ainsi Visconti, professeur de philosophie à Die [4], fut, dès son entrée en fonction, menacé de déposition par le synode d'Embrun (1610) pour avoir contribué à la publication de libelles diffamatoires [5], censuré par le synode de Die (1613) pour outrages à ses collègues, grièvement censuré par celui de Gap (1619) pour avoir joué et fait jouer aux cartes, soutenu des doctrines immorales sur le mariage, etc.; en outre, sa femme et sa fille étaient catholiques. Il commit encore bien d'autres fautes graves, lorsqu'on lui donna son congé en 1621 seulement. Il faut sans doute expliquer la patience du synode à son sujet par cette raison que Visconti était le protégé de Lesdiguières : protecteur et protégé apostasièrent ensemble peu après [6].

§ 7. — MŒURS DES ÉTUDIANTS : LOIS DE POLICE GÉNÉRALE.

Il est superflu de dire que les mœurs des écoliers donnèrent plus de prise à la critique que celles des maîtres; cependant le soin avec lequel on réprimait les moindres écarts que l'on

---

1. *Notice sur D. de Rodon*, par Arnaud, p. 2.
2. Cf. Aymon, II, 654; *France protestante*, I, 513 sq. Toutefois par égard pour la mémoire de ses illustres parents les Béraud et les Arbussy, on lui épargna « la tache de la déposition ».
3. Il se vendit pour 3000 écus. (Cf. Quick, *Chamier's Icon*.)
4. Cet ancien dominicain se disait descendant des ducs de Milan. (Cf. Long, *La Réforme en Dauphiné*, 307.)
5. Le professeur Basson fit amende honorable devant le conseil en 1621 pour la même faute. (Cf. Arnaud, *Hist.*, 63.)
6. Cf. Arnaud, *Hist.*, 45 sq.

voyait se produire témoigne de l'esprit d'ordre qui animait la majorité. Pénétrons dans quelques-unes des villes universitaires, afin de signaler la nature des fautes commises par la gent des écoles et l'attitude des conseils académiques vis-à-vis des mutins.

Comme on peut aisément l'imaginer, ces fautes se ressemblent partout; ce sont les défauts inhérents à la jeunesse même, tels qu'ils se manifestent dans tous les temps et dans tous les pays.

A *Sedan*, on remarque une série de règlements visant les mœurs des écoliers. Au début, la juridiction était indécise. Ainsi le conseil des modérateurs était chargé de surveiller les étudiants; d'autre part, le consistoire s'arrogeait ce droit et prodiguait les censures; les écoliers en appelaient alors au conseil. Mais plus tard ces conflits de pouvoir prirent fin [1].

Le premier règlement de police connu est publié par le prince Henri de La Tour, le 23 août 1613; il a pour but de maintenir la paix dans la ville, entre les académistes des lettres et des exercices d'une part, entre les écoliers et les bourgeois de l'autre. Il se divise en 4 articles : 1° En cas de différend entre académistes des exercices, le directeur sera juge; si son autorité devient insuffisante, il fera un rapport au prince, et à son défaut à la princesse ou au conseil souverain. 2° En cas de différend entre les académistes des exercices et les bourgeois, le prince jugera; à son défaut, la princesse ou le conseil. 3° En cas de différend entre les académistes des exercices et ceux des lettres, le professeur de l'écolier offensé jugera conjointement avec le directeur de l'académie des exercices; si l'accord ne se produit pas, ces deux juges auront recours au conseil des modérateurs. 4° En cas de différend entre écoliers et bourgeois, même juridiction que pour les deux premiers articles. Le règlement fut généralement observé.

La loi de 1615, essentiellement disciplinaire, vise avec un soin minutieux la conduite des écoliers au dehors.

1. Cf. Peyran, op. cit., 23.

Au sortir de classe, défense de courir, de crier, de chanter par les rues; de jeter des pierres, de se battre, d'imiter les enfants étrangers à l'école, qui ont l'habitude de vagabonder. Défense de sortir de la ville ou d'aller au jeu de paume sans permission. Ordre de céder le pas aux magistrats, professeurs et pasteurs, ainsi qu'aux hommes et aux dames respectables; ordre de les saluer en se découvrant [1]. L'écolier chez lui doit exécuter les commandements de ses parents et les saluer soit qu'ils rentrent à la maison, soit qu'ils en sortent. L'écolier en pension doit se conduire poliment avec son hôte et le traiter avec respect sans jamais lui chercher querelle. Il ne dégradera ni le mobilier ni la maison. Il ne découchera pas sans motif plausible, et encore moins ne courra les rues la nuit. Défense de porter des armes sur soi. Toute rixe ou pugilat est interdit. Défense de railler qui que ce soit, soit en paroles, soit avec des grimaces; de calomnier ou d'insulter. Les écrits, conversations ou images bouffonnes sont interdits. Défense de faire des entailles sur les bancs, les chaires, les murs de l'école et du temple, et d'y apposer des dessins. Le vol et le mensonge sont interdits, ainsi que la vente et l'échange d'objets à l'insu des parents et des maîtres. Ordre de fuir les cabarets et lieux malhonnêtes, qui sont le fléau des études. Aux jours de fête, on usera de divertissements convenables; on s'interdira les cartes, les jeux de hasard, les enjeux en argent, etc. Défense d'aller nager en été et d'aller sur la glace en hiver sans autorisation. On punira les élèves rebelles, indisciplinés et insolents, pour faire des exemples, et, s'ils ne s'amendent, on les expulsera.

Le 15 juillet 1617, un arrêt du conseil des modérateurs défend absolument aux écoliers, à ceux surtout qui sont pensionnés par lui, de fréquenter les cabarets, se livrer à aucune espèce de débauches, mener promener les filles, passer les

---

1. On ne saurait trop louer ces préceptes d'urbanité et de courtoisie, que l'académie de Sedan est peut-être seule à inculquer aux enfants à cette époque. Les jeunes générations prenaient ainsi l'habitude du respect humain.

soirées avec elles, jouer aux jeux de hasard, brelan et autres jeux de cartes, pas même à la paume [1]. Il leur est également défendu d'invectiver ou médire de personne, de faire enfin action blâmable, scandaleuse et susceptible de les détourner des pratiques de la piété ou de ralentir l'étude des sciences. Les anciens de l'Eglise sont priés de veiller soigneusement sur les mœurs des étudiants, de louer ou blâmer hautement leur conduite, lors des semonces et censures générales qui se font avant la cène, c'est-à-dire tous les trois mois ; les écoliers doivent recevoir avec humilité et douceur toutes les admonitions ou censures, soit du préteur, soit du recteur, soit des professeurs, pasteurs et anciens ; ceux-ci doivent donner l'exemple du bien.

Le règlement de 1634 interdit tous festins et buvettes, le port d'armes blanches ou de carabines ; il ordonne de sévir rigoureusement sur les écoliers jureurs, blasphémateurs ou diseurs de paroles impudiques. Malgré tous ces ordres précis, on voit en 1664 les parents messins menacer les suppôts du collège de retirer leurs fils, « qui, outre la perte de leur temps, vivaient encore sans discipline et sans joug. » Les régents s'étaient relâchés dans leur enseignement ; le principal Brazy, vieux et cassé, était, paraît-il, responsable de cette décadence ; le conseil parvint à obtenir sa démission volontaire, non sans peine, car il se faisait protéger par le gouverneur La Bourlie. En 1670, le conseil rappelle aux régents qu'ils doivent suivre leurs élèves au temple, les empêcher de faire du tapage dans leur galerie pendant le prêche, les faire écouter en silence et avec respect le sermon et les prières ; un seul régent était exempté de ce soin et chargé spécialement de maintenir le bon ordre au parquet [2].

Le 22 juillet 1673, le conseil prescrit aux étudiants en théologie l'habit noir avec rabat et manteau, lorsqu'ils iront au

---

[1]. Cette dernière interdiction est incompréhensible ; il y avait pourtant à Sedan un jeu de paume (*spheristerium*), comme l'indique le règlement de 1615.
[2]. Pour le catéchisme, on faisait descendre les écoliers de leur galerie dans le parquet.

temple, aux propositions et actes publics, « parce que, destinés à enseigner un jour aux autres la modestie, la vertu, la sainteté, ils doivent éviter de bonne heure le luxe des vêtements et travailler à la correction de leurs mœurs. » Aux défenses déjà signalées plus haut, on ajoute celle de rendre de fréquentes visites. Enfin un décret de 13 octobre 1676 prohibe de nouveau le port d'armes, sous peine de chasser de classe les contrevenants et leur interdire l'auditoire de philosophie ou l'immatriculation en cet auditoire [1].

A *Montauban*, s'il faut en croire Le Bret, l'état moral des écoliers était pitoyable : « Les Collèges et les Académies devroient donner plus d'occasion d'estudier aux habitans des villes où il y en a d'establis; mais dans Montauban c'estoit tout le contraire : ils n'y servoient que d'occasion de toutes sortes de débauches, les regens qui estoyent pour la plus part des Moines Apostats, et qui n'avoyent que le libertinage en veuë, n'inspirant à leurs escoliers qu'emportement et que violence contre l'Evesque, le clergé et les autres catholiques de la ville, et mesmes contre les intendans à qui ils s'en prenoyent esgalement; ceux principalement d'entre ces escoliers qu'ils nomment proposans, et qui bien que destinés à estre ministres, et par conséquent directeurs de la conscience des autres, professoyent néantmoins tant de débauche et de brutalité, que cela, joint au reste, obligea le Roy de les transférer à Puylaurens..... jusques à ce que Sa Majesté pour le bien de son Estat, où elle ne doit point souffrir que ses sujets soient aussi divisés, les suprime tout à fait. » Il ne faut pas oublier que cet historien est le même qui regrettait le manque « d'énergie » du gouvernement à propos de la Saint-Barthélemy; mais, en faisant la part des mensonges inspirés par le fanatisme, on doit reconnaître qu'il y avait aussi une part de vérité dans les assertions de Le Bret. Il énumère avec soin les excès commis par les protestants, excès auxquels les étudiants participèrent; cependant il faut tenir compte de l'état agité des

---

1. Voy. Norbert, 14, 15, 21, 30, 32, 37, 39, 43 (Extr.).

esprits à l'époque dont il s'agit ; la guerre civile désolait Montauban plus que toute autre cité du royaume, et si l'on rencontre un Gaillard assez exalté pour se mettre à la tête des rebelles, on rencontre aussi un Cameron prêt à risquer sa vie pour faire triompher les idées de modération [1].

Quant à la tenue des écoliers, nous trouvons dans le règlement de *Puylaurens* une loi qui vise les proposants. Il est dit qu'ils seront « modestes en leurs vêtements, ne porteront point de cravates, ni bourguignottes, ni des cannes ou bâtons, ni autre chose contraire à la modestie, ni des cheveux longs, et seront vêtus de noir, éviteront la conversation des filles, ne les accompagneront point, ni dans les rues, ni aux promenades, ni en particulier ne pratiqueront point les jeux, ne fréquenteront point les cabarets ni autres lieux de débauches ; et les contrevenans au présent article seront vivement censurez par le conseil Academique ; et en cas ils continueront dans leur méchant train au mépris des dites censures, ils seront rayez de la matricule. » L'article relatif aux étudiants de philosophie n'est pas moins explicite : « Ayant remarqué que plusieurs de ceux qui viennent dans l'Académie pour étudier, y viennent avec des habitudes qu'ils ont contractées, de jurer, de blasphémer et de prononcer des paroles sales, ils s'en abstiendront absolument ; et en cas que quelqu'un tombe dans ces crimes, il sera reprimé avec toute sorte de sévérité, et, s'il ne s'amende, il sera chassé de l'Académie. Ils s'abstiendront aussi avec grand soin des cabarets, des bouchons, des jeux des cartes, et autres jeux défendus, de la chasse, et généralement de toutes les choses qui peuvent les porter à la débauche ou les détourner de leurs études. Il leur est absolument défendu de battre le pavé de nuit, de faire du bruit dans les rues, faire sonner des hautbois ou autres tels instruments. » Il est interdit à tous les écoliers de porter épée ou bâton et de fomenter des querelles. Quant aux châtiments des coupables, ils sont ainsi réglementés : les proposants seront rayés de la matricule,

---

1. Le Bret, I, 29 ; II, 372 sq.

et leurs provinces averties qu'ils se sont rendus indignes d'exercer le saint ministère; pour les philosophes, on avertira leurs parents de les retirer, « comme étant des sujets de scandale »; pour les classiques, ils seront fouettés.

Veut-on le jugement d'un protestant étranger sur les écoliers de *Die?* On en trouve un sous la plume de John Quick, dans sa *Vie de Chamier*. Lorsque l'académie dauphinoise fut transférée, pour un peu de temps, à Montélimar, elle était déjà florissante et attirait bon nombre d'élèves. « En voici la preuve, dit l'auteur anglais. Les vignobles de Montélimar ne sont pas environnés de murs; les étudiants de l'académie y allaient à l'époque de la vendange, et même avant, piller les vignes. Il faut savoir que les académies et les universités étrangères ne sont pas réglées comme les nôtres; on n'y connaît pas cette discipline sévère qui existe à Oxford et à Cambridge. Leur méthode d'enseignement est tout à fait contraire à la nôtre, et les jeunes gens ne sont pas tenus d'avoir pour leurs recteurs cette déférence, ce respect que nous avons pour les nôtres. Ils vivent avec leurs supérieurs dans une telle familiarité qu'elle dégénère souvent en mépris; ils jouissent d'une telle liberté que, sans le frein et le mors de la grâce, elle se changerait en licence. » Quick continue en rapportant l'étonnement qu'il a manifesté à voir dans les synodes l'insolence des jeunes pasteurs vis-à-vis des vieux, fruit évident de la mauvaise éducation reçue dans les écoles; on lui aurait répondu en haussant les épaules que le seul remède à ce mal était de le prendre en patience. Il confesse d'ailleurs que dans les Pays-Bas la situation est pire encore. « Mais le relâchement des mœurs, ajoute-t-il, est dans ces deux pays déplorable. L'insubordination des étudiants de Montélimar, leurs désordres incessants, les rendirent insupportables à la ville, ce qui amena le transfert de l'Académie dans la ville de Die [1]. » Comment concilier ce

---

[1] Read, *Chamier*, 113; Quick, *Icon*. M. Arnaud observe avec raison que l'académie de Montélimar n'ayant existé que du 18 octobre 1607 au 28 mai 1608, il est difficile d'admettre que la turbulence des écoliers ait si vivement irrité les vignerons et citadins. Il pense qu'il faut attri-

jugement de Quick, qui accuse les académies de manquer totalement de discipline, avec les règlements très précis et rigoureux que l'on connaît? On ne peut le faire qu'en taxant d'exagération évidente ce rapport; la discipline des universités anglaises n'était certes pas plus sévère que celle de nos académies, et Quick, dans son voyage sur le continent, a pris l'exception pour la règle [1]. A l'instar des règlements sedanais, celui du 7 janvier 1622, à Die, défend aux maîtres et aux élèves les juremenls, blasphèmes, jeux de cartes, la fréquentation des tavernes; prescrit l'assiduité au culte, etc. En 1650, on eut à réprimer certains désordres sous le rectorat d'Alexandre d'Ize; les écoliers classiques et publics s'étaient battus entre eux et avec la jeunesse de la ville; des duels avaient eu lieu, et l'on aurait eu à constater mort d'hommes si les batailleurs n'avaient été arrêtés à temps. En 1649, ce sont les logiciens qui se révoltent : barricadés dans le collège, ils en refusent l'accès aux régents et écoliers classiques, tirent des coups de pistolet, souillent de leurs excréments les chaires de 1re et de 3e, jettent les bancs de la 2e par la fenêtre, lacèrent des livres imprimés et manuscrits, et enfin sortent par les fenêtres de la 4e *avec scandale public*, dit naïvement le procès-verbal. En 1656, révolte analogue de tous les philosophes; les mêmes incidents se produisent; on fume, mange et boit; on souille la chaire de théologie, et deux enfants qui passent dans la rue au moment où l'on jette les bancs par les fenêtres sont frappés mortellement; mais, ce qui est encore plus grave, on sort pour attaquer les habitants à coups d'épée, et des gentilshommes survinrent à propos avec les consuls pour arrêter les mutins. Quant aux proposants, ils ne prennent jamais part à ces révoltes; le consistoire de Die leur reproche seulement en 1662, en 1670 certain relâchement dans les mœurs,

buer ces méfaits aux élèves du collège classique établi dans cette ville. (Arnaud, *Hist. de l'ac.*, 29, note.)

[1]. D'ailleurs on n'a qu'à le comparer avec celui de l'historien catholique Dumoustier de Lafond, cité plus haut (page 255); les élèves étrangers, au dire de ce dernier, fuyaient les académies, à cause de la rigueur de la discipline, à tel point que le synode de 1610 s'émut de cet abandon!

et blâme le refus opposé par quelques-uns de faire la lecture au temple [1].

Une loi somptuaire régissait tous les membres de l'académie et leurs familles; elle est assez curieuse pour que nous en donnions le texte intégral [2], tel que le synode de Pont en Royans (1614) l'a rapporté : « Les pasteurs, professeurs de l'Académie et escholliers en théologie se doivent abstenir de tous habits, parements de soye, de porte-rabats et rotondes grandes et petites, souliers à ponts levis, jarretières de demi-taffetas ou à dentelles, roses aux souliers, découpures aux habits, manchettes froncées, cheveux inégalement coupés, frisés et gauffrés; escharpes, passements larges au manteau ou habit, gants garnis de satin, velours, taffetas ou autrement, avec broderies, rubans ou passements; robes parées excessivement, comme velours, satin tout le long de la robe; de moustaches relevées artificiellement; bagues au doigt; gants en preschant, manchons riches, bottes sèches, esperons dorés ou argentés, mandilles; couleurs et livrées aux laquais, haut et bas de chausses d'autre couleur que de noir, pourpoints ouverts à manches pendantes, aiguillettes couleur claire ou attachées au pourpoint; clinquants au bonnet, grandes pointes aux coeffes, peignoirs ou toilette de satin ou velours avec ornements; aller à la chasse avec l'arquebuse, mesme mener les demoiselles soubs le bras, ceinture de soye ou autre à la nouvelle façon, boutons sur le manteau en plus grand nombre que de demi douzaine. Les femmes des pasteurs et professeurs ne pourront porter robes, cottes, cotillons, ni haubergeon de soye, bas de soye, bandes de cotillon à plus grand nombre de sept; souliers de couleur claire et voyante, le sein ouvert, les cheveux poudrés et frisés, pendants d'oreille, colliers et carquants de pierreries, chaînes de prix au col, rabats excessivement grands, le masque par la ville (demi-masque de velours noir, le loup), manchons de prix, miroir sur la robe [3]. »

1. Voir, pour plus de détails, Arnaud, *Histoire de l'académie*, 66 sq.
2. Cf. Long, *La Réforme en Dauphiné*, 307.
3. Signé : Perrin, pasteur de Nions, modérateur; Bouteroue, pasteur de Grenoble, adjoint.

A *Saumur*, nous trouvons un règlement analogue à celui qui fut promulgué à Sedan pour les académistes des exercices. C'est une sorte de législation disciplinaire qui fixe les attributions juridiques des différents corps constitués : elle fut proposée en 1657 au synode d'Anjou. En voici les principaux articles [1] : 1º L'inspection sur les professeurs et les étudiants sera exclusivement réservée au conseil académique. 2º Le consistoire seul connaîtra les peines ecclésiastiques, telles que la suspension de la cène, pour révoltes, assistance et communication à l'idolâtrie, adultère, paillardises notoires. 3º Les fautes n'exigeant pas de reconnaissance publique seront réglées par le conseil. 4º Les infractions à la police et aux lois de l'Etat, telles que batteries, tapage, etc., seront punies par les magistrats, et après eux par le conseil. 5º Le conseil connaîtra les fautes non punissables par les magistrats, telles que bals, ballets, jeux de hasard, comédies, pastorales, etc. Il jugera les démêlés entre écoliers ou entre professeurs et écoliers; si l'une des parties ne tient pas à l'école, le consistoire jugera, à moins que le membre de l'Académie ne soit pas le plaignant. 6º Pour les fautes des professeurs, le conseil jugera des peines académiques et le consistoire des peines ecclésiastiques. Les professeurs qui sont en même temps pasteurs de la ville ne sont pas compris dans cette catégorie. Le consistoire pourra exiger que le coupable donne satisfaction à l'académie et *vice versa*. Les deux corps pourront agir ensemble, s'il y a lieu. 7º On continuera la distribution des *marreaux* [2] aux écoliers, non pour attribuer au conseil une puissance ecclésiastique quelconque, mais pour la commodité du consistoire, et pour que les étudiants soient mieux connus des professeurs; de plus, la menace de la privation de mar-

---

1. Bien que certains articles de ce règlement ne se rapportent pas rigoureusement à ce chapitre, nous les laissons ici pour ne pas rompre l'harmonie du document, qui d'ailleurs vise la police générale.
2. Sortes de médailles grossières qui étaient distribuées à tous les communiants. Il n'y a pas longtemps que cet usage existait encore en Poitou; nous en avons vu souvent entre les mains de nos compatriotes lorsque nous étions enfant.

reaux est toujours efficace. Enfin quiconque aura mérité la privation de la cène sera rayé.

A Saumur comme ailleurs, les étudiants de philosophie furent les plus turbulents. Les registres du conseil exposent par le menu toutes les affaires qui se sont produites ; nous en détacherons quelques-unes seulement. On verra que les punitions distribuées sont généralement les suivantes : admonition, censure simple, griève censure, lettre aux parents, expulsion momentanée et radiation temporaire des matricules [1], enfin lettre aux parents pour leur ordonner de retirer leur fils et radiation définitive des matricules entraînant l'expulsion.

En 1615, il y eut tumulte scandaleux le 30 juin à l'issue des cours de théologie de Gomar ; on obligea les coupables à demander pardon publiquement le lendemain.

Le 18 février 1618, un libelle diffamatoire paraît contre les Écossais en général, et les professeurs de cette nation qui enseignent à Saumur en particulier : les auteurs sont un proposant de Metz, Bachellé, et un autre d'Amsterdam, Lietordt. Ils durent faire pénitence publique ; puis on raya le premier du rôle des matricules ; on pardonna au second, ainsi qu'à l'imprimeur Bureau : les exemplaires saisis furent lacérés [2].

En 1632, il se produisit une affaire qui eut un certain retentissement : deux écoliers, André Brigaud et Samuel Havet, allèrent assister à la messe de minuit ; ils se présentèrent même à la communion, « et ces jeunes étourdis, dit Benoît,

---

1. En général, cette radiation durait six mois ; si la conduite du radié avait été satisfaisante durant ce délai, il obtenait la levée du placard affichant sa peine et était réintégré.

2. Ce grossier délit de diffamation se reproduit plusieurs fois. En 1656, un logicien, de La Douespe, écrit une lettre diffamatoire contre un écolier de 2e nommé de Saint-Fulgent, que quelques-uns font imprimer et répandre à leurs frais ; ils sont tout censurés. Un autre lance un pamphlet, sous forme de vers latins, contre les professeurs, ce qui provoque une bataille dans l'auditoire ; il est également censuré. En 1660, un sieur du Rondel, dans un écrit intitulé *Satire Ménippée*, offense plusieurs citoyens honnêtes ; il fit des excuses au recteur et fut suspendu pour quatre mois ; on écrivit en outre au pasteur Allix, dont le fils avait trempé dans cette affaire.

accoutumez à recevoir les symboles dans la main avec peu de cérémonie, furent reconnus à la manière peu circonspecte dont ils s'approchèrent de l'autel. » Ils furent arrêtés, jugés et condamnés, mais à des peines légères, parce qu'on ne voulait pas priver la ville des avantages que lui procurait l'académie. Aussi y eut-il appel de ce jugement, que la chambre de l'édit de Paris aggrava singulièrement. Elle arrêta le 17 février 1633 que les coupables déclareraient à Saumur dans la juridiction ordinaire de la sénéchaussée, l'audience tenant, à genoux et tête nue, que *témérairement* ils étaient allés la nuit à Notre-Dame des Ardilliers à la messe de minuit, et qu'ils avaient reçu *indiscrètement* le Saint-Sacrement; qu'ils demandaient pardon à Dieu, au Roi et à la Justice; qu'ils seraient bannis de la prévôté de Paris pour trois ans, de la sénéchaussée de Saumur à perpétuité; qu'ils seraient condamnés à 1200 livres envers le roi, dont 200 employées à l'achat du pain des prisonniers de la Conciergerie, 200 à l'achat d'une lampe d'argent qu'on mettrait devant le lieu où l'on tient le Saint-Sacrement dans l'église, et le reste à faire poser une lame de cuivre sur laquelle l'arrêt serait gravé; enfin à créer une rente pour fournir d'huile cette lampe à perpétuité. La récidive sera punie de mort; on les emprisonne jusqu'au paiement intégral de la somme. Benoit observe judicieusement qu'il n'est point question dans l'arrêt d'*amende honorable;* on eût dit une sentence portée par un consistoire sur une faute visée par la Discipline. Il ajoute ironiquement : « On n'avoit pas encore alors bien étudié les droits de la religion romaine. Dans les dernières années, on auroit jugé que les écoliers avoient embrassé par cet acte la religion catholique, et l'Eglise et l'Académie auroient été interdites. Il y a eu même des tems où les coupables auroient couru risque de la vie. » (Benoit, II, 530 sq.) Le *Mercure français* (t. XVIII, p. 26) rapporte le texte de cet arrêt.

En 1633, un logicien, Touchet, fils du baron de La Forêt Montgomery, est rappelé à l'ordre, parce qu'il ne s'assoit pas régulièrement à son rang au temple dans les bancs où siègent ses condisciples, et qu'il refuse de prendre la cène avec eux. Mais il continua à siéger aux bancs des étrangers, malgré les admonitions du recteur : alors on décida d'écrire à son père, pour qu'il ordonnât au coupable de se soumettre ou qu'il le retirât de l'académie. Dans l'intervalle, Touchet fit parvenir des excuses par l'entremise de son précepteur, le sieur de Lespine. Le conseil jugea cette démarche insuffisante et exigea que le coupable comparût devant le recteur et le principal. Il refusa : on écrivit donc à son père de le retirer, et la sentence fut communiquée à son précepteur.

Cette même année, un proposant, Malherbe, avait eu une dispute avec son professeur, d'Huisseau; il refusa de lui porter des excuses; alors on daigna écouter l'exposé de ses griefs et la réplique de d'Huisseau. Malherbe, trouvé dans son tort, donna satisfaction au conseil.

En 1620, un étudiant bavarois avait été blessé pendant la nuit dans son domicile par quelques étudiants gentilshommes allemands. Il demanda réparation; le conseil décida que les coupables lui paieraient ses frais de médecin et lui feraient des excuses.

Le 27 juillet 1641, les logiciens refusent de soutenir leurs thèses avant la rentrée. On décide de leur faire des remontrances, mais de ne point les contraindre; on leur exposera seulement que l'usage actuel est meilleur pour eux. Le prochain synode provincial examinera s'il y a lieu d'observer rigoureusement la loi, c'est-à-dire de faire subir des examens pour passer de logique en physique, à cause de la répugnance extrême des étudiants pour ces examens. Dans cette affaire, le conseil nous paraît pousser l'indulgence jusqu'à ses dernières limites et même jusqu'à la naïveté. En revanche, dans la même séance, un des logiciens est rayé des matricules pour n'avoir pas été à son rang au temple. Trois autres sont accusés de paresse, port d'armes, batterie [1], dérèglement, etc.;

---

1. Avant le règlement de 1657 (voy. p. 385), on ne s'adressait à la justice civile que s'il y avait mort d'homme dans ces rixes entre écoliers. Ainsi en 1648 un logicien fut tué; on porta plainte à un magis-

pour le premier, Boulé, il est expulsé momentanément de la ville, et sortira sous peine d'être rayé ; pour le second, du Rondé, on écrit à sa mère de le retirer ; enfin, pour le troisième, du Rosel, qui est contumax, il est rayé des matricules et doit quitter la ville dans le délai de huit jours, « à cause de ses débauches, malversations, prophanatez. » D'ailleurs cette année 1641 fut particulièrement agitée ; tous les philosophes affectaient de se mettre hors de leurs rangs au temple, se moquaient des admonestations, allaient aux sermons des catholiques, se provoquaient par cartel, etc. Les pasteurs furent invités à prêcher contre ces excès, et la discipline fut vigoureusement appliquée.

Le 24 juin 1640, ce sont les classiques qui font parler d'eux. On leur reproche des duels, des comédies jouées chez des particuliers, des mascarades, des visites fréquentes aux cabarets, la *hantise* de compagnie de filles et de femmes, des excès de dépenses chez leurs hôtes. On leur adresse des remontrances, avec défense de tirer des pétards et fusées par les rues, etc., etc., sous peine d'être exclus des examens et rayés des matricules. Même avis aux philosophes ; deux d'entre eux qui avaient été bannis font amende honorable et sont graciés, mais à la condition qu'ils seront rayés à la première plainte.

A la même date, un physicien, Houllier, réprimandé par le recteur à propos des bancs du temple, lui refuse obéissance et reçoit un soufflet ; il réplique par des insultes ; plus tard, il se rend à la maison du recteur, dont il brise toutes les vitres à coups de pierres, et abreuve d'injures le maître du logis en présence de la chambrière. Cette affaire donne lieu à une poursuite civile aux frais de l'académie ; on écrit aux parents du coupable, et lui-même reçoit l'ordre « de faire réparation d'honneur au recteur et à la Compagnie insultée en sa personne ». Houllier accepta tout, sauf la

---

trat au nom de l'hôte en attendant le père. En 1650, on décida que les collégiens coupables de duel seraient fouettés, les académistes livrés à la justice séculière ; enfin que tous ceux qui apprendraient à tirer des armes seraient expulsés et leurs parents informés.

punition corporelle. Il fit des excuses publiques au recteur, dans l'auditoire de physique, devant tous les philosophes rassemblés.

En mai 1656, ce sont deux proposants qui en viennent aux mains, pendant le repas; à la sortie, l'un d'eux est frappé par derrière assez grièvement; le coupable fut rayé, malgré son repentir, parce qu'il comparaissait pour la troisième fois devant le conseil.

Le 12 juillet, nouveau combat à coups de poing et de raquette au jeu de paume, entre le logicien Malet et un étudiant gentilhomme anglais. Les amis du logicien sont accusés d'avoir recommencé le pugilat et assommé l'Anglais à dix heures du soir. Malet fut rayé.

En 1653, le régent Crespin se plaint qu'on ait écrit son nom par la ville en y accolant des injures atroces; l'un des coupables n'est autre que son neveu, le fils de Poitevin, membre du conseil académique. Le 30 juillet, on brise les bancs et la chaire dans les auditoires de théologie et de physique; trois sommations à comparaître faites par le bedeau restent sans effet; trois des coupables sont rayés, les autres censurés, et les magistrats prévenus; cependant on décida d'arrêter le procès, si les accusés consentaient à réparer les dégâts.

En 1657, des censures furent infligées aux proposants, qui continuaient « à imiter les façons de ceux de ce siècle », par la « curiosité trop grande et la braverie en leurs habits, licence en conversation ordinaire avec les filles, jeux et collations fréquentes, etc., où la jeunesse du monde se porte ordinairement. » Un philosophe, natif de Fontenay, fut tué par le portier d'une troupe de comédiens ambulants, pour avoir voulu entrer de force avec ses camarades et sans payer : défense expresse fut faite d'aller à ces comédies.

En 1661, le théologien Clémenceau outragea le régent de quatrième; il fut rayé. Ce jugement irrita quelques-uns de ses condisciples; l'un d'eux frappa les témoins à charge à la sortie du prêche : il fut suspendu pour deux mois. Trois mois après, Clémenceau fut gracié.

En 1663, sept étudiants firent un charivari nocturne à d'Huisseau; on les obligea seulement à lui présenter des excuses.

En 1664, l'imprimeur Desbordes accusa le proposant Thévenin d'avoir débauché chez lui une servante deux ans auparavant, et demanda qu'on lui refusât un témoignage; le sénat, après un mûr examen et une confrontation minutieuse, ne trouva pas l'accusation fondée; le témoin à charge avait même déchargé l'accusé : il donna donc un témoignage à Thévenin et censura l'imprimeur.

Le jour de Noël 1668, le conseil remarqua que les étudiants en philosophie des deux auditoires étaient « extraordinairement débauchés cette année » et déclara qu'à l'avenir tous les joueurs de cartes, donneurs d'aubades, piliers de cabaret, tous ceux qui s'absentaient des exercices de piété pour aller séjourner à la campagne ou battre le pavé, seraient impitoyablement rayés. Malgré cet avis, on signala dès le dimanche suivant quatre infractions; mais les coupables furent immédiatement rayés et chassés honteusement. Pour six autres tapageurs nocturnes, on se borna à avertir leurs pères.

En 1672, le proposant Croi ayant mené des dames à la promenade contre les défenses expresses du conseil, réitérées depuis peu, fut suspendu pendant un mois. En 1673, plainte fut portée contre Croharé, Vignoles, de Caux, proposants, et de Bore, étudiant en philosophie, parce que le dimanche précédent les deux derniers avaient parcouru les rues masqués; les deux autres, non masqués, les avaient suivis dans toutes les maisons où ils étaient entrés; la nuit d'après, ils avaient encore battu les rues, heurtant aux portes avec insolence et prononçant des paroles déshonnêtes. Le conseil les écouta pour leur défense, mais, n'estimant pas qu'il fût assez éclairé pour prononcer, vota une enquête et nomma comme commissaires les professeurs Druet et Villemandy. Quatre jours après, l'enquête terminée apporta les preuves suivantes : les masques avaient en effet parcouru la ville, comme on l'avait raconté; mais, pour le tapage nocturne, Croharé en était innocent; les autres, bien qu'on n'eût pas prouvé contre eux tous les faits dont on les chargeait, en avaient assez confessé de leur propre gré pour qu'on les jugeât dignes des dernières censures, en particulier Vignoles et de Caux, que leur profession obligeait à plus de retenue. Quant à de Borc, il ne faisait que commencer sa philosophie. Cependant « la compagnie, voulant user de support pour cette fois, à cause des dons que Dieu leur a départis, qui, étant sanctifiés par une bonne réforme, pourront servir à sa gloire, s'est contenté de leur faire de très griéves censures avec mention dans ce livre, afin que, s'il leur arrivait de tomber en quelque faute, on usât contre eux de toute la rigueur de la discipline, particulièrement contre le sieur de Caux, qui a apporté de la négligence dans ses études et qui a appris à danser, contre tous les règlements de notre Eglise et de cette Eschole. »

Tous ces exemples des différentes sortes de délits et des châtiments appliqués à chacun d'eux montrent assez combien la législation des juges de Saumur était paternelle, mais sans bénignité excessive, aussi éloignée de cette raideur draconienne dénoncée par Dumoustier de Lafond comme un objet d'effroi universel que de cette faiblesse ridicule et coupable déplorée par John Quick. Nous ne pouvons mieux faire que de citer un passage significatif d'une lettre adressée à Mornay par le célèbre pasteur de Charenton Pierre du Moulin, le futur adversaire des doctrines salmuriennes : « J'envoye à Saumur trois de mes fils pour estre mis au collège. Si j'eusse creu plusieurs personnes, qui me le déconseilloient, je les eusse envoyé ailleurs, car je ne vous dissimuleray point que plusieurs désertent le collège de Saumur, disant que les maîtres y font mal leur devoir et que les escholiers y preinent trop de licence ; l'Eglise de Dieu vous a l'obligation de l'avoir dressé ; aussi ne croy-je pas le mal qui s'en dit, sachant que les pères sont malaisés à contenter et les enfants malaisés à conduire. » L'austère calviniste écrivait ces lignes pleines de bons sens le 8 septembre 1616 [1].

1. Cf. *Bull.*, XVIII, 473.

Une chose frappe dans ces différentes procédures : c'est le soin scrupuleux que chacun apporte à consacrer le triomphe de la justice; on se garde avec une conscience singulière de faire tort à qui que ce soit, et rien n'est épargné afin d'assurer aux parties la plus grande liberté soit dans l'attaque soit pour la défense.

Le dernier synode national, celui de Loudun, est le *seul* qui se soit occupé des mœurs des étudiants [1]. Ce n'est en effet qu'à partir de cette époque (1659) qu'on voit la population des écoles se relâcher un peu de son antique discipline. Le synode blâme sévèrement ces velléités mondaines, ce courant profane qui menaçait d'envahir jusqu'aux degrés du sanctuaire : les perruques hyperboliques, les manches pendantes, les gants frangés de soie, les rubans, l'épée au côté sont critiqués au même titre que la compagnie des femmes et la fréquentation des tavernes; mais on censure également le style de ces jeunes gens, « qui sentoit plutôt le roman que la parole de Dieu. » Il est clair que si les proposants, par exemple, sacrifiaient au goût du jour, ils avaient tort; les traditions de l'hôtel de Rambouillet ou d'ailleurs étaient peu à leur place dans la chaire chrétienne. L'actualité n'est pas un défaut quand le prédicateur en use pour l'édification de son auditoire; mais où était l'édification quand la langue des ruelles était transportée dans les temples? Avouons toutefois que le reproche de la haute assemblée s'appliquerait malaisément à ceux des pasteurs que nous connaissons pour avoir été formés aux académies vers cette époque. La compagnie envoya des commissaires à Montauban, Saumur, Die et Nîmes pour visiter les académies et leur communiquer le canon de Loudun. Le sieur Guitton, qui en donna lecture publique à Saumur en 1660, le fit suivre d'une harangue destinée à graver dans l'esprit des écoliers les considérations sérieuses évoquées par cet acte solennel [2].

---

1. Aymon, II, 795.
2. Le texte complet de cette harangue est rapporté dans Aymon, II, 806 sq.

La disparition des synodes n'arrêta point la prospérité des universités ; mais il est permis de supposer que la discipline générale eût été plus vigoureusement maintenue si ces grandes assemblées avaient continué d'exister.

QUATRIÈME SECTION

PHYSIONOMIE COMPARÉE DE CHAQUE ACADÉMIE

Le but de ce travail, on l'a dit en commençant, n'est pas de raconter l'histoire des académies ; à cette tâche un seul volume ne saurait suffire. Nous pourrions, il est vrai, choisir parmi les académies et suivre l'une d'elles dans son développement depuis ses débuts jusqu'à sa fin ; une telle étude dépasserait encore le cadre de cet ouvrage. Cependant, après avoir décrit l'organisation de ces grandes écoles, on nous saurait mauvais gré de ne point citer quelques-uns des noms les plus connus ou les plus dignes de l'être, qui ont contribué à jeter un vif éclat sur elles. L'histoire de l'enseignement paraît bien froide lorsqu'elle ne comprend pas celle des hommes qui enseignent ; au risque de passer pour un nomenclateur aride, nous sera-t-il permis d'en signaler un petit nombre à cette place, sans aborder l'histoire de leur vie ? Sans doute beaucoup et des plus dignes ont passé trop inaperçus jusqu'ici ; mais nous attendons avec pleine confiance le moment où la postérité équitable sauvera leur mémoire de l'oubli.

Au-dessus des hommes, qu'elles inspirent, il y a les idées générales ; on continuera à les indiquer. Nous avons surpris entre les universités quelques différences dans le détail de l'organisation, dans les méthodes employées et dans la nature des préoccupations pédagogiques ; mais l'unité la plus réelle planait sur ces diversités de rencontre. On aurait tort de croire que cette unité organique disparaît lorsqu'on abandonne le domaine purement pédagogique pour entrer dans l'examen des doctrines philosophiques et religieuses. Certes l'historien en quête de doctrines ondoyantes doit s'interdire l'accès de l'Eglise réformée au xvi⁰ et au xvii⁰ siècle; cette Eglise répugnait aux idées mal définies, aux principes fugitifs qui se brisent ou s'éparpillent à la suite d'interprétations variées. Sa robuste constitution dogmatique ne s'accommodait guère des nuances. Les caprices de la pensée humaine lui inspiraient moins d'effroi que de dédain. On est ici sur la pente opposée au scepticisme; il faut faire un effort pour ne point glisser vers l'intolérance.

Mais alors, que sert-il de parler d'idées générales? Si les intelligences comme les consciences sont ployées sous le même joug et courbées sous le même niveau, trouvera-t-on des idées divergentes au sein des Eglises et des académies? Nous estimons que ces courants en sens contraire naissent partout et s'insinuent même dans les organismes les plus compacts; on les distingue et on les suit aisément à travers l'histoire des académies. Un temps arriva où le conflit menaça de devenir aigu, non seulement entre les tendances, mais entre les doctrines.

La matière de ces conflits fut essentiellement théologique et religieuse; mais, comme la théologie et la religion jouaient le principal rôle dans la vie universitaire à cette époque, il n'est pas étonnant que l'agitation ait gagné toutes les facultés, maîtres et disciples, ministres et laïques. Il importe de retracer ce mouvement dans ses lignes générales.

Trois des académies n'y prirent aucune part: celles d'Orange, de Montpellier et d'Orthez. En effet, celle d'Orange n'était rattachée aux Eglises françaises par aucun lien administratif; sans doute le colloque d'Orange était compris dans l'organisation synodale des Eglises réformées de France et envoyait des représentants aux synodes; mais l'académie vécut toujours en dehors, et les diverses phases de son existence paisible nous sont peu connues. Celle de Montpellier, qui disparut en 1617.

absorbée par l'académie de Nîmes, sa voisine, et qui partageait avec elle les deniers du roi octroyés par le synode, partagea également sa destinée tant que dura sa courte existence. Enfin celle d'Orthez, qui fut supprimée en 1620, disparut aussi trop tôt pour jouer un rôle dans les événements qui suivirent : c'est en effet vers 1620 que les académies commencent à accuser une physionomie particulière et à prendre parti dans les querelles dogmatiques et religieuses de l'époque.

Cette première élimination peut être suivie d'une seconde; les cinq académies dont il nous reste à parler ressentirent le contre-coup des luttes contemporaines, mais à des degrés divers.

Die et Nîmes ne doivent pas être placées sur le même rang que Saumur, Sedan et Montauban; leur action fut moins sensible; leurs principales préoccupations étaient ailleurs. Le caractère original de l'académie de Die, nous avons déjà eu l'occasion de le faire remarquer, était le souci constant d'entretenir la population scolaire dans la piété. Il faut se garder de croire qu'elle fit bon marché de la science et de la doctrine; le but essentiellement pratique qu'elle poursuivait n'était nullement mystique. Tout en prétendant former des pasteurs sérieux, des citoyens utiles à leur nation et fidèles à leur Eglise, elle ne manifestait pas l'intention de sacrifier à cet objet supérieur le bénéfice des hautes études et de la culture intellectuelle. Mais on comprendra que cette tendance à développer avant tout la vie morale des étudiants ait fait reléguer au second plan les soins de la controverse ou de la polémique qui absorbaient ailleurs les docteurs.

Les disputes théologiques intéressèrent aussi peu l'université nîmoise. Mais ici la raison de l'abstention est différente. La tradition de Baduel était toujours vivante, et l'école des humanistes du XVIe siècle avait encore des disciples au XVIIe. On objectera que cette explication est peu concluante; qui fut plus humaniste et plus théologien que la plupart des docteurs du XVIe siècle? Les protestants surtout ne présentent-ils pas constamment ce double caractère? Cela est vrai; mais au

XVII⁰ siècle, à Nîmes, la situation se modifia. Les protestants se divisèrent, d'abord sous l'influence des guerres civiles, puis sous l'influence des efforts tentés un peu partout pour rapprocher les deux Eglises rivales. La bourgeoisie de Nîmes, qui avait adhéré en grande majorité à la Réforme, pencha toujours du côté de la conciliation; le zèle huguenot se refroidit singulièrement, surtout dans les périodes de paix, et l'on put voir en 1683 le baron de Saint-Cosme, président du consistoire, aller au devant des dragons de Barbezières, venus notoirement pour s'emparer de Claude Brousson et de quelques autres pasteurs! Mêlés à une telle population divisée et peu sûre d'elle-même, les professeurs auraient pu ou la transformer par leur exemple, ou se diviser eux-mêmes à son contact. La majorité ne fit ni l'un ni l'autre; ils pratiquaient paisiblement le culte des lettres et des sciences; déployant une grande activité dans cette sphère, ils négligèrent davantage la théologie militante et restèrent assez indifférents aux querelles dogmatiques, tout en demeurant à peu près orthodoxes[1].

Ajoutons qu'une minorité peu estimable donna aux Eglises le scandale de l'apostasie; ceux-là, qui entretenaient des relations assidues avec les partisans de la conciliation, les catholiques de la ville et surtout les hommes politiques de la cour ou du pays, justifièrent trop les défiances et l'irritation qu'on a reprochées quelquefois aux réformés du parti zélé.

Les trois académies qui furent véritablement mêlées au mouvement théologique de l'époque et qui par conséquent attirèrent le plus l'attention de l'Europe protestante sont celles de Saumur, Sedan et Montauban: La première lui donna l'impulsion, la seconde s'efforça de l'enrayer, la troisième prit une attitude moyenne et dépensa le meilleur de son activité à proscrire du débat toute acrimonie malséante. D'illustres professeurs, tels que les Cameron, les Duncan, les

---

1. Le synode provincial de Montpellier (1654), au sujet des questions irritantes débattues entre Saumur et Sedan, décida qu'il était dangereux de les régler, et nécessaire de rétablir promptement l'union en s'abstenant désormais de toute provocation semblable.

Amyraut, les Josué de La Place, les d'Huisseau, les Louis Cappel, osèrent attaquer les doctrines fondamentales du calvinisme, ou du moins celles de ses théories que l'orthodoxie du XVIIe siècle retenait avec une prédilection marquée ; un souffle vraiment large et libéral anima les professeurs et les étudiants et produisit au sein des jeunes générations un courant nouveau, inconnu jusque-là en France, qui menaçait ou promettait, selon qu'on daigne l'entendre, d'entraîner l'Eglise Réformée tout entière, en se répandant à grands flots sur son peuple. L'école conservatrice crut à une submersion prochaine ; et, comme elle voyait là un péril des plus effrayants pour l'Eglise, sa résolution fut bien arrêtée de le prévenir alors qu'il en était encore temps : élever des digues solides, dénoncer l'hérésie naissante aux juges compétents, instruire son procès, demander sa condamnation, telle fut l'œuvre qui échut à Sedan. Ouvrir un libre passage aux idées nouvelles, entrer résolument mais sans témérité dans la voie du progrès, élargir le domaine de la pensée religieuse et assurer le développement continu de la science sans ébranler les fondements de la foi, telle fut l'œuvre qui échut à Saumur. La lutte qui agitait si profondément la Hollande, divisée en deux camps ennemis, les arminiens et les gomaristes, éclata donc en France, bien qu'avec une intensité moindre. D'ailleurs les Salmuriens se défendaient d'être arminiens, et il y avait en effet certaines différences appréciables entre les principes des remonstrants hollandais et les leurs ; mais les Sedanais étaient bien réellement les disciples et les imitateurs des contre-remonstrants, et les héritiers directs de la tradition calviniste la plus rigide. L'éloquence des uns et des autres mérite les vifs éloges du spectateur impartial ; on n'a qu'à citer les noms des Samuel des Marets, des Pierre du Moulin, des Jurieu, pour montrer à quels adversaires les champions du néo-calvinisme avaient affaire. La place intermédiaire que les Salmuriens revendiquaient entre le vieux dogmatisme réformé et l'arminianisme fut à son tour revendiquée par l'académie de Montauban entre les Salmuriens et les Sedanais. Il est vrai que l'école de Puylaurens favorisa plutôt la tendance libérale [1]. Cependant les premiers docteurs montalbanais se rattachaient évidemment à l'orthodoxie ; leurs ouvrages ne laissent planer aucun doute à cet égard : mais le ton acerbe, violent, parfois injurieux des ultra-calvinistes répugnait manifestement aux professeurs de Montauban comme à ceux de Puylaurens. Le genre brutal qui tenait plutôt du pamphlet que de la saine controverse, leur paraissait vieilli et démodé, dans tous les cas blâmable et pernicieux. Certes il y avait bien loin des emportements du XVIIe siècle aux grossières invectives du XVIe ! En outre, il faut bien le dire, cette fougue était une exception même chez ceux qui avaient l'humeur la plus prompte et la moins facile. Mais la *rabies theologica*, à quelque tempérament qu'on daignât la soumettre, déplaisait de toute manière à la majorité des professeurs de Montauban : des docteurs, tels que Garrissoles, le laissèrent voir, non par de vaines théories, mais par des œuvres qui respirent la plus parfaite courtoisie. Il est profondément regrettable que ces hommes n'aient pas apporté la même modération dans la politique. Sur ce chapitre, ils restèrent constamment divisés et témoignèrent d'une intolérance incroyable. La terrible situation de Montauban pendant les guerres civiles explique ces intempérances de langage ou d'opinion sans les excuser. Les modérés, Marc-Antoine Benoist, Charles, Delon, Ollier, surpassaient en violence les irréconciliables Michel et Pierre Béraud, Chamier, Gaillard. On peut dire que la politique exerça une influence des plus regrettables sur les esprits dans cette université, alors que la théologie fut traitée avec une largeur digne des plus grands éloges.

La tendance contraire fut représentée dans chaque académie par une minorité respectable dont l'autorité était re-

---

1. Lorsqu'après la révocation de l'édit de Nantes les pasteurs réfugiés à Londres furent accusés de socinianisme par l'évêque de cette ville, quarante-six d'entre eux protestèrent publiquement contre une telle imputation (1691). Plus de la moitié des signataires étaient sortis de l'académie de Puylaurens. Il est vraisemblable que la plupart avaient adopté les idées salmuriennes et s'étaient ainsi rendus suspects aux anglicans.

haussée par le talent : c'était, à Saumur, dans les premiers temps de l'école, Michel Béraud et François Gomar, le fameux triomphateur de Dordrecht; à Sedan, Samuel Néran, Leblanc de Beaulieu, Didier Hérault, Pierre Bayle, sans compter Cameron, qui y séjourna quelque temps ; à Montauban, Pérez, Martel, Théophile Arbussy, Verdier et Gommarc. Dans ces deux dernières académies, la minorité balança le plus souvent la majorité. En dehors des écoles françaises, les pasteurs et les savants s'agitaient, prenaient part soit à la défense, soit à l'attaque : d'un côté, David Blondel, François d'Or, Daillé [1], Jean Claude, Michel Le Faucheur, Paul Testard ; de l'autre, André Rivet, professeur à Leyde, Spanheim, Vincent de La Rochelle, François Turretin, etc.; la Hollande et la Suisse entraient en lice et se jetaient avec passion dans la mêlée. Quant aux synodes nationaux, appelés bien des fois à juger tel ou tel professeur, à condamner telle ou telle doctrine, il est remarquable qu'ils se prononçaient presque toujours pour la paix : ou bien ils ordonnaient aux professeurs engagés dans la lutte d'avoir à cesser toute polémique ; ou bien ils rejetaient la doctrine incriminée, mais en acquittant l'homme accusé de la répandre et de l'enseigner. Or, comme les synodes sont la représentation des Eglises, on voit que l'opinion moyenne prévalait généralement en France ; la justification éclatante d'Amyraut au synode d'Alençon équivaut à une condamnation implicite des articles de Dordrecht, c'est-à-dire de la scolastique calviniste si chère aux orthodoxes de l'époque. Du reste, le synode, assemblée délibérante et législative, ne voyait pas sans une certaine inquiétude les discussions bruyantes et les divisions trop accentuées ; il était dans son rôle lorsque, se plaçant au point de vue d'une sage politique, il rappelait à tous le double devoir de l'union et de la modération.

Un autre trait de la physionomie générale des académies

---

[1]. Daillé fut pasteur à Saumur de 1625 à 1626; mais nous n'avons point trouvé de document qui nous autorise sérieusement à le placer au nombre des professeurs. Il existe à Saumur une rue qui porte son nom.

sur lequel nous tenons à appeler l'attention, c'est le rôle joué par les étrangers dans leur histoire. L'élément étranger était toujours fortement représenté, surtout à Saumur et à Sedan ; les étudiants de haute famille ou les fils de la bourgeoisie affluaient d'Allemagne, d'Angleterre, de Suisse, de Hollande et même des pays catholiques. Mais l'étranger ne se contentait pas d'envoyer des élèves ; il fournissait des professeurs et non les moins célèbres. L'Italie envoie deux hommes illustres, Julius Pacius et Emmanuel Tremellius, et deux sujets médiocres, Ferrari et Visconti, qui furent professeurs à Die. La Suisse envoie à Saumur Robert Chouet, le premier qui ait enseigné dans nos académies la philosophie cartésienne ; à Sedan, Jacob Burkard ; à Die, Rattier, Jules Feuot, Jean Steck, Rodolphe Le Fèvre. L'Allemagne envoie Chrétien Pistori, Anne Rulmann, Daniel Tilénus, et sans doute Jean Benoist et Bisterfeld. La Hollande fournit Albert Van Hutten et Samuel Néran, deux philologues ; Burgersdyk, un philosophe ; et Gomar, un chef d'école.

Enfin l'Ecosse envoie toute une pléiade d'hommes distingués dans tous les genres, qui marquent profondément leur influence sur leurs disciples. On ne saurait trop insister sur ce phénomène du concours actif et brillant donné par les Ecossais à l'enseignement public en France au XVIe et au XVIIe siècle ; suivant les vicissitudes des révolutions politiques et religieuses de leur nation, catholiques et protestants émigrent tour à tour, assiègent les chaires des universités françaises et sont fort goûtés des connaisseurs surtout en philosophie. Au XVIIe siècle, l'émigration catholique se ralentit ; mais les protestants continuent à fuir leur pays pour échapper à la domination des Stuarts. Cependant en France le catholicisme triomphe : ils ne peuvent songer à enseigner dans les universités avec la même sécurité que jadis ; c'est alors qu'ils emplissent les académies protestantes, où l'on est heureux de les accueillir et où leurs talents sont mis largement à contribution [1]. Le chapitre

---

1. En 1622, Louis XIII défendit de recevoir comme ministres ou professeurs les étrangers et ceux qui avaient fait leurs études dans les

des Ecossais n'est pas le moins intéressant de l'histoire des académies ; que de noms omis dans le volumineux travail de M. Francisque Michel [1] ! que de documents précieux à ajouter à ceux qu'il indique déjà sur quelques-uns de leurs professeurs !

Quant au caractère même de la théologie protestante au XVIIe siècle, il a été défini sérieusement par le professeur Dorner, dont nous reproduisons ici le jugement. Cette période, dit-il [2], « semble au premier abord n'offrir que peu d'intérêt pour l'esprit et pour le cœur. La période féconde et créatrice de la Réforme est remplacée par une scolastique froide et sans vie et par une étroitesse jointe à une stérilité intellectuelle qui nous font regretter l'essor hardi, mais vivant et chrétien de la pensée

---

universités étrangères; mais cet édit ne fut guère exécuté que contre Primrose, pasteur à Bordeaux, et Cameron, professeur à Saumur, tous deux Ecossais. Encore Cameron revint-il la même année à Saumur, pour occuper peu après une chaire à l'académie de Montauban. (Fr. Michel, II, 260.) M. Schweizer remarque avec raison que le clergé catholique était alors envahi impunément par les Italiens. Une interdiction analogue fut faite par Louis XIV en 1643 : le synode de Charenton et celui de Loudun (1659) réclamèrent vainement l'autorisation pour les étudiants de fréquenter les universités étrangères. Cf. Aymon, II, 640, 725; Benoît, III, 105; id., Recueil des Edits, 15.

1. Voy. *Les Ecossais en France et les Français en Ecosse*. Le nombre des professeurs écossais découverts par nous jusqu'à ce jour dans les académies s'élève à 40, ainsi répartis :

1 à Orthez : *Alexander Blair*;

3 à Orange : Frederic et Henry Guib, Alexander Morus;

3 à Montauban : Guillaume Duncan, *Robert of Weemes* (de Visnes), Gilbert Burnat;

7 à Montpellier : *Andrew Curie*, Thomas Dempster, *Adam Abernethy*, *Robert Hill*, Georges Sharpe, Jacques Combarius, Hugues Piantré (et très probablement 3 autres : Docling, Former et Macual Mucorn).

1 à Nîmes : Patricius (outre Abernethy, Dempster, Combarius et Piantré).

3 à Die : *John Sharp*, Jean Macolle (sans doute pour M'All), Anderson;

8 à Sedan : Alexander Colvin, Abraham Colville, W*alter Donaldson*, *Arthur et William Johnston*, Andrew Melville, Adam Stewart, John Smith;

15 à Saumur : *John Cameron, Mark Duncan*, Wolman, Jacob Schever, Patricius Peblis, Monther, *Gedde*, William Doull, *William of Craig, Robert Boyd of Trochredg* (Trochorège), Zachary *Boyd*, Newton, Forbes, Gray, Campbell.

Il y en avait certainement beaucoup plus. Les noms en italique sont ceux que M. Francisque Michel a mentionnés dans son ouvrage.

2. *Histoire de la théologie protestante*, traduction Albert Paumier, p. 347.

des premiers jours. Les théologiens du dix-septième siècle se proposent toujours pour modèle le courage des héros du seizième dans leur grande bataille spirituelle contre l'erreur ; mais ce courage se transforme chez eux en un esprit de controverse mesquine et de haine jalouse qui étouffe les grandes idées et donne à de puériles controverses une importance capitale. Ce serait toutefois méconnaître gravement les lois de l'histoire et commettre une sérieuse injustice que de ne voir dans le dix-septième siècle qu'une période de déclin spirituel et moral. » En effet, comme le remarque fort à propos M. Dorner, la moitié de la faute retombe sur la philosophie de l'époque qui développe excessivement chez tous les esprits la tendance légale et intellectualiste ; mais derrière ce zèle minutieux et ce culte ombrageux des symboles, que le docteur Dorner doit reprocher surtout aux ultra-calvinistes, apparaît « l'élément individuel qui est un des facteurs les plus importants de la piété protestante » et son véritable patrimoine dans l'histoire : cet élément surgit en dépit de toutes les jalousies et de toutes les inquiétudes et rejette les lisières de l'orthodoxie littérale et de la tradition immobile ; qui donc songerait à accuser les précurseurs de l'individualisme d'avoir accompli leur tâche avec trop de lenteur ? Mieux vaut les féliciter de leur prudence, ou plutôt faire honneur au protestantisme lui-même des germes de foi spontanée et joyeuse que ces hommes ont fécondés à leur insu !

§ 1. — SAUMUR.

La théologie fut brillamment enseignée à Saumur. Chose étrange, les protestants français ne possèdent pas encore une histoire complète et vraiment scientifique de cette académie, la plus illustre de toutes ; cette école, qui, par l'originalité des doctrines et la haute réputation des docteurs, exerça une influence extraordinaire sur le développement de la théologie protestante au XVIIe siècle, est peu connue des réformés de nos jours. L'Allemagne, dont nulle n'ignore la compétence spéciale dans les questions de ce genre, a étudié cette importante matière au même titre que les autres : ceux de nos maîtres français qui ont entrepris à leur tour de combler dans une certaine mesure une lacune si grave ont emprunté la majeure part de leurs documents aux travaux accomplis à l'étranger. Un siècle de proscription et de dispersion (1685-1789) avait suffi largement pour rompre le fil de la tradition au sein des Eglises du désert; les martyrs n'ont point de théologie.

Si l'on divise en trois parties inégales l'histoire de la théologie salmurienne, on découvre les trois périodes suivantes : celle de l'orthodoxie calviniste, depuis Béraud jusqu'à Cameron (1606-1618); celle de l'amyraldisme, depuis Cameron jusqu'à Pajon (1618-1666); celle du pajonisme, depuis Pajon jusqu'à la suppression de l'académie (1666-1684). La première période, qui est aussi la plus courte et la moins importante, est principalement représentée par Gomar; la seconde, qui marque le développement et l'apogée des idées libérales ainsi que la réaction contre le calvinisme, est représentée par Cameron et ses disciples, dont le plus illustre, Moyse Amyraut, a donné son nom à tout le système; enfin la troisième, et la moins importante, n'est que le prolongement de celle-ci; mais le libéralisme se transforme avec Claude Pajon en une sorte d'intellectualisme latitudinaire qui laisse bien loin derrière lui les doctrines de ses prédécesseurs. Nous n'avons pas à écrire ici la biographie des professeurs ou à critiquer leur théologie. Cependant il ne sera pas inutile de rappeler en quelques lignes le principe du débat.

La première réaction sérieuse contre le calvinisme avait éclaté en Hollande à l'instigation d'Arminius, pasteur à Amsterdam en 1588, puis professeur à Leyde en 1603. La Confession de foi de La Rochelle avait fixé la croyance des réformés touchant la prédestination et la grâce. L'humanité tout entière est englobée dans la chute d'Adam et totalement corrompue, c'est-à-dire marquée pour la condamnation éternelle; mais

Dieu, dans sa bonté, daigne sauver par la foi en son Fils
Jésus-Christ quelques-uns de ces réprouvés. Dieu, dans son
choix, n'obéit à aucune loi; son arbitraire seul le guide. En
revanche, les élus ne peuvent se soustraire au don de sa grâce;
elle agit en eux. quoi qu'ils fassent. Les partisans de cette doctrine se subdivisent eux-mêmes en deux fractions, les supra-
lapsaires et les infralapsaires; les premiers croyaient que la
chute originelle entrait dans le plan de Dieu et avait été l'exécution d'un décret divin antérieur à la création du monde, les
seconds rendaient l'homme seul responsable de cette chute.
Arminius ne s'éleva d'abord que contre les infralapsaires, à
l'aide des arguments courants; il leur reproche surtout de
faire de Dieu l'auteur du mal, ce qui est une impiété, et de
tendre vers le manichéisme. Mais il alla plus loin; réfléchis-
sant que la doctrine de l'élection divine était la négation
même de la liberté humaine, il l'attaqua et accorda à l'homme
la faculté d'accepter ou de refuser le salut gratuit offert par
Dieu en Jésus. Telle fut la substance de l'arminianisme, qui
ne se propagea qu'après la mort du savant professeur. Le
corollaire de cette doctrine fut une tendance manifeste chez
ses adhérents à ravaler l'autorité des confessions de foi et
à interpréter librement les Ecritures. Le synode de Dordrecht (1618), réuni pour vider le procès entre les remonstrants et les contre-remonstrants[1], fut un vaste concile où
toutes les Eglises réformées de l'Europe envoyèrent des
délégués, sauf le Brandebourg, la principauté d'Anhalt et la
France; Louis XIII avait en effet refusé à ses sujets protestants la permission de s'y faire représenter. Cette assemblée,
en grande majorité présdestinatienne, ne traita pas avec les
arminiens sur un pied d'égalité, mais les cita à sa barre, puis
les condamna comme profanateurs et perturbateurs, indignes
d'exercer une fonction ecclésiastique quelconque. Dès lors, la
politique aidant, une ère de persécution s'ouvrit contre les

---

[1]. Les arminiens avaient reçu le nom de *remonstrants* depuis le manifeste de leur parti, lancé en 1610, et qui portait le titre de *Remons-
trance*.

arminiens, jusqu'à la mort du stathouder Maurice (1625).

En France, l'orthodoxie régnait à l'époque du synode de Dordrecht, sans violence, mais aussi sans contestation. Les synodes d'Alais (1620) et de Charenton (1623) adhèrent aux articles de Dordrecht, non sans rencontrer quelque opposition, mais en s'appuyant d'ailleurs sur une sérieuse majorité [1]. Il est vrai que Gomar [2] ne paraît pas avoir goûté le séjour de Saumur, où il fut appelé en 1614. Le futur inspirateur des articles de Dordrecht déplaisait-il aux maîtres et aux écoliers de Saumur? Non sans doute, si l'on s'en rapporte aux témoignages qui lui sont accordés et à l'insistance avec laquelle on essaie de le retenir chaque fois qu'il parle de retourner en Hollande. Cependant Gomar n'aurait pas cherché tant de prétextes pour fuir, si son influence avait été aussi prépondérante à Saumur qu'à Leyde; d'autre part, il ne faut pas oublier que le premier professeur auquel Duplessis avait adressé vocation, Junius, qui lui aussi enseignait à Leyde, avait été en même temps le prédécesseur et le précurseur d'Arminius; enfin Gomar avait hâte de se retrouver au milieu de ses amis les plus ardents et de préparer le triomphe imminent de sa cause.

On comprend davantage pourquoi le célèbre Néerlandais se trouvait mal à l'aise à Saumur, quand on jette les yeux sur son successeur et qu'on découvre la vogue de son enseignement. John Cameron [3], de Glasgow, n'est pas moins une gloire pour la France que pour l'Ecosse. En effet, depuis l'âge de

---

[1]. M. Schweizer attribue ce vote surtout au désir des protestants de témoigner au roi que les consciences étaient indépendantes des décrets gouvernementaux; il y a certainement une part de vérité dans cette hypothèse.

[2]. Sur Gomar et sa doctrine, voyez principalement : Reg. de Saumur, Dumont, Schweizer, Foppen (*Bibl. Belg.*), Viguié, Benoît, Dorner, Halesius (*Synode Dordrecht*), Bossuet (*Histoire des variations*), Sayous (*Litt. fr. à l'étr.*), etc., etc.

[3]. Sur J. Cameron, voyez principalement : Reg. de Saumur, Dumont, Quick's *Icones*, Francisque Michel, Irving (*Lives of scott. writers*), Aymon, Schweizer, Mosheim, Bull. du prot. fr., Ch. Peyran, Revue de Strasbourg, Benoît, Bossuet (*Variations*), et presque tous les dict. biogr., encyclopédies, etc., etc.

vingt ans il vécut presque toujours en France; il possédait notre langue d'une manière remarquable [1]. A l'origine, il n'enseigna que le latin et surtout le grec, à Glasgow, puis au collège protestant de Bergerac [2]; ensuite il occupa une chaire de philosophie à Sedan, qu'il quitta en 1604 pour conduire des élèves dont il était le précepteur aux universités de Genève et de Heidelberg; c'est là qu'il apprit la théologie. Il était pasteur à Bordeaux depuis dix ans, lorsque l'académie de Saumur l'appela; nous avons déjà parlé de son examen en 1618 [3]. On a vu que Chauffepied, le délégué du Poitou, protesta, au nom de sa province, contre la présentation d'un tel candidat. En effet, Cameron était déjà soupçonné d'arminianisme et convaincu de professer l'hérésie de Piscator, si énergiquement condamnée par le synode [4]. Cependant tous ses examinateurs, sauf Chauffepied, jugèrent « qu'il était de bon et droit sentiment, quoiqu'il eût usé de certaines allusions, façons de parler et distinctions qui pourraient donner scrupule. » De l'aveu de Duplessis, Cameron redressa l'académie, « qui s'en allait penchant »; aussi refusa-t-on énergiquement de le rendre à son ancienne Eglise de Bordeaux, qui le réclamait, et d'écouter les plaintes de la province de Poitou, qui continuait à lui faire opposition. Cependant il développait librement des théories nouvelles sur la grâce et la prédestination et formait des élèves pour la répandre. A côté de l'orthodoxie, qui n'avait pas défini la nature de la conversion, il proclama que la volonté ne pouvait se déterminer que moralement et rejeta toute autre influence dans l'œuvre de la conversion.

1. John Dunbar a aussi célébré dans des *Epigrammata* (p. 188) ce talent de Cameron : *Gallica Calliope vix te, Camerone, notaret.*
2. « Cappel rapporte qu'il parlait le grec avec autant de facilité et d'élégance que d'autres font le latin, et que cette rare perfection de langage excita l'admiration de Casaubon, avec lequel il eut vite fait de se lier intimement. » (Irving, *Lives of scott. writ.*, I, 333.)
3. M. Schweizer remarque que le synode de Dordrecht s'ouvrait au moment où Cameron débutait à Saumur : curieuse coïncidence. (II, 235.)
4. Cette hérésie théologique assez subtile consistait à admettre que l'obéissance passive du Christ avait une valeur suffisante pour l'œuvre du salut. Quant à l'arminianisme, Cameron le combattit ouvertement dans une conférence avec Tilénus qui eut lieu à Paris en 1620.

Mais, à l'aide de la psychologie subtile familière aux théologiens de son temps et de sa tendance, il prétendait maintenir la prédestination en établissant que Dieu n'accordait qu'aux élus cette persuasion morale ; il maintenait aussi l'action immédiate du Saint-Esprit [1]. On vit en 1620 le spectacle singulier en apparence du synode d'Alais approuvant solennellement les articles de Dordrecht et maintenant Cameron dans sa chaire avec honneur malgré ses adversaires. Il eut toujours la faveur des synodes, lui qui accusait Bèze d'intolérance et de despotisme, qui proclamait la nécessité urgente de réformer la Réforme et qui admettait pour les catholiques la possibilité d'avoir part au salut. Mais ce fut son disciple Amyraut qui donna à sa doctrine une formule définitive.

Amyraut [2] est resté un des théologiens les plus connus du XVIIe siècle. Il remplaça Jean Daillé en 1626 dans la charge de pasteur et partagea provisoirement avec Louis Cappel une chaire de théologie qui était vacante. Ce fut en 1633 qu'il passa ses examens et soutint sa thèse *De Sacerdotio Christi*. Il ne devait plus quitter sa chaire jusqu'à sa mort, survenue en 1646. La doctrine d'Amyraut s'appelle l'universalisme hypothétique, nom barbare appliqué à une théorie très subtile, illogique, qui n'était pas obscure autant qu'on le croit,

---

1. Une telle doctrine concordait, mais d'une manière confuse, avec celle du péché originel. Ainsi Cameron admet non la corruption, mais l'obscurcissement de la connaissance ; comme l'observe judicieusement M. Schweizer, pour Cameron la vue seule de la volonté (*Einsischt*) est obscurcie, mais non la volonté elle-même ; ceci est du pélagianisme. (Schweizer, *op. cit.*, II, 241 sq.). Quant à cette dépendance nécessaire attribuée à la volonté vis-à-vis de l'intelligence, elle est bien difficile à soutenir dans la pratique.

2. Sur Amyraut et ses ouvrages, voyez principalement : Schweizer (*Theol. Jahrb.* et *Protest. centraldogm.*), Walch (*Hist. und theol. Einl. in die Religions streitigkeiten ausserh. der luth. Kirche*), Theses salmur., Aymon et Quick, Dreux du Radier (*Bibl. hist et crit. de Poitou*), Guy Patin, Dumont, Reg. de Saumur, Bodin, Benoît, Mosheim, Revue de Strasbourg (1852), E. Saigey (*Amyraut*), Arentius Drost (*Specimen ethnicotheologicum de Amyraldo*), Viguié, Blondel (*Actes*), André Rivet (*Opera*), Baurs *Jahrbüchern*, Jager (*Hist. ecclesiastica*), les bibliogr. de Clément, Colomiès, Jean Le Clerc, Konig, etc., Drion (*Hist. chron.*), Dorner (*Hist. de la théol. prot.*), Bossuet (*Variations*), Molinæi judicium ; les diction. biog., encyclop., etc., etc.

mais qui le parut singulièrement, grâce au vêtement scolastique dont on l'affubla. On connaît le particularisme calviniste: Amyraut lui oppose l'universalisme, c'est-à-dire la volonté de Dieu de sauver tous les hommes. Jusqu'ici, rien de plus clair; c'est l'idée arminienne, la négation pure et simple du dogme de la prédestination. Mais Amyraut semble la détruire immédiatement, en ajoutant que cette volonté ne peut pas se réaliser. Pourquoi? Parce que l'humanité est plongée dans le péché depuis la chute : elle est incapable de saisir l'appel de Dieu et d'y répondre. Il faut donc que Dieu intervienne par un second acte de sa volonté, qui n'est autre que la grâce; sur ce chapitre, Amyraut se retrouve d'accord avec les prédestinatiens et admet que Dieu choisit librement ceux qu'il rendra capables du salut effectif. Il y a donc double décret divin, l'un purement idéal, l'autre positif : deux formes de la grâce, l'une objective, l'autre subjective. D'une part, Dieu proclame le salut offert à tous; de l'autre, il incline vers la grâce réelle les âmes prédestinées à ce salut par l'instrument d'une grâce prévenante. Tout ceci est intelligible; mais quelle doctrine contradictoire et vide par conséquent! A quoi sert le décret universaliste, s'il est purement théorique et s'il s'évapore au contact de la réalité? On ne comprend véritablement pas comment une doctrine si semblable à la doctrine calviniste, puisque le point d'arrivée est le même, a pu soulever tant d'orages et alarmer tant de consciences! Mais certains esprits ont refusé de voir que ce système, par son manque de logique, n'était pas né viable; ou bien, ce qui est plus probable, ils ont été effrayés des hérésies qu'il pouvait traîner à sa suite plutôt que scandalisés de sa propre hétérodoxie.

L'événement leur a donné raison contre les synodes, si tel était le principe de leur attitude. La France protestante accepta en grande majorité l'amyraldisme, alors que la Suisse et la Hollande le proscrivaient et l'anathématisaient. Cité devant les synodes d'Alençon, de Charenton (1644) et de Loudun, Amyraut fut justifié avec éclat et invité à continuer son enseignement « avec joie[1] ». Ce fut la doctrine réformée française par excellence, et tous les esprits modérés à qui l'arminianisme semblait trop hardi pour l'époque s'en emparèrent avec joie, surtout les grands prédicateurs, les Daillé, les Le Faucheur, les du Bosc, les Mestrezat, les Claude, etc., etc.

Avant d'abandonner cette grande figure d'Amyraut, nous devons rappeler que son caractère était à la hauteur de son talent. Son style, malgré les éloges qu'on s'est plu à lui décerner, n'est pas toujours recommandable ; il est parfois lourd, pénible, diffus et tourmenté ; ses principales qualités sont la chaleur et une sincérité d'érudit[2]. Mais sa conversation était très recherchée et son commerce des plus attrayants. On sait qu'il entretint des relations amicales avec de hauts personnages, les maréchaux de Brézé et de La Meilleraie, des prélats, des magistrats ; avec Richelieu et surtout avec Mazarin. Sa charité était inépuisable : pendant les dix dernières années de sa vie, il distribua aux pauvres, sans distinction de religion, tout son traitement de pasteur. « Il savait le monde, et sa parfaite urbanité, qui donnait un charme à sa science et à ses hautes vertus, continua à faire estimer et aimer le nom protestant dans les sphères élevées de la société de l'époque[3]. Quant aux réformés, ils avaient pour Amyraut une confiance, un respect et une admiration sans bornes... ils sentaient qu'il y avait en lui la double vertu, qui doit être le désir et l'effort de toute Église chrétienne, l'attachement à la tradition et la passion du

---

1. Il est cependant certain, malgré les jugements des synodes, qu'Amyraut n'était pas d'accord avec les articles de Dordrecht.

2. La valeur du fond est toujours supérieure à celle de la forme chez Amyraut. Cependant le style lui-même s'élève quelquefois à une incontestable éloquence dans les principaux écrits de ce grand penseur : sa *Morale* et son *Traité de la prédestination*. Parmi les quarante ouvrages classés de cet auteur, la *Vie de La Noue* est certainement celui qui donne le plus de prise à la critique.

3. « C'est un préjugé, disait Amyraut, contre lequel il n'avait cessé de combattre, que de voir dans le protestantisme un mouvement démocratique qui partout mène à la république ; son livre *De la souveraineté des rois* démontre leur majesté inviolable, et il a consacré nombre discours et thèses à combattre les folies des révolutionnaires anglais. » (Port., *Dict.*, II, art. Amyraut.)

progrès [1]. » Son portrait a été peint par Philippe de Champagne et gravé par Lambert.

On ne peut citer Amyraut sans nommer ses deux collègues et principaux collaborateurs, Louis Cappel et Josué de La Place. Les trois amis subirent, la même année, les épreuves réglementaires. « Outre leur grand savoir, dit Bayle, il y avait entre ces trois professeurs une sympathie merveilleuse qui a produit une concorde pleine d'édification et de bonheur, et d'autant plus digne de louanges qu'elle est une rareté fort difficile à trouver en pays académique. » Bayle pouvait en parler par expérience. Josué de La Place [2] porta principalement ses efforts sur le dogme de la chute et de l'imputation du péché originel. Il veut que Dieu impute à chacun son péché, et dégage la responsabilité directe de l'homme dans le péché d'Adam. D'après lui, l'homme est positivement corrompu, mais il subit un mal qu'il n'a pu empêcher. Une telle doctrine fit frémir le camp des orthodoxes. Antoine Garrissolles, professeur à Montauban, la fit condamner par le synode de 1644. La Place ne fut pas entendu; aussi ne fut-il pas nommé dans l'arrêt. Il faut avouer que cette condamnation toucha peu les Eglises; car la plupart des synodes provinciaux refusèrent d'exécuter la sentence et en appelèrent au prochain synode national. Dès l'année 1646, La Place protesta au synode provincial de Saumur de « l'extrême déplaisir » qu'il ressentait de la censure infligée à sa doctrine, et demanda à s'expliquer devant le synode général : « La Compagnie, considérant l'importance de la matière et la condition de la personne, » arrêta que ses députés le soutiendraient. L'académie, de son côté, pour témoigner de ses sentiments, lui renouvela ses fonctions de recteur en 1645, 1648, 1651, 1653, et le nomma, en 1648, administrateur des deniers communs. Mais, en atten-

---

[1]. Viguié, Art. AMYRAUT (Encyclopéd. Lichtenberger).
[2]. Sur Josué de La Place, voyez principalement : Reg. de Saumur, Dumont, Bayle, Haag, Moreri, Quick (Icones), D. Blondel (Actes), Bodin, Port, Revue de Strasbourg (oct. 1855), Aymon, Bull. du prot., Biogr. univ., Mosheim, Encyclopéd. Lichtenberger, Bartholomess (Disc. sur la vie de Josué de La Place), Thes. salm., Dorner, etc.

dant la convocation du synode, La Place répondit en 1655 à ses adversaires par un traité dans lequel il maintint son opinion [1]. Il mourut peu après. Quick rapporte qu'après sa mort « les Pères de l'Oratoire demandèrent à être admis à l'honneur de le contempler et, dans cette entrevue, dirent aux protestants que, si M. de La Place fût mort dans leur communion, ils l'eussent fait canoniser, quelle qu'eût été la somme qu'il lui en aurait coûté, tant était grande l'admiration qu'ils ressentaient pour la vaste étendue de ses connaissances, et surtout l'édification que produisait la parfaite sainteté de sa vie [2]. »

Louis Cappel [3] est encore plus illustre; il est le fondateur de la critique biblique. Cet homme, qui avait passé quatre ans à visiter les universités d'Oxford, de Hollande et d'Allemagne, possédait à fond les langues sémitiques. Aussi la réputation de l'hébraïsant est-elle plus solide encore que celle du théologien. Ses ouvrages font époque et marquent une date dans l'histoire de la philologie orientale. Dans l'*Arcanum punctuationis revelatum*, il établit que les points-voyelles, les accents et autres signes, ne font pas partie du texte original hébreu; que les massorètes les ont inventés et ajoutés au texte environ cinq siècles après Jésus-Christ. Dans la *Critica sacra*, il établit que le texte actuel des livres saints n'est pas toujours authentique et que les copistes l'ont altéré sur bien des points; mais la restitution de l'original est possible, au moyen de la collation des manuscrits, des variantes des diverses versions et

---

[1]. *Disputatio de imputatione primi peccati Adami*, Salm., 1655, in-4º.
[2]. Quick, *Placæi Icon*.
[3]. Sur L. Cappel, voyez principalement : Reg. de Saumur, Dumont, Revue de Strasbourg (1854), Meyer (*Geschichte der Schrifterkl. seit der Wiederherst. der Wissensch.*), Port, dom Lirom, Pocquet de Livonnière (*Illustres*, Mss. d'Angers), Bodin, Quick (*Icones*), Archives municipales de Saumur, GG, Bouillot, Peyran, Guy Patin, Meursus, Walch, *Encyclop.* de Herzog, de Lichtenberg., Colomiès, Haag, Bibl. de Fabricius., Bull. du prot , Chauffepié, Sax. Onom., David Clément (*Bibl. curieuse*), Audiffred (*Bibl. Casanat.*), Wolf (*Bibl. hebraic.*), Simon (*Bibl. critiq.*), Lelong (*Bibl. sacra*), Hyde (*Bibl. Bodleian.*), Mollerus (*Homonymoscopia*), Struvius (*Introd. in not. rei lit.*), Dorner, Freher (*Theat.*), Thes. Salmur., etc., etc. La maison de Cappel existe encore à Saumur dans la rue du Temple.

paraphrases dans toutes les langues. Ce double travail, exposé avec clarté, distribué avec art, et appuyé sur une abondance de documents d'une valeur incontestable, heurta de front les idées les plus chères aux calvinistes : la divinité des Ecritures et l'inspiration littérale. Ils pensèrent déjà voir l'autorité du livre compromise, c'est-à-dire le catholicisme triomphant ou la foi anéantie. Aussi assiste-t-on à ce spectacle étrange d'une vérité nouvelle, presque une hérésie, approuvée par les catholiques et honnie par les protestants ; tel fut le sort de la découverte scientifique faite par Louis Cappel. Mais cet homme énergique et simple, vrai tempérament de savant, poursuivit sa route sans s'étonner ou s'effrayer de l'anomalie de sa situation; il avait conscience de travailler pour la vérité et non contre la foi, et cette certitude l'enhardissait à continuer son œuvre. Sa confiance en l'avenir ne fut pas trompée. En théologie, il soutint les idées d'Amyraut; mais son esprit plus net et plus précis le porta jusqu'aux conclusions d'Arminius : l'élection dépendait de l'état d'âme du chrétien, bien plus que du décret divin [1].

Le système théologique de ces trois éminents professeurs ne se trouve pas seulement dans leurs ouvrages : on le rencontre dans le livre publié sous leur direction qui porte le nom de *Syntagma thesium salmuriensium* [2]. Ce recueil, aujourd'hui fort rare, comprend 119 thèses de Cappel, de La Place, surtout d'Amyraut; il n'est pas moins précieux en ce qu'il fait connaître les noms des étudiants français qui les ont soutenues.

La troisième période, que nous avons appelée celle du pajonisme, est principalement représentée par Claude Pajon et Isaac d'Huisseau [3], dont il ne faudrait pas d'ailleurs confon-

---

1. Cappel « rompt décidément avec l'augustinianisme en donnant à la liberté humaine une place que lui refusait le système augustinien et même l'universalisme hypothétique. » (*Revue de Strasbourg*, mai 1854, art. de M. Nicolas.)

2. *Syntagma thesium theologicarum in academia salmuriensi variis temporibus disputatarum sub præsidio Lud. Cappelli, Mosis Amyraldi, Josuæ Placæi*. Salm., 1660 et 1664-1665; 2 vol. in-4°.

3. D'Huisseau n'était pas professeur; mais sa qualité de pasteur lui

dre les idées. Elle marqua un pas de plus dans la voie de
l'indépendance théologique. Pajon [1], ancien élève de Cappel
et d'Amyraut, fut nommé professeur en 1666 et n'exerça cette
fonction que pendant un an. Lorsqu'il arriva, il était déjà
connu pour la liberté de ses opinions; cependant le synode
provincial de Saint-Aignan (27 mai 1666) lui témoigna la
joie qu'il éprouvait à le voir siéger dans son sein. Une minorité respectable s'était opposée à sa nomination, à cause de
certain écrit publié par lui dans sa jeunesse et dont l'orthodoxie était très suspecte. L'affaire fut de nouveau portée devant le conseil, le 8 novembre. Pajon répéta ce qu'il avait
déjà dit devant un premier synode d'Anjou, lequel avait accepté ses explications : « Il y avait peut-être dans cet écrit,
œuvre de sa jeunesse, telles idées qu'il désapprouverait
aujourd'hui; dans tous les cas, il promettait solennellement
de ne rien enseigner qui fût contraire à la Confession de foi et
autres écrits publics reçus en l'Eglise. » Il demande ensuite
que copie de ces déclarations soit envoyée à ses détracteurs.
Le conseil décide d'assister à toutes ses leçons, pour le couvrir
en attendant la réunion du synode national. Le 1er juillet 1667,
il lui donne un témoignage très avantageux, « tant pour sa
vie et mœurs que pour son assiduité dans l'exercice de sa
charge et sa doctrine. » Cette doctrine dérive de celle d'Amyraut : la grâce est, selon lui, exposée dans les Ecritures d'une
manière objective et se transmet par la prédication de la
Parole; il appartient à l'homme de l'y chercher et de l'y
trouver ; mais il n'y a pas de grâce irrésistible et immédiate.
Partant de là, Pajon en arrive à rapetisser singulièrement la
notion de la grâce, ou plutôt à l'anéantir, et à supprimer tout
à fait l'action surnaturelle du Saint-Esprit sur les âmes [2]. La

---

permettait d'aspirer aux fonctions de recteur. Il les obtint trois fois,
en 1636, 1642 et 1665.

1. Sur Pajon, voyez : Schweizer. Chauffepié, Bayle, Moréri, Biogr.
univ., Haag, Bull. du prot., Collection Conrart, Aymon, Dorner, Herzog, Baurs und Zeller (*Jahrbüch.*), Bossuet (*Variat.*), Franck Puaux
(*Les précurseurs français de la tolérance au* xviiie *siècle*), Revue de
théologie, XIV (art. de M. Saigey); *Encyclop.* Lichtenberger, etc.

2. Bossuet n'hésite pas à appeler les pajonistes de « parfaits péla-

volonté dépend entièrement de la connaissance; or la Parole de Dieu seule contient et communique la vérité, donc il n'y a qu'à la connaître pour connaître la vérité et vouloir le bien, c'est-à-dire être sauvé. En somme Pajon ne fait qu'exagérer l'idée de Cameron, mais en substituant un point de vue intellectualiste au point de vue éthique; il nie catégoriquement le concours direct de la Providence, ce que n'avait pas osé faire le célèbre Ecossais. Toutefois M. Schweizer remarque avec raison que cette thèse ne pouvait se produire que dans l'Eglise calviniste française, où le dogme de l'autorité absolue des Ecritures était particulièrement en honneur. Son hérésie par un certain côté n'est que la logique des bibliolâtres poussée jusqu'à l'absurde; car il est malaisé d'admettre qu'un livre, ou la prédication de ce livre, suffise pour convertir, et que Dieu s'efface pour lui laisser le soin d'une œuvre spirituelle entre toutes. Un tel délaissement de Dieu, une telle insouciance de la gravité du péché, attirèrent au novateur les attaques des vieux calvinistes, surtout de la province du Poitou, qui paraît avoir gardé dans l'ouest le monopole de l'orthodoxie à cette époque. Il pensa probablement jouir d'une tranquillité plus grande en quittant l'Académie, car à la fin de 1667 il accepta la vocation de l'Eglise d'Orléans. Les événements lui donnèrent tort. L'Académie le vit partir avec une vive peine : la Compagnie déclare le 28 août 1667 que « ce ne peut être qu'avec une extrême douleur qu'elle se voit obligée de consentir à la séparation d'un tel personnage, pour quelque temps que ce puisse être, vu les grands talents que Dieu lui a départis, le grand fruit que cette école en retire, et la douce et agréable conversation de sa personne. » Le prétexte allégué par lui était l'insuffisance du traitement : l'Académie confesse ne pouvoir faire davantage; mais elle se réserve de le réclamer lorsque la Providence lui permettra de le recevoir dignement. Touchante résignation et qui aurait dû émouvoir le cœur de Pajon! La

giens » (*Hist. des variations*, c. 15). Les protestants orthodoxes firent de même. Cependant cette accusation n'est méritée que par les disciples de Pajon.

fin de sa vie fut agitée par la guerre acharnée que lui firent ses adversaires, parmi lesquels on trouve le pasteur Claude, un amyraldiste sincère. Pajon, au dire de Bayle, avait une grande netteté d'esprit et une adresse merveilleuse à se servir de toutes les armes de la logique, « soit pour démêler le faible d'un faux raisonnement, soit pour bien fortifier une preuve [1]. »

Isaac d'Huisseau [2] ne ressemble guère à Pajon; la douceur paraît avoir été sa moindre qualité, et l'historien Benoît dit qu'on lui reconnaissait plus d'entêtement que d'énergie, plus de présomption que de force véritable; qu'il avait d'ailleurs des idées peu élevées et un médiocre talent de prédication [3]. Son histoire offre ceci de singulier qu'on manque de données sur le fond de sa doctrine, alors que les détails affluent sur les péripéties diverses des luttes qu'il eut à soutenir à ce sujet. Si l'on en croit l'apparence, cette doctrine fut très large et passablement hardie. En effet, tout le parti modéré abandonna d'Huisseau et se déclara contre lui; on a voulu voir l'origine de l'animosité d'Amyraut dans une divergence d'humeur entre les deux professeurs; mais, quand on remarque la persistance avec laquelle l'immense majorité des membres de l'académie désavoue ce pasteur, on est disposé à croire qu'il y avait là autre chose qu'une cabale. D'Huisseau avait pourtant ses amis, parmi lesquels les professeurs Benoist, Le Febvre, et le pasteur Bérard de Beaujardin; le premier avait un caractère assez revêche, le second menait une vie très frivole, le troisième devait apostasier plus tard. Deux coteries s'étaient

---

1. Plus tard, en 1677, le synode de Saumur condamna les idées de Pajon; le 10 septembre 1683, le conseil refuse des témoignages à Isaac Papin, plus tard apostat, et à Samuel Haller, de Berne, parce qu'ils ne veulent pas souscrire aux décisions de ce synode. Pajon forma de brillants disciples, les Lecène, les Lenfant, les Isaac, les Papin, etc. L'académie de Sedan protesta en 1677 contre ses doctrines, qui furent d'ailleurs dépassées par ses continuateurs. (Voyez Chauffepié, art. *Pajon*.)

2. Sur d'Huisseau, voyez : Reg. de Saumur, Dumont, Bull. du prot., Franck Puaux, *Icones* de Quick, Haag, Chauffepié, Aymon, Benoît, Port, *Encyclop.* Lichtenberger, Barbier (*Diction. des anon.*), Bossuet (*Variat.*), Richard Simon (*Apologie de Jurieu; Lettres*), etc.

3. *Hist. de l'Edit*, vol. III, 146.

formées dans la ville, et les écrits injurieux se croisaient de part et d'autre [1], lorsque le consistoire destitua d'Huisseau et suspendit les plus compromis de ses partisans. Le synode de Loudun, cédant toujours à la préoccupation supérieure de pacifier tous les esprits, rétablit d'Huisseau et cassa toutes les décisions prises contre ses amis; mais il annula tous les libelles calomnieux qui avaient paru, sans faire de distinction. On connaît le grand et bel ouvrage de d'Huisseau sur la discipline des Eglises réformées; on doit citer aussi son ouvrage anonyme sur la *Réunion du christianisme*, qui lui valut d'être déposé par le synode d'Anjou. Ce livre est un manifeste de latitudinarisme; l'auteur, sous l'influence des idées cartésiennes, alors généralement acceptées à Saumur, demande pourquoi l'on n'agirait pas en religion comme en philosophie, c'est-à-dire en faisant table rase de toute Eglise visible pour arriver à une confession unique fondée sur les Ecritures. C'est le doute hypothétique appliqué à la théorie de l'Eglise chrétienne. Il distingue nettement entre la foi historique et la foi sanctifiante, ce qui tient au culte extérieur et ce qui tient à l'essence du christianisme éternel; déplorant les funestes conséquences de la séparation des Eglises chrétiennes, il prétend leur indiquer ainsi le moyen de la faire cesser en leur présentant la fusion comme un devoir. Cette idée ne lui était certes pas personnelle, au xviie siècle, et on sait qu'Amyraut notamment eut des entretiens à ce sujet avec le cardinal de Richelieu [2]. Son collègue à Saumur, du Soul, la soutenait aussi. Mais la démarche, venant d'un homme tel que d'Huisseau, parut sans doute plus compromettante ou plus dangereuse.

---

1. Les partisans de d'Huisseau traitaient publiquement ceux d'Amyraut de gens de néant, camisoles rouges, marche noir, etc. (Cf. Gaulay, *Souvenirs anecdotiques sur Saumur*, 141.)

2. « Amyraut, dit M. Schweizer, qui était resté tout à fait libre vis-à-vis du fanatisme huguenot, désirait répondre d'une manière cultivée à la polémique des catholiques, et il pensait n'atteindre ce but qu'en éliminant le plus possible cette rigidité inhérente au système réformé, qui scandalisait facilement la conscience religieuse populaire. » Cette attitude se comprend d'ailleurs à une époque où les docteurs catholiques revendiquaient en somme les franchises gallicanes, comme l'observe avec raison M. Schweizer (op. cit., II, p. 298, 299).

Du reste, Pajon « avait avoué à Jurieu qu'il faisait *ses délices* d'un livre que le synode d'Anjou allait proscrire [1] » ; d'Huisseau soutenait qu'on pouvait faire son salut même dans l'Eglise romaine et la secte de Socin ; et Jurieu lui-même, le rigide calviniste, dans ses *Préjugés légitimes*, inclina parfois vers cette idée !

En résumé, la théorie salmurienne est un essai généreux de réforme libérale, une tentative sérieuse d'adoucir le dogme calviniste, qui dans sa rudesse première était plutôt une ébauche qu'une formule achevée ; d'ailleurs qu'importe la Réforme ? Les hommes de Saumur ont compris qu'il s'agissait de savoir si, oui ou non, l'Eglise réformée était une Eglise de progrès et d'avenir ; leur gloire est d'avoir osé montrer que la tradition n'est honorable qu'à la condition de vivre et de se transformer avec le concours de la science. Il est fâcheux qu'on ait sacrifié, en ce qui concerne la forme et la méthode, les principes de rigoureuse clarté légués par le xvie siècle. On substitue aux discussions lumineuses et magistrales des Calvin et des Luther, des Mélanchthon et des Bèze, les procédés d'une scolastique nouvelle, qui ne ressemble point à l'ancienne, mais qui fait regretter la simplicité et la puissance des premiers maîtres.

En philosophie, la vieille scolastique du moyen âge [2], frappée de discrédit, n'avait point reparu ; mais, il faut bien le dire, le xvie siècle ne l'avait pas proscrite des écoles, puisqu'il avait gardé Aristote, et que ce philosophe était en somme le seul dont on pût raisonnablement invoquer les principes à cette époque. Tant qu'un réformateur radical n'aura point paru, Aristote régnera en dépit de tous les Ramus. Enfin Descartes vint, et l'on admire l'audace avec laquelle il s'offrit pour

---

1. F. Puaux, *Les précurseurs de la tolérance au* xviie *siècle*, p. 77.
2. Il est bien entendu que nous ne parlons ici que de la philosophie classique ; loin de nous la pensée de confondre sa cause avec celle de la grande philosophie scolastique, celle des Abailard, des Dun Scot et des Albert le Grand ; nous professons au contraire une vive admiration pour les puissants génies dont on a trop souvent méconnu et ignoré les riches conceptions.

renverser l'idole déjà vermoulue, mais toujours sacrée. On ne serait nullement surpris de voir les académies rester en dehors de ce mouvement à une époque où elles avaient à lutter pour la vie et où des tourments plus graves devaient les assaillir. Il n'en fut rien cependant, et le cartésianisme trouva droit de cité à Saumur en la personne du Genevois Jean-Robert Chouet [1], le futur maître de Bayle (1664).

Cependant les esprits étaient déjà préparés à recevoir les idées nouvelles, et le jeune professeur de vingt-deux ans [2] n'eut qu'à jeter hardiment la semence pour la voir fructifier. La question avait déjà été agitée, d'une manière indirecte il est vrai, au synode de Baugé (1655), où les méthodes en usage furent critiquées pour la première fois [3]. Un certain nombre de membres de cette assemblée demandent que les professeurs ne soient pas astreints à suivre ou enseigner la philosophie d'Aristote, mais qu'on leur laisse la liberté de l'enseigner « selon ce qu'ils le jugeront le plus à propos; ou que du moins, dans le cours qui se dicte, on ne s'attache pas au texte d'Aristote pour l'expliquer. » On conçoit la surprise du synode, qui ne s'attendait guère à voir éclater une pareille question et qui aurait eu besoin de réflexion pour la résoudre; la majorité répliqua que « cela n'était nullement ni raisonnable ni tolérable, attendu que cette liberté engendreroit une grande confusion et trouble dans l'Eschole entre professeurs et étudiants et les contentions et divisions entre ceux qui y enseignoient, qui, n'ayant nulle règle certaine de la traditive, enseigneroient l'un d'une façon, l'autre de l'autre, tireroient à soi chacun d'eux ses auditeurs et les banderoient les uns contre les autres, ce qui apporteroit beaucoup de trouble, comme il

---

1. Sur Chouet, voyez : Registres de Saumur, Dumont, Sennebier (*Hist. litt. de Genève*), Archives nationales, TT, 239; Viguié, Haag, Moréri. Biog. univ., Bull. du prot., Bouillier (*Philosoph. cartésienne*), Dumont (*Cartésianisme en Anjou*), Sayous (*Hist. de la litt. fr. à l'étranger*), Schweizer, etc.
2. Chouet quitta Saumur à l'âge de vingt-sept ans, au moment où le P. Lamy, âgé de vingt-neuf ans, y venait pour répandre le même enseignement.
3. Voy. Reg. I, et Dumont *L'Orat. et le cartés. en Anjou*, 15.

se voit ès académies étrangères d'Allemagne et Pays-Bas, où les uns suivent la philosophie et traditive d'Epicure et Gassendi [1], les autres celle de Descartes, et les autres une autre telle que bon leur semble, outre grande confusion à notre examen annuel devant le conseil. Et quant à ce qui est de ne point expliquer ni rien dicter sur le texte d'Aristote, que cela ne se peut ni ne se doit, non seulement parce que le texte d'Aristote est le fondement de la doctrine qui s'y enseigne et ne se doit abandonner, que pour ce qu'en la solennité de la maîtrise on a coutume de tout temps de mettre en main aux écoliers les écrits d'Aristote et de leur en recommander soigneusement la lecture comme de leur principal docteur et maître en philosophie, ce qui ne se pourrait changer sans trouble ni scandale; qu'au reste en la même solennité on a été astreint pas tant à suivre en toutes choses Aristote, *qu'il ne leur soit libre là où ils trouveront qu'il s'écarte de la vérité, ils le peuvent et doivent délaisser* (sic). » Voilà une défense d'Aristote qui ne trahit pas chez les avocats un enthousiasme bien vif pour leur client; ne dirait-on pas qu'ils plaident les circonstances atténuantes? Qu'est devenu le fanatisme sourd et aveugle des siècles précédents? Disons le vrai : les péripatéticiens de la province n'ont pas voulu, comme le prouve leur délibération, jeter le trouble dans l'école en acceptant la méthode révolutionnaire des partisans de la liberté absolue; mais il est visible que ce n'est là qu'un atermoiment, et qu'eux-mêmes sont atteints à leur insu par le courant des idées nouvelles : ils entourent le maître de respect et de prévenances, mais ils n'ont plus la foi.

On avait fait encore d'autres propositions : on exigeait que la métaphysique et l'éthique fussent enseignées plus au long, et qu'on introduisît des suppressions à cet effet dans les cours de physique et de logique. Le synode répondit que ces deux premières disciplines sont depuis quelque temps enseignées avec l'ampleur et l'exactitude nécessaires ; les compendia

---

[1]. A Sedan, le célèbre professeur de grec Jacques du Rondel était disciple de Gassendi, ainsi que David de Rodon à Die.

donnés à l'époque étaient beaucoup plus développés que ceux des professeurs précédents; pour les questions superflues qu'on désire être retranchées, ceux qui enseignent n'estiment pas qu'il y en ait dans leur cours; néanmoins, s'il s'en trouve, ils sont prêts à les retrancher. Une commission d'enquête est nommée, composée des professeurs Amyraut et Beaujardin, des pasteurs de La Faye et de Vaussoudan. Enfin d'autres membres veulent faire retrancher des cours entiers et ne laisser que les compendia des quatre parties de la philosophie avec l'enseignement oral, en supprimant la dictée; le synode estime que ce serait une gêne pour les professeurs, obligés d'enseigner quatre heures; que d'ailleurs cela ne se fait dans aucune académie.

Huit ans après, le 22 octobre 1664, le péripatéticien Pierre de Villemandy [1] arrive pour subir l'examen de philosophie, lorsqu'une lettre de Genève annonce qu'un « nommé Chouet » a l'intention de poser sa candidature. Le jeune cartésien était attiré par la grande renommée de l'académie de Saumur et par sa réputation de libéralisme; son ambition escomptait déjà la gloire qui rejaillirait sur son nom s'il avait le bonheur de faire triompher la philosophie nouvelle sur ce brillant théâtre. Mais quel accueil lui était réservé? Les examens eurent lieu dans les conditions ordinaires; ce fut, hélas! le dernier concours ouvert dans l'académie, mais ce fut à coup sûr le plus intéressant et le plus savamment disputé. Voici le texte de la délibération prise par le jury, après de longs pourparlers : « La compagnie a jugé que quoique l'un et l'autre de ces messieurs aient des dons excellents, qu'ils soient tous deux de très bonnes mœurs, que toute leur conduite devant ce long et rigoureux examen nous ait été en singulière édification, qu'ils paraissent tous deux fort versés dans la connaissance de toutes les parties de la philosophie, de sorte que, selon notre sentiment, ils pourroient et l'un et l'autre remplir très dignement ladite chaire, et ne ferions aucune difficulté

---

[1]. Sur Villemandy, voyez : Reg. de Saumur, Dumont, Archives nationales, TT, 239; Haag, Port, etc.

de les y établir tous deux si nous avions présentement deux places de cette nature vacantes, néant moins dans la comparaison l'avantage seroit du côté dudit sieur Chouet, comme étant plus didactique que son concurrent. » Voulant donner à Villemandy un témoignage moins platonique que des éloges, la compagnie prend l'engagement de le nommer sans examen lors de la prochaine vacance.

Chouet exerça ses fonctions pendant cinq ans, et son enseignement attira une foule de disciples [1]. Il eut naturellement ses adversaires, des ennemis de sa personne, de ses doctrines ou des envieux de son talent. A la tête de ces mécontents était le gouverneur de Saumur, M. de Comenges, qui s'intitulait déjà le protecteur ardent de Villemandy. Dès le mois d'octobre 1665, Chouet se plaint des calomnies qu'on répand sur son compte non seulement dans les provinces, mais jusque dans les conseils du roi. L'académie protesta avec indignation contre « de telles impostures » et en écrivit au marquis de Ruvigny, député général des églises réformées. Mais c'était l'époque où le roi montrait le plus de malveillance vis-à-vis des étrangers [2], et Chouet, pour éviter l'arrêt de bannissement qui frappa son collègue, l'Ecossais Doull, dut retourner à Genève pour y poursuivre librement sa glorieuse carrière. L'académie commençait déjà à s'habituer à ces défections forcées, mais elle ne cessait d'en souffrir cruellement; elle se résignait, elle ne se consolait pas. Elle délivra à Chouet un témoignage des plus honorables, « quoique avec un très sensible déplaisir, dit le procès-verbal, croyant que la perte que nous faisons en cette occa-

---

1. Il était soutenu également par un cartésien des plus distingués, Louis de La Forge, qui résidait à Saumur.
2. Contrairement à l'avis de M. Bouillier, nous pensons que Chouet fut frappé par les décrets contre les étrangers plutôt que par ceux contre les cartésiens. (Cf. *Hist. de la philos. cartés.*, II, 500.) D'après une pièce originale conservée aux Archives nationales (TT, 239), la raison du départ de Chouet aurait été sa mauvaise santé; il avait en effet une maladie de poitrine. Mais ce n'est là qu'un prétexte; car un malade ne quittera jamais Saumur pour Genève. M. Dumont pense que « le roi en voulait moins à la doctrine de Descartes qu'à l'existence même de l'académie. » (*L'Orat. et le cartés. en Anjou*, 21.)

sion était *irréparable*, et qu'il nous serait comme impossible de remplir dignement sa place. » On était alors au mois de juin 1669 : la Compagnie pria Chouet de rester seulement deux mois pour présider aux disputes de la maîtrise, « après quoy elle l'a remercié de l'affection, du zèle et de la fidélité qu'il a apportés à faire sa charge et lui a souhaité toutes sortes de prospérités. » Il est probable que les disciples de Chouet se plièrent difficilement à l'aristotélisme de Villemandy, malgré le talent réel de ce professeur : car, en 1670, on constate un grand désordre parmi les philosophes; outre ceux qui avaient suivi Chouet à Genève, un grand nombre d'écoliers désertaient les cours de Villemandy pour suivre en ville d'autres leçons [1]; il est vrai que le mécontentement était entretenu par un candidat évincé, le neveu du professeur de Hautecour, qui avait organisé une cabale contre la majorité du conseil.

La chaire de grec fut illustrée par trois hommes bien remarquables, Marc Duncan, Jean Benoist et Tanneguy Le Febvre. On sait quelles vicissitudes cette chaire eut à subir. Jean Benoist, que Duplessis Mornay appela sur la recommandation de Casaubon, l'occupa d'abord de 1609 à 1623; à cette date le synode de Charenton la supprima par une mesure générale. Le 22 mai 1624, Benoist protesta contre cette brusque décision; il avait fait des sacrifices pour s'établir à Saumur; il servait l'académie depuis quatorze ans et huit mois; il avait donc droit à une réparation pour le tort qu'on lui faisait en le congédiant. Le conseil promit de demander au prochain synode le rétablissement de la profession de grec. En 1626, le synode de Castres fit droit à cette requête, et celui d'Anjou, tenu à Baugé en 1627, déclara la chaire restituée à Saumur. Mais Benoist s'était brouillé dans l'intervalle avec l'académie. Il demanda vainement d'occuper cette chaire par provision et n'obtint pas davantage du conseil qu'il s'engageât à n'offrir la chaire à personne d'autre provisionnellement. Cependant

---

1. Tous ces déserteurs furent rayés impitoyablement et leurs parents avertis.

dès 1627 le conseil la partagea entre Duncan et lui ; le synode de Castres ayant exprimé le vœu qu'on lût les Pères grecs, on le chargea d'expliquer les paraphrases de Nonnus sur saint Jean, tandis que Duncan exposait Théophraste. Mais les deux professeurs étaient médecins et conservaient toujours leur clientèle ; c'était une contravention au règlement ; le conseil obtint donc gain de cause lorsque Benoist protesta devant le synode d'Anjou contre ce partage, et le synode général de Charenton (1631) confirma cette décision [1]. Il est probable que Benoist se soumit alors à l'arrêt du conseil et que les deux rivaux exercèrent leur charge parallèlement, à moins que, comme le suppose M. Dumont [2], ils n'aient professé alternativement. Depuis 1640, date de la mort de Duncan, jusqu'en 1665, l'histoire de la chaire de grec est assez obscure. Le synode de Charenton (1644) accepte l'offre faite par un gentilhomme d'enseigner le grec sans émoluments jusqu'à ce que les provinces puissent faire un fonds spécial pour l'entretenir [3]. Mais qui était ce gentilhomme ? Nous l'ignorons. Quant au fonds désigné, nous avons vu qu'il fut offert en 1652, par Villarnoul, le gendre de Mornay. Le fonds a-t-il servi à sa destination ? Autre question qui reste assez douteuse [4]. Le rapport du surintendant Colbert au roi en 1664, parlant de la chaire de grec, dit que « les leçons ont cessé depuis quelque temps faute de fonds ». Mais, en 1665, Tanneguy Le Febvre l'occupa ; le synode d'Anjou, averti que cet éminent professeur l'accepterait volontiers, la lui offrit, et il daigna ne réclamer aucun salaire. Dès lors, le grec fut brillamment enseigné à Saumur, jusqu'à sa mort, survenue en 1672.

Benoist [5] publia une remarquable édition de Lucien en

---

[1]. Aymon, II, 497.
[2]. *Hist. de l'ac.*, p. 51.
[3]. Aymon, II, 697.
[4]. Voy. p. 315, 318.
[5]. Sur Benoist, voyez : Registres de Saumur, Dumont, Bodin, Guy Patin, Aymon, Quick, la France protestante, les Archives du greffe de Saumur, les titres de Montsoreau à Fontevrault, Sax. Onom., la

deux volumes avec la traduction latine en regard ; mais son chef-d'œuvre est l'édition qu'il fit de Pindare [1] ; elle est louée par Casaubon et Bartholin ; les traducteurs du grand poète thébain, les Heyne, les Tourlet, etc., estiment ce travail comme un des meilleurs qui aient paru, et Vauvilliers a délayé grossièrement la paraphrase de notre Benoist. Heyne place cet ouvrage bien au-dessus des publications de Jean Bourdelot et d'Erasme Schmidt. Benoist traduisit aussi Horace en vers grecs, suivant les différents mètres de l'original. Le médecin Duncan [2], qui fut principal, professeur de philosophie, de grec et d'éloquence, avait cependant une plus grande célébrité comme philosophe que comme helléniste. Le roi d'Angleterre, Jacques Ier, le demanda instamment pour médecin ordinaire, et l'académie aurait eu la douleur de le perdre, si sa femme avait pu se résoudre à quitter les bords enchanteurs de la Loire. Il eut le courage de protester par écrit contre la prétendue possession des Ursulines de Loudun et démontra que ces convulsions étaient simplement l'effet d'une *mélancholie* organique, c'est-à-dire de l'hystérie, comme on dirait aujourd'hui [3]. Un diagnostic si remarquable était au XVIIe siècle une véritable impiété ; les médecins, au même titre

---

Biog. des médecins. P. Lelong. Gaulay, Baillet (*Jugements des hommes sav.*), Konig., etc.

1. Saumur, 1620, in-4°.
2. Sur Marc Duncan, voyez principalement : les Registres de Saumur, Scaligerana, Biog. médicale, Dumont, Bodin, Gaulay, Burigny (*Vie de Grotius*), Francisque Michel (*Les Ecossais en France*), Greffe de Saumur, etc., les dictionnaires de Port, Moréri, Eloy, etc., Colomies, Dempster, Haag, Irving, Haller, Guy Patin, Tallemant des Réaux, Coulon, Benoît, Bull. du prot., Ménage, Burgersdyk (*Institutiones*), Tomasini (*Parnassus*), etc. Ces deux derniers auteurs font très grand cas de Duncan comme littérateur.
3. Discours de la possession des religieuses ursulines de Loudun, Paris, 1634. Par une singulière coïncidence, Claude Pithoys, qui devait être professeur de philosophie à Sedan (1633), tenait une conduite analogue dans l'affaire de la possédée de Nancy, Elisabeth de Ranfaing, en 1621. Son ouvrage sur la « découverte des faux possédés, très utile pour reconnaître et discerner les simulations et feintises et illusions, d'avec les vraies et réelles possessions diaboliques, avec une briève instruction qu'il ne faut croire aux diables possédants, etc., » n'empêcha pas le médecin Pichard d'être brûlé vif. (Voy. Bouillot, *Biog.*, II, 309.)

que le vulgaire, criaient à l'hérésie à l'ouïe d'une pareille énormité. Sans doute Duncan s'abstenait d'apprécier la conduite de Laubardemont, de l'évêque de Poitiers et des autres complices de cette sinistre mystification ; il n'en aurait pas moins été maltraité sans l'intervention active de ses amis catholiques, le duc de La Meilleraie et la maréchale de Brézé, dont il était le médecin. On se contenta de donner à La Mesnardière, de Loudun, la commission embarrassante de la réfuter ; ce médecin s'en acquitta fort habilement si l'on prétend juger en lui le courtisan, fort sottement si l'on considère l'homme de l'art [1].

Tanneguy Le Febvre [2], aujourd'hui apprécié de tous les pédagogues, est plus connu du monde lettré ; il ne l'est point assez. Voltaire a dit de lui : « La plus grande obligation que lui aient les lettres, c'est d'avoir produit Mme Dacier. » Un jugement si équivoque surprendrait sous la plume de Voltaire, si l'on n'était pas habitué aux dédains sommaires comme aux dénigrements frivoles de cet auteur. Evidemment il ne connaissait point les œuvres de Le Febvre ; nous ne voudrions pas lui faire l'injure de croire, s'il les avait lues, qu'il ne les avait point appréciées. Mais Voltaire était élève des Jésuites, et les préjugés de son éducation jésuitique ont faussé bon nombre de ses jugements. Placer Mme Dacier au-dessus de son père dans la république des lettres, c'est trop compter sur les franchises de la galanterie française. Tanneguy Le Febvre a publié et commenté presque tous les docteurs importants de la Grèce et de Rome avec un succès inégal, mais avec un déploiement d'érudition et un goût littéraire qu'on ne saurait trop admirer chez ce savant. Il devançait son siècle ; les bons esprits le comprenaient parfois et le félicitaient de sa vaillance, sans oser le suivre. Il fut successivement régent de 3e et de 2e, puis profes-

---

1. La maison de Duncan se voit encore à Saumur, dans la rue Pavée ; il y a aussi une rue qui porte son nom.
2. Sur Tanneguy Le Febvre et ses ouvrages, voy. notre étude latine et les biographies, dictionnaires, etc.

seur de grec jusqu'en 1672 ; il allait quitter Saumur pour Heidelberg au moment où la mort vint le surprendre.

Si nous avons tenu à signaler dans un chapitre à part les principaux représentants de l'académie de Saumur [1], c'est pour honorer davantage l'originalité de cette école, qui demeure, à notre avis, la plus importante et la plus imparfaitement étudiée.

§ 2. — Les autres académies.

La tradition de la vieille foi calviniste recruta ses meilleurs champions et ses plus chauds partisans dans l'académie de Sedan ; celle-ci fut la vraie citadelle de l'orthodoxie dogmatique. Mais, dans son zèle conservateur, elle ne se borna pas à fortifier son système de défense : on la retrouve sur tous les points où l'attaque est possible, prête à défier les novateurs sans même leur laisser le loisir d'engager la lutte les premiers. Nulle part le génie de la controverse ne fut plus honoré ; nulle part le fléau de la controverse ne sévit avec plus de rage. Faut-il attribuer à un pur effet de hasard cette concentration permanente des forces vives du calvinisme dans l'académie sedanaise? Non assurément; d'ailleurs l'on y rencontre toujours une minorité fort respectable d'esprits imbus des idées nouvelles, et les docteurs orthodoxes de Sedan eurent à tirailler contre leurs propres troupes pour assurer le triomphe de leur cause ; ils durent mener de front la guerre civile et la guerre étrangère, et à vrai dire l'académie de Sedan elle-même sembla souvent passer à l'ennemi malgré leurs efforts [2]. Deux raisons principales expliquent son attitude, selon nous : la première est tirée du long séjour que fit à Sedan Pierre du Moulin, la seconde du voisinage de la Hollande. Pierre du Moulin, qui fut un des protestants les plus illustres du siècle,

---

1. Beaucoup d'autres professeurs ou régents mériteraient d'être cités, entre autres les Boyd, si connus en Écosse, les Gaussen, les Bouchereau, les Burgersdyk, etc., etc.

2. « Nous avons vu de nos jours, dit Bossuet, toute la Réforme partagée en France avec beaucoup de chaleur entre Saumur et Sedan... et la grâce universelle triompha dans Sedan, où le ministre de Beaulieu l'a enseignée de nos jours. » (*Hist. des variat.*, l. 14.)

acquit à Sedan une influence égale à celle dont Amyraut jouissait à Saumur. L'autorité de son nom, de son talent, de son caractère, les rares vertus qu'il déploya dans l'exercice de son ministère contribuèrent plus encore que la puissance de sa dialectique à protéger l'académie contre les envahissements des idées modérées. D'autre part, l'Eglise de Sedan, placée comme en vedette à l'extrême frontière, avait des relations continues avec les Eglises réformées des Pays-Bas ; de cet échange de principes et de vues avec les universités hollandaises devrait naître une sorte de communauté de sentiments, au moins dans les grandes questions ecclésiastiques qui préoccupaient le siècle. Or les Eglises de Hollande devinrent en grande majorité ultra-calvinistes avec le triomphe de la réaction gomariste à Dordrecht ; les réformés sedanais subirent cette influence.

Il y aurait beaucoup à dire sur des hommes tels que Daniel Tilénus, tour à tour gomariste fanatique et arminien violent[1]; André Melville[2], un Ecossais bien connu encore aujourd'hui de ses compatriotes; et plusieurs autres. Mais les théologiens qui ont joué le rôle le plus important sont évidemment du Moulin, des Marests, Jacques Cappel, du Tilloy et Jurieu d'un côté ; Leblanc de Beaulieu et Rambour de l'autre.

Pierre du Moulin[3] avait été professeur de philosophie à

---

1. Il alla jusqu'à préférer le Dieu de Mahomet au *Dieu cruel* de Calvin. Voy. sur Tilénus : M'Crie (*Life of Melville*), Ch. Peyran, P. Norbert, Haag, Aymon, E. Benoît, Bull. du prot., Moréri, Mémoires de Mornay, Freh. Theat., Bouillot (*Notice. et Biog. ard.*), Vie de Turenne, Melchior Adam (*Vit. erudit. germ.*), Irving (*Scot. writ.*), de Burigny (*Vie de du Perron*), de Sommesberg (*Silasiac. rer. script.*), Konig (*Bibl. vet. et nov.*), Brandt, Févret de Fontette, Feller, Biog. univ., etc., etc.

2. Sur A. Melville ou Melvin, voyez : *Life of A. Melville* de M'Crie, F. Michel, Ch. Peyran, Chron. du P. Norbert, Kist (*Vita Smethii*), Irving (*Writers*), Benoît, Dempster (*Hist. rer. scot.*), J. Melville (*Memoirs*), J. Melville (*Diary*), Robertson (*Hist. of scotl.*), etc.

3. Sur P. du Moulin et ses ouvrages, voyez principalement : Vinet (*Hist. de la prédication au* xvii*e siècle*), Bossuet (*Variations*), Haag, Reg. des modérateurs de Sedan, Chron. du P. Norbert, Peyran (*Hist. de l'acad. de Sedan*), Guy Patin, Mémoires de Mornay, Aymon, Quick's *Icones*, Bull. du prot., Colomiès (*Gall. or*), Benoît, Drion, Meursus (*Ath. Batav.*), Autobiographie, L. Rognon (*Mélanges philosoph.*), etc., et presque tous les dict., biogr. et encyclopédies. En 1614, il avait été recommandé par les rois de France et d'Angleterre, Henri IV et Jac-

Leyde, lorsqu'il n'était encore âgé que de vingt-quatre ans; il fut ensuite très remarqué à Paris comme prédicateur. En 1620, on le nomma professeur à Sedan; il venait de faire adopter au synode d'Alais les articles de Dordrecht, malgré la vive opposition d'une partie notable de l'assemblée : ce seul fait montre dans quel esprit il allait inaugurer ses nouvelles fonctions. L'œuvre de du Moulin est immense, puisqu'il composa près de cent ouvrages de valeur inégale; on pourrait les diviser en quatre parties : 1° les travaux de philosophie : on sait que sa *Logique* eut treize éditions et fut répandue ou traduite en France, en Angleterre et en Suisse. Sa *Morale* eut aussi de nombreuses éditions. Le style français de l'auteur se fait remarquer par une grande netteté, fruit d'une dialectique vigoureuse : il répugne aux amplifications et aux fleurs. 2° Les travaux théologiques, où le point de vue calviniste est résolument maintenu; la question de la théorie de l'Eglise est celle que l'auteur traite avec le plus d'intérêt. 3° Les travaux de controverse [1], qui se subdiviseraient eux-mêmes en deux sections, suivant qu'il s'agit de controverse intérieure ou extérieure : les ouvrages de la première catégorie se composent pour la plupart de violentes attaques contre l'amyraldisme; ceux de la seconde sont dirigés contre le catholicisme. Du Moulin, dont l'esprit était naturellement satirique et emporté, oublie trop souvent que la saine controverse n'a rien de commun avec le pamphlet; les attaques injustes et grossières qu'il livre parfois à ses adversaires déparent ses meilleurs plaidoyers et affaiblissent malheureusement la valeur de ses thèses. 4° Les sermons. Ici la gravité du prédicateur fait oublier les écarts de plume du polémiste. D'ailleurs l'homme était sympathique, et surtout le pasteur; quand il mourut, en 1678, à l'âge de quatre-vingt-dix ans, toute son Eglise suivit en

ques 1er, par le grand-duc de la Bavière rhénane et par l'Eglise de Genève, au synode de Tonneins.

1. Les principaux adversaires de du Moulin furent : parmi les catholiques, Cayet, Bossuet, Coeffetau, Coton, J. Journé, Gontier, Arnoux, du Perron, La Milletière, etc.; parmi les protestants, Tilénus, Amyraut, Testard, Grotius, Cameron, de Langle.

pleurant ses obsèques; il est vrai que les Jésuites, qui avaient ainsi anagrammatisé son nom : *Erit mundo lupus*, ne partagèrent nullement le deuil général.

Samuel des Marests [1] arriva en 1625 à Sedan et partit en 1631 pour la Hollande, où il occupa plus tard une chaire dans l'université de Leyde. Burman lui a reproché de n'avoir épargné aucun des théologiens de son temps. Il est certain que ce bouillant calviniste avait l'humeur peu tolérante pour ceux en qui il voyait ou croyait voir des ennemis de sa foi. Sa fécondité est extraordinaire, puisqu'il publia près de 110 ouvrages, la plupart de controverse. Son érudition a été passablement contestée; sans doute il n'avait pas la valeur de du Moulin, mais les esprits impartiaux rendent hommage à l'étendue de ses connaissances; son tort principal est de les avoir mises en œuvre avec une certaine maladresse.

Pierre Jurieu [2] fut nommé professeur d'hébreu et de théologie en 1674, après un brillant examen. Son nom est trop connu pour que nous ayons à tracer ici son portrait. Comme les deux précédents écrivains, Jurieu fut un apôtre violent et convaincu, un polémiste ardent, un adversaire opiniâtre de toute nouveauté; mais, comme il avait une imagination assez exaltée, il mêla parfois une sorte de mysticisme bizarre à son âpreté dogmatique. Il avait plus de passion que du Moulin, plus de style que des Marests. Il lutta avec de redoutables adversaires, Bossuet, Arnauld, Nicole, Maimbourg, Jaquelot, Saurin, Basnage, etc. Chose étrange, lorsqu'il fut question de l'appeler à Sedan, les membres du consistoire, tous orthodoxes, lui firent une longue et vive opposition, à cause de la

---

1. Sur Samuel des Marests et ses ouvrages, voyez principalement : Haag, C. Peyran (*Acad. de Sedan*), Blondel (*Act. auth.*), Chroniq. du P. Norbert, Bayle, Sax. Onom., Moréri, Niceron, Biog. univ., Bull. du prot., *Encycl.* Lichtenberg, Dorner, etc.
2. Sur P. Jurieu et ses ouvrages, voyez principalement : Haag, Bayle, des Maizeaux (*Vie de Bayle*), Chauffepié, Aubert de Versé (*Nouv. visionnaire*), Chron. du P. Norbert, Reg. des modérateurs, Ch. Peyran (*Acad. de Sedan*), Viguié (*Hist. de l'apologétiq.*), Schweizer, Moréri, Benoit, Ch. Weiss (*Réfugiés*), Erman et Reclam (*Réfugiés*), *Encycl.* Lichtenberger, Lénient (*Bayle*), Bossuet (*Hist. des variations*), Sayous (*Litt. fr. à l'étranger*), etc., etc.

turbulence bien connue de son esprit; et ce fut lui qui peu après, par ses recommandations et son influence, parvint à faire nommer Bayle [1]. Lorsqu'il quitta Sedan pour Rotterdam, en 1681, ce fut Bayle qui à son tour lui trouva une chaire dans cette ville. Il paraît donc que ces deux hommes, si différents d'humeur et de tendances, avant de remplir le monde du bruit de leur rivalité et de leur haine, vécurent amicalement pendant leur commun séjour à Sedan, entourés par l'académie et par la ville d'une considération égale.

Parmi les calvinistes purs, on doit encore citer Jacques Cappel du Tilloy [2]; exégète, philologue, historien, théologien, il marcha sur les traces de son frère Louis, mais sans atteindre sa réputation et sans partager ses opinions.

Parmi les représentants de l'opinion modérée, nous trouvons Abraham Rambour [3], à qui l'abbé Bouillot attribue « une éloquence vive et animée, étincelante de beautés neuves, à laquelle son action extérieure prêtait de nouveaux charmes ; » il ne fut pas moins bon professeur que prédicateur. Enfin le plus remarquable par ses qualités et son talent, Louis Leblanc de Beaulieu [4], était un véritable Salmurien dépaysé; il avait horreur de ces logomachies qui divisaient ses coreligionnaires,

---

1. « Jurieu crut un moment, dit M. Lenient, que la cause protestante allait trouver en lui un ferme appui, une de ces plumes dont elle avait grand besoin pour résister à ses adversaires; mais il s'aperçut bientôt que ce prétendu allié tirait sur ses propres troupes. » (*Etude sur Bayle*, 6.)

2. Sur J. Cappel du Tilloy, voyez principalement : Haag, Smiles (*Huguenots en Angleterre et en Irlande*), Bull. du prot., Ch. Peyran (*Ac. de Sedan*), Moréri, Quick's *Icones*, Encycl. Lichtenberger, Aymon. Bouillot (*Biog. ard.*), Sax. Onom., Lacroix du Maine, Chron. du P. Norbert, Reg. des modérateurs, Biog. univ., Devaux (*Thesaur. theol. Sedan.*). Il existe à Sedan une rue qui porte le nom de Cappel.

3. Sur A. Rambour, voyez principalement : Ch. Peyran (*Ac. de Sedan*), Auzière (*Ac. de Sedan et Saumur*). Haag, *Bull. du prot.*, Chron. du P. Norbert, Bouillot, Guy Patin, Biog. univ., Lelong (*Hist. de Laon*), des Marests (*Contra Tirinum*), du Moulin (*Examen du livre du P. Joseph*), Lettres de La Milletière, Roberti (*De l'idolâtrie de l'Egl. rom.*), etc.

4. Sur Leblanc de Beaulieu, voyez principalement : C. Peyran, Auzière, Haag, Bull. du prot., Chron. du P. Norbert, Reg. des modérateurs, Moréri, Erman et Reclam, Aymon, Benoît, Bayle, Bossuet (*Hist. des variations*), etc.

et la douceur de son caractère lui faisait répudier hautement toute intempérance de langage ou d'humeur. Aussi fut-il suspect à bon nombre de croyants zélés, et le modéré Saurin lui-même l'accuse-t-il de latitudinarisme excessif. Il est vrai qu'il s'était déclaré ouvertement partisan de la conciliation avec les catholiques.

Parmi les professeurs de philosophie, le grand nom de Bayle ne nous autorise pas à omettre ceux de personnages plus obscurs, mais qui ont joui d'une certaine renommée à leur époque, les Ecossais Arthur Johnston [1] et Alexandre Colvin [2], et Claude Pithoys [3]. Parmi les professeurs de grec, on doit citer trois noms d'adversaires déclarés de l'ancienne théologie, Samuel Néran [4], Didier Hérault [5], philologue et jurisconsulte distingué, qui dut s'enfuir à la suite d'une vive polémique avec Tilénus, alors calviniste, et qui plus tard défendit avec une vivacité extrême l'ordre des avocats raillé par Saumaise; et Josué Le Vasseur [6], à la fois théologien, hébraïsant et helléniste. Parmi les régents, il faut relever les noms des trois frères Blondel, Moïse, Aaron et David. David [7] est réputé par

---

1. Sur Arthur Jonhston, voy. : F. Michel, M'Crie, Irving, Ch. Peyran, Dempster, Kist, Bouillot, Audiffred (*Bibl. Casanat.*), Reg. des modérateurs 1603-1619, Hyde (*Bibl. Bodleian.*), Museum britann., Douglas (*Baronage*), Kennedy (*Annals*), Urquhart's Jewel, Morhof, Niceron, Olaüs Borrichius (*Dissertationes*), etc.
2. Sur Alex. Colvin, voy. : C. Peyran, Auzière, Colomiès, Bouillot. P. Norbert, Devaux, Reg. des mod. (1619 1628), etc.
3. Sur Cl. Pithoys, voy. : Haag, Bouillot, Ch. Peyran, Bayle, des Maizeaux, P. Norbert, Biog. univ., Chevrier (*Hommes illustres de Lorraine*), etc.
4. Sur Sam. Néran, voy. : Ch. Peyran, P. Norbert, Bouillot, Paquot (*Mém. littér.*), Nicol. Gautier (*Antiministre*), Epistol. claror. viror. Ruari aliorumq. centuria, Bibl. Remonstrant., Draudius (*Bibl. classica*), etc.
5. Sur D. Hérault, voy. : Ch. Peyran, Colomiès, Baillet, Moréri, Haag, Sax. Onom., Bouillot, Guy Patin, Nic. Gauthier, Bruys (*Mém.*), Erman et Reclam, Papillon (*Bibl. de Bourgogne*), Leclerc (*Bibl. anc. et mod.*), Evrard Otto (*Thes. jur. rom.*), Casaubon (*Epist.*), Sarrau (*Epist.*), R. P. André Jean (*Epist. ad amic. Gall.*), Biog. univ., etc.
6. Sur J. Le Vasseur, voy. : Colomiès, P. Norbert, Bouillot, Reg. des mod., Devaux, Barre (*Vie de Fabert*), Walch, Auzière, Ch. Peyran, Haag, etc.
7. Sur D. Blondel et ses ouvrages, voy. : Kœnig, Haag, Sax. Onom., Dumont, Moréri, Biog. univ., Bayle, Aymon, Niceron, *Encycl.* Lichtenberger, Bull. du prot., Colomiès, Blondel (*Act. auth.*), Guy Patin,

Bayle le plus grand historien de son siècle. Il eut la gloire de traiter l'histoire scientifiquement, devançant son époque de deux siècles. Sa renommée comme critique n'est pas moins brillante. Il s'attira l'animosité des ultra-calvinistes en réfutant la fable de la papesse Jeanne, et se montra en théologie un des vaillants champions de l'école libérale. On ne peut omettre davantage le nom de Toussaint Berchet, le premier principal du collège et professeur de grec, car ce fut lui qui fonda la réputation de l'académie. Cet homme de bien, humaniste zélé et grammairien consommé, se rendit à lui-même, après vingt-cinq années d'enseignement, un témoignage que catholiques et protestants ont ratifié [1]. Enfin le gassendiste Jacques du Rondel, le dernier principal, l'apologiste d'Epicure, mérite aussi d'être cité parmi les hellénistes et les philosophes les plus érudits [2].

A Sedan, comme à Saumur, les thèses de quelques-uns des professeurs ont été publiées : le précieux ouvrage connu sous le nom de *Thesaurus theologiæ Sedanensis* a été édité par Jacques Devaux, de Laon, ancien étudiant de l'académie. Il contient 111 thèses de du Moulin, 14 de Cappel, 61 de Rambour, 4 de des Marests, 6 de Colvin, 18 de Leblanc de Beaulieu, 2 de Le Vasseur et une d'Alphée de Saint-Maurice.

A Montauban, la théologie orthodoxe fut enseignée par des professeurs qui ne le cèdent point aux précédents. C'est d'abord

---

Sallengre (*Mém.*), Erman et Reclam, Dorner, Drion (*Hist. chronol.*), Bossuet (*Variat.*), Baillet, etc.

1. « Pendant cinq lustres, dit-il, j'ai dirigé l'université de Sedan. C'est à mes soins et à mon activité assidue que cette ville doit les plus fermes défenseurs de notre religion et les illustres professeurs qui honorent l'Eglise, le barreau et la ville entière par l'éclat de leur mérite et la supériorité de leurs connaissances. J'ai mis toute ma sollicitude à leur faire atteindre un jour un degré éminent d'érudition et de gloire, en les excitant à seconder mes efforts, à se vaincre les uns les autres, et même à surpasser leur maître. » (*Præf. ad Sedanensem scholam.*, p. 4. *Catechismus* de Henri Etienne, trad. Berchet.) Voy. sur Berchet : Bouillot, Ch. Peyran, Haag, Biog. univ., Lacroix du Maine, Néran (*Poemata*), Reiman (*Bibl. theol.*), Jonstoni Poemata, Reg. des mod., etc. Il existe à Sedan une rue qui porte son nom.

2. Voy. sur du Rondel : Bouillot, Haag, Bayle, Ch. Peyran, Norbert, Colomiès (*Bibl. choisie*), Buddœus (*Comp. Hist. philos.*), et presque tous les diction. biogr.

Michel Béraud [1], ancien dominicain, qui joua un grand rôle dans les affaires ecclésiastiques et surtout dans les synodes; il eût été digne d'occuper une chaire à Sedan, sinon par la violence de son langage, du moins par l'étroitesse et la rigidité de sa doctrine; mais ce fut à Saumur qu'il passa deux ans (1607-1609), lorsque son Eglise de Montauban le prêta à Duplessis-Mornay. Daniel Chamier [2] reste un des plus savants théologiens de l'Eglise réformée: lui aussi prit une part active aux événements politiques et aux affaires privées de sa religion. Sa *Panstratia catholica*, ouvrage divisé en 4 volumes in-f. dans lequel il répond à Bellarmin sur l'invitation du synode, est une magistrale apologie du protestantisme calviniste [3]; il excellait dans la controverse, grâce aux qualités de clarté, de précision et d'exactitude qu'il apportait dans tous les sujets abordés par lui. Sa franchise et son inflexible droiture déjouèrent plus d'une fois les calculs de cour et les ruses des agents royaux. Antoine Garissolles [4], comme ses collègues, fut mêlé à différentes circonstances de la vie politique et ecclésiastique de ses coreligionnaires; sans partager les idées d'Amyraut, il avait sa tolérance et sa politesse; ce théologien cultiva la poésie en même temps que l'éloquence; on peut dire qu'il représenta mieux que Chamier la tendance particulière et originale de l'académie de Montauban. Un autre professeur éminent enseigna à Montauban et à Puylaurens: André Martel [5], élève

---

1. Sur M. Béraud, voy.: Franc. prot., Mém. de Mornay, Bayle, Moréri, Biog. univ., *Encycl.* Lichtenberger, Aymon, Bull. du prot., Le Bret, Ch. Read, Nicolas (*Discours*), Drion, etc.

2. Sur Chamier et ses ouvrages, voy.: Haag, Bull. du prot., Ch. Read (*Chamier*), Ch. Read (*Henri IV et Chamier*), Revue des Deux-Mondes, 1855, Quick's *Icones*, Arnaud (*Ac. de Die*), *Encycl.* de Herzog et de Lichtenberger, Benoît, Memoir of D. Chamier, Drion, Colomies, Nicolas (*Discours*), Sax. Onom., Long, et presque tous les dictionnaires biographiques généraux, ou particuliers au Dauphiné.

3. Elle est malheureusement restée inachevée, puisque son auteur fut tué par un boulet sur les remparts de Montauban, avant d'y avoir mis la dernière main.

4. Sur Ant. Garissolles, voy.: Haag, Aymon, Bull. du protest., Bayle, Moréri, Blondel (*Actes*), Nicolas (*Discours*), etc.

5. Sur André Martel, voy.: Bull. du prot., Haag, Nicolas (*Discours*), Chauffepié, Biog. univ., etc.

d'Amyraut, réfuta avec une parfaite modération dans le ton et dans le style la méthode du cardinal de Richelieu; mais l'ère de la tolérance touchait à sa fin. Les des Marests, les Jurieu, les Chamier avaient pu librement publier leurs écrits passionnés et souvent injurieux : Martel expia dans les prisons de Toulouse son éloquente courtoisie. Patriote et fidèle serviteur du roi, malgré la persécution qui le frappa plus que bien d'autres, il refusa de suivre en Hollande les proscrits de 1687, parce qu'on parlait d'une guerre imminente entre Louis XIV et ce petit peuple. Enfin on doit citer à côté de ces hommes remarquables deux professeurs qui n'enseignèrent pas longtemps dans l'académie, mais qui acquirent au dehors une grande célébrité : le pasteur Jean Claude[1] et le grand philologue, élève et ami de Scaliger, Robert Constantin[2]. Parmi les professeurs de philosophie, nous relevons le nom de Jean Bon : ce n'est pas sans quelque surprise, dit M. Nicolas, qu'on rencontre chez lui « cette conception, mise depuis en lumière par Kant, que la connaissance humaine est purement subjective, c'est-à-dire proportionnée et relative aux moyens de connaître qui sont propres à notre nature[3]. »

A Nîmes, les noms les plus connus que l'on rencontre sont ceux de Pierre Viret[4], le réformateur de la Suisse romande; de l'humaniste Jean de Serres[5], l'auteur du réglement de 1582, traducteur de Platon et historien; de Jérémie Ferrier[6],

---

1. Sur J. Claude, voy. principalement : Borrel (*Hist. de Nîmes*). Bull. du prot., Bossuet (*Variat.*), Quick's *Icones*, Vinet (*Hist. de la prédic.*), Sayous (*Hist. de la litt. fr. à l'étranger*), Erman et Reclam, Benoît, Ménard, les monographies de Ladevèze, Couchard, Goulin, et presque tous les dict., biogr., encyclopédies, etc.
2. Sur R. Constantin, voy. principalement : Haag, Nicolas (*Discours*), Bull. du prot., Colomiés, Sax. Onom., Moréri. Biog. univ., Baillet, etc.
3. *Discours*, 14.
4. Sur P. Viret et ses ouvrages, voy. principalement : Haag, Bull. du prot., Borrel, Bayle, Boyer (*S. Petit*), Ménard, Colomiés, et les dict. biog. ou encyclopédies.
5. Sur J. de Serres, voy. : Borrel, Bull. du prot., Boyer, Hist. litt. de Nîmes, Ménard, Bayle, Moréri, Haag, Sax. Onom., Baillet; etc.
6. Sur J. Ferrier, voy. : Aymon, Haag, Borrel, Bull. du prot., Moréri, Bayle, Hist. litt. de Nîmes. Benoît. Mém. de Mornay, Ch. Read (*Chamier*), etc., etc.

qui mit une brillante intelligence au service d'une ambition coupable et d'une conscience dépravée; les deux Pineton de Chambrun [1], dont le second eut pour fils un troisième pasteur de ce nom, l'historien des malheurs arrivés dans la principauté d'Orange en 1667 et 1685.

Parmi les professeurs de philosophie, David Derodon [2], qui avait abjuré par dépit lorsque l'académie de Die l'eut déposé de ses fonctions de régent, mais qui était rentré peu après dans le giron de l'Eglise réformée, eut un vif succès à l'académie de Nîmes; il y arriva en 1654, précédé d'une réputation déjà fondée par cinq années d'enseignement à Die et quinze à Orange [3]. Derodon fut un vrai maître en scolastique, un artisan émérite de subtilités et d'arguties; mais il était dialecticien de race; on regrette surtout de le voir rivaliser de barbarie dans son langage avec les Avicène, les Saurez et les Thomas d'Aquin, lorsqu'on le surprend à attaquer sur certains points les doctrines d'Aristote, auxquelles il ne craint pas de comparer quelquefois celles de Platon, de Démocrite et d'Epicure. Il affecta d'ignorer jusqu'au bout le mouvement cartésien.

Parmi les professeurs d'hébreu et de grec, on trouve Philippe Codurc [4] et Samuel Petit [5]; la vie du premier fut tra-

---

1. Voy. sur les Chambrun : Haag, Borrel, Bull. du prot., Aymon, Biog. univ., Ménard, etc.
2. Voyez sur D. Derodon et ses ouvrages : Haag, Arnaud (*Ac. de Die et Notice*), Bull. du prot., de Gérando (*Hist. de la philosophie*), Ménard, Long, Guy Allard, et la plupart des dictionnaires biographiques, encyclopédies, etc.
3. « On raconte que, dans la discussion publique d'une thèse, un professeur, poussé jusque dans ses derniers retranchements par les arguments pressants d'un inconnu, s'écria avec colère : « Es diabolus aut Derodon. » (*Hist. litt. de Nîmes*, t. I, 44.) « Les savants et les sages, disait Jurieu, savent ce que c'est qu'un homme subtil à la péripaticienne : c'est un sophiste, et c'était aussi le caractère de Derodon. » Cf. Sayous, *Hist. de la litt. fr. à l'étr.*, t. I, 182.)
4. Sur S. Codurc, voy. Haag, *Mém. de Mornay*, Hist. litt. de Nîmes, Ménard, Bull. du prot., Borre, Puaux (*Hist. de la Réform.*), Aymon, Moreri, Benoît, Colomiès, etc.
5. Sur S. Petit et ses ouvrages, voy. principalement : Haag, Sorbière (*S. Petiti elogium*), Baillet, Puaux (*Hist. de la Réform.*), Aymon, Hist. litt. de Nîmes; Ménard, Guy Patin, Bull. du prot., Boyer, Borrel;

versée par des intrigues assez difficiles à pénétrer qui aboutirent à une apostasie; le second demeure le plus illustre des professeurs nîmois. Petit est un noble caractère, et ses vertus ont servi à rehausser l'éclat de son savoir. Il était apprécié des catholiques aussi bien que des protestants : il seconda par ses discours l'effort de Richelieu pour amener l'union des deux confessions; il est vrai que cette alliance gracieusement offerte ne lui réussit guère. On sait qu'il entretint des relations suivies avec la plupart des savants de son siècle, et que le cardinal Bagni essaya vainement de l'attirer à la cour du Saint-Père en lui garantissant la franchise de sa religion. Samuel Petit partagea les idées de Cappel en matière de critique. A ces deux noms s'ajoute celui de Jean de Croy [1], philologue, érudit et théologien, qui composa un grand nombre d'ouvrages dont la plupart ont malheureusement disparu. Il ne paraît pas avoir eu de principes très arrêtés en théologie, car il partit pour le synode d'Alençon décidé à fulminer contre Amyraut, mais il en revint converti à sa doctrine.

L'académie de Montpellier, dans sa courte existence, avait donné asile dans ses murs à des maîtres bien connus, tels que le pasteur éloquent Michel Le Faucheur [2], l'helléniste Isaac Casaubon, Anne Rulmann, Adam Abrenethée et surtout Thomas Dempster [3].

Les professeurs de Die, bien qu'appelés à exercer leur charge sur un théâtre plus modeste, ont laissé eux aussi quelques traces durables de leur enseignement. Outre David Derodon, il faut signaler Alexandre d'Ize [4], qui publia un

Quick's *Icones*, Colomiès, Formy (*Vita S. Petiti*), et presque tous les dictionnaires biographiq., encyclopédies, etc.

1. Sur Jean de Croy et ses ouvrages, voyez principalement : Haag, Bull. du prot., Quick's *Icones*, Borrel, Boyer, Bayle, Moréri, Colomiès, Sax. Onom., Hist. litt. de Nîmes, Biog. univ., Aymon, etc.

2. Sur M. Le Faucheur, voyez principalement : Quick's *Icones*. Aymon, Bull. du prot., Haag, Vinet (*Hist. de la prédicat.*), Guy Patin, Blondel (*Act. auth.*), Bayle, Moréri, etc.

3. Sur T. Dempster, voyez principalement : F. Michel, Irving (*Writ.*), Nicéron, Bull. du prot., Colomiès, Sax. Onom., Moréri, Baillet, etc.

4. Sur A. d'Yze ou d'Ize, voyez : Arnaud (*Ac. de Die*), Bull. du prot., Benoît, Haag, Arnaud (*Imprimeurs*), Rochas, Bayle, Moréri, etc.

livre touchant la fusion avec les catholiques ; Bossuet le qualifia de très dangereux, et il valut à son auteur la perte de sa chaire ; le théologien John Sharp [1], professeur estimé qui passe pour l'un des meilleurs de cette académie ; enfin David Eustache [2], qui fut un controversiste habile et renommé à son époque.

A Orthez, les noms les plus en vue sont ceux du réformateur Pierre Viret, de Nicolas des Gallars [3], l'ami de Calvin, et de Lambert Daneau [4]. Ce dernier surtout acquit une grande réputation au xvie siècle ; plus tard, le synode de Castres invita son fils à publier ses nombreux ouvrages et se chargea des frais d'impression. Théologien, Daneau défendit le pur calvinisme ; philosophe, il se montra très versé dans la scolastique à une époque où les esprits se détachaient de cette science dans l'attente de doctrines nouvelles. Sa *Physique* obtint les éloges de Tycho-Brahé ; son *Éthique* est un traité savant de la morale chrétienne au point de vue réformé. Il nous reste de Daneau cinquante-six ouvrages et une volumineuse correspondance.

Tels sont les principaux maîtres qui ont présidé à l'éducation de la jeunesse réformée du xviie siècle. Les conflits de tendances qui se manifestaient au sein des académies attiraient sur elles l'attention des pays protestants, surtout de ceux où les principes calvinistes avaient prévalu, comme la Suisse et la Hollande. Ces deux nations retenaient plus fidèlement que la France l'héritage de la tradition orthodoxe. Le mouvement salmurien, anathématisé dans les Pays-Bas, fut endigué en Suisse ; on lui opposa, non sans rencontrer de

---

1. Sur J. Sharp, voyez : Arnaud (*Ac. de Die* et *Imprimeurs*), Bull. du prot., Mercure réformé, Notice sur les controverses en Dauphiné, Walch (*Bib'. sel.*), Moréri, Dempster (*Hist. rer. scot.*), etc.
2. Sur D. Eustache, voyez : Haag, Bull. du prot., Aymon, Bayle, Moréri, Guy Allard, Rochas, etc.
3. Sur N. des Gallars, voyez principalement : Haag, Calvini *Opera*, t. XXI, Quick's *Icones*, Aymon, Bayle, Lacroix du Maine, etc.
4. Sur L. Daneau et ses ouvrages, voyez principalement : Bull. du prot., Haag, Nicéron, Colomiès, Meursus, Moréri, Sax. Onom., *Encyclop.* Lichtenberger, etc.

sérieux obstacles, la formule du *Consensus helveticus*, que devaient signer tous les pasteurs (1675-1679); c'était purement et simplement la condamnation des idées d'Amyraut et de Cappel en 26 articles. Ce formulaire, qui d'ailleurs se trouva complètement abandonné quarante ans après sa naissance, montre quelle importance on attachait sur le sol étranger aux doctrines des théologiens français, et surtout combien l'académie de Saumur étendait au loin son influence. Mais aussi, comme le dit un écrivain catholique de l'Anjou, « quels admirables pinceaux, quelle vaste érudition ne faudrait-il pas à l'écrivain qui voudrait peindre ces hardis génies du xvie et du xviie siècle, dont nos aïeux virent la fière phalange sonder sans trembler les fondements du vieil édifice chrétien et social! Ce qui eût été imprudente et aveugle audace, fanatisme de destruction odieux à tous les peuples, peut être sans doute appelé d'un autre nom, chez des hommes qui étaient assez forts pour reconstruire un nouvel édifice avec les ruines qu'ils faisaient dans le monde. Nous ne nous érigeons point en apologistes des révolutionnaires en religion et en politique, mais la haine seule ou l'indifférence pourrait laisser dans l'oubli tant de grands hommes, l'honneur de notre patrie, tant d'intrépides ouvriers du champ de la science, qui ont semé... pour faire naître dans l'avenir des fruits de tolérance et de liberté... combien ils seraient grands dans ce siècle si orgueilleux, au milieu de tous ces hommes qui s'adjugent les honneurs du triomphe pour s'être parés de quelques-unes de leurs dépouilles!... C'est le grand siècle de l'histoire de Saumur; son académie dictait des lois à toutes les sociétés savantes de l'Europe, et Paris, Amsterdam, Genève, Leipzig imprimaient ses ouvrages [1]. » Sans partager l'enthousiasme souvent exu-

---

[1]. Coulon, *Epoques saumuroises*, p. 449. — « Il faut bien le dire, ajoute un autre auteur catholique, ce fut au protestantisme que Saumur dut son éclat, ce fut au catholicisme qu'il dut sa ruine. » (Eug. Bonnemère, *Études historiq. sur Saumur*, p. 135.) « Les religionnaires partent, dit le savant archiviste de Maine-et-Loire, M. Célestin Port, laissant une centaine peut-être de familles de nouveaux convertis, — les écoliers se dispersent, — les artisans émigrent, — le commerce s'éloigne avec les marchands de Hollande, sans idée de retour. Tout

bérant des historiens locaux, qui ne découvrent point de nos jours d'hommes à comparer aux grands professeurs de Saumur, nous comprenons les regrets légitimes de toutes ces villes autrefois illustrées par les académies protestantes, qui ont vu s'effacer depuis les traits distinctifs de leur originalité historique et se tarir les sources de leur prospérité matérielle et morale.

s'éteint. — Nulle autre fête dès lors que des *Te Deum* de commande, des cérémonies de dévotion, des querelles de casuistes. » (*Dict.*, art. SAUMUR.)

CONCLUSION

COMPARAISON ENTRE LES INSTITUTIONS PROTESTANTES ET LES INSTITUTIONS CATHOLIQUES CONTEMPORAINES

Nous n'avons point à entreprendre ici la longue et lamentable histoire de la suppression des académies et des événements qui ont amené leur ruine. Il importe seulement d'observer que ces établissements ne disparurent point faute de ressources, encore moins faute d'élèves. Jusqu'au bout, les provinces s'imposèrent les plus durs sacrifices pour les maintenir. Les professeurs et régents, à peine salariés, très mal payés, tinrent à honneur de rester à leur poste sans faire entendre de plaintes trop amères : on ne céda qu'à la force brutale des décrets et après avoir épuisé tous les moyens de défense encore possibles. C'est ainsi qu'un arrêt du conseil d'Etat ferme l'académie de Nîmes en 1664; un autre, celle de Sedan en 1681; une troisième, celle de Die en 1684; un quatrième, celle de Saumur en janvier 1685; un cinquième, celle de Puylaurens en mars 1685. Celle d'Orthez avait été supprimée lors de la conquête du Béarn, en 1620; celle d'Orange agonisa quelque temps encore après le sac de la ville en 1685. L'arbitraire qui détruisait tous ces collèges se colorait de prétextes divers, le plus souvent frivoles, mais que les juristes catholiques ramenaient autant que possible à ce grief : contraventions faites à l'édit de Nantes. Ainsi, pour venger l'édit de Nantes, que l'on prétendait outragé à la veille de le révoquer, on supprimait une à une toutes les libertés et franchises dont les sujets tolérés jouissaient paisiblement sous son égide. Mais, avant de broyer l'obstacle, le gouvernement avait songé à le tourner ou du moins à le miner; le catholicisme ne disposait-il pas de congrégations puissantes, fortement organisées, vouées à l'enseignement et capables d'écraser bien des institutions rivales? et qui donc pourrait résister aux Jésuites ou aux Oratoriens? Il est vrai, ces vastes congrégations formaient une phalange redoutable, qui, protégée par l'Etat et recommandée par des maîtres habiles, défiait toute concurrence. Que leur manquait-il? L'argent affluait dans leurs caisses; la religion romaine, dont leurs membres passaient pour les plus illustres représentants, était toute-puissante dans la nation; l'administration hâtait de ses vœux et de son concours actif le succès de leur entreprise. L'ennemi qu'il s'agissait de terrasser était justement privé de tous les avantages dont elles gardaient le monopole : il n'avait pour lui que la science de ses docteurs et la bonté éprouvée de ses méthodes. Il faut vraiment que les académies aient eu une vitalité extraordinaire pour avoir pu soutenir si longtemps une lutte si inégale. C'est leur gloire de n'avoir succombé que devant les huissiers royaux.

A Nîmes, à Die, à Sedan, à Orthez, ce sont les jésuites qui se dressent devant les collèges réformés et qui finissent par accaparer leurs dépouilles. Il en est de même à Castres, à Montpellier et à Montauban. A Montpellier, dès 1604, le collège était devenu mi-parti; mais le principal, l'un des professeurs de philosophie, les régents de 2e, 4e et 6e étaient protestants, ce qui assurait la prépondérance à ces derniers : ce fut en 1629 que les Jésuites eurent du roi l'autorisation de s'emparer du collège [1]. A Castres, Nîmes et Montauban, on avait d'abord appliqué le régime des collèges mi-partis [2] (1632-1633). Etaient catholiques le principal, les régents de physique,

---

1. Cf. Faucillon, op. cit.
2. Cf. *Bull.*, IV, 505 sq. Benoit, II, 535, et XXII, 421. Nicolas (*Hist. litt. de Nîmes*), t. I, 46.

1re, 3e, 5e et le portier; étaient protestants les régents de logique, de 2e, 4e et 6e. Mais il est aisé de voir que ce partage est tout au profit des catholiques, c'est-à-dire des Jésuites : avec le principal, ils disposent de tous les pouvoirs; aussi cette situation inégale ne tarda-t-elle pas à porter ses fruits : les protestants, admis au partage hypocrite de leurs propres biens, en furent ensuite ouvertement dépossédés; l'œuvre de spoliation était accomplie; tandis que, par une sorte de vengeance de la destinée, l'ère de la décadence s'ouvrait pour les collèges ainsi transformés [1].

A Saumur, dès 1615, les Oratoriens occupent le domaine des Ardilliers, où ils installent définitivement en 1619 leurs six classes d'humanités, leurs deux cours de philosophie et un pensionnat nombreux [2]. « La maison de l'Oratoire, disait Amyraut, toute remplie des élèves de la congrégation, est un fort que l'Église romaine oppose à la place d'armes que les protestants ont établie dans cette ville. » Elle ne fut jamais mieux avisée qu'en attachant aux flancs de l'académie saumuroise la plus libérale et la plus docte des congrégations; certes les Jésuites eussent remporté de moins faciles et surtout de moins brillants succès dans cette ville [3]. Malheureusement pour l'Église catholique, les Oratoriens n'avaient pas le zèle âpre et fanatique des disciples de Loyola; ils cherchèrent plus à combattre l'enseignement protestant par la solidité de leur enseignement que par des persécutions variées; cette noble émulation des deux écoles rivales contribua à la prospérité de

---

1. « Non seulement les classes furent dirigées avec moins de soin, mais encore on affaiblit systématiquement les études. L'enseignement du grec fut supprimé partout; celui de la philosophie fut borné à une aride scolastique, et celui des sciences, déjà si restreint, fut encore diminué. » (*Bull.*, IV, 511, art. de M. Nicolas.)

2. Voy. Piganiol de La Force, *Nouvelle description de la France*; Dumont, op. cit., 42.

3. « Les Jésuites, qui se donnent pour les antagonistes naturels du protestantisme, essayèrent dans les premières années du XVIIe siècle de s'introduire à Saumur; mais, malgré des instances réitérées, malgré la persévérance et la finesse qu'on leur connaît, ils ne purent réussir à s'impatroniser dans cette ville. » (Dumont, *L'Orat. et le cartés. en Anjou*, 10.)

l'une et de l'autre. Le Père Thomassin enseignait la théologie en même temps qu'Amyraut. Le père Lami introduisait le cartésianisme aux Ardilliers au moment où Robert Chouet l'introduisait rue Saint-Jean : singulière coïncidence, qui honore au même titre les deux collèges ! Mais ici la fortune, qui se plait parfois dans ses caprices à dérouter les prévisions les plus naturelles, réserve ses faveurs aux protestants et ses mécomptes au prêtre : la carrière de l'un sera pleine de gloire et de bonheur, celle de l'autre agitée et traversée de mille aventures.

L'Oratoire et la Compagnie de Jésus faisaient une concurrence redoutable aux académies ; mais ces deux ordres ne s'aimaient pas, et l'on sait que la guerre était déchaînée entre eux dès l'origine ; chacun avait en outre à lutter contre l'influence croissante de Port-Royal et contre le vieil édifice de l'Université, rajeunie depuis la réforme de 1600. Il ne sera pas inutile de marquer ici quelques-unes des différences ou des analogies qui ont existé au xviie siècle entre le système protestant et les diverses formes des institutions catholiques.

La Société de Jésus est contemporaine des premiers établissements réformés français ; son grand programme scolaire, le *Ratio studiorum*, date de 1599. L'histoire de ce document d'une extrême importance a été faite : on sait qu'il n'a pas fallu moins de quatorze ans pour le rédiger ; ceci prouve avec quel soin il fut composé. On peut le rapprocher des différents plans d'études qui ont été les codes des académies et collèges. Et d'abord on remarque que le but des Jésuites a été de sonder les goûts du siècle, les exigences pédagogiques et les nécessités ecclésiastiques issues des circonstances, afin de conformer leur système à ces besoins de leur temps. Ce but était louable et intelligent ; mais, par une contradiction bizarre, le programme, une fois arrêté après une si mûre délibération, demeura la règle unique, immobile, absolue et éternelle [1]. Dès le début, nous devons donc marquer une diffé-

---

1. En 1854, le Père Beckx, général actuel de l'ordre, dans une lettre au ministre des cultes de l'empire d'Autriche, « déclare que le *Ratio*

rence entre le procédé des Jésuites et celui des réformés. Chez les premiers, une loi savante, minutieusement décrite, laborieusement promulguée, mais rigoureusement imposée à toutes les écoles, considérée comme excellente et définitive. Chez les seconds, une série de règlements dus à l'initiative de chaque collège, adaptés aux besoins particuliers de chacun, susceptibles de modifications ultérieures, mais inspirés manifestement par le même esprit et conçus d'après la même doctrine pédagogique. L'unité est cherchée, imposée chez les uns; elle se produit spontanément chez les autres. Elle est voulue, chez les uns, dans la forme comme dans le fond; elle résulte, chez les autres, de l'application des mêmes principes. Nous croyons devoir insister sur cette distinction; elle tient à l'essence même du protestantisme et du catholicisme : l'un regarde avec indifférence, sinon avec méfiance, l'uniformité absolue d'organisation; l'autre prétend y puiser sa force et son succès.

Si l'on compare au *Ratio studiorum* le règlement de Nîmes, son ainé, ou même le programme de Genève, qui parait une simple ébauche à côté de celui-ci, on observe une autre différence. La préoccupation morale et religieuse, le souci constant de l'éducation de l'âme en même temps que de la culture intellectuelle, apparaissent à chaque page et imprègnent les documents protestants d'un bout à l'autre. L'œuvre de Jean de Serres est frappante à cet égard; aucun article n'est formulé sans que l'idée morale qui le dicte ne soit juxtaposée à la formule. Découvre-t-on un point de vue analogue chez les rédacteurs des statuts de 1599? Il semble au contraire que le cadre seul les ait intéressés. Sans doute on déguise mal la pensée d'imprimer un sceau indélébile sur les esprits des jeunes gens, de les mettre pour la vie sous l'influence et la direction immédiate de l'Eglise, c'est-à-dire de la compagnie; mais, à parler franc, agit-on sur la conscience de l'élève? est-ce bien son âme que l'on gagne? Non, ce n'est pas la personne morale

est la règle universelle de la Société et qu'il ne peut être modifié que sur quelques points de détail. » (Cf. Compayré, I, 170, op. cit.)

que l'on façonne et que l'on développe : c'est l'esprit. On n'attend pas de l'individu qu'il reconnaisse la valeur intrinsèque du système d'éducation auquel on le soumet ; on veut seulement qu'il en subisse les effets et qu'il en apprécie le charme ou l'avantage.

Avec une telle philosophie, il est clair que l'instruction donnée ne sera pas la même dans les collèges des Jésuites que dans les collèges protestants. Qu'on ne s'y trompe pas : il y a une grande analogie dans la forme, parce que cette forme répondait aux besoins du temps, et parce que les Jésuites avaient constaté les féconds résultats des méthodes de Sturm ; croire que les Jésuite étaient entraînés eux aussi par le courant irrésistible de la Renaissance, ce serait nourrir une illusion ; ils ont suivi le courant, parce que cela était opportun et nécessaire, parce que le succès était à ce prix ; ou bien, si l'on préfère, l'entraînement auquel ils ont cédé n'était nullement irréfléchi. Tel ne fut pas le mobile des protestants ; ils ont cru sincèrement à la vérité des doctrines inspirées par la Renaissance et n'ont obéi à aucun calcul égoïste en introduisant ces théories dans leurs statuts. En matière d'instruction, ils poursuivaient le but désintéressé de travailler exclusivement dans l'intérêt des élèves. Mais, dira-t-on, cet intérêt n'était pas dans leur pensée purement humain, puisque l'idée du développement complet de l'homme était pour eux indissolublement liée à celle du développement religieux sous une certaine forme. Nous l'accordons ; cependant il n'en reste pas moins avéré que les maîtres avaient en vue la culture de l'être humain, non pour le bien d'une cause, mais pour le bien de l'individu ; tant mieux si la cause profitait des talents acquis par l'homme !

Il est superflu de répéter aujourd'hui pourquoi les Jésuites n'ont abordé sérieusement ni l'enseignement supérieur ni le primaire : il faut le goût et le désir du progrès pour réussir dans le premier ; il faut, au xviie siècle, l'amour désintéressé de l'humanité pour entreprendre le second. Faire passer toute une classe de citoyens sous le niveau de l'enseignement secondaire tel que le distribuait la Société, telle fut l'œuvre qui lui parut à la fois utile et possible : ce n'était pas mal raisonner.

La première préoccupation des Jésuites fut de renouveler la discipline. Celle que l'université avait conservée était odieuse et vaine : odieuse, parce qu'elle s'appuyait sur des punitions brutales; vaine, parce que ces châtiments étaient appliqués arbitrairement, maladroitement, accidentellement, et par suite d'une manière inefficace. Il fallait une discipline qui saisît l'élève dans toutes les manifestations de sa vie scolaire. L'université avait les inconvénients de l'internat, sans en avoir les avantages; nulle règle fixe pour empêcher les écoliers de franchir les murs mal gardés du collège, de soudoyer les suppôts, de vivre dans la débauche et le mépris des lois. La Compagnie de Jésus organisa fortement l'internat, en veillant à ce que les édifices fussent bien construits et bien clos. Au dedans, la discipline était assez douce; on usait peu des châtiments corporels, bien que la verge fût maintenue. En revanche, on multipliait les récompenses et les sujets de divertissements; les pièces de théâtre, composées par les Pères et jouées par les élèves, étaient vivement recommandées. Les préceptes relatifs à la tenue extérieure sont l'objet d'une sollicitude spéciale, comme chez Claude Baduel. On emprunte au plan de Sturm le système des décurions.

Tout ceci se retrouve en somme dans l'académie protestante, mais avec une intention différente. La première différence essentielle consiste dans le régime : l'internat était remplacé par le système des pensions en ville, et, quand on maintenait l'internat au collège, comme à Sedan, on rétablissait sous une autre forme le régime des pensions, puisque les élèves étaient logés chez les régents. Mais ce que n'ont pas les Jésuites, c'est cette variété de sanctions disciplinaires que nous avons signalée : point d'avertissements ni de censures, point de correspondance avec les parents. Ecrire aux pères! mais c'est précisément ce que la Compagnie évite avec le plus grand soin. Elle isole le plus possible l'enfant de sa famille; celle-ci n'a rien à voir dans l'éducation du pensionnaire des Jésuites. L'autorité paternelle est exclusivement revendiquée par eux; ils se chargent seuls de l'exercer. La discipline est douce; mais pourquoi? Est-ce par respect pour la créature humaine? parce qu'on trouve ce système plus moralisateur? Le plus souvent, c'est pour ménager les fils de gentilshommes dont on aura besoin plus tard et dont on sera heureux d'exploiter le crédit : on compte sur leur mémoire. Que dire de ces sièges confortables réservés aux écoliers titrés? *Nobilibus commodiora subsellia dentur.* Mais les Jésuites ne se piquaient pas d'observer l'égalité, au moins dans la pratique. Avait-on soin de divertir les écoliers ? C'était pour leur faire oublier les bruits du dehors et leur rendre agréable une claustration forcée. Ainsi que dans les collèges protestants, on a recours à l'émulation par l'usage des compositions mensuelles; mais quel abus de récompenses! les vainqueurs sont investis de la magistrature souveraine ; une pluie de croix, de rubans, d'insignes variés s'abat sur eux : et quel abus de l'émulation même! les écoliers, divisés en Carthaginois et Romains, se défiaient sans cesse à des joutes de toute sorte; ou bien c'étaient des *académies* instituées dans chaque classe, où les élèves s'exerçaient à discuter certains sujets; mais ce qui les distingue des disputes publiques en usage chez les protestants, c'est qu'elles étaient organisées en dehors des classes et sans la participation des maîtres : et puis les pratiques dévotes envahissaient ces académies, dont les membres se vouaient souvent à la Vierge.

Une chose restera cependant à l'honneur des Jésuites, parce qu'il y avait quelque mérite à la recommander au xviie siècle : ils ont suivi les préceptes de Rabelais touchant la nécessité de l'hygiène et des exercices physiques. On dira que leur but est toujours le même : distraire agréablement les pensionnaires. N'importe; on aime à voir qu'ils ne sacrifient pas les besoins du corps aux travaux de l'esprit. Outre que les élèves étaient généralement bien traités, la promenade, la natation, l'escrime, l'équitation, les jeux divers, toutes choses proscrites ou délaissées ailleurs, sont au contraire en faveur dans leurs écoles.

Quant à l'organisation des classes, les Jésuites les réduisent à cinq, dont trois de grammaire (l'inférieure, la moyenne, la supérieure); la seconde portait le nom d'humanités, et la première celui de rhétorique. Puis venaient trois années de philosophie (logique, physique, métaphysique). Nous retrouvons chez eux l'interdiction générale du français, le latin prescrit dans toutes les classes, les compositions latines et grecques en prose et en vers. Ici, l'on est obligé de noter une profonde différence, portant sur la méthode et l'objet entre les Jésuites et protestants. Le choix des auteurs est à peu près le même, bien que plus varié et plus abondant dans les académies; mais alors que celles-ci donnent une vigoureuse impulsion à l'étude raisonnée des textes, les collèges des Jésuites mettent une sorte d'interdit sur l'érudition. Chez les uns, le maître cherche à donner à l'élève une connaissance véritable et approfondie de l'auteur, ne craignant pas d'entrer dans les détails historiques et philosophiques, et gravant ses instructions dans l'esprit au moyen de répétitions continuelles; chez les autres, on effleure les auteurs, on en lit des extraits choisis, on dédaigne le contexte et l'histoire, on fait bon marché de la philologie et de la critique. Le but est surtout de perfectionner le style de l'élève, de lui donner une teinture générale des lettres; il s'agit de former des hommes du monde, capables d'écrire plus tard avec finesse et de causer sans ennui. On cherche moins à nourrir qu'à orner l'esprit. L'antiquité profane est un instrument merveilleux, mais sans valeur propre. Pour les écrivains qui gênent le pédagogue, si importants soient-ils, on les met à l'index : « Quant aux livres qui ne peuvent être expurgés en aucune façon, comme les comédies de Térence, il vaut mieux les exclure absolument [1]. » Enfin, dans les compositions, quels sujets donne-t-on de préférence à l'écolier? Des thèmes faciles, d'agréables jeux de mots, des matières empruntées aux mœurs contemporaines, des devinettes, ou bien

---

1. *Ratio*, p. 20.

des lieux communs qui sont le patrimoine éternel des rhéteurs dans tous les temps et dans tous les pays.

En philosophie, les jésuites commencent par l'aristotélisme à la manière scolastique, ce qu'on aurait mauvaise grâce à leur reprocher ; mais ils ne font aucun progrès dans le sens d'une réforme, ce qui est plus répréhensible ; ensuite ils déclarent au cartésianisme une guerre implacable, ce qui est encore moins à leur honneur. Nous devons ajouter qu'ils enseignaient Aristote comme ils faisaient des autres auteurs, en le tronquant et en le soumettant à une analyse superficielle.

La conclusion de cette rapide comparaison est facile à tirer : l'instruction donnée d'après les méthodes protestantes était plus substantielle que celle des collèges de Jésuites ; en revanche, celle-ci était plus attrayante. Les esprits sérieux, épris d'un zèle ardent et sincère pour la science et les lettres, les hommes de travail devaient préférer l'enseignement des uns ; les jeunes gentilshommes, appelés à vivre dans une société mondaine et désœuvrée, devaient au contraire préférer celui des autres. Un homme dont la compétence est universellement reconnue, le regretté Bersot, a prononcé une phrase qui nous a paru rigoureusement vraie. « A l'égard des lettres, dit-il, il y a deux amours qui n'ont de commun que le nom ; l'un fait les hommes, l'autre de grands adolescents. C'est celui-ci qu'on trouve chez les Jésuites : ils amusent l'âme. »

Voilà un reproche qu'on n'adressera jamais à la congrégation de l'Oratoire. Venu après les Jésuites (1611), cet ordre n'avait ni une origine étrangère, ni un caractère international, ni des visées ultramontaines. Il n'eut aucune pensée belliqueuse au début ; il n'était pas spécialement dirigé contre les hérétiques. Cet ordre se livra à l'enseignement dans les meilleures conditions pour réussir ; il put accomplir sans tapage des réformes excellentes et osa afficher sans hésitation des tendances progressistes. Nous saluons en lui un initiateur remarquable de principes nouveaux, dont les générations postérieures ont largement profité. Sur bien des points, son système est supérieur à celui des protestants.

L'ordre de Pierre de Bérulle relevait du clergé séculier, était soumis à la juridiction des évêques; ses membres ne prononçaient pas de vœux monastiques et ne pratiquaient pas l'obéissance passive ; il n'avait donc rien de commun dans la forme avec les Jésuites. Ce caractère indépendant et séculier lui attira sans doute l'inimitié de ses puissants rivaux jaloux de sa liberté même; mais il lui permit de donner à son œuvre un développement magnifique, sous l'œil bienveillant de patrons illustres, tels que Bossuet. Dégagé de toute ambition terrestre, les Oratoriens se jetèrent avec amour dans le culte exclusif et désintéressé des lettres et des sciences; leur compagnie, qui était une libre association et non une société liée par une règle quelconque, avait eu d'abord pour objet l'éducation des prêtres ; elle ne tarda pas à ouvrir les portes de la maison à tous les enfants.

On a fait honneur à l'Oratoire d'avoir introduit l'usage du français dans les classes inférieures à la 4e; rétablissons ici les faits : cet usage existait déjà dans certains collèges protestants, à Nîmes par exemple, et nous sommes en droit de supposer qu'il en était de même ailleurs. La gloire des Oratoriens n'est point amoindrie par cette remarque; en effet, ils ont été plus loin que leurs devanciers, non pas en instituant des cours d'histoire, mais en décidant que ces cours seraient donnés en français dans toutes les classes par un professeur spécial. On leur doit une innovation : les tableaux synoptiques pour l'enseignement de la grammaire; mais Tanneguy Le Febvre s'en servait à Saumur. Ils ne donnaient point aux élèves de compositions grecques; mais ils soignaient plus l'explication des auteurs que les Jésuites. Les sciences sont chez eux l'objet d'un enseignement spécial et très recommandé : outre l'histoire sainte, l'histoire grecque, l'histoire romaine, et surtout l'histoire de France, on voit apparaître sur les programmes l'archéologie, la géographie, la physique, la chimie, les mathématiques, les sciences naturelles. L'influence de Descartes, manifeste dans toutes ces innovations, est bien plus sensible encore en philosophie; l'ami de Bérulle fut le maître vénéré des Lami et de ces régents du collège d'Angers qui écrivaient au P. Senault : « Si le cartésianisme est une peste, nous sommes plus de deux cents qui en sommes infectés. » L'Oratoire adopta l'institution des décurions; à l'inverse des collèges protestants, il proscrivit les représentations théâtrales et autorisa les leçons de danse. Le régime de l'internat était en vigueur, et les élèves n'obtenaient jamais la permission de sortir dans leurs familles. L'Oratoire adopte aussi le système des promotions[1], suivies de prix d'examen, et celui des visites collégiales[2], deux institutions analogues à celles des réformés. Il employa les mêmes grammaires, Despautère et Clénard.

En matière de discipline, il envisagea la question au point de vue moral; comme les pédagogues protestants, il préférait les réprimandes aux châtiments corporels et n'usait que rarement du fouet. Les PP. Bérulle et Lami insistent sur la nécessité de la modération et de la douceur; il y a même un penchant à exagérer cette idée juste, que nous avons aussi trouvée chez les réformés. Le langage de Bérulle ne serait pas désavoué par eux : « Ayez un grand respect envers les âmes de vos inférieurs, dit-il à un prêtre. Exhortez souvent. Soyez plus père que supérieur; ayez plus de patience que de zèle. » Il veut que le maître paye d'exemple et soit plus sévère pour lui-même que pour ses disciples. Enfin signalons en dernier lieu une profonde différence entre l'Oratoire et les académies : le professeur suivait ses élèves dans toutes les classes depuis la 6e jusqu'à la rhétorique, y compris les deux années de philosophie[3] : usage singulier, qui pouvait avoir sa valeur pour l'élève plus que pour le maître.

Quant au choix des auteurs, l'Oratoire se montre plus libéral que les Jésuites, moins large que les protestants. En effet, le P. Lami accepte Térence, mais le P. de Coudren le réprouve, tandis que le P. Thomassin proscrit Aristophane, à

---

1. La chose, mais pas le nom.
2. Trois visiteurs membres de l'ordre inspectaient chaque année les établissements répartis dans les trois provinces de Paris, Aix et Lyon.
3. A Angers, l'Oratoire n'avait que quatre classes. (Cf. Dumont, L'Orat. et le cart. en Anjou, 8.)

l'exception du Plutus. En philosophie, le P. Lami se déclare contre l'usage des dictées ; faut-il attribuer à son influence l'attitude analogue des membres du synode d'Anjou, qui, en 1656, réclamèrent hardiment cette supression? Il est vrai que leur but n'était pas le même ; le P. Lami voulait forcer les professeurs à interpréter plus directement Aristote en serrant le texte de près ; les membres du synode de Baugé veulent au contraire laisser une plus grande liberté à l'enseignement oral. Tandis que le premier avait en vue de jeter le discrédit sur les grossières élucubrations que les professeurs de l'Université offraient à leurs disciples comme la moelle d'Aristote, les seconds désiraient battre en brèche l'autorité du Stagirite pour favoriser l'essor de la libre philosophie.

En résumé, il y a beaucoup d'analogie entre les principes de l'Oratoire et ceux des réformés. Pour la forme, l'organisation scolaire protestante se rapproche davantage de celle des Jésuites ; pour l'esprit général qui anime les méthodes et vivifie le système, la ressemblance est plus marquée avec l'Oratoire. Même alliance étroite des études profanes et d'une instruction religieuse chrétienne, même goût pour l'érudition, toutefois avec plus de sens critique chez les protestants. Il faut convenir aussi que l'Oratoire, imbu du préjugé augustinien, considérait, au moins en théorie, les chefs-d'œuvre de l'esprit humain dans l'antiquité comme des *splendida vitia*. « Le grec et le latin, disait le P. de Coudren, sont nés de la confusion de Babel, aussi bien que les autres langues ; le péché les a fait naître, et Dieu les abolira avec lui. » Le protestantisme, héritier des Justin Martyr, des Origène et des Clément d'Alexandrie, préférait admirer dans les langues savantes un canal merveilleux destiné par Dieu à répandre par le monde les eaux limpides et salutaires de la vérité.

Une autre corporation illustre s'adonna à l'enseignement dans la première moitié du XVIIᵉ siècle : celle des Jansénistes.

Dans la courte existence de ses établissements scolaires (1643-1660), elle ne porta point ombrage aux académies ;

cependant il y avait de petites écoles en Anjou, et c'était là un voisinage redoutable pour le collège de Saumur. Il est superflu de rappeler les succès de Port-Royal, la sûreté de ses méthodes, le génie de ses professeurs; avec les Nicole, les Lancelot et les Arnauld, on faisait un pas de plus dans la voie du progrès et l'élaboration de la pédagogie contemporaine. Quel art inconnu jusqu'alors pour former le jugement du disciple! que de réformes pratiques dans l'enseignement de la grammaire et de la philosophie! Port-Royal veut, comme les protestants, que l'enfant apprenne à lire en français; il publie des traductions françaises, exerce le style des écoliers par des compositions françaises, réclame de leur part des efforts de pensée et non pas seulement des mots alignés, met la version au-dessus du thème, l'exercice oral au-dessus de la composition écrite, dédaigne les cahiers d'expressions et les vers latins, deux objets particulièrement chers aux Jésuites, relève les études grecques, introduit les langues vivantes dans son programme, et, à l'exemple de l'Oratoire, fait une très large part aux sciences! Quelques-unes de ces réformes étaient déjà faites dans les académies; mais d'autres étaient restées ignorées. L'éducation de Port-Royal est vraiment nationale et moderne; n'en soyons pas trop surpris : elle date de 1643. Descartes avait paru, et la langue française s'affranchissait rapidement. Un tel programme n'aurait pu venir à l'esprit d'aucun homme éclairé en 1600.

Quant au régime disciplinaire des petites écoles, il était très austère; ceci demande pourtant explication. On faisait rarement usage des châtiments; mais on ne décernait aucune récompense, car on méprisait l'aiguillon de l'émulation. Si les récréations étaient fréquentes et les exercices physiques encouragés, toute distraction mondaine était proscrite avec autant de rigueur que dans les collèges réformés; le bal, la comédie, la promenade publique même sont dénoncés et flétris comme des péchés graves ou des occasions de chute.

Mais à côté des congrégations enseignantes, qui conservaient chacune leur physionomie particulière, il y avait la vieille Université. Elle aussi avait eu sa réforme, en 1600 : elle avait en effet un besoin urgent de se rajeunir ou même de se reconstituer, car les troubles de la Ligue l'avaient pour ainsi dire réduite à néant. On connaît les lamentables descriptions que nous ont laissées les écrivains du temps ; ils comparent les collèges de Paris aux écuries d'Augias, et ce n'était pas là une métaphore. En réalité, l'Université n'existait plus que de nom. La réforme de 1600 constitue un effort loyal, mais insuffisant, pour faire sortir les collèges de l'ornière scolastique. Les résultats les plus nets de ces nouveaux statuts sont l'introduction des classiques latins et grecs dans l'enseignement, et l'ordre d'expliquer Aristote philosophiquement pendant les deux années de philosophie, au lieu de continuer à l'expliquer grammaticalement, comme au moyen âge. Parmi les résultats négatifs, il faut placer la suppression de ces traités barbares et informes qu'on était surpris de rencontrer encore entre les mains des régents et qui faisaient jusque-là la matière ordinaire des leçons. Enfin la philosophie n'était abordée par les élèves qu'au sortir des études classiques. Il faut l'avouer, ce sont là des réformes utiles ; mais quelle triste idée ne doit-on pas se faire de l'état de l'Université, lorsqu'on la voit procéder en 1600 à des réformes si élémentaires !

On ne saurait comparer les programmes des classes dans l'Université, avant 1600 [1], à ceux des collèges protestants, sans faire ressortir d'une manière évidente la supériorité de ces derniers. Prenons, par exemple, le collège de Narbonne. Qu'enseigne-t-on en 6e ? Le rudiment. En 5e ? Les prétérits et supins, avec révision du rudiment. En 4e ? La syntaxe et la quantité. En 3e ? Encore la quantité, les figures et l'abrégé de la rhétorique. La 2e n'est pas mentionnée. En rhétorique ? La versification et les auteurs. Les auteurs relégués en rhétorique ! Il ne faut pas croire cependant que cet abus de la grammaire fût répandu partout. Cicéron, Térence et Virgile sont exposés depuis la 7e jusqu'en 6e au collège du Car-

---

[1]. Voy. Lantoine, op. cit.

dinal-Lemoine, en même temps que les *Colloques* d'Erasme, de Mathurin Cordier et les *Distiques* de Caton : mais c'est aller bien vite en besogne et montrer bien peu de discernement dans le choix des auteurs! En somme, le règlement de 1600 conserva les auteurs en usage et donna seulement une impulsion nouvelle et vigoureuse aux devoirs écrits. Mais le latin fut rigoureusement prescrit dans toutes les classes comme langue courante. Quant au grec, on étudiait longuement la grammaire, on faisait chaque semaine des thèmes; mais de l'intelligence des auteurs on n'avait cure. Cet enseignement tomba dans une décadence complète; au témoignage de Tanneguy Le Febvre s'ajoute sur ce point celui de tous les hommes qui ont étudié la question. La philosophie du moins eut-elle une meilleure fortune que le grec? Puisque les statuts recommandent au maître de commenter philosophiquement Aristote, on a le droit de compter sur quelque progrès dans l'étude de cette science. Il n'en est rien. La dictée, la dispute continue comme par le passé sous la forme scolastique et le collège lance chaque année dans la société des bacheliers dans le genre de Thomas Diafoirus, en même temps qu'il conserve des professeurs dans le genre du docteur Pancrace. Ici encore, notre Tanneguy Le Febvre a raison, lorsqu'il s'indigne contre la barbarie pédantesque des philosophes de son temps et qu'il leur souhaite plus de littérature! Un siècle plus tard, la philosophie est encore enseignée en latin dans l'Université : il faut remonter jusqu'à 1721 pour voir le cartésianisme adopté dans les programmes.

Cette esquisse rapide suffit pour montrer avec quelle lenteur les réformes s'opéraient dans l'Université; cette grande institution était dans un état d'infériorité notable vis-à-vis des corporations dont nous avons parlé et attendait encore qu'un souffle vraiment libéral et progressiste vînt ranimer l'organisme veilli. Ce souffle, elle en avait ressenti les effets bienfaisants au xvie siècle, sous la féconde initiative de quelques savants d'élite ; mais le siècle des humanistes avait pris fin et l'Université retombait lourdement dans son inertie première. Il ne suffit pas de décréter des réformes, si modestes soient-elles ; il faut la foi en ces réformes et le zèle ardent qui se met au service de la foi. Ce zèle professionnel, ce dévouement fécond, nous le rencontrons chez les corporations, nous l'avons signalé à un degré plus élevé chez les protestants; nous sommes obligés de confesser que nous le trouvons à peine chez les membres de l'Université au xviie siècle.

De cette revue générale, il ressort à nos yeux que l'éducation protestante a sa valeur propre, comme elle a son histoire. Elle était adaptée aux besoins et aux nécessités de l'époque; elle avait secoué le joug des traditions aveugles, et son principe sagement conservateur contenait en puissance un élément de progrès. Dans l'enseignement supérieur, l'impulsion donnée simultanément par la Renaissance et la Réforme était suivie. La théologie calviniste, qui avait rompu en visière avec les spéculations de l'ancienne scolastique, était elle-même soumise à l'examen des docteurs; de là le grand conflit entre ceux qui voulaient en figer l'inspiration dans des formules immuables, et ceux qui prétendaient détacher les bandelettes sacrées pour voir le dieu marcher devant eux. Les langues orientales, étudiées avec autant de précision et plus de liberté que par les rabbins du moyen âge, étaient remises en honneur et brillamment enseignées. Le grec était l'objet d'un culte spécial de la part de maîtres érudits qui se proposaient, non pas de faire connaître à leurs disciples le mécanisme grammatical de cette langue, mais de les initier à son génie. La philosophie, dégagée elle aussi des entraves de la grammaire et de la syntaxe, était enseignée pour elle-même, dans Aristote d'abord, non pas l'Aristote travesti et défiguré de l'ancienne école, mais celui que les humanistes avaient exhumé; puis à l'aide des méthodes nouvelles, sous l'influence grandissante des idées cartésiennes. L'enseignement secondaire tout entier était dominé par ce principe générateur, riche en conséquences fécondes : la chose et le mot, mais la chose d'abord. On peut se tromper dans l'application de vues pratiques; mais le seul fait qu'on les préfère aux théories absolues est important à relever. Le système des promotions aiguise l'émulation parmi les élèves et offre une garantie de la solidité des études. Enfin la discipline intérieure est renouvelée de fond en comble : l'enfant est placé dès le début sous une influence religieuse qui le suivra encore hors de l'enceinte scolaire; cette autorité de l'Eglise, moins tracassière en France que dans les autres pays réformés, saisit le jeune homme à l'entrée de sa carrière et imprime fortement dans son esprit cette immortelle vérité qu'il faut toujours obéir à Dieu plutôt qu'aux hommes. Les châtiments revêtent presque tous un caractère moral; la famille est avisée de la conduite des enfants, et les pères sont consultés ou avertis en maintes occasions. Les parents qui redoutent la trop grande liberté des hôtelleries s'adressent aux régents ou aux professeurs; là, leurs fils rencontrent non des célibataires ou des prêtres, comme dans les collèges catholiques, mais des hommes mariés, qui leur procurent la vie de famille et les avantages du foyer domestique.

Il y a donc lieu de regretter les jugements superficiels portés par quelques écrivains sur l'œuvre de la Réforme. C'est avec une pénible surprise que l'on voit d'un côté M. Duruy, par exemple, proclamer que la Réforme ramenait le monde à la « scolastique » et à la discussion des questions puériles [1]; de l'autre, M. Demogeot opposer le « noble rôle » du jésuitisme aux entreprises révolutionnaires et infécondes du protestantisme [2]. Le Calvin « froid et sec » de la légende valait bien comme pédagogue ce « chevaleresque officier », cet « écolier magnanime », qu'on nous représente avec enthousiasme comme le docteur idéal de la jeunesse au XVIe siècle. Il n'en est pas moins triste d'avoir à constater que la plupart des esprits en France sont animés de préventions analogues.

A quoi faut-il attribuer en fin de compte cette pédagogie intelligente, libérale et cependant sévère dans de justes limites, qui semble également éloignée de la routine universitaire [3],

---

1. Duruy, *Abrégé d'histoire universelle*. 379.
2. Demogeot, *Histoire de la littérature française*, 6e édition, p. 208 sq.
3. Il est bien entendu que nous voulons parler ici de l'ancienne Uni-

de la philosophie relâchée des Jésuites, des austérités excessives de Genève ou de Port-Royal, et de l'organisation défectueuse sur certains points des Oratoriens? N'est-ce pas à ce sentiment de la dignité extraordinaire de l'âme humaine que l'Evangile grave dans les consciences chrétiennes, et qui est le fondement de sa doctrine? Les réformés ont placé au-dessus de toutes choses ce qu'ils appelaient dans leur langage l'*honneur de Dieu;* mais en exaltant le Créateur, ils ont exalté aussi la créature, puisqu'il la faut sainte pour plaire au Dieu saint. De là cette notion du devoir qui emplit toute la vie du chrétien réformé et qui l'éclaire d'un bout à l'autre, devoir d'obéissance vis-à-vis du maître du monde, et obligation de relèvement dans tous les domaines pour la créature déchue. La *pietas literata* parut un des instruments les plus nobles de ce relèvement; aux yeux de beaucoup, elle reste encore le meilleur.

versité; un tel reproche serait absurde adressé à l'Université de nos jours.

TABLEAU

DES PROFESSEURS ET RÉGENTS CONNUS

DE CHAQUE ACADÉMIE [1].

Saumur.

Théologie.

Samuel Bouchereau, 1600-1630 (R.2).
Antoine Renaud, 1603-1606.
Michel Béraud, 1606-1608.
Robert Boyd of Trochredg, 1606-1611.
William Craig, 1614-1615 (R.).
Etienne Le Bloy, 1614-1615.
Francis Gomar, 1615-1618 (R.2).
Louis de la Coste, 1617-1618 (A.).
John Cameron, 1618-1622 (R.).
Louis Cappel, 1626-1657 (R.8).
Moïse Amyraut, 1626-1664 (R.4).
Isaac d'Huisseau, 1630-1670 (R.3).
Josué de La Place, 1631-1655 (R.6).
Isaac du Soul, 1656 (R.2).
Jacques Cappel, 1657-1685 (R.2).
Etienne Gaussen, 1664-1675 (R.2).
Claude Pajon, 1666-1667.
Bérard de Beaujardin, 1667-1685 (R.3).
Etienne de Brais, 1674-1679 (R.).
Théodore Barin, 1677-1684 (R.2).
Henri Philipponeau de Hautecour, 1677-1685 (R.3).
Jacques de Prez, 1683-1685.

Hébreu.

Philippe Birgam, Sr du Bignon, 1607-1611.
Louis Cappel, 1613-1657.
Jacques Cappel, 1657-1685.

Grec.

Jean Benoist, 1599-1623, 1637.
Marc Duncan, 1627-1640.
Tanneguy Le Febvre, 1665-1672.
William-Daniel Douil, 1672.

Mathématiques.

Marc Duncan, 1617.

Philosophie et histoire.

William Craig, 1603-1614.
Marc Duncan, 1606-1626.
Francis Burgersdyk, 1613-1618.
Wolman, 1614-1615.
Franco, 1615-1626.
Jacob Schever, 1617-1618.
Guillaume Gedde, 1617.
Josué de La Place, 1621-1625.
Jacques de Brissac, Sr des Loges, 1625-1628.
Fautrart, 1626-1629.
Monther, 1626.
De Longchamp, 1628-1631.
Jean-Baptiste Druet, 1629-1683 (R.).
Jean Forent, 1621-1634.
Isaac Hugues, 1634-1660.
Etienne Gaussen, 1661-1664.
Jean-Robert Chouet, 1664-1669.
Pierre de Villemandy, 1669-1683 (R.).
Henri Philipponeau de Hautecour, 1669.
De La Treille, 1683-1684 (A.).
Mathieu Faujoux, 1683-1685.
Isaac Renaudot, 1684-1685.

Éloquence.

Marc Duncan, 1607-1618.

Éloquence et rhétorique.

Guillaume Gedde, 1618-1625.
Newton, 1625, 1626.
Campbell, 1626-1629.
Jean Forent, 1629-1632.

---

1. Le signe (R) et le chiffre juxtaposé indiquent le nombre de fois que le professeur ou pasteur a été élu recteur. Le signe (A) veut dire *auxiliaire*. L'astérisque signifie que le professeur a donné ses leçons avant l'ouverture officielle de l'académie.

Jacob Juphaul, 1632-1633.
Merle, 1633-1634.
Patricius Pehlis, 1634-1642.
Forbes, 1642-1646.
William-Daniel Doull, 1646-1677.
Meure, 1677-1685.

Principaux.

Marc Duncan, 1617-1640.
Moïse Amyraut, 1640-1664.
Paul du Soul, 1664-1677.
Etienne de Brais, 1677.
Jacques de Prez, 1685.

Régents.

Guillaume Gedde (1re), 1616-1618.
Jacob Schever (1re), 1617.
De Courdilles (1re), 1677 (A.).
Zachary Boyd (2e), 1611-1615.
Petit (2e), 1615-1626.
Merle (2e), 1626-1633.
Jean Parisod (2e), 1633-1637 (1e): 1606-1626:
 (3e), 1626-1633, 1637-1651, 1655-1657.
Forbes (2e), 1637-1643.
Théodore Crespin (2e), 1643-1654.
Tanneguy Le Febvre (2e), 1655-1670 (3e),
 1654-1655.
Hollard (2e), 1670.
Le Febvre jeune (2e), 1684.

Boisrobert (2e), 1684, 1685.
Granjon (3e), 1615-1626.
Poupard (3e), 1633-1637 ; (1e) 1626-1633.
Gray (3e), 1657.
Bille (3e), 1657 (A.).
Gouin (3e), 1685.
Louis Boudet (4e), 1626, 1627.
Martinet (4e), 1627-1629 (A.).
Viet (4e), 1633 (A.).
De La Rue (4e), 1662.
Marc de La Tonnelle (4e), 1662.
Broussart (4e), 1684.
Ferdinand-Jacques de Prez (4e), 1684, 1685.
Le Petit (5e), 1616.
Gédéon Rocheteau (5e), 1617-1618.
De La Jugerie (5e), 1618.
Jourdain (5e), 1618.
Etienne de Brais (5e), 1651.
Pierre de La Croix (5e), 1654-1657.
Isaac de La Roche-Crozé (5e), 1657-1663.
Daniel Crespin (5e), 1663.
De Tainay (5e), 1685.
Jacques Marion.

Chaires inconnues.

Des Roches, 1609.
Samuel Benoist, 1600-1610.
Des Bayons.
Jugeos, 1626.

Sedan.

Théologie.

Louis Cappel de Moriambert, 1576-1586 *.
Jacques Cappel du Tilloy, 1599-1624.
Daniel Tilénus, 1600-1620.
André Melville, 1611-1620.
Abraham Rambour, 1620-1651 (R.).
Pierre du Moulin, 1621-1658 (R.).
Samuel des Marests, 1624-1636.
Alexandre Colvin, 1628-1643.
Louis Leblanc de Beaulieu, 1644-1675 (R.).
Joseph Pithoys, 1653-1660.
Josué Le Vasseur, 1658-1672 (R.).
Jacques Alphée de Saint-Maurice, 1660-
 1681 (R.).
Joly, 1673.
Henri Sacrelaire, 1673-1676.
Pierre Jurieu, 1673-1681 (R.).
Pierre Trouillart, 1676, 1677.
Louis Dalancé.

Hébreu.

Jacques Cappel du Tilloy, 1597-1624.
Jean Albert van Hutten, 1613-1619.
Alexandre Colvin, 1619-1643.
Abraham Rambour, 1620-1651.
Josué Le Vasseur, 1646-1661, 1667-1670.
Abraham Colville, 1661-1667, 1670-1672.
Pierre Jurieu, 1673-1681.

Grec.

Robert de Vismes, 1597 *.
Didier Hérault, 1598-1611.
Marc Duncan, 1606.
Samuel Néran, 1608-1611.
Gaulthier Donaldson, 1610-1624.
Jacob Roussel, 1624-1628.
Alexandre Colvin, 1628-1629.
Jean Brazy, 1629-1651, 1658-1664.
Josué Le Vasseur, 1651-1658.
Jacques du Rondel, 1665-1681.

Jurisprudence.

Julius Pacius, 1594-1597 *.
Augustin Caillet, 1605-1624 (R.).
Ch. Bordellius, 1624-1630 (R.).
Jean-Henri Daubert, 1630-1644.
Jean Lefebvre, 1644-1655.
Claude Pithoys, 1663-1678.
Jacob Burkard, 1673-1675.
Pierre Billot, 1676-1681.

Mathématiques.

Jean de Brest, 1605-1613.
Richard Doussel, 1613-1615.
Jean de Vesle, 1615.
Abraham Colville, 1661-1672.

ACADÉMIES PROTESTANTES

Philosophie et histoire.

Julius Pacius, 1594-1597.
Robert de Vismes, 1597.
Pierre Berchet.
John Cameron, 1602-1604.
Arthur Johnston, 1604-1619.
John Smith, 1604-1612.
Gaulthier Donaldson, 1604-1611.
William Johnston, 1606.
Alexandre Colvin, 1619-1643.
Adam Stewart, 1619-1625.
Jean-Henri Bisterfeld, 1625.
Charles Deschamps, 1630-1633.
Claude Pithoys, 1633-1675.
Abraham Durand, 1640-1653.
Joseph Pithoys, 1655-1680.
Etienne Brazy, 1661-1681.
Pierre Bayle, 1675-1681.

Éloquence et rhétorique.

Toussaint Berchet, 1577-1605.
Samuel Néran, 1605-1611.
Gaulthier Donaldson, 1611-1620.
Jacques Cappel du Tilloy, 1620-1624.
Jean Brazy, 1624-1664.
Jacques du Rondel, 1665-1681.

Principaux.

Les mêmes, sauf le dernier.
Jacques-Alphée de Saint-Maurice, 1664-1681.

Régents.

Le Fort (2e), 1580.
William Johnston (2e).
Arthur Johnston (2e), 1604-1610 (3e), 1603, 1604.
Daniel de Lambermont (2e), 1622-1629.
Claude Sonnet (2e), 1629.
Moïse Blondel (3e), 1602-1603.
Jean Sigart (3e), 1611.
Jean de Vesle (4e), 1577.
Thomas des Bayons (4e), 1616-1617.
Paul Madrat (4e), 1617-1623.
Samuel Mozet (4e), 1623.
Jean Martin (5e), 1644.
Antoine Bolle (5e), 1675.
Godefroi de Lo (6e), 1644.
Aaron Blondel, 1603.
David Blondel, 1608-1612.
Bargeron, 1610.
Thierriat, 1610.
Jean-Casimir Roquet, 1611.
Claude Pithoys, 1664.

Musique.

Antoine Lion, 1619.

Académie des exercices.

De Saint-Martin, 1613.
Antoine Dugast, 1680.
Baron, 1680.
Legrand, 1685.

Montauban et Puylaurens.

Théologie.

Serres, 1600.
Michel Béraud, 1600-1605, 1608-1611.
Bernard Sonis, 1603-1617.
Daniel Chamier, 1612-1621.
Pierre Béraud, 1618-1642.
John Cameron, 1624, 1625.
Antoine Garissolles, 1628-1651.
Pierre Ollier, 1643-1645 (R.).
Paul Charles, 1645-1648.
Jean Verdier, 1648-1666.
André Martel, 1652-1685 (R.).
Jean Claude, 1662-1666.
Jean Gommare, 1668-1673.
Théophile Arbussi, 1674-1681.
Antoine Pérès, 1681-1685.

Hébreu.

Jean Tenans, 1600-1617 (R.).
Hector Joli, 1617-1618.
Abel Bicheteau, 1618-1639.
Timothée Delon, 1639-1653.
Joseph Arbussi, 1654-1659.
Antoine Pérès, 1661-1685.

Grec.

Robert Constantin, 1599-1605.
Robert de Vismes, 1606.
Jean Gardesi, 1618.

Abel Bicheteau, 1625-1639.
Robert Remons, 1628.

Médecine.

Isaac Constans.

Philosophie.

Robert Boyd of Trochredg, 1604.
Paul Charles, 1619.
Gilbert Burnat, 1629.
Guillaume Duncan, 1629-1636.
Jean Verdier, 1637-1643.
Pierre Cruvel, 1644-1658.
Jacques Gaillard, 1644-1659.
Sébastien Daubus, 1658.
Jean Bon, 1659-1682.
Elie Ramondou, 1659-1685.

Éloquence et rhétorique.

Guillaume Duncan, 1606.
Jacques Loquet, 1682.
Trossières, 1682-1685.

Principaux.

Robert de Vismes, 1607.
Robert Constantin.
Robert Remons, 1628.

Régents.

Etienne Vidalban.
Jacques Loquet (2e), 1682.
Trossières (3e et 4e), 1682.

30

Nîmes.

Théologie.
Guillaume Mauget, 1561-1576.
Pierre Viret, 1561-1562.
Jacques I*er* Pineton de Chambrun, 1562-1601.
Claude de Falguerolles, 1577-1586.
Jean de Serres, 1579-1591.
Jean Moynier, 1601-1610.
Jérémie Ferrier, 1601-1613.
Jacques II Pineton de Chambrun, 1609-1620.
Ollivier, 1612-1622.
Jean Cotelier, 1613-1620.
Jean Fauchier, 1617-1618.
Bénédict Turretin, 1620.
Claude Rosselet, 1621-1664.
Philippe Codure, 1623-1635.
Jean-Raymond Chauve, 1628-1648.
Daniel Peyrol, 1630-1634.
Josué Darvieu, 1635-1664.
Jean-Antoine Rudavel, 1640-1656.
Antoine Baudan, 1648-1658.
Jean Claude, 1656-1661.
Jean Brugnier, 1656-1663.
Jean-Barthélemy Roure, 1656-1664.

Hébreu.
Jean Moynier, 1586-1602.
Alizier de L'Anglade, 1603-1607.
Mardochée Suffren, 1607-1613.
Philippe Codure, 1618-1623.
Samuel Petit, 1623-1643.
Jean-Antoine Rudavel, 1613.
Jean-Barthélemy Roure, 1656-1664.

Grec.
Jean de Serres, 1578-1591.
Samuel Petit, 1615-1643.
Jean de Croy.

Jurisprudence.
Jacques Martin, 1582.

Philosophie.
Guillaume Bigot, 1541-1547.
Patricius, 1549-1550.
Charles Rozel, 1550.
Gérard Gilbert, 1550-1552.
Jean de Serres, 1578-1590.
Pierre Laus, 1590-1596.
Julius Pacius, 1597-1600.
Charles d'Aubus, 1600-1603.
François de Bons, 1600-1601.
Adam Abrénéthée, 1601-1607.
Jean Bredes, 1634.
Jean Flory, 1651-1654.
David Derodon, 1654-1663.
Jean de Croy.

Éloquence, histoire et rhétorique.
Claude Baduel, 1538-1541.
Nicolas Caix, 1544-1547.
Antoine, 1547.

Sébastien Coguilhar, 1547-1548.
Adam Fontayne, 1548-1551.
Jean Fontayne.
Jean Paul, 1575-1577.
Anne Rulmann, 1585.
Charles d'Aubus, 1600-1604.
Thomas Dempster, 1605.
Lantier, 1619.
Jean-Frédéric Guib, 1661.

Principaux du collège des arts.
Claude Baduel, 1538-1541.
Guillaume Bigot, 1541-1547.
Junius Mauranssargue, 1549-1550.
Guillaume Tuffan, 1550-1563.
Guillaume Mauget, 1563-1573.
Simon Tuffan et Bollet, 1573.
Georges Crugier, 1574-1576.
Imbert Bertrand, 1576-1578.
Jean de Serres, 1578-1591.
Jean Moynier, 1591-1597.
Julius Pacius, 1598-1600.
Charles d'Aubus, 1601-1604.
Pierre Cheiron, 1604-1619.
Adam Abrénéthée, 1619-1627.
Samuel Petit, 1627-1632.
Jean-Frédéric Guib, 1660.

Régents.
Gaspard Bois (2e), 1544-1546.
Pierre Burget (2e), 1546-1548.
Jacques Legrand (2e), 1548-1551; (3e), 1547.
Vital Breysi (2e), 1575.
Antoine du Rane (2e), 1577.
Chrétien Pistorius (2e), 1585.
Hugues Lante (2e), 1634.
Pierre Fornier (3e), 1544-1545.
Jean Ribot (3e), 1545-1546.
Nicolas de La Merlière (3e), 1546-1547.
Louis Pépin (3e), 1547-1548.
Marc Millot (3e), 1548-1550.
Pin du Breuil (3e), 1549-1550.
Pierre de Barris (3e), 1550-1551.
Jacques Villar (3e), 1575-1577.
Jacques Garnier (3e), 1585.
Georges Arbaud (3e), 1590.
De La Place (3e), 1600.
Jacques Combarins (3e), 1606.
Claude Constantin (4e), 1544-1545.
Jean Mourgues (4e), 1549-1550.
Claude Maffres (4e), 1571-1577.
André Johannis (4e), 1576.
Daniel Chamier (4e), 1581-1583.
Daniel Vatilieu (4e), 1585.
Boniface Avignon (4e), 1590.
Rhossautz (4e), 1600.
Hugues Piantré (4e), 1605.
Paul du Pont (4e), 1634.
Guillaume Barthélemy (5e et 4e).

ACADÉMIES PROTESTANTES 467

André Rally (5e). 1585.
Jean Janin (6e), 1585.
Du Céan (6e), 1600.
Antoine Combes (6e), 1634.
Marjol (7), 1600.

Nicolas Pontanus, 1563-1506.
Ferrand de Bez.
Jacques Hurtaud, 1571.
Jean Forment, 1571.
Jacques Anastaïs, 1571.

Die.

Théologie.
Pierre Appaix, 1604-1615 (R.).
Rattier, 1606.
John Sharp, 1607-1629 (R.).
Daniel Chamier, 1607-1608 1.
Jean Vulson de La Colombière, 1615-1621 (R.).
Etienne Blanc, 1629-1650.
Jean Aimin, 1637-1642 (?)
David Eustache, 1638-1641 (?).
Alexandre d'Ize, 1651-1652, 1666-1677 (R.).
Antoine Crégut, 1659-1664.
Alexandre Vigne, 1664-1666.
Ennemond Reynaud, 1669-1684.
Thomas Gautier, 1684 (R.).

Hébreu.
Rattier, 1606.
John Sharp, 1607-1611.
Jean-Baptiste Ferrari, 1611-1616.
Etienne Blanc, 1616-1650.
Jean Blanc, 1650-1684.

Recteurs laïques.
Poudrel, 1608-1609.
Louis de La Pierre, 1609.

Philosophie.
Jean Macolle, 1604-1607.
Jean-François Visconti, 1607-1621.
Jean Steck, 1607-1611.
Jean-Rodolphe Le Fèvre, 1611-1620.
Etienne Blanc, 1620-1621.
John Sharp, 1621.
Isaac Escoffier, 1621-1634.
Etienne Chastel, 1621-1647.
David Derodon, 1634-1639.
David-Théophile Terrisse, 1640-1662, 1665-1674.
Bertrand Oihagaray, 1648-1668.
Alexandre Vigne, 1662-1665.
Jacques Bandol, 1674-1684.

David-Benjamin Lamande, 1677-1684.
Sébastien Julien, 1682.

Éloquence et rhétorique.
Jules Feuot, 1606-1607.
Jean Dragon, Sr de Choméane, 1608-1611.
Basson, 1611-1625.
Antoine Gresse, 1626-1673.
Nebon, 1673-1674.
Armand, 1674-1684.

Principaux.
Jean Guérin, 1604-1607.
Daniel Chamier, 1607-1608.
Jean-François Visconti, 1609.
John Sharp, 1609-1616.
Jean-Rodolphe Le Fèvre, 1616.
Etienne Chastel, 1634.

Régents.
Jean-Baptiste Bande, 1604.
Jean Guérin (2e), 1604.
Isaac Escoffier (2e), 1621.
Lagier (2e), 1646.
Pierre Nettou (2e), 1664.
Nebon (2e), 1673.
Armand (2e), 1673-1674.
Samuel Tetel (3e), 1646.
Abel Derodon (4e), 1600-1617.
David Derodon (4e), 1617-1634.
Antoine Gresse (4e et 2e), 1621-1646.
Antoine Poudrel (4e), 1646.
Crespin (5e), 1646.
Antoine Mondor (5e), 1664.
Jean André dit Pattou (6e), 1646; (7e), 1664.
Guillaume Danias (6e), 1664.
Bouillane (7e), 1646.
Anderson.
David Durand.

Musique.
Loys Bernard, 1616.
Lazare Fricon, 1625.

Montpellier.

Théologie.
Jean Gigord, 1595-1617.
Michel Le Faucheur, 1612-1617.

Hébreu.
Philippe Codure, 1598-1617.

Professeurs protestants de la Faculté des arts.

Grec, histoire et éloquence.
Isaac Casaubon, 1596-1599.

1. Il n'a pas exercé.

Philosophie.

Robert Hill, 1579.
Escat, 1599-1600.
Claude de Lagrange, 1600-1601.
George Sharpe, 1601-1619.
Formey, 1604-1605.
Docling, 1605.
Thomas Dempster, 1605.
Adam Abrénéthée, 1608-1616.
Andrew Currie, 1616.
Valquer, 1619-1623.
Gilbert Vaysset, 1625.

Principaux.

Barrada, 1596-1599.
Escat, 1599-1600.
Claude de Lagrange, 1600-1601.

Anne Ruhmann, 1601-1603.
Pierre Lamerens, 1604-1608, 1616-1628.
Adam Abrénéthée, 1608-1616.

Régents.

Macnal Mucorn (1er), 1603.
Gilbert Vaysset (1re), 1625.
Pierre Lamerens (2e), 1603-1604.
Campdomerq (2e), 1604.
Thomas Maule (2e), 1612.
Nicolas Guérin (3e), 1603.
Pierre Espagnac (4e), 1603, 1604.
Pierre Soulas (4e), 1604-1611.
Milan Lautard (5e), 1596-1612.
Pierre Luban (6e), 1603-1604.
Ponsus (6e), 1604.
Etienne Raoulx (6e), 1608.
Baptiste Dufaus (6e), 1612 (A.).

Orthez.

Théologie.

Pierre Viret, 1571.
Nicolas des Gallars, Sr du Saule, 1579.
Bernard, Sr de Melet, 1579.
Lambert Daneau, 1583-1593.
De Casenave, 1599.
Alexandre Blair.
Duprat, 1620.
Paul Charles, 1619-1620.

Hébreu.

Gratien de Saint-Goadens, 1579.
Bernard Majendie, 1617-1620.

Grec.

Claude de Lagrange, 1579.
Jean Daliel, 1599.

Mathématiques.

Pierre de Laage, 1579.
Bertran de Lasserre, 1599.

Philosophie.

Alexandre Blair.
Gilbert Burnat, 1599.
Paul Charles.
Jean Cerlade, 1617.
Pierre Noguès.

Éloquence.

François de Montcaup, 1579.
Jeamin, 1599.

Principaux.

J. Malrosse.
De Mesmes, 1580.
Jean de La Rivière.
Robert Constantin.
Barry de Gimat, 1579.
Alexandre Blair, 1599.
Isaac Balderan, 1607.

Régents.

Pierre Sossi (3e), 1579.
Pierre Puyol (4e), 1579.
Arnaud Sanceytz (5e), 1579.
Jean Fauga, 1583.
Etienne de Carthié, 1583.
Cholet, 1588.

Écriture.

Garrault, 1579.

Chaire inconnue.

De Saint-Léger, 1620.

Orange.

Théologie.

Jean de Serres, 1591-1597.
Jacques III Pineton de Chambrun, 1560-1585.

Grec.

Alexandre Morus, 1638-1649.

Philosophie.

David Derodon, 1639-1654.
André de Convenant, 1650-1670.

Éloquence et rhétorique.

Crozier, 1580.
Jean-Frédéric Guib, 1665-1684.
Henri Guib, 1684-1719.

Principaux.

Charles d'Aubais, 1600... 1604.
Alexandre Morus, 1638-1649.
Samuel Sorbière, 1650-1654.
Jean-Frédéric Guib, 1665.

Régent

Guillaume Barthélemy (4e), 1684.

TABLEAU

DES PRINCIPAUX ÉLÈVES CONNUS

DE CHAQUE ACADÉMIE [1].

Saumur.

Le théologien JACQUES ABBADIE.
Le pasteur Bernard Abraham.
Le pasteur Nicolas Addée.
Le controversiste PIERRE ALLIX.
Le professeur Alphée de Saint-Maurice.
Le théologien Moïse AMYRAUT.
Le prince JOACHIM-ERNEST D'ANHALT.
Le pasteur Auguste Arbaud.
Le pasteur Claude Arnaudeau.
Le pasteur Nicolas Aubertin.
Le capitaine de cavalerie Paul Bancelin.
Le pasteur Abel Barbier.
L'historien JACQUES BASNAGE.
L'orientaliste Paul Bauldry, Sgr. d'Iberville.
L'historien ISAAC DE BEAUSOBRE.
L'apostat Jacques Benjamin, Sr du Clos.
Le régent Billé.
L'érudit SAMUEL BOCHART.
Le professeur de philosophie Jean Bon.
L'érudit ELIE BOUHEREAU.
Le poète écossais ZACHARY BOYD.
Le margrave JEAN-GEORGE DE BRANDEBOURG.
Le philosophe FRANCIS BURGERSDYK.
L'apostat Jean Cappel.
Le gentilhomme Salomon de Carrouge.
Charles Chaillet, Suisse.
Le pasteur du désert Moïse CHAMIER.
Le pasteur Michel Charles.
Le professeur Paul Charles.
Le philologue JEAN CLAUBERGE.
L'écrivain PAUL COLOMIÈS.
Le capitaine Daniel Collot d'Escury.
Le pasteur Isaac Cottière.
Le régent de Courdilles.
Le régent Daniel Crespin.
Le pasteur Théodore Crespin de La Chabossulaye.
Le philologue ANDRÉ DACIER.
Le prédicateur JEAN DAILLÉ.
Le pasteur Benjamin de Daillon.
Le professeur SAMUEL DES MARESTS.
Le député Jean Discrotte.
L'écrivain CHARLES DRELINCOURT.
Laurent Drelincourt.
Le professeur J.-B. Druet.
Jean-Baptiste Druet jeune.
Le prédicateur PIERRE DU BOSC.
Louis du Moulin.
Pierre du Moulin fils.
Le médecin M. DUNCAN CÉRISANTES.
Duncan de Montfort.
Duncan de Sainte-Hélène.
L'Anglais Gabriel Ferguson.
Le régent Le Febvre jeune.
Le mathématicien TANNEGUY LE FEBVRE.
Le pasteur Jacques Fontaine.
Le professeur Jean Forent.
Le Sr Antoine du Four de Larroque Gautié.
L'érudit bavarois JEAN FREHER.
Le pasteur Antoine Gau.
Le professeur ETIENNE GAUSSEN.
Le pasteur Abraham Gilbert.
Le pasteur François de Ginestous.
Le savant JACQUES GOUSSET.
Le gentilhomme Jean Grenier de Lavaur.
Le pasteur Pierre Hespérien.
Le Hollandais Adrien Hesselius.
Le régent Hollard.
Le professeur Isaac Hugues.
Le pasteur Jean Jamet.
Le pasteur Pierre Laffitte.

1. Les thèses de théologie qui ont survécu dans quelques académies nous ont permis de recueillir surtout des noms de pasteurs. Les noms en majuscules sont ceux des plus brillants élèves.

ÉTUDE SUR LES

Le gentilhomme Paul de Lafons.
Le théologien SAMUEL DE LANGLE.
Charles de La Place.
Le pasteur Jean de La Place.
Le théologien JOSUÉ DE LA PLACE.
Le pajoniste CHARLES LE CÈNE.
L'historien JACQUES LENFANT.
Le pajoniste PAUL LENFANT.
Le poète PHILIPPE LE NOIR.
Le libraire Daniel Lerpinière.
Le comte DE LIMOGES DE ROCHECHOUART.
Le gentilhomme Jacques du Luc.
Le régent Jacques Marion.
Le théologien ANDRÉ MARTEL.
Le régent Martinet.
Le gentilhomme René de Médicis.
Le pasteur François Melin.
Le professeur ÉLIE MERLAT.
Le prédicateur JEAN MESTREZAT.
Le pasteur Pierre Montant des Isles.
Le régent Meure.
Le pasteur Jean Pagès.
Le théologien CLAUDE PAJON.
L'apostat ISAAC PAPIN.
Jacques et Samuel Papin.
Le professeur Henri Philipponeau de Hautecour.
L'écrivain JACQUES III PINETON DE CHAMBRUN.

Le médecin Élie Richard, Sr de La Poitevinière.
Le député Pierre Richier, Sr de Vandelincourt.
Le pasteur Jean Ricottier.
Le régent Gédéon Rocheleau.
Le pasteur Jacques Roussillon.
Le comte de Royan.
Le pasteur François de Rozel.
Le régent de la Rue.
L'Allemand René Rufus.
Le pasteur Jean Sarrasin.
CLAUDE SAUMAISE fils.
Le pasteur apostat Louis Saurin.
Le médecin PIERRE SEIGNETTE.
Le prédicateur DANIEL DE SUPERVILLE.
Le Hollandais Pierre Sylvius.
L'historiographe ANTOINE TEISSIER.
Le baron Touchet de La Forest Montgomary.
Le journaliste JEAN TRONCHIN.
Le professeur de La Treille.
Le théologien LOUIS TRONCHIN.
Le pasteur Isaac Varnier.
Le régent Viel.
Le professeur PIERRE DE VILLEMANDY, Sr de La Mesnière.
Le pasteur FRANÇOIS VINCENT.
J.-J. Wagner, Suisse.
William PENN

Sedan.

Le théologien JACQUES ABBADIE.
Le controversiste PIERRE ALLIX.
Le pasteur-martyr NICOLAS ANTHOINE.
Le pasteur Jacques Arthuys.
Jean de Baillehache, Sr de Beaumont.
ANTOINE BASNAGE, Sr de Saint-Gabriel.
Gaspard Baux, officier de cavalerie et pr.
Le pasteur François Bécude.
Le professeur Pierre Berchet.
Les pasteurs Pierre, Jean et David Bilot.
L'érudit SAMUEL BOCHART.
Le pasteur Jean Bonneau.
A. Bontat de La Tour.
Le prince JOACHIM SIGISMOND DE BRANDEBOURG.
Le pasteur Henri Brazy.
Laurent de Bures.
Le professeur JOHN CAMERON.
Le professeur JACQUES CAPPEL DU TILLOY.
L'orientaliste LOUIS CAPPEL.
Arnaud Casamajor.
Méric Casaubon.
Second Chauffepié.
Le pasteur Gédéon Chéron.
Le professeur Abraham Colville.
Le pasteur Abel de Combles
Le pasteur Abel Dargent.

Le philosophe DAVID DERODON.
Le professeur Charles Deschamps.
L'écrivain CHARLES DRELINCOURT.
Le chimiste FRANÇOIS DU BOIS (SYLVIUS).
Le prédicateur ARNAUD DU BOURDIEU.
L'écrivain PIERRE DU MOULIN.
PIERRE DU MOULIN, chapelain de Charles II.
Le médecin Abraham Durand.
Le professeur Paul du Soul.
Le pasteur Pierre Fleury.
Le prince paladin FRÉDÉRIC.
Les pasteurs Jacques et Pierre Gantois.
Le controversiste NICOLAS GAULTHIER
Le pasteur Paul Georges.
Le pasteur François Grimaudet.
Le pasteur Pierre Guérard.
Le pasteur Antoine Guérin.
Le pasteur Jean Guillebert.
Le cordelier FRANÇOIS DU HAN.
Le pasteur Louis Hérault.
Le pasteur ISAAC D'HUISSEAU.
Le comte d'Isembourg.
Le pasteur Lucas Jansse.
Le prédicateur ABRAHAM JAQUELOT.
Le juriste CRISTOPHORE JEANKIN.
Le controversiste PIERRE JURIEU.
Le gentilhomme Nicolas de La Bassecour.

ACADÉMIES PROTESTANTES

Le pajoniste CHARLES LE CÈNE.
Le chimiste NICOLAS LE FÈVRE.
L'historien JEAN LE SUEUR.
Le pasteur J.-J. Le Tellier.
Le professeur JOSUÉ LE VASSEUR.
Le sire Pierre de Licques.
Le gentilhomme François de Limoges.
Le pasteur Jacques Lohier d'Aussy.
Les pasteurs Dominique et René de Losse.
Le régent Paul Madrat.
Les pasteurs Isaac et Jean Marchand.
Le pasteur Jean Mettayer.
Le poète latin MOISANT DE BRIEUX.
Le mathématicien ABRAHAM MOIVRE.
Le duc de MONTAUSIER.
L'orientaliste ETIENNE MORIN.
Le comte DE NASSAU.
L'humaniste SAMUEL NÉRAN.

Le lieutenant général Daniel d'Ozanne.
Samuel Papin.
Le littérateur NICOLAS PERROT D'ABLAN-
 COURT.
Le professeur Joseph Pithoys.
Le juge Pierre du Prat.
Le professeur Jacques de Prez.
Le professeur ABRAHAM RAMBOUR.
Le pasteur Théophile Rossel.
Le pasteur Jacques Rouveau.
Le pasteur Daniel Sauvage.
Philippe Scalberge.
Le comte de Solms.
Le régent Claude Sonnel.
Le pasteur Benjamin Tricotel.
Le pasteur Philippe Tricotel.
Le professeur Pierre Trouillard.
Jacques de Vaux, rédacteur des thèses.

Montauban et Puylaurens.

Le théologien JACQUES ABBADIE.
Le professeur Théophile Arbussy.
Le pasteur Théophile Arbussy.
Le pasteur Pierre Augier.
Le pasteur Jean Balarand.
Le pasteur François Bancelin.
Le pasteur Jean Barbat.
Le pasteur Claude Bardon.
Le pasteur Guillaume Bardon.
Les pasteurs Jacques et Pierre Bardon.
Le professeur Théodore Barin.
Le pasteur Jean Bastide.
Le philosophe PIERRE BAYLE.
Le pasteur Mathieu de Beaujardin.
Le pasteur Samuel Belon.
Le pasteur Pierre Benech.
L'historien ELIE BENOIT.
Le pasteur Louis Bernardeau.
Le pasteur René Bertheau.
Le pasteur J.-J. Berthelier.
L'orientaliste Corneille Bertram.
Le gentilhomme Pierre de Bid.
Les pasteurs David et Jean Bonafous.
Le pasteur David Bordac.
Le littérateur Abel Boyer.
Le prédicateur JEAN CLAUDE.
Le professeur David Constant.
Le philologue ANDRÉ DACIER.
Le prédicateur PIERRE DU BOSC.
Le médecin Daniel Duncan.
Le gentilhomme Paul Falantin de La Rivière.
Le prédicateur PAUL FERRY, dit BOUCHE D'OR.

Le pasteur Jacques Fontaine.
L'avocat Antoine Garissolles.
Le professeur ANTOINE GARISSOLLES.
Le pasteur Jacques Garissolles.
Le gentilhomme Abraham de Labat.
Le gentilhomme François de La Cave.
Louis de Laforest, Sr de Puycouvert.
Le gentilhomme Pierre de Lamaiou.
JEAN LA PLACETTE, le Nicole protestant.
L'érudit MATHIEU DE LARROQUE.
Le professeur Jacques Loquet.
Le pasteur Olivier Loquet.
Le pasteur Elie Mariocheau.
Le théologien DAVID MARTIN.
Le professeur ELIE MERLAT.
Le pasteur Jacques Mizaubin.
L'académicien PÉLISSON.
Le pasteur Jacques Philipot.
Le professeur Elie Ramondou.
L'histoire RAPIN DE THOYRAS.
Le pasteur Pierre Rondelet.
Le gentilhomme Jacques de Roufignac.
Le pasteur Henri Roux.
Le pasteur Jérôme Satur.
Le pasteur Thomas Satur.
L'historiographe ANTOINE TEISSIER.
Le pasteur Jean Terson.
Le professeur JEAN VERDIER.
Le professeur PIERRE DE VILLEMANDY, Sr de
 La Mesnière.
Le pasteur FRANÇOIS VINCENT.

Nîmes.

Le gentilhomme Robert d'Alen.
Le pasteur Louis Arnaud.
Le professeur CHARLES D'AUBUS.
Claude de Bance, Sgr de Cabiac.

Le pasteur Josué Barbat.
Le pasteur Guillaume de Barjac.
Le professeur Antoine Baudan.
Le pasteur Charles Berlié.

ÉTUDE SUR LES ACADÉMIES PROTESTANTES

Le ministre Claude Brousson.
De Chastaignier, Sr de Lindois.
Le philosophe Étienne Chauvin.
Le philosophe Robert Chouet.
Le pasteur Simon Campagnon.
Le pasteur Charles Daubus.
Le régent Jean Fontayne.
Le professeur Étienne Gaussen.
Le littérateur François Graverol.
Le procureur Pierre Graverol.
Le médecin Claude Guiran.
L'antiquaire Gaillard Guiran.
Le pasteur Charles Icard.
Le pasteur Pierre de La Jonequière.

L'avocat Pierre Maltrait.
Le théologien David Martin.
Le professeur Jean Moynier.
Le philologue Samuel Petit.
Le pasteur Trophime Picheron.
L'évêque Plantavit de La Pause.
Le pasteur Antoine Reillau.
Le pasteur Jean Rouget.
Le pasteur Bertrand Rougier.
L'avocat Anne Rulmann.
Le théologien Élie Saurin.
L'érudit Samuel Sorbière.
L'historiographe Antoine Teissier.

Die.

Le pasteur Gervais Alexis.
Le professeur Jean Aymin.
Le professeur Jacques Bandol.
Le médecin Charles Barbeyrac.
Le pasteur Isaac Bernond.
L'érudit Jacques Bernard.
Le professeur Étienne Blanc.
Le proposant Pierre Blanc.
Le pasteur Jacques Bocheron.
Le pasteur Jean Bonnet.
Le pasteur Daniel Bouvier.
Le pasteur Adrien II Chamier.
Le pasteur Samuel Chorier.
Le pasteur Élie Chion.
Le pasteur Isaac Cholier.
Le pasteur Abraham de Colignon.
Le pasteur Jean d'Espagne.
Jean Conrad Fischer, Hessois.
Le pasteur Raphaël Gabet.
Le pasteur Garnier.
Le gentilhomme Gabriel de Genton.
Le professeur Antoine Gresse.
Le pasteur Isaac d'Bérien.

Le pasteur Isaac Homel.
Le pasteur Pierre Janvier.
Les pasteurs David et Abraham Jordan.
Le pasteur Étienne Jordan.
Les deux pasteurs Jean Jordan.
Le député Pierre Jossand.
Le pasteur David Laurens.
Le pasteur Jacques Le Nautonnier de Castelfranc.
Le pasteur Daniel Pastor.
Le procureur du roi Charles de Payan.
L'écrivain Jacques III Pineton de Chambrun.
Le théologien Élie Saurin.
Les pasteurs Jean et Louis Scottier.
Jean-Georges Schalchius, Suisse.
Le pasteur Pierre Simond.
Le littérateur Charles Spon.
Le trésorier Pierre de Thomé.
Le pasteur Jean Vial.
Louis Videl, secrétaire de Lesdiguières.
Le professeur Alexandre Vigne.
Le médecin Jean Viridet.

Orthez.

Le gentilhomme Jacques d'Arcos.
L'historien Jacques Esprinchard.

Le procureur général François du Meshill.
Le théologien André Rivet.

Orange.

Le médecin Pierre Baux.
Le théologien Daniel Chamier.
L'ingénieur Henri Gautier.

Le littérateur François Graverol.
Le pasteur Charles Icard.
L'historiographe Antoine Teissier.

BIBLIOGRAPHIE DU SUJET

ACADÉMIES EN GÉNÉRAL

J. D'HUISSEAU. — La Discipline des Églises réformées de France. Paris, 1576. Paris, 1643, 1667. Genève, 1666. Orléans, 1675, in-12.
BOSSUET. — Histoire des variations de l'Église protestante, Paris, 1688. 2 v. in-4.
J. QUICK. — Icones sacræ gallicanæ. (Copies ou traductions à la Bibl. de la Soc. de l'Hist. du prot. fr., in-8.) Ms. de Londres (Dr William's Library). 2 v. in-f.
J. QUICK. — Synodicon in Gallia reformata. Londres, 1692. 2 v. in-f.
E. BENOIT. — Histoire de l'Édit de Nantes. Delft, 1695. 5 v. in-4.
AYMON. — Tous les synodes nationaux des Églises réformées de France. La Haye, 1710. 2 v. in-4.
IRVING. — Lives of scottisch poets. Edinburgh, 1839. 2 v. in-8.
IRVING. — Lives of scottisch writers. Edinburgh, 1839. 2 v. in-8.
L. RANKE. — Französische Geschichte vornehmlich im 16 u. 17 Jahrhundert. Stuttgart, 1852. in-8.
SAYOUS. — Histoire de la littérature française à l'étranger. Paris, 1853. 2 v. in-8.
CH. SCHMIDT. — La vie et les travaux de Jean Sturm. Strasbourg, 1855, in-8.
DRION. — Histoire chronologique de l'Église protestante de France. Paris, 1855. 2 v. in-8.
Revue française (août-oct. 1856), art. de M. Ch. Livet. — Essai sur l'état de l'enseignement en France au XVIIe siècle.
L'ordre du collège de Genève. Genève, 1859, in-4.
FRANCISQUE MICHEL. — Les Écossais en France. Paris, 1862. 2 v. in-8.
F. BÉTANT. — Notice sur le collège de Rive. Genève, 1866. in-8.
J.-A. DORNER. — Histoire de la théologie protestante. Trad. A. Paumier. Paris, 1870. in-8.

HERMINJARD. — Correspondance des réformateurs. Paris, 1872, in-8.
GAULLIEUR. — Histoire du collège de Guienne. Paris, 1874, in-4.
E. A. BERTHAULT. — Mathurin Cordier. Paris, 1876, in-8.
L. MASSEBIEAU. — Les colloques scolaires du XVIe siècle. Paris, 1878, in-8.
G. COMPAYRÉ. — Histoire critique des doctrines de l'éducation en France depuis le XVIe siècle. Paris, 1879. 2 v. in-8.
G. BAUM, E. CUNITZ, E. REUSS. — Ioannis Calvini opera quæ supersunt, v. XXI. Brunsvigæ, 1879, in-4.
Bulletin de la Société de l'histoire du protestantisme français. Paris, in-8. Depuis 1854.
La France protestante, par Eug. et Em. Haag. Paris, 1846-1861, 10 t. 2e édit. 1876. —..... in-8.
Les encyclopédies, dictionnaires, publications périodiques, bibliothèques, etc., de :

1º En France : Adr. Baillet, H. Basnage, Bayle, Chauffepié, D. Clément, P. Colomiès, F. Didot, Dupin, Feller, Goujet, Lacroix du Maine, J. Le Clerc, Le Long, Lichtenberger, Pr. Marchand, Michaud, Moréri, Nicéron.

2º En Allemagne : Melchior Adam, P. Freher, Herzog, Jugler, Saxius, Walchius, Wolf.

3º En Angleterre : Bliss, Blount, A. Chalmers, H.-J. Rose, J. Smith, W.-K. Tweedie, R. Watt, R. Wodrow.

4º En Hollande : Meursus.

5º En Suisse : König.

6º En Amérique : Allibone.

ACADÉMIE DE SAUMUR.

Manuscrits.

Mss. de la Bibliothèque municipale de Saumur (in-4).

I. Papier et Registre des affaires de l'Académie royale établie à Saumur, depuis le mois d'octobre 1613 jusqu'au 20 mars 1673.

II. Registre du Conseil académique de ceux de la R. P. R. de Saumur, mis à l'Hôtel-Dieu en 1686, du 20 juin 1683 au 6 décembre 1684.

III. Papier de recette des deniers académique du 1er novembre 1631 au 29 janvier 1665.

Archives du greffe et Archives municipales de Saumur.

Archives nationales, TT, 239, 256, 330; M, 21, 227.

Bibliothèque nationale, Mss. français, nº 15829.

Collection de dom Housseau sur l'Anjou. Mss. de la Bibliothèque nationale, 18e portefeuille.

MIROMÉNIL. — Mémoire sur la généralité de Tours et la province d'Anjou. 1697-1699. Mss. in-4. (Archives d'Anjou, vol. I et Bibl. de l'Arsenal.)

Mss. de la Bibliothèque du protestantisme français : 1º Collection Coquerel, nº 1; 2º Trois synodes d'Anjou.

Mss. de la Bibliothèque d'Angers (in-4) :

RANGEARD. — Histoire du calvinisme en Anjou. N° 893.

BERNARD DE HAUMONT. — Notes pour servir à l'histoire de Saumur. N° 880.

POCQUET DE LIVONNIÈRE. — Histoire des illustres d'Anjou. N° 1168, in-folio.

Imprimés.

Chroniques d'Anjou, t. II.
Mémoires de la Société académique de Maine-et-Loire, t. XI et XV.
Mercure français, t. XVIII. Paris, 1633, in-8.
D. DE LICQUES. — Vie de messire Philippe de Mornay. Leyde, 1647, in-4°.
A. RIVETUS. — Opera theologica. Roterodami, 1651, 1652 et 1660. 3 v. in-f.
D. BLONDEL. — Actes authentiques des Eglises réformées. Amsterdam, 1655, in-8.
Syntagma thesium theologicarum in Academia Salmuriensi variis temporibus disputatarum. Salmurii, 1660, in-4.
Almanach historique d'Anjou, 1766.
SCHRŒCKH. — Christliche Kirchengeschichte seit der Reformation. Leipzig, 1806, in-8.
Mémoires et correspondance du Duplessis-Mornay. Paris, 1824, in-8. t. X et XI.
J.-F. BODIN. — Recherches historiques sur Saumur. Saumur, 1812 et 1845. 2 v. in-8.
AUZIÈRE. — Essai historique sur les facultés de théologie de Saumur et de Sedan. Strasbourg, 1836, in-4.
J.-B. COULON. — Epoques saumuroises. Saumur, 1842, in-12.
GAULAY. — Souvenirs anecdotiques sur Saumur. Saumur, 1843, in-8.
P. MARCHEGAY. — L'académie des protestants à Saumur. Angers, 1852. in-8. (Id., *Revue d'Anjou*.)
Revue de théologie de Strasbourg, 1852 et 1854. — Art. de M. Nicolas sur L. Cappel, et d'E. Saigey sur Amyraut.
Revue d'Anjou, 1854. — Art. d'Eugène Poitou sur Duplessis-Mornay.
A. VIGUIÉ. — Histoire de l'apologétique dans l'Eglise réformée de France. Paris, 1858, in-8.
J. DUMONT. — Histoire de l'académie de Saumur. Angers, 1862, in-8.
E. BONNEMÈRE. — Etudes historiques saumuroises. Saumur, 1868, in-12.
Mémoires de Mme de Mornay. Paris, 1869. 2 v. in-4.
C. PORT. — Dictionnaire de Maine-et-Loire. Angers, 1874. 3 v. in-4.
E.-L.-F. HENKE. — Neuere Kirchengeschichte. Halle, 1874, in-8.
SCHWEIZER. — Die protestantischen Centraldogmen in ihrer Entwickelüng innerhall der reformiesten Kirche. Zurich, 1876. 2 v. in-8.
Bulletin de la Société de l'histoire du protestantisme français, t. I, II, IV, VI, XII, XVIII, XXII, XXVI.

Académie de Sedan.

Registres du consistoire de Sedan de 1597 à 1639. Mss. (Archives du consistoire de Sedan).

Registre des modérateurs de l'académie de Sedan. Ms.

Le P. Norbert. — Histoire chronologique des villes et principautés de Sedan, Raucourt et Saint-Menges (Ms. de la Bibl. municipale de Sedan).

Mss. de la Bibl. du protestantisme français : Collection Coquerel. nos 41 et 42.

D. Tilénus. — Syntagma disputationum theologicarum in academia Sedanensi. Sedani, 1611, in-4.

J. de Vaux. — Thesaurus disputationum theologicarum in alma Sedanensi academia habitarum. Genevæ, 1661. 2 v. in-4.

Disciplina seu leges item et distinctio classium et ordo lectionum scholæ Sedanensis. Sedani, 1615. Id, 1630, in-12.

D.-N. Le Long. — Histoire ecclésiastique et civile du diocèse de Laon. Châlons, 1783, in-4.

J. Peyran. — Histoire de l'ancienne principauté de Sedan. Sedan, 1826. 2 v. in-8.

Abbé Bouillot. — Biographie ardennaise. Paris, 1830. 2 v. in-8.

C. Kist. — Archief fur Kerkelijke Gechiedenis. Leyde, 1833, v. 4.

Ch. Peyran. — Histoire de l'ancienne académie réformée de Sedan. Strasbourg, 1846, in-8.

Ch. Weiss. — Histoire des réfugiés protestants. Paris, 1853. 2 v. in-8.

Documents extraits de la Chronique du P. Norbert pour servir à l'histoire de l'académie de Sedan. Mézières, 1867, in-8.

Schweizer. — Op. cit.

Bulletin de la Société de l'histoire du protestantisme français. t. II, IV, XII, XVIII, XXII, XXVI.

Académies de Montauban et Puylaurens.

Le Bret. — Histoire de Montauban. Montauban, 1668. Id., 1841, in-8.

A. Pujol. — Recueil des règlements faits par les synodes provinciaux du Haut-Languedoc et Haute-Guyenne. Castres, 1679, in-8.

Soulier. — Histoire du calvinisme. Paris, 1686, in-4.

Ch. Read. — Daniel Chamier. Paris, 1858, in-8.

Schweizer. — Op. cit.

M. Nicolas. — L'académie protestante de Montauban. Discours. Montauban, 1872, in-8.

Archives nationales, TT, 253, 290.

Bulletin de la Société de l'histoire du protestantisme français, t. II, IV, VI, IX, XIII.

Académie de Nîmes.

De collegio et universitate Nemausensi. Lugduni, 1540, in-12.
Claudii Baduelli annotationes in Ciceronis pro Milone et pro Marcello orationes. Lugduni, 1552, in-12.
Academiæ Nemauseusis leges. Nemausi, 1582, in-8.
Ménard. — Histoire de Nîmes, t. IV, V, VI. Paris, 1750-1758, in-4.
M. Nicolas. — Histoire littéraire de Nîmes. Nîmes, 1854. 3 v. in-12.
A. Borrel. — Histoire de l'Eglise réformée de Nîmes. Toulouse, 1856, in-8.
A. Boyer. — L'académie protestante de Nîmes et Samuel Petit. Montauban, 1871, in-8.
M.-J. Gaufrès. — Claude Baduel et la réforme des études au XVIe siècle. Paris, 1880, in-8.
Bulletin de la Société de l'histoire du protestantisme français, t. II, III, IV, VI, XII, XVIII, XXII, XIII, XXIV.
Archives nationales, TT, 282.

Académie de Die.

Recueil des observations et règlements plus notables et importants, tiré des actes des synodes provinciaux du Dauphiné de 1597 à 1658 (Bibl. de Genève).
Actes originaux de diverses assemblées tenues en Dauphiné par les protestants de 1608 à 1620 (Mss. de la Bibl. de Grenoble).
Archives départementales de la Drôme, D. 52-70; E, 2239, etc.
Archives nationales, TT, 270, 314.
Jacob de Horel. — Le Mercure réformé. La Rochelle, 1620, in-12.
N. Chorier. — Etat politique du Dauphiné. 1671, 4 v. in-8.
Soulier. — Op. cit.
Long. — La Réforme et les guerres de religion en Dauphiné. Paris, 1856, in-8.
Ad. Rochas. — Biographie du Dauphiné. Paris, 1856-1860. 2 v. in-8.
Ch. Read. — Op. cit.
Guy Allard. — Bibliothèque du Dauphiné. Grenoble, 1864. 3 v. in-8.
E. Arnaud. — Notice historique et bibliographique sur les imprimeurs de l'académie protestante de Die. Grenoble, 1870, in-8.
E. Arnaud. — Notice historique et bibliographique sur les controverses religieuses en Dauphiné. Grenoble, 1872, in-8.
E. Arnaud. — Histoire de l'académie protestante de Die. Paris, 1872, in-8.
E. Arnaud. — Histoire des protestants du Dauphiné aux XVIe, XVIIe et XVIIIe siècles. Paris, 1875. 3 v. in-8.
Revue du Dauphiné. 1877.
Bulletin de la Société de l'histoire du protestantisme français, t. II, III, V, VII, XXII.

ACADÉMIE DE MONTPELLIER.

FAUCILLON. — La faculté des arts (des lettres) de Montpellier. Montpellier, 1860, in-8.

GERMAIN. — Isaac Casaubon à Montpellier. Montpellier, 1871, in-4.

ACADÉMIE D'ORTHEZ.

Registre de la chambre ecclésiastique de Béarn (Ms. de la Bib. du protestantisme français).

Collection Coquerel, n° 32 (Id., id.).

Trésor de Pau. Anciennes archives de Béarn.

Discipline ecclésiastique de Béarn.

Bulletin de la Société de l'histoire du protestantisme français, t. II, III, XXII.

TABLE DES MATIÈRES

Préface 1
Introduction. — *Coup d'œil général sur l'état de l'instruction publique au XVIe siècle*.................................. 17
I. — Les universités...................................... 19
II. — Les théories nouvelles au XVIe siècle................ 28
    § 1. Chez les catholiques.............................. 28
    § 2. Chez les protestants.............................. 37

PREMIÈRE PARTIE

ORIGINE ET FONDATION DE L'ENSEIGNEMENT PROTESTANT FRANÇAIS

Chapitre premier. — *Développement de l'enseignement secondaire. Les collèges*... 54
Chapitre II. — *Développement de l'enseignement supérieur. Les académies*... 86
    § 1. Académie de Nîmes................................ 97
    § 2. Académies d'Orthez et d'Orange................... 107
    § 3. Académie de Sedan................................ 112
    § 4. Académie de Montpellier.......................... 125
    § 5. Académies de Montauban et de Puylaurens.......... 129
    § 6. Académie de Saumur............................... 137
    § 7. Académie de Die.................................. 147

DEUXIÈME PARTIE

ORGANISATION INTÉRIEURE DES ACADÉMIES

Première section. — **Le collège classique**............ 155
Chapitre premier. — *Division de l'enseignement : le personnel*... 158
    § 1. Les statuts originaux. Le principal............... 159
    § 2. Les régents. Les pédagogues....................... 173
Chapitre II. — *Division du travail : l'année scolaire*....... 179
    § 1. La semaine scolaire............................... 179
    § 2. Les programmes classiques........................ 191
Chapitre III. — *Vacations et sanction des études*............ 213

SECONDE SECTION. — L'académie proprement dite..............

CHAPITRE PREMIER. — *Division de l'enseignement : le personnel*.....
    § 1. Le recteur..
    § 2. Les professeurs publics....................................

CHAPITRE II. — *Division du travail : les leçons publiques*..........

CHAPITRE III. — *Sanction des études*..............................

TROISIÈME SECTION. — Administration générale et discipline des académies..

CHAPITRE PREMIER. — *Administration et suppôts*..................
    § 1. Conseils ordinaires et extraordinaires....................
    § 2. Suppôts..

CHAPITRE II. — *Rapports avec les synodes. Finances*..............
    § 1. Synodes généraux et provinciaux..........................
    § 2. Finances générales......................................
    § 3. Finances particulières..................................

CHAPITRE III. — *Recrutement des maîtres et des écoliers*..........
    § 1. Vocation des maîtres....................................
    § 2. Concours et examens d'admission..........................
    § 3. Serments et obligations diverses........................
    § 4. Les proposants..

CHAPITRE IV. — *Discipline générale, régime et mœurs*..............
    § 1. La discipline à Nîmes....................................
    § 2. La discipline à Sedan....................................
    § 3. La discipline à Montauban et à Die......................
    § 4. Coutumes et règlements divers............................
    § 5. Régime..
    § 6. Mœurs des professeurs..................................
    § 7. Mœurs des étudiants : lois de police générale..........

QUATRIÈME SECTION. — Physionomie comparée de chaque académie..
    § 1. Saumur..
    § 2. Les autres académies....................................

CONCLUSION. — *Comparaison entre les institutions protestantes et les institutions catholiques contemporaines*................

    Tableau des professeurs et régents connus de chaque académie..
    Tableau des principaux élèves connus..........................
    Bibliographie du sujet..

COULOMMIERS. — Typog. PAUL BRODARD.